# 中国现代文化市场体系研究

ZHONGGUO XIANDAI WENHUA
SHICHANG TIXI YANJIU

王相华　等著

中国财经出版传媒集团

经济科学出版社
Economic Science Press

**图书在版编目（CIP）数据**

中国现代文化市场体系研究／王相华等著．--北京：
经济科学出版社，2022.9
ISBN 978 - 7 - 5218 - 4022 - 3

Ⅰ.①中…　Ⅱ.①王…　Ⅲ.①文化市场 - 市场体系 -
研究 - 中国　Ⅳ.①G124

中国版本图书馆 CIP 数据核字（2022）第 171277 号

责任编辑：李　雪　凌　健
责任校对：杨　海
责任印制：邱　天

**中国现代文化市场体系研究**

王相华　等著

经济科学出版社出版、发行　新华书店经销
社址：北京市海淀区阜成路甲 28 号　邮编：100142
总编部电话：010 - 88191217　发行部电话：010 - 88191522
网址：www. esp. com. cn
电子邮箱：esp@ esp. com. cn
天猫网店：经济科学出版社旗舰店
网址：http://jjkxcbs. tmall. com
北京时捷印刷有限公司印装
710 × 1000　16 开　21.5 印张　340000 字
2022 年 9 月第 1 版　2022 年 9 月第 1 次印刷
ISBN 978 - 7 - 5218 - 4022 - 3　定价：98.00 元
（图书出现印装问题，本社负责调换。电话：010 - 88191545）
（版权所有　侵权必究　打击盗版　举报热线：010 - 88191661
QQ：2242791300　营销中心电话：010 - 88191537
电子邮箱：dbts@ esp. com. cn）

# 前　言

　　开展现代文化市场体系研究是一项意义重大且艰巨、复杂的任务。本书课题组在广泛调研基础上，重点从三个方面进行深入研究：一是注重市场发展理论与文化市场特殊属性的有机结合。探索在社会主义核心价值观引领下，如何更为有效地发挥市场机制作用，服务高标准现代文化市场体系建设。二是坚持全领域、广覆盖，既从纵向历史发展角度，梳理文化市场体系发展脉络，又从横向当代发展角度，剖析当下文化市场体系发展现状。三是坚持对重点文化行业市场全面、系统的研究。我们希望研究结果能够对高标准现代文化市场体系建设有所裨益。

　　本书课题组在调研过程中受到相关文化主管部门、行业协会、企业的支持，在此表示感谢。同样，感谢本书课题组同志辛勤付出，感谢经济科学出版社编辑团队的大力支持！

　　本书框架设计和统稿由浙江省文化和旅游发展研究院、浙江旅游职业学院王相华承担，各章节写作分工如下：

　　王相华负责第一、二、三、四、八章写作；浙江传媒学院诸葛达维负责第五章第三、四节，第六章第二节及第七章第四节写作；浙江传媒学院关萍萍负责第七章第二、五节写作；浙江水利水电学院刘莉负责第五章第一节、第七章第一节写作；浙江传媒学院陈思宇负责第六章第三节写作；中共杭州市委党校吴百花负责第五章第二节写作；中共杭州市委党校胡秀丽负责第七章第三节写作；中共杭州市委宣传部张丹韫负责第六章第一节写作。

现代文化市场体系研究是一个兼具理论性与实践性的重要议题，许多问题尚需持续探索与创新。限于研究水平有限，本书还存在诸多不足，希望得到专家、同仁指正。

**王相华**

2022 年春于杭州

# 目　　录

# 第一章　导　　论

建立健全现代文化市场体系是党中央在科学研判我国文化发展阶段性特征和任务的基础上，着眼于建设社会主义核心价值体系、社会主义文化强国和深化文化体制改革战略目标作出的重要决策部署，是实现文化大发展大繁荣的重要基础，对推动现代文化产业体系、公共文化服务体系建设高质量发展意义重大。从文化市场到文化市场体系再到现代文化市场体系建设表述的变化，既显示出党对文化市场发展规律认识逐步全面和深化，也标志着我国已经从打造市场主体进入全面构建现代文化市场体系的新阶段[①]。习近平总书记在2018年全国宣传思想工作会议上指出，要推动文化产业高质量发展，健全现代文化产业体系和市场体系，推动各类文化市场主体发展壮大，培育新型文化业态和文化消费模式，以高质量文化供给增强人们的文化获得感、幸福感[②]。随着我国经济社会发展迈入新阶段，现代文化市场体系建设必然要有新的期待、新的任务、新的要求、新的路径，特别是在当前我国数字经济高速发展背景下，如何更好地推动现代文化市场体系高质量发展、高标准建设现代文化市场体系成为当前文化工作的重要议题。建立健全现代文化市场体系，尤其需要注重从数字经济影响下新兴文化市场业态创新、传统文化市场转型发展以及现代文化市场治理体系建设三个维度予以深入研究。探索现代文化市场体系建设，需要全面分析和研究文化产品市场、要素市场以及文化市场治理体系，充分体现系统性和全面性。建立统一开放、竞争有序的现代市场体系是经济高质量发展的重要

---

① 张晓明，惠鸣．全面构建现代文化市场体系［M］．北京：社会科学文献出版社，2014：1．
② 张洋．举旗帜聚民心育新人兴文化展形象 更好完成新形势下宣传思想工作使命任务［J/OL］．人民网，http：//media．people．com．cn/n1/2018/0823/c40606-30245183．html，2018-08-23/2022-04．

保障①，建立现代文化市场体系则是文化高质量发展的重要保障，这也是持续探索和深入研究现代文化市场体系建设的重要依据。

## 第一节  建立健全现代文化市场体系的重要意义

现代文化市场体系是社会主义先进文化建设的重要保障，对建设文化强国、提升国家文化软实力、完善公共文化服务体系和促进文化产业繁荣发展都具有重要的基础性作用②，这一论断较为全面地概括了建立健全现代文化市场体系的重要意义和作用。现代文化市场体系既是我国现代市场体系的基本组成部分，也是建设文化强国的题中之义，对现代文化产业体系、公共文化服务体系建设具有重要的支撑作用，是提高国家文化软实力、培育和践行社会主义核心价值观的关键环节。

### 一、有利于推动文化产业高质量发展

市场经济的利益驱动机制、竞争机制、价格机制等能够对经营性文化产业的发展产生有效的激励和促进作用③。这是现代文化市场体系的重要运作机制，即可以有效利用资源，促进文化资源更合理地配置、自由流动。这与文化市场的功能密切相关，文化市场是连接文化生产和文化消费的桥梁和纽带，具体体现为"四个功能"：一是资源配置。改革开放以来，通过充分发挥市场的作用，我国文化事业、产业繁荣发展。二是创意转化。文化产品的生产创意作为个体精神劳动的产物和智慧的结晶，最终物化为文化产品被呈现。三是平衡供求。文化市场客观反映文化产品供求关系，并通过市场机制能动地平衡文化供求。四是价值传播。文化产品的交换与消费过程既是创意传递与转化的过

---

① 黄泰岩. 以现代市场体系保障高质量发展 [N]. 人民日报，2018 - 07 - 19（9）.
② 惠鸣，张晓明. 创新推动现代文化市场体系建设 [N]. 人民日报，2013 - 11 - 26（14）.
③ 陈立旭. 文化发展：市场的优势与失灵 [J]. 中国文化产业评论，2014（1）：177 - 198.

程，也是创造价值、传递价值、实现价值的过程①。结合文化市场的功能，进一步分析文化市场体系的运行机制可以发现，供求机制会使文化企业努力提高生产效率，压缩生产成本，竞争机制则督促企业以用户为导向，积极创新产品和服务以不断满足用户的需求，吸引更多消费者，价格机制则及时反馈市场信息，并进一步加剧了市场竞争。通过市场机制之间的相互作用，文化市场体系促进了各类资源更加合理有效的分配，提高了生产效率，极大提升了文化产业发展的质量。

## 二、有利于提高公共文化服务效能

现代文化市场体系看似与现代公共文化服务体系建设属于两个完全不同的领域，两者相去甚远，但实际上是一枚硬币的两面，两者相辅相成、缺一不可。对于现代公共文化服务体系，建立健全现代文化市场体系既有助于提供丰富的公共文化产品，更有利于拓展多元化、便捷化的公共文化服务提供渠道，提高公共文化服务质量和效能。一方面，现代文化市场体系建设推动了文化生产大发展大繁荣，不论是文化产业还是公共文化服务体系建设都取得了空前发展，文化产品和服务在数量和质量都有了极大提升，为公共文化服务体系建设提供了最为基础的产品和服务保障，也为公共文化服务体系建设夯实了最为坚实的物质层面上的基础。另一方面，现代文化市场体系建设推动了公共文化服务体系建设思路的变革，丰富了公共文化服务供给的路径和方式。在传统意义上，提供公共文化服务是以政府为核心的公共部门的职责，市场机制、私人部门均被排除在公共文化服务生产和供给体系之外。但随着现代文化市场体系建设理念创新和实践探索的拓展，公共文化服务建设逐步打破了政府部门的垄断，政府采购、委托经营、社会化服务等市场机制，越来越多地被纳入公共文化服务体系建设中。实践证明，现代文化市场体系建设的拓展打破了政府独揽公共文化服务生产与供给的局面，不仅降低了公共文化服务提供的成本，还大幅提升了公共文化服务的效率和效益，有力推动了公共文化服务体系建设。

---

① 王离湘. 关于建立健全现代文化市场体系的几点思考［N］. 中国文化报，2016 - 05 - 06（3）.

## 三、有利于提升中国文化的世界影响力

当今世界正处于大发展大变革大调整时期，世界多极化、经济全球化、社会信息化、文化多样化深入发展，各种思想文化交流交融交锋更加频繁，进一步凸显了文化软实力在综合国力竞争中的战略地位。文化越来越成为民族凝聚力和创造力的重要源泉、越来越成为综合国力竞争的重要因素、越来越成为经济社会发展的重要支撑，谁占据了文化发展的制高点，谁拥有强大的文化软实力，谁就能够在激烈的国际竞争中赢得主动、占得先机①。推动文化软实力建设，提升我国文化的国际影响力，很重要的一点就是要建立健全现代文化市场体系：首先，世界上主要发达国家和地区，特别是美国、英国以及欧盟等（如奉行"文化例外"政策的法国等），大都已经形成了完善的现代文化市场体系，想要与之竞争，首先要在文化市场运行机制上保持一致，占得先机。其次，激发文化企业、机构创新创意活力，增强文化产品和服务市场竞争力，在全世界范围内争夺更大市场份额，实现经济效益和社会效益的双赢需要高标准现代文化市场体系支撑。最后，成熟、完善的文化市场体系有利于文化产业和服务在世界范围内的流通和传播，是打造国际品牌、提升国际影响力的主要载体和支撑。

## 四、有利于弘扬和践行社会主义核心价值观

核心价值观是文化软实力的灵魂、文化软实力建设的重点，是决定文化性质和方向最深层次的要素。一个国家的文化软实力，从根本上说，取决于其核心价值观的生命力、凝聚力、感召力。培育和弘扬社会主义核心价值观，有效整合社会意识是社会系统得以正常运转、社会秩序得以有效维护的重要途径，也是国家治理体系和治理能力的重要组成部分。历史和现实都表明，构建具有强大感召力的核心价值观，关系社会和谐稳定，关系国家长治久安。弘扬和践

---

① 北京市习近平新时代中国特色社会主义思想研究中心. 坚定文化自信 提高国家文化软实力 [N]. 光明日报，2019－07－04（6）.

行社会主义核心价值观是文化工作的重要任务，建立健全现代文化市场体系是其重要的实践路径。通过构建现代文化市场治理体系可以全面保障文化产品和服务的社会效益，鼓励其成为弘扬社会主义核心价值观的重要载体。现代文化市场体系有利于激发文化生产主体的积极性，使其创作和生产既能弘扬社会主义核心价值观，又易于为消费者接受的文化产品和服务。现代文化市场体系建设的重要一环是产品流通和传播体系的构建，有利于弘扬社会主义核心价值观产品的传播和拓展，从而实现社会主义先进文化春风化雨、润物无声的积极作用，更好培育和践行社会主义核心价值观。

## 第二节　现代文化市场体系建设背景

2013 年 11 月召开的党的十八届三中全会是一次划时代的会议，开启了我国全面深化改革、系统整体设计推进改革的新时代，开创了我国改革开放的全新局面。党的十八届三中全会通过了《中共中央关于全面深化改革若干重大问题的决定》，这是在新的历史起点上我国全面深化改革的科学指南和行动纲领，汇集了全面深化改革的新思想、新论断、新举措，形成了我国改革理论和政策上的一系列重大突破。其中，作为全面深化改革的重要组成部分，经济体制改革实现重大理论突破，提出了处理好政府和市场的关系，使市场在资源配置中发挥决定性作用和更好地发挥政府作用的重大理论观点。这一重大的根本性理论创新不仅进一步加快了我国现代市场体系建设，促进了我国社会主义市场经济高质量发展，同样还为现代文化市场体系建设提供了坚实的理论基础和必要的思想支撑。《中共中央关于全面深化改革若干重大问题的决定》不仅提出了"使市场在资源配置中起决定性作用"的重要论断，同时还提出了"建立健全现代文化市场体系"的改革任务，既在改革逻辑上保持了内在一致性，又在改革发展的阶段性上体现了渐进性和稳妥性①，成为现代文化市场体系建设最大的发展背景。在改革基础理论和指导思想取得重大突破的基础上，我国现

---

① 张晓明，惠鸣．全面构建现代文化市场体系［M］．北京：社会科学文献出版社，2014：1．

代文化市场体系建设稳步推进，也取得较好发展成效。现代文化市场体系建设并不是孤立的，它与我国经济、社会、文化发展环境之间存在密切的关联。为进一步推动现代文化市场体系建设高质量发展，尚需从经济、社会、文化等领域系统全面地分析其发展背景。

## 一、数字经济高速发展是现代文化市场体系建设重要的经济发展背景

数字经济高速发展是当今世界各国经济发展重要特征，特别是近年受到新冠肺炎疫情影响，数字经济不降反升，日益成为世界经济发展的强大动力引擎、科技创新催生新发展动能的重要突破口。所谓数字经济，是指以使用数字化的知识和信息作为关键生产要素，以现代化信息网络作为重要载体，以信息通信技术的有效使用作为效率提升和经济结构优化的重要推动力的一系列经济活动[①]。根据联合国贸易和发展会议于 2019 年 9 月发布的《2019 年数字经济报告》[②] 显示，数字经济没有被广泛接受的定义，缺乏关于其关键组成部分和层面的可靠统计数据，特别是在发展中国家。即便如此，根据定义的不同，数字经济的规模估计占世界各国内生产总值的 4.5% ~ 15.5%。就信息和通信技术（信通技术）部门的附加值而言，美国和中国合起来几乎占世界总量的 40%。数字经济的经济地理没有显示出传统的南北鸿沟，它一直由一个发达国家和一个发展中国家——美国和中国共同领导。例如，中美两国占了区块链技术相关专利的 75%、全球物联网支出的 50%，以及全球公共云计算市场的 75% 以上。此外，它们占全球 70 个最大数字平台市值的 90%。而欧洲在其中的份额为 4%，非洲和拉丁美洲的总和仅为 1%[③]。上述数据分析突出说明了两个问题：一是数字经济在各国的重要性日益凸显，所占比重也在逐步增大；二是各国数字经济发展竞争激烈，虽然我国数字经济发展势头较好，但依旧面临世界各

---

① 胡莹. 数字经济发展的时代特色 [N]. 中国社会科学报，2021 - 02 - 25 (6).
②③ 联合国贸发会议技术和物流司信通技术政策科. 2019 年数字经济报告 [R]. 瑞士日内瓦：联合国贸易和发展会议，2019：1.

国的广泛竞争。根据中国信息通信研究院 2021 年 4 月发布的《全球数字经济白皮书——疫情冲击下的复苏新曙光》①相关数据分析，2020 年，全球数字经济规模达到 32.6 万亿美元，同比名义增长 3.0%，占 GDP 比重为43.7%。其中，发达国家数字经济规模大、占比高，2020 年规模达到 24.4万亿美元，占 GDP 比重为 54.3%，发展中国家数字经济增速更快，2020 年增速达到 3.1%。美国数字经济蝉联世界第一，规模达到 13.6 万亿美元，中国位居世界第二，规模为 5.4 万亿美元。从中国信息通信研究院统计数据分析可以看出，目前世界各国数字经济占比越来越大，特别是发达国家数字经济占比已经超过 50%，而发展中国家的增速则比较快，这也进一步印证了数字经济还将在各国经济发展中扮演更为重要的角色，发挥更为积极的作用。

对我国数字经济发展现状的分析，首先参考中国信息通信研究院 2021 年4 月发布的《中国数字经济发展白皮书》②相关内容。根据该白皮书相关统计数据分析，2020 年我国数字经济规模达到 39.2 万亿元，占 GDP 比重为38.6%，同比名义上增长 9.7%，远高于同期 GDP 名义增速约 6.7 个百分点。数字经济在逆势中加速腾飞，已经成为国民经济的核心增长极之一，并有效支撑了我国疫情防控和经济社会发展。根据统计数据分析，2002~2020 年我国数字经济占 GDP 的比重由 10.0% 提升至 38.6%，2020 年占比同比提升 2.4%，数字经济规模也在持续快速递增，数字经济在国民经济中的地位愈发突出，对我国经济社会发展的影响越来越大。从我国数字经济内部结构分析，产业数字化对数字经济的主导地位进一步巩固，2020 年我国数字产业化占数字经济的比重为 19.1%，产业数字化占数字经济的比重达 80.9%，为数字经济持续健康发展输出强劲动力。从我国数字经济渗透率分析，三次产业数字化发展深入推进，2020 年我国服务业、工业、农业数字经济占行业增加值的比重分别为40.7%、21.0% 和 8.9%，产业数字化转型提速，融合发展向深层次演进。依托于我国数字经济持续、快速、多元、稳健发展，我国文化产业数字化转型取

---

① 余晓晖. 全球数字经济白皮书——疫情冲击下的复苏新曙光解读 [J]. 互联网天地，2021（8）：17-21.

② 中国信息通信研究院. 中国数字经济发展白皮书 [R]. 北京：中国信息通信研究院，2021：4.

得显著成效，不论是传统文化行业数字化转型还是新兴文化产业业态创新性发展都取得突破性进展。我国数字文化产业表现亮眼，这也成为开展现代文化市场体系研究的宏观发展背景。

## 二、国家治理现体系和治理能力代化是现代文化市场体系建设的社会发展背景

党的十八大以来，中国社会治理取得重大进展，主要体现在：习近平总书记提出社会治理新思想，大力度推进社会治理新实践，多方面开拓社会治理新境界①。具体内容包括，在加强和创新社会治理的新思想、新观点、新论断方面，有人民中心论、民生为本论、公平正义论、法德共治论、体制创新论、不忘本来论、群众工作论、基层重心论、总体安全论、党的领导论，已经形成一个层次分明、有机统一的系统理论，具有丰富的内涵和严谨的逻辑。在社会治理新实践方面，推动了筑牢、改善和保障民生工程、推进社会治理基础性制度改革创新、构建国家安全体制、健全公共安全体系、加快社会诚信制度建设、加强城乡社区治理、促进社会组织健康发展、创新社会治理方式、加大环境保护与治理力度、全面加强党对社会治理的领导等重点工作。不论是从宏观社会治理到微观社会治理，还是从各领域系统治理到城乡社区治理，都大力度、全方位地深入推进，取得了新突破、新进展、新成效。在社会治理成效方面，社会治理思想创新与实践创新发展开拓了科学社会主义社会治理思想的新境界，推动传统社会管理向现代社会治理转变的新境界，扩大了中华优秀传统文化与现代社会文明相融合的新境界，提升了以构建人类命运共同体为导向的国际社会治理关系的新境界，为推动中国特色社会主义事业建设作出了有力的制度支撑。

透过纷繁多样的社会治理探索与实践，国家治理体系和治理能力现代化始终处于核心引领的地位，是新时代我国社会治理体系建设的主要任务。国家治理现代化是我国继农业、工业、国防和科学技术的现代化之后提出的"第五

---

① 魏礼群.党的十八大以来社会治理的新进展［J］.光明日报，2017–07–07（11）.

个现代化"，既是中国特色社会主义的必然要求，也是我国现代化总进程的应有之义，还是现代国家建构的内在逻辑①。在 2013 年召开的党的十八届三中全会上，党中央首次提出："全面深化改革的总目标是完善和发展中国特色社会主义制度，推进国家治理体系和治理能力现代化。"将推进国家治理体系和治理能力现代化作为全面深化改革的总目标，对中国的政治发展，乃至整个中国的社会主义现代化事业来说，具有重大而深远的理论意义和现实意义。2014 年 2 月 17 日，在省部级主要领导干部学习贯彻十八届三中全会精神全面深化改革专题研讨班开班仪式上，习近平总书记对国家治理体系和治理能力现代化的内涵、意义进行了深入阐释②。习近平总书记指出，国家治理体系和治理能力是一个国家的制度和制度执行能力的集中体现，两者相辅相成③。党的十八届三中全会提出的全面深化改革的总目标，就是完善和发展中国特色社会主义制度、推进国家治理体系和治理能力现代化。这是坚持和发展中国特色社会主义的必然要求，也是实现社会主义现代化的应有之义。推进国家治理体系和治理能力现代化，必须完整理解和把握全面深化改革的总目标，这是两句话组成的一个整体，即完善和发展中国特色社会主义制度、推进国家治理体系和治理能力现代化。国家治理体系和治理能力现代化战略的提出为中国社会现代化建设提供了主引擎，为各领域治理体系建设指明了发展方向，提供了发展遵循。

随着国家治理现代化战略理论探索和实践的深入，党中央逐步推动相关制度体系建设，并于党的十九届四中全会上审议通过了《中共中央关于坚持和完善中国特色社会主义制度、推进国家治理体系和治理能力现代化若干重大问题的决定》，这是党的历史上第一次用一次中央全会专门研究国家制度和国家治理体系问题并作出相关《决定》④，是党的十八届三中全会提出的"全面深化改革、推进国家治理体系和治理能力现代化"的具体化和升级版，是推进新时代国家治理体系和治理能力现代化的定星盘、指南针、行动令和愿景图，

---

① 庞金友. 国家治理现代化深刻变革中的理论创新［J］. 人民论坛，2019（27）：40 - 42.

②③ 习近平. 完善和发展中国特色社会主义制度推进国家治理体系和治理能力现代化［J］. 党建，2014（3）：5 - 6.

④ 石仲泉. 国家治理体系和治理能力现代化的里程碑［J］. 理论导报，2019（11）：4 - 6.

是中国之治宏观顶层设计的历史丰碑①。这是党中央第一次系统描绘中国特色社会主义制度的"图谱"，对制度建设进行总体谋划、系统安排，是坚持和完善中国特色社会主义制度、推进国家治理体系和治理能力现代化的政治宣言和行动纲领。国家治理体系和治理能力现代化是全景性的现代化维度。习近平总书记强调，全面深化改革是关系党和国家事业发展全局的重大战略部署，不是某个领域某个方面的单项改革②。全面深化改革是现代化不同子系统之间的协同，只有现代化的不同维度协同发力和联动推进，才能形成国家治理体系和治理能力现代化的群集效应。因此，国家治理体系和治理能力现代化是贯通型的现代化维度。政治、经济、生态、军事等其他维度的现代化都既有赖于国家治理体系现代化，又有赖于治理能力现代化。文化市场治理体系是我国文化治理体系的重要组成部分，也是现代文化市场体系的基础组成部分，对更好发挥文化市场的资源配置作用具有关键性作用。推动现代文化市场体系建设必须要形成现代文化市场治理体系，这就需要认真研究和充分把握国家治理体系和治理能力现代化建设这一宏观背景，把党中央顶层设计思想与文化市场管理发展实际相结合，形成文化市场有效的治理体系，全方位激活文化发展活力。

### 三、文化强国战略持续推进是现代文化市场体系建设的文化发展背景

2011 年 10 月 18 日，党的十七届六中全会上审议通过的《中共中央关于深化文化体制改革推动社会主义文化大发展大繁荣若干重大问题的决定》中提出了文化强国战略。这是关系我国文化长远发展的战略决策，是党中央在深入研究文化体制改革、推动社会主义文化大发展大繁荣等若干重大问题、认真总结我国文化改革发展的丰富实践和宝贵经验的基础上提出的根本性发展战略，对部署深化文化体制改革、推动社会主义文化大发展大繁荣，进一步兴起

---

① 徐奉臻. 从两个图谱看国家治理体系和治理能力现代化 [J]. 人民论坛，2020（1）：68 – 70.
② 习近平. 关于《中共中央全面深化改革若干重大问题的决定》的说明 [N]. 人民日报，2013 – 11 – 16（3）.

社会主义文化建设新高潮，对夺取全面建成小康社会新胜利、开创中国特色社会主义事业新局面、实现中华民族伟大复兴具有重大而深远的意义。党的十八大以来，党中央对文化建设高度重视，把文化建设提到了更重要的地位，并把文化自信和道路自信、理论自信、制度自信并列，称其为中国特色社会主义"四个自信"。习近平总书记高度重视文化建设，就文化强国建设作出多次重要指示，在 2013 年党的十八届中央政治局第十二次集体学习时指出，提高国家文化软实力，关系"两个一百年"奋斗目标和中华民族伟大复兴中国梦的实现①。在党的十九大报告中又指出，文化兴国运兴，文化强民族强。没有高度的文化自信，没有文化的繁荣兴盛，就没有中华民族伟大复兴②。在 2020 年 9 月 22 日"十四五"时期经济社会发展教育文化卫生体育领域专家代表座谈会上，习近平总书记指出，统筹推进"五位一体"总体布局、协调推进"四个全面"战略布局，文化是重要内容；推动高质量发展，文化是重要支点；满足人民日益增长的美好生活需要，文化是重要因素；战胜前进道路上各种风险挑战，文化是重要力量源泉。"十四五"时期，我们要把文化建设放在全局工作的突出位置，切实抓紧抓好③。这一重要讲话，从顶层设计的高度将文化建设摆在更加突出位置，为新征程中推动建成文化强国提出了新课题、新要求，吹响了努力建成社会主义文化强国的冲锋号。从文化强国战略建设实践分析，党的十八大以来，在以习近平同志为核心的党中央坚强领导下，按照中央全面深化改革的总体部署，宣传文化战线要坚定文化自信、增强文化自觉，紧紧围绕文化小康目标，坚持把社会效益放在首位、实现社会效益和经济效益相统一，推动文化改革发展各项任务落地见效，文化创新创造活力极大激发，社会主义文化强国建设迈出坚实步伐④。

基于党对文化建设重要地位及其发展规律认识的深化，特别是文化强国建

① 中国共产党新闻网，http://cpc.people.com.cn/n/2014/0414/c64387-24892886-7.html.
② 中国共产党新闻网，http://theory.people.com.cn/n1/2018/0607/c40531-30041110.html.
③ 习近平.在教育文化卫生体育领域专家代表座谈会上的讲话 [N].中青在线，2020-09-22，http://zqb.cyol.com/html/2020-09/23/nw.D110000zgqnb_20200923_3-03.htm.
④ 周玮，白瀛，史竞男.坚定文化自信 创造中华文化新辉煌——党的十八大以来文化建设成就综述 [J/OL].新华社 2017-10-04，https://news.china.com/zw/news/13000776/20171004/31541764_all.html#page_2.2017-10-04/2022-04.

设的实践探索，党的十九届五中全会将"建成文化强国"列入 2035 年基本实现社会主义现代化远景目标，这是党的十七届六中全会提出建设社会主义文化强国以来，党中央首次明确了建成文化强国的具体时间表。这可以从两个方面进行解读。一方面，党中央对文化建设高度重视，在党的十九届五中全会中从战略和全局上对文化强国建设作出规划和部署，提出今后 5 年文化建设的基本思路，部署了三个方面的重点任务：一是提高社会文明程度；二是提升公共文化服务水平；三是健全现代文化产业体系。另一方面，我国社会主义现代化是全面发展、全面进步的现代化，其中一个非常重要的特征就是物质文明和精神文明相协调。也就是说，从中国全面实现现代化的进程看，中国在改革开放中实现了经济腾飞并全面建成小康社会之后，文化强国建设就成为今后 15 年的主要目标。随着我国现代化进程不断向前推进，社会主义文化强国建设必将迈出更加坚实的步伐，国家文化软实力、中华文化影响力必将得到进一步提升。进入新发展阶段以后，社会主义强国建设将对文化建设提出更高要求，文化的作用也会进一步凸显，文化发展也将面临更大的机遇和挑战。作为社会主义文化的重要组成部分，现代文化市场体系建设同样面临新的机遇和挑战，这就需要各参与方把握机遇、应对挑战，以高标准现代文化市场体系推动文化强国建设。

## 第三节　现代文化市场体系主体内容

　　2011 年 10 月 18 日，党的十七届六中全会通过了《中共中央关于深化文化体制改革推动社会主义文化大发展大繁荣若干重大问题的决定》，其中就健全现代文化市场体系作出具体部署：促进文化产品和要素在全国范围内合理流动，必须构建统一开放、竞争有序的现代文化市场体系。要重点发展图书报刊、电子音像制品、演出娱乐、影视剧、动漫游戏等产品市场，进一步完善中国国际文化产业博览交易会等综合交易平台。发展连锁经营、物流配送、电子商务等现代流通组织和流通形式，加快建设大型文化流通企业和文化产品物流基地，构建以大城市为中心、中小城市相配套、贯通城乡的文化产品流通网络。加快培育产权、版权、技术、信息等要素市场，办好重点文化产权交易所，规范文化资产和艺术品交易。加强行业组织建设，健全中介机构。2013 年 11 月 12 日，党的十八届三中全会上通过了《中共中央关于全面深化改革若干重大问题的决定》，其中就建立健全现代文化市场体系作出了进一步的部署：完善文化市场准入和退出机制，鼓励各类市场主体公平竞争、优胜劣汰，促进文化资源在全国范围内流动。继续推进国有经营性文化单位转企改制，加快公司制、股份制改造。对按规定转制的重要国有传媒企业探索实行特殊管理股制度。推动文化企业跨地区、跨行业、跨所有制兼并重组，提高文化产业规模化、集约化、专业化水平。鼓励非公有制文化企业发展，降低社会资本进入门槛，允许参与对外出版、网络出版，允许以控股形式参与国有影视制作机构、文艺院团改制经营。支持各种形式小微文化企业发展。在坚持出版权、播出权特许经营前提下，允许制作和出版、制作和播出分开。建立多层次文化产品和要素市场，鼓励金融资本、社会资本、文化资源相结合。完善文化经济政策，扩大政府文化资助和文化采购，加强版权保护。健全文化产品评价体系，改革评奖制度，推出更多文化精品。通过对比分析两次全会文件中关于现代文化市场体系建设的具体部署可以看出：首先，党对现代文化市场体系发展规律和建设路径的认识逐步深入，对现代文化市场体系建设要点把握更加精准，更加注重市场制度建设，确保市场机制发挥作用，如在党的十八届三中全会文件中提到的市场准入、鼓励非公有制文化企业发展、鼓励文化资本市场发展等，都触及了现代文化市场建设的核心。其次，现代文化市场体系内容丰富，涉及众多领域，需要我们对其发展内涵予以充分研究，并不断转化为建设思路和具体方案。此外，从两个文件对现代文化市场体系建设部署的持续更新也可以看出，当前文化市场发展日新月异，传统文化市场行业转型升级与新兴文化市场行业持续创新发展都给现代文化市场体系建设带来巨大的挑战和机遇，需要继续秉持创新发展理念，持续推动其健全完善。

从文化市场发展理论出发，结合各级党政主管部门关于现代文化市场体系建设的政策制度，立足我国现代文化市场体系建设实际，现代文化市场体系主体内容主要包括以下子系统。

## 一、文化产品市场体系

文化产品市场体系是指有形文化产品和无形文化服务的交易场所和体系，企业在这里出售其产品和服务，消费者在这里完成购买文化产品或者服务，实现文化产品和服务的价值转换。当前，我国文化产品市场主要包括了演出市场、娱乐市场、影视市场、出版发行市场、艺术品市场、上网服务市场、动漫行业市场、游戏市场、网络文化市场等。文化产品市场是现代文化市场体系的基础和主要组成部分，是实现供需对接的主要平台。近年来，我国文化产品市场体系建设取得了显著成绩，文化生产供给侧结构性改革丰富了市场供给构建，带动了文化市场活跃。

## 二、文化服务市场体系

文化服务市场体系是指配合文化产品市场发展，更好实现市场功能的市场体系。文化服务市场主要包括了产品流通市场、文化交易中介市场等。其中，流通市场是现代文化市场体系的效率保证，也是现代文化市场体系运行的核心环节[1]，文化交易中介市场则包括了演出经纪代理机构、艺术品经纪代理机构、版权代理机构及艺术品鉴定机构等。当前，我国也已经初步形成了多门类、多层次、多样化的文化市场服务体系，较好地满足了文化产品和要素的合理流通与分配。

## 三、文化要素市场体系

所谓要素市场体系，是指具有价值和使用价值的特殊形态的商品为其市场客体所构成的市场体系。要素市场是在商品市场形态下派生出来的，它不同于一般的商品市场。按照其市场客体的存在形态，具体分为资金市场、劳动力市场、土地市场、产权市场、技术市场和信息市场[2]。对文化要素市场来说，随

---

[1] 张晓明，惠鸣. 全面构建现代文化市场体系 [M]. 北京：社会科学文献出版社，2014：238.
[2] 万成林，温孝卿，邓向荣. 市场学原理 [M]. 天津：天津大学出版社，2004：57–58.

着科学技术的突飞猛进以及知识经济的兴起，除了传统的土地、资本和劳动力三要素，知识产权、技术、数据和特色文化资源正在成为文化产业发展过程中不可或缺的生产要素①。文化生产要素是进行文化生产的必要条件，充分发育的文化要素市场是建设高质量现代文化市场体系的必备条件。从目前发展来看，尽管"十三五"时期我国文化要素市场体系建设取得较大成绩，但其依旧是现代文化市场体系建设的主要短板。

## 四、文化市场治理体系

文化市场治理体系主要包括了两个部分：文化市场的政府监管体系和文化市场行业协会、中介组织的服务监督体系。文化市场监管体系是指在相关法律、法规、政策性文件指导下，对文化产品和服务生产、经营、销售等业务以及对文化企业、机构的监督、管理、引导和协调，以构建公平竞争、规范有序的文化市场发展环境。文化市场的行业协会和中介组织是连接政府与企业的桥梁和纽带，具有机制灵活、成员广泛、服务多元等优势，是文化市场治理的重要组成部分。促进文化市场健康有序发展，就必须充分发挥文化行业协会、中介组织调整行业利益、促进行业自律的功能。当前，我国文化市场治理体系建设正处于由"管理"向"治理"转变的关键阶段，尚需持续推动改革创新。

上述是对现代文化市场体系主体内容的基本分析，重点是从市场客体和市场监管角度勾勒出一个大致的轮廓，进而形成持续开展研究的基础。

## 第四节　现代文化市场体系建设重点

现代文化市场体系是一个复杂、全面的系统，涉及经济社会发展的各个领域。从字面上分析，它包含了三个关键词，凸显了现代文化市场体系的主要特

---

① 闫烁，祁述裕. 完善"十四五"时期文化经济政策 促进文化要素市场化配置［J］. 行政管理改革，2020（11）：10–19.

色：首先是现代，说明目前正在建设的文化市场体系要凸显现代化，需要充分展示和体现社会主义现代化国家新征程的发展特性，与当下数字经济时代飞速发展、瞬息万变的文化市场相适应。其次是文化，这体现了文化市场体系的特殊属性，即有别于一般市场体系的意识形态属性，或者说文化属性。上海社会科学院蒯大申研究员认为，现代市场体系和现代文化市场体系不是一个单纯的经济取向，文化企业之所以有特殊性是因为精神产品的生产有其特殊性，精神生产的逻辑起点是满足精神需求，和面包、服装不一样[①]。因此，要充分考虑文化市场的意识形态属性和商品属性，妥善处理两者的关系。最后是体系，这一点非常关键，它表明现代文化市场体系建设不是要解决某一个问题，而是要从整体上统筹关于文化市场发展所涉及的各个领域和方面的问题，文化市场体系不是孤立的，它隶属于整个社会主义市场经济体系。结合我国现代文化市场体系内涵和建设实践，其建设思路主要包括以下方面：

## 一、全面准确把握现代文化市场体系的科学内涵

现代文化市场体系不是一时一事，需要从国家经济社会发展全局去考察，从社会主义市场经济体系建设、文化强国建设的高度，分析现代文化市场体系建设。现代文化市场体系既自成体系，又是文化强国建设的重要组成部分，还是我国现代市场经济体系的组成部分，具有重要战略性地位。要注重全面、深入分析现代文化市场体系的科学内涵，把现代文化市场体系置于经济改革、社会发展、文化繁荣的大局中分析和解读，树立大局观念和系统观念。要时刻把握数字化时代文化市场发展变化，及时更新现代文化市场体系丰富内涵，深化现代文化市场的理论体系。

## 二、明晰现代文化市场体系建设原则

建立健全现代文化市场体系不仅是理论上的探索，也是一个摆在我们面

---

① 苏丹丹. 现代文化市场体系建设尚处起步阶段［N］. 中国文化报，2014 - 02 - 26（6）.

前、实实在在的建设任务，是社会主义文化强国建设的基本的组成部分。进一步建立健全现代文化市场体系，要明晰现代文化市场体系建设原则。首先，坚持社会主义先进文化前进方向。把握好意识形态属性和产业属性、社会效益和经济效益的关系，始终坚持社会主义先进文化的前进方向，始终把社会效益放在首位。始终建设与社会主义先进文化前进方向相一致的现代文化市场体系，不断增强文化的吸引力和感召力。其次，坚持"消极干预为主，积极干预为辅、无限干预为个例"① 的发展原则。尽管文化产品具有意识形态属性，但我们也不能忘记它同样是一种商品，还有商品属性，要妥善处理两者之间的关系，做到相互促进、相得益彰。此外，既然是市场体系，就要遵循市场经济发展规律，在文化市场体系建设中，最主要的是发扬消极干预为主的思想，确保文化企业、机构和个人的积极性与创造性，在保障国民权益、扶持对国家发展具有重要战略意义产业领域实施积极干预，在党和国家管理的"宣传机构"则实现无限干预原则。最后，实施"效率提高""分类指导""分区域指导""动态适应性"等发展原则②。

## 三、构建现代文化市场结构体系

现代文化市场体系是一个多层次、多要素的文化市场集合体，建立健全现代文化市场体系的核心是形成科学、合理的文化市场结构，使产品体系、要素体系、服务体系多元协同、互促共进。首先要加强文化市场主体建设。文化市场主体是文化产品和服务的生产者、提供者，是现代文化市场体系发展的源头，塑造和培育现代文化市场主体是高质量文化产品和服务的保障。通过发展壮大和优化各类文化市场主体，推动市场主体规模不断扩大、供给能力不断提升。其次是完善现代文化产品市场体系。现代文化产品市场是实现文化消费的关键环节，需要持续创新和拓展。在数字化时代，尤其需要注重传统文化市场行业转型升级和新兴文化市场行业的创新发展，形成多元共生的发展格局，构建多层次、多元化的产品市场体系。再次是健全现代文化要素市场体系。文化

---

① 张晓明，惠鸣. 全面构建现代文化市场体系 [M]. 北京：社会科学文献出版社，2014：243.
② 郝婷，黄先蓉. 文化市场体系建设应遵循的原则 [J]. 新闻前哨，2014 (6)：24 - 26.

生产所必需的要素交易市场是文化市场发展的基础性条件，文化要素市场越发达则说明现代文化市场体系越完善。要坚持推进体制机制改革，逐步消除文化要素市场的"双轨制"，真正构建多层次文化要素市场，推动文化资源优化配置。最后是大力发展现代文化服务市场体系，加快现代流通传播渠道建设，鼓励经纪机构发展壮大，形成多层次的现代文化服务市场体系。

## 四、营造现代文化市场机制运行的宏观环境

充分发挥现代文化市场的竞争机制、价格机制、供需机制的作用，更好发挥文化市场的资源配置功能，需要营造良好的发展环境，构建现代文化市场的规制体系，包括法律、法规、契约、公约等。为此，需要以政府职能转化为突破口，推动现代文化市场治理体系建设。首先，加快文化市场管理体制机制变革，推动政府大包大揽式的管理向综合式的文化治理转变，减少政府对企业、对市场的直接干预。其次，加强文化法治建设，以加强文化立法建设为基础，创新内容监管模式，在保障社会主义文化先进文化前进方向的前提下，充分激发文化的创新和创造力。最后，积极引导和培育文化市场行业协会和中介组织，推动其健康、有序发展，更好地服务于文化市场行业自律，提升社会治理效能和水平，为文化企业提供有力支撑。

综合分析，我国正在跨入社会主义发展新阶段，经济社会正处于高质量发展起步阶段，这为文化强国建设带来重大发展机遇。面对数字化时代的发展机遇，应对国际文化发展激烈竞争的挑战，需要加强顶层设计，积极推动高标准现代文化市场体系建设，为文化强国建设注入强大的发展动力。推动现代文化市场体系建设，需要坚持系统论、控制论的发展理念，注重整体建构，既要发挥政府引领和推动作用，打通文化市场体系建设的堵点、难点，更要尊重文化市场发展规律，全面发挥市场机制的积极作用，使文化市场体系切实形成对文化发展的强有力支撑。

# 第二章　现代文化市场体系研究回顾

建立健全现代文化市场体系意义重大、体系丰富，深化这一主题研究首先要梳理以往研究成果，明晰需要持续深入研究的方向和重点。基于此，本章首先系统梳理了重大标志性研究成果，然后对现代文化市场体系的重点研究内容逐一进行梳理和分析，明确了要突破的重点领域。

## 第一节　标志性研究成果评述

如前所述，现代文化市场体系建设是当前文化建设面临的一项实实在在的工作和任务，具有非常强的实践性。文化市场体系建设理论研究与实践探索结合非常密切，并与我国现代市场经济体制创新和理论突破息息相关，每一次关于社会主义市场经济理论和实践上的重大突破都会带动文化市场体系建设理论和实践上的突破。通过梳理文化市场体系理论发展脉络，我国文化市场体系理论研究经历了两次热潮并形成了代表性的研究成果。

### 一、党的十四大关于中国特色社会主义市场经济体制改革理论突破带动了文化市场研究热潮

社会主义市场经济体制是一种史无前例的体制，也是中外经济学经典中从来没有过的一个概念。理论上，这是党的历史上一次真正的理论创新，是马克思主义中国化的一个光辉典范。实践上，建立和完善社会主义市场经济体制是

中国进一步深化经济体制改革的一项重要内容，也是中国特色社会主义道路探索中的一个伟大创举。1992 年，邓小平同志南方谈话时提出，要建立社会主义市场经济体制。1992 年 10 月，党的十四大明确提出我国经济体制改革的目标是建立社会主义市场经济体制。之后，党的十四届三中全会通过了《中共中央关于建立社会主义市场经济体制若干问题的决定》，进一步明确了社会主义市场经济体制改革的主要内容。党的十四大以后，我国文化市场驶上了时代发展的快车道，文化市场日新月异，一日千里，使这个阶段成为文化市场发展过程中速度最快、同时也是问题最突出的时期①。梳理党的十四大到我国加入世界贸易组织这一时期关系文化市场的研究成果可以发现，党的十四大之后，在市场经济体制改革和文化市场飞速发展等因素影响之下，关于文化市场的研究成果显著增多，涉及文化市场发展的各个领域，其中刘玉珠、柳士法两位学者合著的《文化市场学——中国当代文化市场的理论与实践》② 具有非常强的代表性和开拓性。该书对研究视角和思路做了如下介绍：

20 世纪 80 年代初，文化市场在中国这个古老的文明大国兴起时，立即引起了整个社会的广泛关注……争论的焦点实质上是文化的商品属性问题……争论在继续，文化产品和服务走进市场也在继续，而且势不可挡。二十年过去了，文化市场的实践证明，文化不仅可以作为一种特殊的商品进入市场，而且可以在市场中使其功能的发挥达到最大化……进入 21 世纪，文化市场的发展和管理都面临着新的挑战。比如在大改革的国内背景下，在消费者对文化市场的需求日趋多样化的形势下，如何促进文化市场大发展、繁荣和规范城市文化市场、培育和引导农村市场？在大开发的国际环境中，如何正确对待文化市场准入扩大带来的中外文化融合与碰撞？在高新科技大革命的时代条件下，如何应用现代科技手段发展和管理文化市场，促进先进文化的生产与传播？③

从上述论述可以看出，该著作对 20 世纪 80 年代初到 21 世纪初这一时期

---

① 刘玉珠，柳士法. 文化市场学：中国当代文化市场的理论与实践 [M]. 上海：上海文艺出版社，2002：53.

② 刘玉珠，柳士法. 文化市场学：中国当代文化市场的理论与实践 [M]. 上海：上海文艺出版社，2002.

③ 刘玉珠，柳士法. 文化市场学：中国当代文化市场的理论与实践 [M]. 上海：上海文艺出版社，2002：311－312.

我国文化市场发展和管理实践进行了全方位梳理和理论提炼,立足新发展趋势,对未来文化市场发展作出了思考和探索,是改革开放以来特别是党的十四大之后的 10 年里对我国文化市场研究的代表性成果,书中的主要观点至今看来仍旧具有前瞻性和重要的指导意义,是当下开展现代文化市场体系建设研究的重要理论参考。鉴于这一研究成果的开拓性和标志性,在此进一步梳理和分析其理论创新。

### (一) 文化市场功能作用的研判

在该研究成果中,一个非常重大的理论突破就是对文化市场在文化资源配置中的作用的阐释,即文化市场是文化资源配置的基础方式[①],有专家认为,这一核心概念在今天依然处于前沿[②]。市场在资源配置中发挥什么作用、扮演怎样的角色是社会主义市场经济改革的核心问题,同样,文化市场在文化资源配置中的作用也是现代文化市场体系建设的核心和关键。但与普通产品不同的是,文化产品不仅具有商品属性,还具有意识形态属性,文化产品的双重属性决定了关于文化市场在文化资源配置中作用的探索和讨论更加复杂、曲折。在这一研究成果中,该书作者立足自身工作实践与观察,首先明确了文化市场的积极作用,即文化市场可以真实地体现文化产品供给和需求方面的互动关系,成为沟通文化产品生产经营者和购买消费者的有效渠道。文化市场以市场机制为主配置文化资源,可以把有限的人力、物力和财力等资源优先投向最有效率、最有效益的生产项目和文化产品上去,从而提高文化资源的配置效率,也就相应提高了文化生产力,进而可以更好地满足公众的文化需求。这一论述非常精准地阐释了文化市场机制链接产销、优化资源配置、提高文化生产力进而提高文化生产效益的突出优势。由此可以得出结论,文化市场是一种自动化趋向高效配置的体系,最能真实准确地反映并满足公众的文化需求。那么,利用市场机制进行文化资源配置对我国传统的文化生产又会产生怎么样的冲击呢?该书作者认为,在市场经济体制下,根据文化市场需求来决定文化产品的生

---

①　刘玉珠,柳士法.文化市场学:中国当代文化市场的理论与实践 [M].上海:上海文艺出版社,2002:5-6.

②　张晓明,惠鸣.全面构建现代文化市场体系 [M].北京:社会科学文献出版社,2014:5.

产，能最大限度地降低成本，以获得最佳效益。市场轴心取代了生产轴心，这是市场机制最大的改变，它使文化生产从供给端走向了需求端，消费者的利益受到了极大的关照。正是对文化市场机制作用的认可并在实践中持续完善，使文化市场机制发挥作用的空间和范围不断拓展，形成了对文化发展的有效支撑。

对文化市场的认可是对文化经济功能的再认识，也是对文化本身所具有的文化属性的重视，正如该书作者所言，文化之所以是文化而不是政治或者经济，都是因为它的文化属性①。文化功能是文化有别于政治、经济的根本，文化功能是文化的主要功能，政治、经济功能则是文化的从属功能或者说兼职功能。在以阶级斗争为纲的政治主导型时代，文化的意识形态属性被无限放大，其政治功能被强调到一个不恰当的高度。在以经济建设为中心的经济主导时代，文化作为政教工具的作用日益衰落，文化逐步退出时代中心，走向边缘化。因此，该书作者针对文化的经济功能，提出在经济中心时代，忽视文化的经济功能是不合时宜的，文化如果要重回时代中心地带，就必须弘扬自身的经济功能，成为经济建设的一个新的增长点。基于对文化功能的全面认识，该书作者提出既要防止走向文化完全政治化的极端，也要防止走向文化完全经济化的极端，警惕政治、经济的反文化倾向，坚守文化功能的主导地位，均衡发展文化的经济和政治功能，真正实现文化本身的发展，使文化真正成为与政治、经济同等的地位。这一论述对积极发挥文化市场机制作用，推动文化产业发展，形成文化大发展大繁荣的格局具有强烈的启发意义和推动作用。

### （二）文化产品效益与属性之辩

为什么20世纪80年代初，文化市场在中国这个世界古老的文明大国兴起时，立即引起了整个社会的广泛关注，拥护者、反对者、怀疑者、观望者的观点见诸各种媒体和大小会议，甚至茶余饭后、街头巷尾也议论纷纷②？为什么

---

① 刘玉珠，柳士法. 文化市场学：中国当代文化市场的理论与实践［M］. 上海：上海文艺出版社，2002：28 - 29.

② 刘玉珠，柳士法. 文化市场学：中国当代文化市场的理论与实践［M］. 上海：上海文艺出版社，2002：311.

时至今日，我们不再对文化市场议论纷纷，但在现代文化市场体系建设核心环节上一直难有重大突破？这些问题的答案都指向了文化产品的属性问题。文化产品之所以有别于其他产品，文化市场之所以不同于其他市场系统，很重要的一个原因就是文化产品的特殊属性问题，即文化产品的双重属性以及随之带来的双重效益问题，即社会效益和经济效益问题。对于这一问题，该书作者也进行了全面、深入地剖析，提出了具有突破性的观点和构想①：在社会效益和经济效益关系准则上，首先提出，文化产品的商品属性要求它要讲究经济效益；文化产品又是精神产品，这决定它必须要以社会效益为最高准则。因此，不论在何时何地，发展文化市场的原则就是坚决把社会效益放在首位的同时，努力把社会效益和经济效益统一起来。广义上讲，经济效益也是社会效益，两者既对立又统一，在一定条件下可以相互转化，其中社会效益是矛盾的主要方面，它决定和制约着经济效益。但这并不代表文化产品不能追求经济效益，或者成为文化企业忽视甚至刻意淡化经济效益的挡箭牌。这是因为，社会效益和经济效益既可以实现长远和全局的统一，也可以实现及时和具体的统一。譬如一部好的作品，它的读者或者观众越多，经济效益会越大。因此，从这个意义上讲，对经济效益的重视也就是对社会效益的重视，经济效益成了实现社会效益的中介和桥梁。这一论断廓清了有关文化市场经济效益的迷雾，破除了经济效益和社会效益的对立，打破了国有文化企事业机构对经济效益的认识误区，对文化体制改革起到了积极的促进作用。基于对文化产品双重属性的认识，该书作者提出要遵循经济规律与艺术自身发展规律两个规律，制定相应的文化经济政策和法规，运用多种手段调控文化市场，使文化经营者主观上追求经济效益的行为在客观上合乎社会的规范和要求，这是文化市场参与各方共同努力的方向。

在文化市场发展实践中，各参与主体的目标诉求存在较大的差异，这是合乎发展规律的。对政府主管部门而言，首先要求经营者把社会效益放在首位，追求政治效益的最大化，但问题在于除了国有经营企业之外，政府并不对其他企业进行经济投入，但同样要求社会效益的回报。对文化市场经营者来说，特

---

① 刘玉珠，柳士法. 文化市场学：中国当代文化市场的理论与实践 [M]. 上海：上海文艺出版社，2002：8-13.

别是民营文化企业往往以追求经济效益为主，追求经济利益最大化，这也符合经济发展规律，毕竟企业投入的是真金白银，需要市场的回报。如此一来，两者之间就会产生矛盾，在如何处理这一矛盾上，该书作者提出了非常具有开创性的建议，即给社会效益设置一个变动区间，具体来说就是这个区间的下限是社会效益为零，但不得为负值，这是不可逾越的底线和红线。这条底线是对所有文化经营者的最低要求，应该以法律形式加以明确。在这条底线之上，提倡经营者把社会效益放在首位，实现社会效益最大化，但这仅仅是一种提倡性的高要求，而不是普遍要求，在最低要求和最高要求之间，经营者有很大的活动余地和选择空间，有自由发展和生长的权利。也就是说，只要以社会效益为前提，提倡社会效益最大化，但也不禁止创造最大的经济效益。当然，这里面还有需要禁止的，那就是在社会效益底线之下牟利，不允许文化市场经营行为违法或者违背公序良俗。文化市场具有特殊性和复杂性，既需要审慎推动文化市场治理体系建设，更要积极地构建现代文化市场体系，以更好服务文化强国建设。该著作对社会效益底线原则的思考无疑给文化市场研究很多启发，更需要进一步探索和研究，以形成能够应用于实际工作的政策举措。

## 二、党的十八届三中全会关于社会主义市场经济建设的探索带动了现代文化市场体系理论研究的突破

在探讨现代文化市场体系建设的发展背景时，我们提出党的十八届三中全会是一个重要的标志性事件，即现代市场经济发展对文化市场体系建设的推动和召唤。党的十八届三中全会提出的"使市场在资源配置中起到决定性的作用"这一新论断不仅对社会主义市场经济体系建设具有重大的指导意义，同样对现代文化市场体系建设和理论探索起到了巨大的推动作用。在党的十八届三中全会以后，围绕建立健全现代文化市场体系，不论是业界还是学界都展开了积极的探索和讨论，并形成了部分突破性的研究成果，其中张晓明和惠鸣合著的《全面构建现代文化市场体系》是这一阶段的探索成果的代表。

### （一）现代文化市场体系建设进入新阶段的论断

在《全面构建现代文化市场体系》这一专著中，作者首先提出了我国已

经从打造文化市场主体跨入构建现代文化市场体系新阶段的这一命题①，这一论断首先明晰了当前发展阶段的首要任务。新中国成立以后，计划经济体制的确立使社会发展各个领域逐步纳入国家统一管理体系，文化被赋予了意识形态属性。改革开放以后，文化市场在我国逐步发展起来，特别是随着社会主义市场经济体制改革的推进，文化市场活力逐步增强。为应对加入世界贸易组织带来的挑战，党的十五届五中全会提出发展文化产业的发展战略，推动经营性文化事业单位转企改制，并在2012年党的十八大上对建立健全现代文化市场体系做了专题论述。纵观改革开放以来的文化发展，文化市场建设贯穿改革开放全过程，文化市场机制对文化资源的支配作用日益凸显，文化市场建设逐步成为中心环节。也就是说，以大力发展文化产业为目标的文化市场建设新阶段，有着与20世纪80年代初期开始的、在"文化经济政策"主导下的文化市场发展阶段完全不同的面貌，中国的文化市场化进程开始了从局部走向全局、从量变走向质变的过程②。这一论断的重要意义在于，对文化市场体系的认识不再偏于一行一域，而是与整个经济社会协同发展，与市场经济同频共振。该书作者认为"现代文化市场体系"具有典型的转型国家特点，原生型市场经济国家的文化市场是从某种自发活动和具体的行业市场发展起来的，而转型国家的文化市场一开始就是一个异质的系统，涉及主观的建构和整体性的规制改变。不同于发达经济国家"演化生成的文化市场"，我国的文化市场是一个"整体构建的文化市场"。依照哈耶克的演化论，演化生成的市场是一种自发生成和不断扩大的秩序，遵循"演化理性"的原则。演化生成的文化市场发展过程是一个交易规则自发生成、有关问题逐渐调节、合理性设计不断叠加和复杂化，与此同时，人的认识不断成熟的过程。这是指成熟的文化市场体系，而对于整体构建的文化市场发展，必须从整体上加以改变，但是要将演化生成的文化市场几百年形成的体制机制政策向一个完全异质的结构中"移植"，会形成认识悖论；转型和改革被要求从一开始就有"通盘考虑"，但是人的认识是从逐渐形成再到成熟的过程，一开始通盘考虑是不可能的③。这是该著作的核心

① 张晓明，惠鸣．全面构建现代文化市场体系［M］．北京：社会科学文献出版社，2014：1.
② 张晓明，惠鸣．全面构建现代文化市场体系［M］．北京：社会科学文献出版社，2014：3.
③ 张晓明，惠鸣．全面构建现代文化市场体系［M］．北京：社会科学文献出版社，2014：4－6.

观点之一，即理性的整体构建文化市场体系可能会与预期想要的结果相反，改革发展需要在不断地探索和试错中逐步推动。这也表明，在推动文化市场体系建设的过程中，一定要遵循市场发展规律、文化发展规律，切实形成市场机制发挥主导作用的现代文化市场体系。

### （二）文化市场属性与思想市场建设

关于文化市场和文化产品属性的问题是现代文化市场体系建设的核心问题之一，在这一研究成果中同样对这一问题进行了深入分析。该书作者首先提出，党的十八届三中全会提出的新论断"使市场在资源配置中起到决定性作用"与文化改革发展中的"建立健全现代文化市场体系"这一根本要求既在改革逻辑上保持了内在一致性，又在改革发展阶段上体现了渐进性和稳妥性①。这一论断说明，文化市场首先是一种文化资源配置方式，是现代市场经济体系的重要组成部分，以市场这种分散化的资源配置方式推动文化的繁荣发展是一个必然趋势。之所以如此，与文化市场的高度复杂性、不确定性、专业性以及多重结构性密切相关，特别是文化市场所具有的高度分工和专业性，催生了"思想市场"。所谓思想市场，是指文化产品实质内容是"意义"，其生产是"意义"的"生成"，而其流通和消费就是"意义"的"传播"和"认同"。解决文化市场供需双方交易困难的方法就是建立起大量专业化的服务机构和个人，形成一个"场域"。从这个意义上讲，文化市场从根本上讲就是一个"思想市场"②。思想市场这一概念有助于进一步辨析文化市场和产品的特殊属性和一般属性之间的关系。2003 年文化体制改革开启以后，文化产品的商品属性是"一般属性"、意识形态是"特殊属性"的理念打开了通向建立健全现代文化市场体系的大门。但是这一认识仍然没有完全摆脱计划经济体制下无限夸大文化产品意识形态属性的传统观念，没有充分发挥文化市场的资源配置的优越性③。所以，只有进一步区分文化产品的意识形态属性，才能为更好推动现代文化市场体系建设打下思想基础。

---

① 张晓明，惠鸣. 全面构建现代文化市场体系［M］. 北京：社会科学文献出版社，2014：5 - 6.
② 张晓明，惠鸣. 全面构建现代文化市场体系［M］. 北京：社会科学文献出版社，2014：12 - 14.
③ 张晓明，惠鸣. 全面构建现代文化市场体系［M］. 北京：社会科学文献出版社，2014：27 - 28.

概括来讲，现代文化市场体系建设的核心就是关于文化产品和市场的属性问题，每一次关于文化市场发展理论上的突破无不来自社会主义市场经济理念的突破、文化发展思想的解放，这仍将是持续探索的重点之一。

## 第二节　主要研究议题辨析

现代文化市场体系是一个复杂的系统，不仅涉及文化产业发展、文化事业繁荣、社会主义核心价值观体系建设，还是社会主义市场经济体系的重要组成部分，与各个领域发展都密切相关。既然是体系，对其研究也就涉及各个领域。如一些专家指出的，"文化市场""现代文化市场体系"表述都源于中文的政策文本，在英语文献中并无类似表述，只有书籍市场、音像市场、演出市场等，因此对于现代文化市场体系研究的梳理，重点以国内研究成果为主，兼顾市场经济发达的国家的相关研究成果。

### 一、文化市场体系的概念与内涵

讨论文化市场体系，首先要明晰文化市场的概念内涵。关于文化市场的概念有众多表述，其中代表性的有刘玉珠和柳士法两位老师的定义，即文化市场是文化与经济一体化的产物，它既是市场经济在文化领域的延伸，又是文化建设在市场经济领域的表现形式。从文化的角度看，它是文化建设的一个重要领域；从经济的立场看，它是市场经济的有机组成部分。从市场的一般含义来看，文化市场是以商品交换的形式提供精神产品和文化娱乐服务的场所①。这一概念重点从文化市场与市场经济关系角度阐释了文化市场的含义。傅才武老师提出，文化市场是文化商品和服务进行交换的领域和场所，是由市场主体、文化商品和服务、特定空间场域和交易规则这四大基本要素组成的结构化系统。根据文化产品的形态分类，可以将文化市场划分为文化

---

① 刘玉珠，柳士法. 文化市场学：中国当代文化市场的理论与实践［M］. 上海：上海文艺出版社，2002：3－4.

商品市场和文化服务市场两大类①。这一概念侧重于突出文化市场的具体内容，并对文化市场进行了初步的分类。综合各有关文化市场的定义可以看出，文化市场是市场的一种特殊形态和存在方式，既是一种空间概念，也是一种机制概念，同时还是一种力量形态②，这也是本书开展研究的概念基础。随着网络科技、数字经济的发展，有专家提出了"虚拟文化市场"的概念③，这是数字化时代文化市场发展的一种新的形态和表现方式，从侧面反映了文化市场的具体表现形式会随着经济社会的发展而不断变化。对于现代文化市场体系的理解，有专家指出，现代文化市场体系是指文化要素市场、文化产品和服务市场在紧密联系和相互作用中所形成的文化市场有机体，其内容不仅包括书报、电子音像制品、演出娱乐、影视剧等文化产品和服务市场，还包括资本、产权、人才、信息、技术等生产要素市场。以市场为文化资源配置的基础，以竞争为主要手段，是现代文化市场体系与传统文化市场体系最明显的区别④。这一概念突出强调了资源配置、竞争机制等市场机制在现代文化市场体系建设中的作用，但作为一个由文化产品、文化人才、文化服务和文化资本等要素组成的有机整体，文化市场体系不是一个固定的范畴，而是需要根据时代的发展需求和产业结构的变化等进行适时调整，以适应现代产业的发展⑤。因此，需要建设与社会主义现代经济体系相适应、支撑文化强国建设的现代文化市场体系。

## 二、文化市场体系的属性与功能

文化市场的属性问题历来是各界关注的焦点问题，有专家系统分析了文化市场体系建设与一般市场体系建设的共性与差异，认为文化市场除了具有一般

---

① 傅才武. 中国文化市场的演进与发展 [M]. 北京：经济科学出版社，2020：2-3.
② 胡惠林. 作为公共领域的文化市场 [J]. 探索与争鸣，2014（8）：30-36.
③ 李康化，薛相宜. 虚拟文化市场：一种崭新的市场形态 [J]. 中国文化产业评论，2010（1）：83-97.
④ 陈名财. 构建现代文化市场体系的支撑点 [N]. 人民日报，2013-09-10（9）.
⑤ 王林生. 现代文化市场体系：粤港澳大湾区文化产业高质量发展的路径与方向 [J]. 深圳大学学报（人文社会科学版），2019（4）：61-70.

市场的开放性、竞争性等特点外，还具有意识性、知识性、艺术性、精神性、多样性等诸多特征，这就对文化市场经营性组织提出了不同于一般市场经营者的特殊要求①。文化市场与其他市场的最根本区别到底在哪里？对于这一问题，胡惠林老师进行了非常精辟和深入的分析。他认为，人们在文化市场上通过买卖交换的是思想、观念、感情、信仰、审美、价值观等一切非物质形态的精神产品。人们通过并借助这种方式来增进彼此了解、沟通文化信息、进行思想和观念的辩驳，以达到沟通与交流的效果，很多时候，甚至还是一种精神文化的博弈和竞争。因此，文化市场在本质上是思想观念、情感信仰等一切意义的竞技场②，也就是通常意义上所说的思想市场的概念。这是文化市场体系建设具有多重复杂性的主要根源之一，除了遵循现代市场经济发展规律，还要正确处理文化产品所具有的特殊属性，厘清文化产品所具有的社会效益和经济效益之间的关系。作为文化产品交易空间和市场运行机制，文化市场体系具有自发性与自觉性、中间性与非中间性、空间性与实践性、流动性与固定性、多元性与单一性等多重特征③。也有学者提出，现代文化市场体系的特征是不断变化的，以粤港澳大湾区文化市场体系发展实践分析，现代文化市场体系有人才创意化、生产动态化、产品智能化、消费定制化、资本多元化等表征④。基于文化市场体系属性、特征的梳理，文化市场体系的功能和作用非常明显，文化市场的发展提供了一个将居民潜在的文化需求转化为现实生产力、经营性文化产业独立发展的平台机制，推动了文化领域的逐步开放，建立了中国文明与其他文明间交流合作的重要渠道⑤。进一步提炼文化市场体系的功能，则包括了文化资源配置、文化社会组织、精神秩序构建、文化权利实现等功能⑥，文化市场体系功能的多元性进一步明确了在建立健全文化市场体系过程中，需要充分考虑和尊重市场与文化的发展规律，做到有机结合与协同共促。

---

① 罗紫初，李昕烨．文化市场体系建设与一般市场体系建设的共性与差异比较研究［J］．出版科学，2014，22（5）：16－19．

②③⑥ 胡惠林．作为公共领域的文化市场［J］．探索与争鸣，2014（8）：30－36．

④ 王林生．现代文化市场体系：粤港澳大湾区文化产业高质量发展的路径与方向［J］．深圳大学学报（人文社会科学版），2019（4）：61－70．

⑤ 傅才武．中国文化市场的演进与发展［M］．北京：经济科学出版社，2020：223－226．

## 三、文化市场与政府关系

文化市场与政府的关系是现代文化市场体系建设的核心要素，关系文化市场制度体系和政策体系建设，正确处理文化市场与政府的关系意义重大。政府与文化市场的关系是政府与市场关系在文化领域里的表现，它既存在政府与市场的一般性关系，同时也存在政府与其他市场没有的特殊关系。由于人的精神活动行为远比经济活动行为复杂得多，因此，文化领域里的政府与市场关系也更加复杂[1]，这就是为什么现代文化市场体系建设会面临更多的问题与挑战。如何正确处理文化市场与政府的关系，很重要的一点就是明确政府和市场在现代文化市场体系建设中的角色定位。对政府来说，应该定位在产业发展的导向者、市场秩序的监管者、公共服务的提供者上面，而市场角色定位应该是信息的传递者、产业技术的革新者、文化产业资源的配置者、文化产业发展的促进者等，通过使市场在资源配置中发挥基础性、决定的作用，使政府发挥矫正文化市场失灵的作用，进而形成协同发展新机制[2]。当然，这是学理上的探索，也是一种文化市场和政府关系的理想状态，政府和市场作为资源调配的两种方式，都会对产业发展、现代文化市场体系建设产生巨大影响。一方面，要预防政府干预文化市场体系建设中存在的弊端，包括产业政策存在的弊端、产生的寻租行为、行政损耗严重、文化产品和服务供给效率低下、抑制文化产业创新等[3]。另一方面，在发挥文化市场资源配置的作用时，也要关注进入壁垒、外部性与内部性所造成的市场失灵的影响[4]。

## 四、文化市场政策与制度体系建设

文化市场政策与制度体系是文化市场体系的支撑体系，是确保市场机制有

---

① 胡惠林. 论政府与文化市场的关系 [J]. 长白学刊，2014（3）：28－32.
② 罗紫初，洪璇. 现代文化市场体系中政府与市场的角色定位探析 [J]. 出版科学，2015，23（2）：9－13.
③ 罗紫初，陈翻. 我国文化市场体系建设的政府干预研究 [J]. 中国编辑，2014（3）：32－27.
④ 黄先蓉，郝婷. 论文化市场体系建设中的政府与市场定位 [J]. 现代出版，2014（2）：10－13.

效发挥的重要保障，也是学术界研究的焦点问题，各国都非常注重这一领域建设。对欧美等发达地区和国家来说，它们对文化市场的管理主要利用的是完善的法律法规等强制性政策工具，同时也会使用财政、金融、税收等混合型政策工具①。在文化产品市场方面，美国虽然主张"无为而治"，但"无为"仅针对盈利性的私人产品，对公共文化产品的监管却有所干预。特别是数字化时代的来临，各国都在信息通信等领域推出相关政策。在文化服务市场方面，大多数发达国家强调并放大非政府组织在文化市场建设中的作用，为非政府组织提供管辖空间，如美国文化基金在文化服务市场建设中的积极作用。在文化要素市场方面，为适应智能时代文化市场发展，各国颁布一系列相关政策，如英国的《英国人工智能发展的计划、能力与志向》，澳大利亚的《人工智能伦理原则》等②。对我国文化市场体系政策研究首先聚焦政策缺失和不足，当前我国文化市场体系政策上存在的不足主要是政策体系不健全、政策缺乏必要的稳定性和有效性、政策支撑体系较弱等③。在数字化、智能化时代，如何进一步完善文化市场政策体系是当前面临的一大艰巨任务。有专家指出，要推动文化市场政策体系创新，首先要创新文化市场功能性政策，包括向市场导向的、普惠性为主的功能性产业政策转向，制度创新主体应基于数据驱动主导功能性政策优化，并在制度层面形成对"一源多用"模式的扶持体系。其次，创新文化伦理政策包括：充分发挥数据智能优势、加强文化内容伦理制度建设；通过一系列制度安排，习得 AI 时代的文化创新边界伦理；完善文化内容智能化生产的法律法规，加快新时期文化科技伦理观构建。再次，要创新文化市场监管政策，包括分类监管制度、靶向监管制度、行业监管制度。最后，创新知识产权政策，包括加快构建 AI 主导的知识产权制度创新体系、大数据主导的知识产权制度的市场反馈体系与平台体系④。这一论述对数字化时代文化市场体系建设的研究具有积极的启发意义，为持续完善文化市场体系政策体系建设提供了

---

① 黄先蓉，徐唯. 世界主要发达国家文化市场体系建设相关政策及启示 [J]. 中国编辑，2014 (2)：22 - 27.

②④ 解学芳，申林. "智能 +"时代现代文化市场体系的制度创新 [J]. 南京社会科学，2021 (6)：160 - 168.

③ 黄先蓉，郝婷. 我国文化市场体系建设的政策缺失与完善路径 [J]. 新闻前哨，2013 (12)：17 - 19.

理论基础。

## 五、文化市场监管

　　文化市场监管是文化市场有序发展的基本保障，也是国家管理文化市场的基本职能。政府与文化市场之间并不存在政府要不要干预文化市场和要不要文化监管，而是如何干预、怎样监管。完全对文化行为不加干预和不加监管的文化市场是不存在的①。那么，应该如何监管文化市场，需要遵循什么样的原则？作为一个实行自由市场经济的国家，美国政府对市场（包括文化市场）的直接干预很有限。尽管如此，美国的监管方式却很规范，可以说已经走上了法制化的轨道。从联邦的层次来看，美国的立法、行政、司法三个部门相互协调、相互制约，形成了对文化市场的监管框架。除了政府，行业自律组织也在美国的文化市场监管中发挥着重要的作用。这些行业组织对各个行业的发展比较熟悉，因而他们制定的行业自治规则通常也较为合理，而执行的难度也较小，从而大大减轻了政府"管理"的负担。在行业市场监管方面：出版物市场领域，"只有基于保护儿童"才能构成政府监管的正当理由。广播电视市场受到来自政府的监管较多，实行行政审批制度。根据宪法第一修正案，广播电视的经营者也享有言论和出版的自由。这也就意味着，政府无权对任何具体节目的内容进行事前干涉，也无权指示电台或者电视台播放或者取消任何特定的节目。行业自律组织也在广播电视市场的监管方面发挥着重要的作用。网络市场监管不得违反宪法②。由此可以看出，美国在文化市场监管方面更提倡行业的自我管理，政府干预较少。在荷兰，所谓文化市场监管，主要是围绕"保护公民基本权利"和"维护市场的公平竞争"展开的。文化市场的监管以文化市场主体自我监管和合作监管为主。政府的职责是颁发营业执照，监督市场主体和行业自治组织的活动是否遵守了相关法律的规定。需要注意的是，荷兰政府对于文化市场的监管主要通过独立监管机构来实施，政府的职能主要是制

---

① 胡惠林．论政府与文化市场的关系［J］．长白学刊，2014（3）：28－32．
② 郑海平．美国文化市场监管的经验及其启示［J］．浙江社会科学，2013（8）：89－92．

定相关政策①。在文化法治建设中，国家保护文化的自主、开放和多元性，保障公民文化基本权利。国家为文化服务并有义务促进文化的发展，但也通过给付行政的方式来行使国家的文化形成权。在文化法治背景下，德国形成了文化市场监管的四种模式：自我规制；受规制的自我规制；共同规制；政府规制。从规制的一般理论研究和实践发展的趋势来看，在上述四种监管模式中，自我规制、受规制的自我规制以及共同规制的地位越来越重要。在文化市场的多元监管中，强调优先选择自我规制、受规制的自我规制以及共同规制也契合了这种发展趋势②。欧美发达地区和国家的文化市场监管的模式给我国文化市场监管工作提供了借鉴和参考。

在我国关于文化市场监管的基本原则研究上，韩大元教授认为文化市场监管虽然属于政府行政监管的组成部分，但与一般监管不同，文化市场监管的目标应当定位于如何有效地保障公民的文化权利。之所以如此定位，不仅是因为过分的和不适当的监管会造成文化和文化市场的萎缩，还因为文化权利是我国宪法规定的一项公民的基本权利。因此，市场监管不但要法治化，而且要尊重市场规律和社会自组织的力量。凡是公民、法人或者其他组织能够自主决定的，市场竞争机制能够有效调节的，行业组织或者中介机构能够自律管理的，就不应当由行政机关进行监管③。在我国具体的监管制度设计上，当前主要有文化市场准入制度、内容审查制度、产权制度以及行政执法制度，但在制度设计中，还存在市场准入制度比较严格、管理制度不健全、市场信用制度未建立、市场法制建设不完善等突出问题④。特别是面对快速发展的新兴业态，政府主管部门尚需持续探索文化市场管理的改革思路。在具体文化市场综合执法改革上，近年来，我国进一步强化了文化市场管理法制化、制度化和规范化建设。文化立法、文化开放和文旅融合有了新突破，建立健全文化市场综合行政执法运行机制，进一步规范文化市场秩序，推动媒体深度融合等取得新进展。

---

① 程雪阳. 荷兰文化市场监管的经验及其启示 [J]. 浙江社会科学, 2013 (8): 92 - 96.
② 喻文光. 文化市场监管模式研究——以德国为考察中心 [J]. 环球法律评论, 2013 (3): 132 - 147.
③ 韩大元. 文化市场监管法治化研究（笔谈）[J]. 浙江社会科学, 2013 (8): 76.
④ 郝婷. 我国文化市场体系建设中制度设计的不足及原因探析 [J]. 编辑之友, 2015 (3): 19 - 22.

但一些文化领域仍然存在着体制机制束缚、政策不配套、推进难度大等问题，有待于在制度建设上有更大的突破①。对文化市场行业协会在市场监管中作用的发挥也是需要重点讨论的内容之一，从目前发展来看，我国文化市场各行业协会起步晚，发展缓慢，再加之独立性得不到保障，自治性和民间性相对较弱，其治理功能与世界文化产业发达国家、地区存在很大差异②，尚需根据文化市场发展的实际变化来推动其改革发展。

## 六、现代文化市场体系建设路径

毫无疑问，所有研究和实践探索的最终指向是如何建立健全现代文化市场体系，更好发挥文化市场的资源配置作用，提高文化发展质量和效益。从目前发展现状看，我国已经拥有一个行至半途的文化市场，还要继续努力，完成历史使命。建立健全文化市场体系的目标核心应该是：处理好政府和文化市场的关系，使文化市场在资源配置中起决定性作用和更好地发挥政府的作用③。对于推动现代文化市场体系建设的具体举措，当前主要研究成果集中在市场主体培育、统一市场建设、多层次产品和要素市场培育、文化市场法治建设等。从政府主管部门视野来看，要建立健全现代文化市场体系，首先，应推进国有经营性文化单位转企改制，加快国有文化企业股份制改造，推动文化企业跨地区、跨行业、跨所有制兼并重组，保持和发挥国有文化企业在市场中的主体地位和主导作用。其次，应鼓励非公有制文化企业发展，包括降低社会资本进入门槛，扩大非公有制文化企业准入领域，支持各种形式小微文化企业发展。再次，应建立多层次文化产品和要素市场，包括加强文化产品市场和要素市场建设，推动文化行业组织和中介机构建设。最后，应创新现代文化市场体系建设的政策环境，包括进一步转变政府职能，完善文化经济政策，扩大政府文化资

---

① 祁述裕，贾世奇．加强文化制度建设促进文化市场繁荣——对当前我国文化治理及 2019 年发展焦点的观察［J］．福建论坛：人文社会科学版，2020（3）：5–18.

② 张艳，荆林波，彭品志．我国文化市场建设中的行业协会治理功能［J］．中国流通经济，2014，28（8）：37–42.

③ 张晓明，惠鸣．全面构建现代文化市场体系［M］．北京：社会科学文献出版社，2014：242–243.

助和文化采购，加强版权保护，健全文化产品评价体系，改革评奖制度，推出更多文化精品①。也有学者从我国文化市场体系仍处于创建阶段，发育水平滞后于全国市场体系发展的一般水平这一整体判断出发，提出从顶层设计入手，选择关键性的突破口，重点着力，不断扩大市场配置资源的范围和作用，以全面创新带动文化市场体系建设取得突破。具体包括：以激发内容原创为突破口，进行顶层设计，推动内容生产领域的改革，打造新型市场主体；以转化政府职能为突破口，推进统一市场的建立，促进文化资源的自由流动；以文化法制建设为突破口，推动市场管理机制的转型，逐步建立法制化的市场监管体系；以兼并重组为突破口，发展和壮大市场主体，打造具有全球竞争力的文化企业和品牌②。健全现代文化市场体系是一个长期的任务与目标，以预见性政策设计为核心的制度创新在科技创新驱动下推动着现代文化市场体系向高科技引领的高质量发展格局演进。推动现代文化市场体系走向高度市场化、高度人本化和高度的科技化进程中要实现制度的高水平创新，包括"智能＋"时代的制度创新要高度服务于现代文化市场体系发展的动态性、高度体现现代文化市场体系"以人为本"的理念、高度体现科技赋能对现代文化市场体系的牵引性③。通过上述分析可以看出，在现代文化市场体系建设上还有很长的路要走。

除了上述现代文化市场体系相关重要研究议题之外，中国市场经济体制改革、社会主义现代化市场体系建设均为现代文化市场体系建设提供了实践参考与理论支撑。

## 第三节　重点研究方向梳理

通过对当前关于现代文化市场体系建设标志性研究成果和主要研究议题的梳理分析可以看出，当前学界和业界对这一议题已经有了较为全面和深入的研

---

① 蒋建国. 建立健全现代文化市场体系 [J]. 求是，2013（24）：24－27.
② 惠鸣，张晓明. 创新推动现代文化市场体系建设 [N]. 人民日报，2013－11－26（14）.
③ 解学芳，申林. "智能＋"时代现代文化市场体系的制度创新 [J]. 南京社会科学，2021（6）：160－168.

究，对其中的焦点、难点问题都有深入的讨论和积极的回应，这对推动现代文化市场体系建设起到了积极的促进作用。通过梳理分析也发现，当前的理论研究还远远落后于快速发展的实践探索，不论是学界还是业界均对现代文化市场体系理论探索重视度不足，尚需持续推动理论研究，以更好地服务于现代文化市场体系建设。

## 一、深化对现代文化市场体系属性的研究

这是建立健全现代文化市场体系的核心，也是实现思想解放、繁荣文化事业的关键所在。众所周知，文化市场既有一般属性，也有其特殊属性，文化产品既有商品属性，也有文化属性，在推动现代文化市场体系建设进程中，必须首先坚持把社会效益放在首位，同时努力实现社会效益和经济效益相统一。尽管这一思想已经成为当下的共识、指导具体工作的思想指针，但依旧存在理论和实践上迫切需要继续探索的根本性问题。首先，就是如何划分文化市场的一般属性和特殊属性，抑或说，如何区分文化产品的一般属性与意识形态属性。对于文化市场、文化产品，哪些领域、哪些部分属于一般属性，哪些属于意识形态属性，还需要进一步认真梳理和研究，只有把这些问题弄明白、研究透才能为后续文化市场体系建设的指导思想、发展原则提供最根本的理论依据。其次，就是如何界定文化产品的特殊属性，怎样区分文化产品的社会效益和经济效益。是否有一个切实可行的标准和尺度来衡量和鉴定文化产品特殊属性的问题，以便于管理部门、企业机构有更清晰的规则？最后，如何进一步认识一般属性和特殊属性之间的关系，一般属性和特殊属性、社会效益和经济效益之间的关系不是恒定不变的，需要根据形势变化及时予以调整和辨析，以更好地服务现代文化市场体系建设。

## 二、创新数字化时代文化市场的发展理论

如果说关于文化市场、文化产品属性的探讨是一个老生常谈的话题，那么关于数字经济时代文化市场体系发展的探讨则是当前面临的急需深入研究的重

大课题。数字经济的飞速发展无疑是当今时代最大的变化。数字化已经深度融入当下各国政治、经济、社会、文化各个领域，催生了新型的经济、新型的社会、新型的文化。实践证明，我们已经跨入数字文明时代。在数字化社会，文化市场体系建设面临前所未有的挑战和机遇，一方面，新兴的文化产业业态层出不穷，发展迅速，使当下社会面临更多的新生事物，在持续繁荣和拓展文化市场的同时，也给人们认识新形势下的文化市场理论带来挑战。另一方面，传统文化市场行业借力数字经济发展，不断转型升级，进一步拓展了新的发展样式和格局，丰富了现代文化市场体系。除此之外，数字化发展使文化市场监管体系面临颠覆性变革，不论是在监管思想、监管手段上，还是在监管模式、监管政策上，以数字化为代表的科技发展影响越来越大，借力数字化技术监管数字化时代的新型文化市场是当下文化市场监管急需破解的难题。在数字化时代，面临着行业、监管等多方面、全领域的转型发展，需要立足市场发展理论和当下文化市场体系发展实践，全方位推动文化市场体系理论的创新发展，以更好地指导和服务现代文化市场体系建设。

## 三、探索现代文化市场的"体系"理论

从对现有相关研究成果的梳理看，对文化市场的研究多，对文化市场体系的研究则相对较少；对文化产品市场的研究较多，对文化要素市场的研究则相对较少。从当前文化市场发展的现状与趋势分析，我国已经度过了仅仅关注打造市场主体、丰富文化产品供给、构建文化产品市场的阶段，逐步迈入全面构建现代文化市场体系的阶段，对市场体系的研究、对文化市场体系的建设是当前时代的任务、发展的主题。当前，需要在把握和研判文化市场发展规律的基础上，系统研究文化市场运行原理、运行机制，分析市场机制在文化资源配置中所发挥的作用，重点研究文化要素市场、文化市场治理体系，从系统论的研究视角梳理现代文化市场体系各块面之间的关系以及发展现状。推动文化高质量发展，提升我国文化软实力特别是文化产业国际竞争力，首要是构建高标准的文化要素市场体系，提升文化市场治理能力，这既是下一步研究的重点内容，也是当前研究亟须突破的重点议题。

# 第三章　中国现代文化市场体系发展历程

　　回顾中国现代文化市场体系发展历程，尽管与普遍意义上的市场体系有所差异，但归根结底，它依旧是我国现代市场经济体系的重要组成部分，其发展深受改革开放以来我国波澜壮阔、风云激荡的经济社会巨变的影响，在曲折发展中探索出了一条特色发展道路。1988 年 2 月，原文化部、国家工商行政管理总局联合发布《关于加强文化市场管理工作的通知》，第一次在正式文件中明确使用"文化市场"这一概念，这标示着文化市场已被纳入政府管理视线中，也显示出我国文化市场发展逐步活跃起来。党的十六大之后，文化体制改革提速，文化产业加速发展、文化市场更趋繁荣，原文化部于 2003 年 2 月发布《2003—2010 年文化市场发展纲要》，首次提出要建成市场门类齐全、结构合理，供求关系均衡，政府调控与市场机制相结合，统一、开放、竞争、有序的社会主义文化市场体系，文化市场体系概念开始被提及和重视。2006 年 1 月，中共中央、国务院印发《关于深化文化体制改革的若干意见》，提出加强文化产品和要素市场建设，打破条块分割、地区封锁、城乡分离的市场格局，形成统一、开放、竞争、有序的现代文化市场体系，现代文化市场体系建设提上日程并在后续发展中逐步丰富和完善。2021 年 5 月，文化和旅游部印发《"十四五"文化和旅游市场发展规划》，提出基本建成高标准现代文化和旅游市场体系，为现代文化市场建设提出更高的目标和要求。

　　梳理改革开放以来我国现代文化市场体系建设脉络，其概念内涵日趋丰富、渐成体系，从文化市场到文化市场体系再到现代文化市场体系，不仅凸显了我国文化市场发展取得的巨大进步和成绩，更彰显了政府主管部门对文化市场体系认识的深化，对其发展规律的把握更加精确。鉴于本书的研究的主题是现代文化市场，故此也需要关注改革开放以来我国文化市场体系的发展脉络，分析关系文化市场发展重点领域的变化。根据对我国文化市场体系发展历程与规律的分析，有三大因素对文化市场体系发展的影响至关重要：一是我国社会主义市场经济体制改革，特别是对市场在经济发展中的地位和作用的认识是文化市场体系发展的关键所在。二是文化市场各行业市场快速发展，特别是各个阶段新兴业态的持续创新发展给文化市场体系建设带来生机活力，是形塑文化市场体系的基础力量。三是政府主管部门对文化市场管理理念、管理模式的变化，特别是对文化市场从侧重监管到管理与服务并重这一思路的变化，对文化市场体系建设起到了积极的推动作用。对文化市场体系发展历程的分析，需要重点把握这三个要素在其中的变化和影响，进而从中分析和归纳现代文化市场体系建设的特色与规律。

## 第一节　文化市场重启与探索

这一阶段是指 1979～1991 年。之所以说这一阶段是我国文化市场重启阶段，主要是基于近代以来，我国已经初步形成一定规模和层次的文化市场，但这一市场的进程被计划经济的确立打断[①]。1978 年 12 月，党的十一届三中全会作出了实行改革开放、把全党工作的着重点转移到社会主义现代化建设上来等重大战略决策，开启了改革开放和社会主义现代化建设历史新时期。这一新时期标志性的发展战略就是经济领域开启了市场化改革进程，由此也重启了文化市场发展进程。在这一阶段，我国文化市场从无到有，由单一走向多元，文化产品和服务不断丰富，市场机制在其中的作用日趋凸显，不论是业界还是政府都开始关注文化市场发展并从不同角度予以回应。如前所述，经济领域的市场化改革是文化市场发展的基本盘，经济领域的思想解放、理念突破、体制机制创新都是文化市场发展的根本动力和主要导向，激发了文化市场的改革发

---

① 张晓明，惠鸣. 全面构建现代文化市场体系［M］. 北京：社会科学文献出版社，2014：141.

展，明晰了发展方向。改革开放战略的实施使社会生产力得以解放，人民生活水平快速提升，文化消费需求得以释放，文化需求侧的变革刺激了新兴文化产品和服务更加丰富多元，进而带动了文化市场管理的持续改革。

## 一、计划经济破局与市场因素出现

1978 年 12 月召开的党的十一届三中全会实现了中国经济社会发展的巨大转轨，我国经济由改革开放之前的完全计划经济开始向市场经济转型发展，计划经济开始松动，市场经济的种子开始在我国经济社会各领域萌发。1978 ~ 1991 年这一时期，是尝试在我国实现商品经济路径①的阶段。作为中国社会主义改革开放和现代化建设的总设计师，邓小平同志在 1979 年 11 月接待外宾时指出②："市场经济只存在于资本主义社会，只有资本主义的市场经济，这肯定是不正确的。社会主义为什么不可以搞市场经济，这个不能说是资本主义。我们是计划经济为主，也结合市场经济，但这是社会主义的市场经济。"在这里，邓小平同志首次提出了社会主义也可以搞市场经济的重要论断，为我国市场经济发展奠定了坚实的思想基础和理论基础。高层对市场经济的肯定倾向加速了市场经济改革进程，推动了关于市场经济发展的思想解放和相关政策建设的持续完善。1982 年 9 月，党的十二大报告明确提出了有系统地进行经济体制改革的任务，并且指出这是坚持社会主义道路、实现社会主义现代化的重要保障。这次大会提出的关于社会主义市场经济改革的重大提法是我国在公有制基础上实行计划经济；正确贯彻计划经济为主、市场调节为辅的原则。这是经济体制改革中的一个重大突破，是第一次在党的文件中提到"市场"，第一次提出了指令性计划和指导性计划的划分，撕开了传统计划经济体制的口子，为下一步突破奠定了基础③。市场体制的改革政策不仅推动了经济社会快速发展，同时还催化了思想理论界关于计划经济和市场经济更为激

---

① 国家发展改革委宏观经济研究院市场与价格研究所. 市场决定的伟大历程——中国社会主义市场经济的执着探索与锐意创新 [J]. 中国物价, 2019 (1)：10 - 11.
② 邓小平. 邓小平文选（第二卷）[M]. 北京：人民出版社, 1994：236.
③ 高尚全. 亲历社会主义市场经济体制的建立 [J]. 中国金融, 2018 (8)：16 - 19.

烈的大讨论，成为党和国家迫切需要从顶层设计上进行定调的重大问题。

经过两年多的探索和实践，在 1984 年 10 月党的十二届三中全会上通过的《中共中央关于经济体制改革的决定》中明确提出社会主义经济是公有制基础上有计划的商品经济。邓小平同志称其为"马克思主义基本原理和中国社会主义实践相结合的政治经济学"①，并认为"这次经济体制改革的文件好，解释了什么是社会主义，有些是我们老祖宗没有说过的话，有些新话。我看讲清楚了。过去我们不可能写出这样的文件，没有前几年的实践不可能写出这样的文件。写出来，也很不容易通过，会被看作'异端'。我们用自己的实践回答了新情况下出现的一些新问题。"② 亲历这一文件出台过程的专家指出，这一文件所体现出来的历史性突破主要包括了以下方面：一是在社会主义经济的本质属性上，第一次在党的文件上突破了把计划经济同商品经济对立起来的老框框，明确肯定社会主义经济是"在公有制基础上的有计划的商品经济"，强调商品经济的充分发展，是社会经济发展的不可逾越的阶段，只有充分发展商品经济，才能把经济真正搞活，促使各个企业提高效率，灵活经营，灵敏地适应复杂多变的社会需求，而这是单纯依靠行政手段和指令性计划所不能做到的。二是在所有制结构上，突破了过去"一大二公"、公有制程度越高越好的传统观念，明确肯定集体经济是"社会主义经济的重要组成部分"，个体经济是"社会主义经济必要的有益的补充"。要坚持发展多种经济形式和多种经营方式，要为集体、个体经济的发展扫除障碍，创造条件，并给予法律保护。三是在经济调节机制上，突破了"计划经济为主，市场调节为辅"的提法和以指令性计划为主、以行政手段为主的做法。明确指出：国民经济计划就总体来说只能是粗线条的和有弹性的，只能通过计划的综合平衡和经济手段的调节，做到大的方面管住管好、小的方面放开放活，保证重大比例关系比较适当；要有步骤地适当缩小指令性计划的范围，适当扩大指导性计划的范围。上述在理念和决策上的巨大突破不仅进一步破除了对计划经济体制的迷思，解放了整个社会的发展思想，更是释放了社会的生产力，使包括文化在内的各行业焕发出更

---

① 高尚全．亲历社会主义市场经济体制的建立 [J]．中国金融，2018 (8)：16-19．

② 谢明干．十二届三中全会《关于经济体制改革的决定》的七大历史突破 [N]．经济日报，2013-11-05 (6)．

大的生机和活力。

对商品经济概念的认可和接受，特别是对经济体制改革持续推动使市场经济的相关要素（如市场机制在资源配置中的作用、经济主体自主权扩大、价格调放等）在这一时期发挥的作用开始增大，市场机制作用在经济社会中的地位逐步凸显。尽管发展成绩喜人，但关于计划与市场的争论却始终没有中断过，特别是对党的十二届三中全会上提出的"公有制基础上有计划的商品经济"中计划与商品"主辅"关系的争论、计划调节和市场调节属性的认识，都关系到下一步改革的方向性问题。对此，1987 年 2 月 6 日，邓小平与中央负责同志谈话时说①："为什么一谈市场就说是资本主义，只有计划才是社会主义呢？计划和市场都是方法嘛。""我们以前是学苏联的，搞计划经济。后来又讲计划经济为主，现在不要再讲这个了。"这一论述进一步廓清了计划和市场之间的关系，为党的十三大的召开夯实了思想和理论上的基础。1987 年党的十三大召开，大会对党的十二届三中全会提出的公有制基础上有计划的商品经济体制做了进一步阐述，指出：社会主义有计划商品经济的体制，应该是计划与市场内在统一的体制。社会主义商品经济同资本主义商品经济的本质区别，在于所有制基础不同。计划和市场的作用范围都是覆盖全社会的。新的经济运行机制，总体上应当是国家调节市场，市场引导企业。尽管其后市场经济改革依旧有曲折反复，这一时期政府与市场的关系体现为政府培育、调控市场，市场在资源配置中发挥重要作用，市场机制与政府计划"双轨"组合运行，这种政府与市场关系特征可以概括为"国家调节市场，市场引导企业"的"国家—市场—企业"模式②。因此，这一阶段发展的重点是以"双轨并行、调放结合"的原则推进价格改革，开始把生产要素纳入市场体系建设，进一步缩小计划管理的范围，建立宏观调控下的以商品经济为基础的经济体制成为这一阶段我国经济体制改革的目标。

纵观这一时期我国市场经济体制改革，尽管步履蹒跚、曲折反复，却步步为营、扎实推进，不论是在思想理论上还是在政策实践上都实现了一个又

---

① 邓小平. 邓小平文选（第三卷）[M]. 北京：人民出版社，1993：203.

② 姚广利. 改革中政府与市场的角色定位——基于政府与市场关系演变的研究 [J]. 人民论坛，2014（20）：87–89.

一个的重大突破，为百废待兴的经济社会发展夯实了深厚的根基。这一阶段，计划经济体制开始松动，"市场"一词由禁忌到重现于经济社会各个领域，并在我国资源配置中开始发挥积极作用，商品经济得以快速发展，标志着我国"市场取向"的经济体制改革全面展开①。经济体制改革不仅带来经济领域的巨大变革，也吹皱了文化领域的一池春水，市场化理念也开始显现于文化发展中，文化市场萌芽开始生根并缓慢发展。翻看这一段发展历程可以发现，我国的市场经济体制改革是从思想领域的大讨论开始的，特别是由"实践是检验真理的唯一标准"大讨论引发的社会各界大讨论，不仅是思想上的交锋，也是文化理念上的大变革，对文化市场的发展起到了积极的促进作用。

## 二、文化市场恢复与发展

市场经济改革起步与发展不仅给文化市场的复苏营造了市场化发展的社会氛围，同时思想文化领域的大讨论也给文化领域发展带来了新鲜的气息，为文化各行业发展带来了新的动力和活力。此外，随着整个经济社会发展复苏，经济发展水平的提升带动了国民收入水平的不断提高，居民文化消费需求被释放，成为文化市场复苏发展的基础。可以说，我国改革开放的巨轮是从经济领域起航的，与此同时，在思想解放的春风里，文化战线也开始解冻，文化市场可谓是应运而生，乘势而起②。改革开放之初，文化市场的恢复与发展主要表现在以文化娱乐经营活动为主的各类文化经济活动日益活跃，传统的戏剧、电影、图书报刊市场不断丰富，歌厅、舞厅、录像放映厅等新的娱乐方式大行其道，流行音乐热、舞会热、录像热此起彼伏，台球、电子游戏、卡拉 OK 等一系列外来新型文化娱乐方式在我国迅速扩张，彰显出改革开放之后我国文化市场迸发出的强大活力。在此，重点对这一阶段主要文化行业市场的发展进行深入分析。

---

① 李晓西. 中国经济改革 30 年市场化进程卷 [M]. 重庆：重庆大学出版社，2008：19.
② 刘玉珠，柳士法. 文化市场学：中国当代文化市场的理论与实践 [M]. 上海：上海文艺出版社，2002：52.

### （一）演出市场

演出市场主要是指由文艺院团、演出场馆、演出经纪机构以及观众等共同组成的演出交易体系。我国舞台艺术源远流长，演出活动历来繁盛，演出市场一直较为活跃。改革开放以后，受人们压抑许久的文化消费需求释放的刺激，我国演出市场迅速恢复，文艺院团和演出场次都迅速回升，为满足改革开放初期人民群众的观演需求作出了积极的贡献。根据《中国文化和旅游统计年鉴（2019）》① 相关统计数据分析，1978 年，全国文化部门执行事业会计制度的文艺院团有 3143 个，演出场次 65 万场，观众人次 7.94 亿，平均每团演出场次 206 场，年度总收入约为 3.2 亿元，演出收入约为 1.1 亿元，由此可见群众对演出市场的巨大消费需求。至 1985 年，演出市场持续活跃，全国文化部门执行事业会计制度的文艺院团有 3295 个，演出场次 74 万场，观众人次 7.23 亿，平均每团的演出场次为 226 场。然而，随着文化市场的迅速发展，各文化行业的复苏和新兴行业的兴起，文艺院团发展开始出现下滑趋势，到 1991 年，文艺院团减少到 2760 个，演出场次 45 万场，观众人次 4.64 亿，平均每团演出场次为 162 场，演出收入 1.77 亿元。从上述数据分析就可以看出，在短短 10 年多的时间里，文艺院团的演出市场发生巨大变化，全国文化部门执行事业会计制度的文艺院团数量迅速减少，演出场次、观众人次也持续下滑，文艺院团的演出市场呈现萎缩的趋势。当然，这里的统计数据没有显示出这一阶段民营文艺院团的数据，在当时文艺院团改革承包制的推动下，民营文艺院团即民间职业剧团和社会办的文艺院团开始出现，丰富了演出市场的选择。文艺院团演出市场的萎缩从侧面反映出改革开放以后文化消费市场的快速发展，文化消费产品迅速增多使市场竞争日趋激烈，市场机制的作用更加明显。在这一阶段，演唱会市场开始活跃，在当时内地尚未有"流行演唱会"概念的年代里，作为改革前沿的广州，却凭借着邻近香港的先天优势，开始了自己的探索②。20 世纪 80 年代中期，老牌香港歌手开始在内地举办演唱会并引领了演唱会的

---

① 中华人民共和国文化和旅游部. 中国文化和旅游统计年鉴（2019）［M］. 北京：国家图书馆出版社，2019.

② 范协洪. 那些年我们一起追过的演唱会［N］. 广州日报，2014 - 03 - 24.

潮流。1985 年，香港歌手罗文在广州中山纪念堂举行了 7 场个人演唱会，盛况空前，为之后流行歌手在广州的流行演出立下标杆。1986 年，在北京工人体育馆举行的为纪念"86"国际和平年百名歌手演唱会拉开了内地歌手举办演唱会的序幕，演唱会逐渐成为文化市场的重要组成部分。

**（二）影视市场**

"文革"结束之后，在国内观众观影需求迅速提高和电影行业自身改革等因素刺激下，影视市场开始复苏与发展。根据相关统计数据分析，1977 年，全国共有故事片厂 7 家，从业人数不到 1 万人，固定资产达 1.4 亿元，年产故事片 21 部①。1979 年恰逢国庆 30 周年，原文化部组织各电影厂围绕"革命历史题材""现实题材""工业题材""农业题材"的年度规划，分批实施"献礼片"拍摄，电影行业开始恢复发展，电影市场迸发出巨大活力。据统计，1979 年创下了全民平均观看电影达 28 次、全国观众达 293 亿人次的空前纪录②。在这一时期，中国第四代和第五代导演用较短的时间掀起了一个创作高潮，涌现出《巴山夜雨》《一个和八个》《黑炮事件》《本命年》《小花》《黄土地》《红高粱》等众多优秀作品。这些作品探索民族文化的历史和民族心理的结构，折射出改革开放初期在西方文明碰撞影响之下，中国社会既遵循传统又推崇创新的文化思潮和集体心态③。市场机制的独特魅力就在于市场瞬息万变，消费群体的需求也在持续变化，20 世纪 80 年代中期开始，电影市场竞争越来越激烈。改革开放给电影市场带来的红利很快变成了市场压力，不同类型文化消费产品的竞争、国外进口的影视产品带来的竞争形成了电影市场发展的两个转向：一是电影市场上涌现出一股娱乐片的大潮，正视市场需求，注重票房收入成为影视产业发展的重要指向标，1988 年出品的影片中娱乐片占了约 60%。但由于当时整个市场经济改革刚刚起步，电影商业化道路还有很长的路要走。在同一时期，我国电视事业迅速发展并成为文化市场上的主流消费产品。这主要于得益于两个因素的推动：首先是技术的推动，包括电视机的普及

---

① 石川. 中国电影的改革开放 40 年：回归、探索与创新 [N]. 北京日报，2018 – 11 – 29.
② 刘扬. 改革开放四十年中国电影发行业变革研究 [J]. 当代电影，2018（8）：4 – 9.
③ 梁君健. 改革开放四十年：中国电影实现跨越式发展 [N]. 中国日报，2019 – 01 – 30.

和电视节目录播技术的不断成熟，特别是电视机的普及推动了电视剧市场的快速发展。1978 年，国家批准引进了第一条彩色电视机生产线，到 1985 年我国电视机年产量已经达到 1663 万台，到 1987 年我国电视机产量达到 1934 万台，跃升为世界第一产量大国。1989 年 8 月，长虹彩电在国内率先全面降价，最终使国家出台彩电降价政策，这为国产彩电摆脱计划经济影响，快速进入寻常百姓家创造了条件。其次是体制机制的变革使电视内容生产充满活力。1983年，全国广播电视工作会议确立了"四级办电视"的方针，即中央、省、市、县"四级办电视、四级混合覆盖"，地方办广播电视的积极性被充分地调动起来，在一系列社会文化事业的顶层设计之下，从中央到地方，中国广播电视行业日渐繁荣，形成电视剧制播热潮①。1979 年 1 月 28 日，上海电视台播出了我国电视历史上的第一条商业广告，标志着市场因素开始在我国文化领域发挥作用。此后，电视节目的种类越来越丰富，如 1980 年 7 月，中央电视台开办新闻评论性专栏《观察与思考》，1981 年推出《动物世界》，1983 年又推出了《春节联欢晚会》，这些节目不仅丰富了群众的文化生活，更是给我国电视事业发展带来巨大活力。在电视剧制作方面，1983 年的电视连续剧《霍元甲》引起轰动，引发了武侠热潮。1985 年的电视连续剧《上海滩》更是成为标志性的文化现象，影响了当时生活的各个领域。《四世同堂》《西游记》《红楼梦》《济公》等电视剧成为 20 世纪 80 年代的经典电视剧作品，为电视剧市场的发展作出了积极的贡献。

### （三）文化娱乐市场

根据我国《娱乐场所管理条例》的规定，娱乐场所是指以盈利为目的，并向公众开放、消费者自娱自乐的歌舞、游艺等场所，主要包括了各种营业性的歌厅、舞厅、卡拉 OK 歌舞厅、电子游戏厅以及其他各种类型的营业性的娱乐场所，其所突出的消费者自娱自乐的消费属性尤其引人注目。卡拉 OK 源于20 世纪 70 年代的日本，其后从日本传播到韩国以及我国的台湾、香港等地，20 世纪 80 年代中期传入大陆（内地）。1988 年 1 月，东方宾馆与日本株式会

---

① 高晓虹，王婧雯. 中国电视剧的时代变迁与发展对策 [J]. 中国文艺评论，2019 （9）：14 –
23.

社合办"东方卡拉 OK",这家广州最早的营业性卡拉 OK 歌舞厅,从此开启了 K 厅之门。同样,1988 年夏,在东郊出现北京第一家卡拉 OK——"你歌卡拉 OK 厅",已经消失 40 多年的营业性歌舞厅重新在北京出现,虽然也引起了几番争论,但卡拉 OK 歌舞厅还是迅速遍地开花,数目飞速增长①。尽管一开始这一娱乐方式价格不菲,但依旧很快流行开来,为 20 世纪 80 年代匮乏的文化消费提供了新的渠道。这一时期,营业性舞厅和舞会也迅速发展起来,并受到消费者的广泛欢迎,一些文化机构甚至通过开办舞厅增加经费来源。20 世纪 80 年代末 90 年代初,交际舞基本成为文化生活的重要组成部分。除此之外,还有歌舞厅、夜总会、音乐茶座等营业性娱乐场所,其中,1979 年在广州东方宾馆开设的音乐茶座就被称为我国文化市场开启的标志性事件。20 世纪 80 年代,中国第一台电子游戏机在桂林诞生。到 20 世纪 80 年代末 90 年代初,电子游戏机以其锐不可当之势,迅速火遍全国,电子游戏厅也遍地开花。一些小型的电子游戏机具成为当时比较普遍的儿童娱乐项目,游戏机的内容主要有驾驶类、炮战类、火箭袭击类、趣怪类等。这一阶段的电子游戏游艺市场取得突破性进展。

### (四)图书报刊市场

图书报刊是指印刷出版物或者纸质出版物,图书报刊市场就是传统的印刷出版物市场或者纸质出版物市场②。进一步分析,图书报刊市场是交换图书报刊商品的场所,它包含出版者、经营者和读者之间围绕图书报刊交易进行的全部买卖活动,是出版发行到读者购买整个流通过程中各种交换关系的总和,截至目前已经有数字化出版,不再仅仅局限于纸质出版。改革开放极大激活了图书报刊市场活力,特别是伴随着国家经济体制改革的进程,图书作为商品的观念和市场体系逐步出现雏形③,图书报刊市场进入恢复发展期,"书荒"的问题得以有效解决。图书报刊的品种、印数是衡量一个国家出版能力、出版规模

---

① 侯莎莎. 卡拉 OK 的几度沉浮 [N]. 北京日报,2019 – 05 – 23.
② 刘玉珠,柳士法. 文化市场学:中国当代文化市场的理论与实践 [M]. 上海:上海文艺出版社,2002:205.
③ 傅才武. 中国文化市场的演进与发展 [M]. 北京:经济科学出版社,2020:15.

的主要指标之一，从相关统计数据来看①，1978 年我国出版的图书有 14987 种、37.3 亿册，到 1985 年就迅速增长为 45603 种、66.7 亿册，1990 年这两个数据分别为 80244 种和 56.4 亿册，图书种类持续增多，印数也保持在较高水平。从期刊市场来看，1978 年，全国期刊种数为 930 种，总印数为 7.6 亿册；到 1985 年，期刊迅速增长到 4705 种，总印数为 25.6 亿册；1990 年期刊种类增长为 5751 种，但总印数下降为 17.9 亿册。从报纸发展来看，1978 年，全国报纸仅有 186 种，总印数为 127.8 亿份；到 1985 年报纸种类猛增到 1445 种，总印数为 246.8 亿份；到 1990 年，这两类统计数据分别变为 1444 种和 211.3 亿份。通过上述分析可以看出，改革开放以后，我国图书报刊行业市场快速恢复并发展起来，为满足这一时期的文化消费需求、活跃文化市场发展作出积极贡献。

### （五）艺术品市场和音像市场

中国艺术品市场是由中国艺术品的需求方（投资、收藏及其购买者）与中国艺术品的供应方（销售者、画廊、拍卖行）共同运作，形成的具体微观层面的中国艺术品交易市场，而中国艺术品的生产、消费、流通、管理及环境等关联运作形成了宏观层面的中国艺术品市场。尽管中国艺术品市场有着漫长的历史进程和久远的历史渊源②，但在改革开放以后我国艺术品市场才进入全新发展阶段，开始迈向艺术品市场体系构建。20 世纪 80 ~ 90 年代初是我国艺术品市场萌芽期，这一时期是我国由计划经济向市场经济转轨的重要阶段，尽管人们对文化消费的热情高涨，但艺术市场领域还普遍缺乏市场意识，把艺术当作商品还不能为大多数人所接受，古玩交易等也未被纳入政府合法经营范围内。随着市场经济理念的不断深入，特别是国内旅游业的发展，文化部门下属的一些公司把艺术家的作品集中起来，以方便国外游客购买，一些星级酒店内部开始开设画店和工艺品店。20 世纪 80 年代中后期，经营当代艺术品的画廊开始出现。1987 年起，北京地区不断出现经营油画为主的小型画廊，成为中

---

① 中华人民共和国国家统计局 . 中国统计年鉴 2015 [M]. 北京：中国统计出版社，2015：772.
② 陈晨 . 浅谈中国艺术品市场的历史、现状与发展态势 [J]. 未来与发展，2013，36（8）：18 - 20.

国画廊的最早雏形，如王云开设的"醉艺仙"群体艺术画廊成为我国本土最早的画廊之一①。1991 年刘小东、俞红的作品参加佳士德中国当代油画拍卖专场，标志着中国当代艺术家的作品开始进入国际艺术品市场，也逐步开启了我国艺术品市场的起步发展阶段。音像市场曾经是我国文化市场最为重要的组成部分之一，也是市场化较为彻底的行业门类之一，曾经在群众文化消费生活中发挥重要的作用。音像制品包括了录有内容的录音带、录像带、唱片、激光唱盘和激光视盘等视听产品，音像市场抑或称音像产品市场则是制作、生产、交易、消费音像制品的体系②。20 世纪 70 年代末，海外音像制品从东南沿海不断涌入，录像放映迅速成为一种新兴的时尚文化。1979 年，我国出现第一盘录像带，20 世纪 80 年代初海外流行歌曲进入中国，开始掀起了流行盒带的热潮③，我国音像制品市场进入起步阶段。1984 年以后，我国广播电视部门先后批准成立了第一批音像出版单位，如江苏音像出版社、上海音像出版社等，进一步带动了音像市场的繁荣发展。

综上所述，我们对改革开放之初 10 余年间，我国文化市场主要的行业发展概况进行了全景式扫描，对这一时期我国文化市场发展状况进行了初步的脉络梳理和分析。通过上述分析可以看出，首先，尽管这一时期我国尚处于计划经济向市场经济的转轨过程中，计划经济体制的影响依旧处处可见，但文化市场已经展示出巨大的发展活力和强大的吸引力，成为丰富人民群众文化生活的重要渠道和载体。其次，尽管这一阶段文化市场发展尚处于起步阶段，但已经展示出市场机制的巨大作用，文化产品和服务所面临的市场竞争压力不断增大，市场机制的作用不断突出，行业更替明显加速。最后，改革开放初期的文化市场已经展示出内容丰富、业态多样态势，为后续我国文化市场繁荣发展夯实了基础。上述所分析的几大主要行业构成了我国文化市场发展的基本盘，其兴衰与变革成为我国文化市场发展的"晴雨表"。

---

① 武文龙．中国画廊业发展"四步曲"［J］．艺术市场，2018（8）：24 – 29.

② 刘玉珠，柳士法．文化市场学：中国当代文化市场的理论与实践［M］．上海：上海文艺出版社，2002：176 – 177.

③ 郭征．我国音像市场的现状与未来［J］．江汉石油学院学报（社会科学版），2001，3（3）：33 – 36.

## 三、文化市场管理探索

改革开放以后，文化市场迅速恢复和发展给政府文化管理带来新的课题，即如何管理文化市场。改革开放初期激烈的思想交锋和经济社会转型发展特别是群众对文化消费的巨大消费需求催生的新兴文化业态无疑给文化市场管理模式探索带来了巨大的挑战。面对新的发展趋势和挑战，政府文化主管部门从两条主线来探索文化市场管理路径：一方面，打破计划经济体系下的发展桎梏，推动文化领域体制机制创新，激发文化市场中各行业发展的活力。另一方面，规范文化市场发展秩序，推动规章制度建设，形成良好的市场发展秩序，营造良好的发展环境。

### （一）激发文化市场发展活力

具体来说，在激活市场发展主体方面，各行业都进行了积极探索。在演出市场领域，1979 年，原文化部起草《关于艺术表演团体调整事业、改革体制以及改进领导工作的意见》，拉开了国有文艺院团改革序幕。1980 年 2 月召开的全国文化局局长会议认为："艺术表演团体的体制和管理制度方面的问题很多，严重地影响了表演艺术的发展和提高，需要进行合理的改革。"会议明确提出："坚决地有步骤地改革文化事业体制，改革经营管理制度"。① 1985 年，中共中央办公厅、国务院办公厅转发原文化部《关于艺术表演团体的改革意见》，提出通过调整文艺院团布局、扩大文艺院团自主权等办法提升文艺院团的活力和竞争力。这是对体制内市场主体的改革指向，寄希望于通过体制机制改革能够增强国有文艺院团发展活力和市场竞争力。通过改革，国有文艺院团发展取得一定成效，但离改革的预期目标还有很大距离。为此，1988 年，国务院批转了《文化部关于加快和深化艺术表演团体改革的意见》，该文件开宗明义地提出，"在艺术表演团体的组织运行机制上，经过改革，逐步实行'双轨制'""需要国家扶持的少数代表国家和民族艺术水平的、或带有实验性的、

---

① 韩永进. 中国文化体制改革 35 年历史叙事与理论反思［M］. 北京：人民出版社，2014：14－15.

或具有特殊的历史保留价值的、或少数民族地区的艺术表演团体，可以实行全民所有制形式，由政府文化主管部门主办。"对此，文化部原部长王蒙先生曾有论述：采取由政府文化主管部门主办和由社会主办的模式，也就是允许艺术表演团体的大多数由社会办，包括由个人和集体办，而不是全部官办，这本身表达了对文艺事业发展的一种更加开放、更加灵活的态度①。这是对推动文艺院团发展的另一个指向，即在推动国有文艺院团体制机制改革的同时，鼓励和推动社会力量兴办文艺院团，既减轻财政负担，又活跃演出市场，满足群众文化消费需求。这就是"双轨制"的内涵之一，即在推动国有文艺院团发展同时，鼓励社会力量兴办文艺院团。

无独有偶，在这一阶段，其他文化行业在复苏发展过程中也出现了类似的发展趋势，即"双轨制"发展。当然，这一阶段文化市场的"双轨制"的情况具有多样性，在新闻出版领域，1979 开始，部分新闻单位实行"事业单位，企业化管理"的发展模式，实现了事业和企业"双轨制"的并存。1979 年 4 月，财政部下发《关于报社试行企业基金的管理办法》，在全国范围内推广报社的"事业单位，企业化管理"的管理体制，允许报社等机构开展多种形式的经营。在广播电视领域，1983 年 3 月召开的第十一次全国广播电视工作会议提出了"四级办广播、四级办电视、四级混合覆盖"的发展方针。这一政策极大地激发了地方办台的热情，迅速提升了广播电视人口覆盖率，为广电行业发展夯实了坚实的基础，实践证明，"四级办"是一个里程碑的决策，推动了广播电视的繁荣发展②。在经营方面，1987 年，原文化部、财政部、国家工商行政管理总局联合出台的《文化事业单位开展有偿服务和经营活动的暂行办法》首先肯定了文化事业单位开展经营活动的积极作用，认为各地文化事业单位，利用各自的知识、艺术、技术和设备等条件，相继开展了一些有偿服务，取得一些收入，用于补充文化事业经费的不足。同时，有的单位为了安置富余人员，还举办了某些与本单位业务有关的服务业或加工业的经营活动。实践表明，这样做有利于文化事业由过去"供给制"的单纯服务型，逐步转变

---

① 殷金娣，王蒙. 谈实行更加开放和灵活的文艺政策 [J]. 瞭望周刊，1988 (22)：29 - 30.

② 覃榕，覃信刚. 新中国 70 年广播电视发展理念的演进历程与主要特征 [J]. 中国广播电视学刊，2019 (10)：4 - 18.

为有偿的经营服务型；有利于文化事业单位在加强社会主义精神文明建设中，提供多种服务，扩大服务范围，提高服务质量；有利于繁荣和发展文化艺术事业。该文件重点对文化事业单位后续如何开展有偿服务和经营活动提出了具体要求，其中对开展有偿服务的项目，要根据国家有关规定，报经文化主管部门审查批准后，应向工商行政管理部门申请登记，经核发"营业执照"方准经营。这既是对文化事业单位如何开展经营活动的具体规定，更是对市场化经营合法地位的认可。尽管是由多种因素共同促成了这一文件的出台，但这在当时"计划"和"市场"还处于激烈争论的大环境下形成对文化事业单经营活动的认可无疑是个巨大的进步。这一文件的出台极大鼓励了文化事业单位"双轨制"的探索，刺激了文化事业单位拓展经营性业务的热情和积极性。1987 年 5 月，原上海市广播电视局成立上海广播电视生活服务中心，统一广告以外的产业经营，探索经营性业务的运营路径。1988 年 1 月，原广东省广播电视厅提出让广东电视台实行企业化管理的构想并很快得以认可和落实，这一模式迅速席卷全国并给广播电视行业带来全方位的发展效益。

在图书发行方面，改革开放以后，新华社和供销社垄断图书发行市场的格局开始被打破，非公有资本开始进入图书出版发行领域。1980 年 12 月，原国家出版局颁发《建议有计划有步骤地发展集体所有制和个体所有制的书店、书亭、书摊和书贩》的通知，建议在全国城乡有计划有步骤地发展一些不同形式的集体所有制和个体所有制的书店、书亭、书摊和书贩，以解决新华书店网点不足和发行力量不足的问题，开启了民营资本进入图书发行行业的大门①，同时市场理念和思维也开始影响图书发行市场。1982 年，原文化部下发《关于图书发行体制改革工作的通知》，提出组建"一主三多一少"的图书发行体制，进一步鼓励民营书店进入图书发行领域，活跃了图书流通市场。1988 年 5 月，中宣部和原新闻出版署联合颁布的《关于当前出版社改革的若干意见》中指出："在发展社会主义有计划的商品经济的条件下，出版社必须由生产型向生产经营型转变，使出版社既是图书的出版者，又是图书的经营者。"为适应这种转变，就需要积极而又稳妥地对出版社原来的体制，包括领导体

---

① 魏玉山. 出版改革开放 40 年回顾与总结 [J]. 编辑学刊，2018（3）：6 - 14.

制、经营体制、管理体制、人事体制、分配体制等进行改革，以提高出版社的应变能力、竞争能力和自我发展能力。文件还提出，确有需要的出版社在办社宗旨和经营主权不变的前提下，经上级主管部门批准，可以吸纳全民所有制单位、集体所有制单位的资金，用于发展生产。这不仅是出版社"事业单位、企业化管理"的探索，更是在此基础上向前迈进了一步，向引入社会资本参与经营迈出了坚实的步伐，更有利于激发出版社的活力。在报刊发行领域，改革开放以前，我国一直按照"邮发合一"的模式开展报刊发行，改革开放以后，各地创办大量报刊，报刊印发数量急速扩大。为扩大发行量，提高市场竞争力，20 世纪 80 年代开始，一些报刊社开始尝试把原由邮局发行的报刊改为自办发行。1985 年 1 月 1 日，《洛阳日报》首家自办发行，其后《天津日报》《重庆日报》《南京日报》《广州日报》等转向自办发行①。

随着计划经济体制开始破冰，市场理念和市场机制也开始在文化领域扎根并展示出其影响力，不论是体制内文化单位机构的经营性业务拓展还是社会力量开始进入文化市场领域，都使得文化市场呈现出勃勃生机，在解决这一阶段群众文化生活的匮乏中发挥了积极的作用。其中，允许文化事业单位注册登记举办企业、开办文化生产相关的经济实体，是文化市场走向开放的一个重要突破，其意义在于原本接受计划体制严格约束的文化生产单位，终于获得了一个直接连接市场、具有无限潜力的增量资源集聚和生长的空间②。更进一步分析，这是在当时计划经济与市场经济交替转化的条件下，为体制内的存量文化资源转化为文化市场发展动力、取得更好发展成效找寻了一条适宜的发展路径。除了体制内存量文化资源的发展路径，在改革推动和市场需求的刺激下，社会资源开始进入文化市场，尽管处于萌发状态，但慢慢开始成长为繁荣文化市场的重要力量。

## （二）强化文化市场监管

在前面章节追溯了文化市场概念的由来和内涵，也通过东西方文化市场发展的比较得出在西方文化语境中并没有相似的词汇。这其实与当时使用这一词

---

① 黄世永. 简析改革开放以来报刊发行模式的演变 [J]. 新闻传播，2021（12）：165 – 167.
② 张晓明，惠鸣. 全面构建现代文化市场体系 [M]. 北京：社会科学文献出版社，2014：151.

的初衷有很大关系，因为在文化市场兴起的初期，受计划经济时期文化观念的影响，以及文化管理手段的缺乏，有关部门在面对体制外兴起的文化市场新现象时，总是十分谨慎①。这也是一种正常的反应。当面临新生事物，而在原有体系中找不到相对应的或者类似的坐标时，首选肯定是保守的态度，文化市场管理出现时首先侧重的是监管。因此，率先出现在中央媒体上的文化市场概念，包括 1983 年 10 月 18 日《人民日报》刊载的《加强管理，加强引导，泉州市文化市场面貌改革》②、1983 年 10 月 22 日《人民日报》刊登的《加强文化市场管理》③ 均是加强市场监管、维护市场发展秩序为第一视角，也就是说之所以有文化市场这一概念，主要目的之一就是更好地对各类新兴的文化市场业态进行监管，这也在一定程度上影响了我国文化市场管理的发展走向。以舞会为例，在改革开放初期，除电影放映场所外，不存在其他公共娱乐场所，政府明令禁止和取缔营业性舞会和公共场所自发舞会。公安机关对娱乐场所管理模式主要是"禁止与取缔"④，反映了改革开放初期文化市场管理的主要思路。改革开放以后，随着思想领域的活跃，文化消费的需求逐步释放出来，一些文化消费门类重新恢复或者出现，尽管没有国营的舞厅或者舞会，但群众自发地开展各种舞会。特别是随着改革的推进，部分国有文化单位也通过举办文化活动收取成本，以实现"以文养文"。面对舞会快速发展，原文化部、公安部于 1980 年 6 月联合下发《关于取缔营业性舞会和公共场所自发舞会的通知》，此后 1983 年 5 月两部委又联合下发《关于取缔伤风败俗舞会的通知》以强化对营业性舞会的管理，严禁单位和个人开办或者变相开办营业性舞会，对违反者可以给予治安管理处罚，严重的可以以"妨害社会管理秩序罪"追究刑事责任。除此之外，在营业性录像放映市场领域，也是严加管控，以至于以中共中央办公厅、国务院办公厅的名义出台文件《关于禁止营业性录像放映和加强录像管理的通知》。在这一通知文件中，就提出坚决禁止私人从事营业性录像放映，过去发放的放映许可证和营业执照一律撤回，反映了这一时期对文化市

---

① 张晓明，惠鸣. 全面构建现代文化市场体系 [M]. 北京：社会科学文献出版社，2014：150.

② 孙静. 加强管理，加强引导，泉州市文化市场面貌改观 [N]. 人民日报，1983 - 10 - 18.

③ 姜德昌. 加强文化市场管理 [N]. 人民日报，1983 - 10 - 22.

④ 谢川豫. 社会变迁中娱乐场所治安管理模式的嬗变 [J]. 江西警察学院学报，2008（2）：67 - 71.

场严格管理的思路。

尽管相关部门严格监管，但到了 20 世纪 80 年代中期，随着改革开放逐步推进，特别是文化娱乐业的快速发展，市场监管开始松动，文化市场管理部门的思路开始转变，放开市场成为新的发展思路。1984 年 10 月，中宣部、原文化部、公安部联合下发《关于加强舞会管理问题的通知》，该通知特别强调放开各单位和各团体举办的舞会，但舞会仅限于单位内部职工参加，且不能盈利；放开大中城市的大宾馆、大饭店等经营机构开展舞会的口子，但必须经过审批后方可举办对外宾及侨胞、港澳台同胞的舞会，这相较于严禁无疑是一个巨大的进步。随着形势的变化，1987 年 2 月，原文化部、公安部、原国家工商行政管理总局联合发布《关于改进舞会管理问题的通知》，该文件首先肯定了开展舞会的积极作用，同时明确各类经营性单位均可举办营业性舞会，个别有条件的个体户也可以试办营业性舞会，有条件的跳舞场所可以同时对"内宾"和"外宾"开放，至此，文化市场管理放开的尺度越来越大。今天，在城市乡村的大街小巷，很难再看到舞厅这样的场所，大多的认识也就来自"漠河舞厅"这样红于网络上的名字，但在当时的文化市场恢复和发展探索期，营业性舞厅的出现已经是一个巨大的进步，从中也可以窥探文化市场在恢复和探索时期的筚路蓝缕。在出版发行领域，市场发展规则开始建立。1984 年，经中宣部批准，地方创办哲学社会科学和文学选刊类期刊的审批权上收到原文化部出版局。1986 年开始，新办出版社都要向原国家出版局提出申请，出版单位统一审批体制基本形成，同时要求出版社要有主管主办单位，进一步规范了对出版市场的监管。

随着对各类行业市场监管理念和政策的持续更新，管理实践的探索不断深入，对文化市场统一管理的政策环境不断成熟。1988 年 2 月，原文化部、原国家行政工商管理总局联合发布《关于加强文化市场管理工作的通知》，首次在中央部委文件中使用"文化市场"这一概念。尽管只是一个规范性文件，但这一概念的提出却具有重大的历史意义，它在"计划""市场"理念还在争论的环境中首先明确了文化市场的合法地位，为文化市场管理的发展明确了一个总的方向，既有监管同样也有发展，成为我国文化市场管理实践中具有里程碑式意义的文件。在该文件中，首先肯定了文化市场的恢复和发展，即随着我国社会主义商品经济的迅速发展，广大人民群众的物质文化生活不断得到改善，精神状态、生活方式有了很大的变化，文化消费现象逐渐增加，各种社会力量兴办的文化事业日趋活跃，一个以商品形式向人们提供精神产品和文化娱乐服务的文化市场正在兴起和形成。这里特别强调了社会力量参与文化生产并推动了以商品形式提供文化产品和服务市场的形成和发展，社会力量的兴起是文化市场发展的关键因素。文件进一步肯定了文化市场的积极作用，即文化市场作为社会主义精神产品生产和消费的中介，对繁荣我国文化事业、丰富人们的文化生活有积极的作用，开宗明义地肯定了文化市场存在的价值和意义，确立了文化市场的地位。文件还明确了文化市场管理的范畴，即凡以商品形式进入流通领域的精神产品和文化娱乐服务活动，都属于文化市场管理的范围；管理机构，即各级文化主管机关对文化市场要进行日常的行政管理和业务指导。在管理中，所有文化娱乐经营活动，不论是综合的或单项的，长期的或临时的，固定的或流动的，均须报经所在地的区、县以上文化主管机关批准，向当地工商行政管理机关申请登记，领取营业执照，一些大的文化娱乐场所还须经所在地公安机关安全审查合格后，方可营业。经营者应在国家有关方针政策允许范围内举办文化娱乐业的经营活动，要把社会效益放在首位。这一条明确了主管部门不仅要进行行政管理，还需要进行业务指导，即主管部门兼顾监管和服务的职能，这两项职能的消长也贯穿了整个市场体系建设的过程，成为左右市场体系建设的核心力量之一。此外，对市场主体经营活动的行政许可制度成为我国文化市场管理中的一项根本性制度，对我国文化市场发展起到了决定性的作用。文件还规定了文化市场发展的方针和管理原则，即贯彻"开放搞活、扶持疏导、面向群众、供求两益"的方针，贯彻"健康有益的要支持，无害的允许存在，低级庸俗的要抵制，反动淫秽的应予取缔"的管理原则。尽管该文件是依据改革开放初期我国文化市场发展实际提出的管理办法，但该文件在基本层面上抓住了文化市场管理的本质问题，成为以后30多年文化市场管理实践纲领性的文件，也是进一步思考和探索现代文化市场体系建设的基点。当然，这一时期的文化市场管理还处于恢复期和探索期，对文化市场的管理明显处于被动防守态势①。在政策推进的同时，文化市场管理机构开始陆续建

---

① 蒯大申，饶先来. 新中国文化管理体制研究 [M]. 上海：上海人民出版社，2010：343.

立。1983 年，深圳市率先在市文委内专设了文化市场管理处，建立专职的文化稽查队，此后各地开始探索建立文化稽查队。1989 年，国务院机构改革批准原文化部设立文化市场管理局，标志着全国文化市场管理体系初步形成①。1990 年 2 月，原文化部在珠海召开全国文化娱乐管理座谈会，进一步彰显了这一时期对文化市场法律地位的认可。

纵观这一阶段我国文化市场发展可以看出，改革开放之后，尽管计划经济体制的影响依旧非常大，但文化市场已经显示出强大的发展活力，成为人民群众获取文化产品和服务的重要渠道和载体。尽管过程曲折，从一开始对文化市场的排斥和禁止到逐步走上监管和指导并重的管理模式，形塑了我国文化市场管理的主要取向。

## 第二节　文化市场快速发展与壮大

这一阶段指的是 1992 ~ 2001 年。在这一时期，中国开始全面探索具有中国特色的社会主义市场经济体制道路，是我国市场体系建设的筑基阶段。1992 年，党的十四大明确提出建立社会主义市场经济体制的宏伟目标，我国由此进入加快探索社会主义市场经济体制的轨道，市场经济迅速发展起来。在这一宏观背景之下，文化市场迸发出更大活力，不论是传统文化市场还是新兴文化市场都有了巨大的变化，计算机、互联网的普及更是这一时期突出的亮点，科技在文化市场发展中的作用更加凸显。文化市场的快速发展、文化消费的多元化使市场机制在各行业发展中的作用更加突出，新兴行业市场迅速席卷市场，传统行业市场也在持续竞争中变革求新。正是在文化市场快速发展影响之下，文化市场管理的重要性得到普遍认同，文化市场管理开始从零散到系统，从无序到规范，逐步从行政管理为主向法治化管理为主转变，管理体制建设取得显著进步。

--------

① 庹祖海.30 年文化市场管理的使命变迁［J］. 文化市场，2008（5）：12 - 14.

## 一、社会主义市场经济体制改革起步

回顾历史，1992 年召开的党的十四大无疑是我国经济体制改革史上具有划时代意义的盛会，它为我国社会主义市场经济体制改革定下了主基调。这次大会作出了三项具有深远历史意义的决策，其中之一就是确立社会主义市场经济体制的改革目标。党的十四大指出，我国经济体制改革确定什么样的目标模式，是关系整个社会主义现代化建设全局的一个重大问题。这个问题的核心，是正确认识和处理计划与市场的关系，要从根本上改变过度集权的计划体制，解放与发展生产力，这是在党的十三届三中全会后不久就认识到的问题。但究竟用什么样的经济体制来取代束缚生产力发展的僵化体制，长期以来人们的认识并不一致，其关键问题是如何正确认识计划与市场的关系[1]。党的十四大在这一问题上进行了更深入的探讨和突破，提出了加快我国经济发展，必须进一步解放思想，加快改革开放的步伐，不要被一些姓"社"姓"资"的抽象争论束缚自己的思想和手脚，要大胆吸收和借鉴世界各国包括资本主义发达国家的一切反映现代社会化生产和商品经济一般规律的先进经营方式和管理办法。思想解放也体现在行动上，党的十四大在党的历史上第一次明确提出了建立社会主义市场经济体制的目标模式。把社会主义基本制度和市场经济结合起来，建立社会主义市场经济体制，这是党的一个伟大创举，也是改革开放十多年来党进行理论探索得出的最重要的结论之一，还是社会主义认识史上一次历史性的飞跃。党的十四大还对社会主义市场经济体制的基本内涵和主要特征做了阐述，着重指出：我们要建立的这种经济体制，"就是要使市场在社会主义国家宏观调控下对资源配置起基础性作用"的体制。这种经济体制又是同社会主义基本制度结合在一起的，在所有制结构、分配制度、宏观调控等方面都有自己的特点。这些特点，决定了我们所要建立的市场经济体制的社会主义性质，也使我国的市场经济体制有可能更好地发挥计划与市场两种手段的长处，更好地把人民的当前利益与长远利益、局部利益与整体利益结合起来，兼顾效率和

---

① 李君如. 党的十四大的历史地位和我们的使命 [J]. 党政论坛，1992（11）：12–15.

公平，逐步实现共同富裕。这是关于市场经济体制巨大的思想解放和理论突破，也揭开了我国市场经济体制改革的序幕。

1993 年 11 月，党的十四届三中全会通过了《中共中央关于建立社会主义市场经济体制若干问题的决定》，就如何建立社会主义市场经济体制作了具体部署，是 20 世纪 90 年代市场经济体制改革的行动纲领。《中共中央关于建立社会主义市场经济体制若干问题的决定》提出①，在 20 世纪末初步建立起新的经济体制，是全党和全国各族人民在新时期的伟大历史任务，为此需要通过转换国有企业经营机制，建立现代企业制度；培育和发展市场体系，特别是提出建立全国统一开放的市场体系；转变政府职能，建立健全宏观经济调控体系；建立合理的个人收入分配和社会保障制度；深化农村经济体制改革；深化对外经济体制改革，进一步扩大对外开放；进一步改革科技体制和教育体制；加强法律制度建设；加强和改善党的领导等路径推进改革。此后，我国市场经济体制改革迈入快车道并在以下重点领域加快推进：继续推进价格改革和商品流通体制改革，除少数重要生产资料和农产品外，国家基本取消了指令性分配计划和政府定价，商品和资源的配置和流通主要依靠市场，价格由市场决定的格局基本形成；商品市场体系建设全面展开，市场规模迅速扩大；要素市场改革有序展开，市场体系建设加快推进，证券、产权、金融市场改革提速；住房制度改革全面推进，房地产市场开始起步；加快完善宏观调控体系，促进市场稳定运行；市场经济法律制度建设开始起步，推动市场体系规范发展。从这一阶段市场经济发展来看，尽管我国市场体系总体发展水平依旧较低，但基本框架已经初步构建，为文化市场快速发展提供了强有力的支撑。

## 二、文化市场多元化发展

经过改革开放初期的恢复与探索，随着我国市场经济体系建设起步，进入这一发展阶段后，我国文化市场多元化趋势非常明显：一方面，原有文化行业依旧在适应文化市场机制，不断探索和创新文化产品和服务提供，以求留住消费

---

① 国务院发展研究中心市场经济研究所. 改革开放 40 年市场体系建立、发展与展望 [M]. 北京：中国发展出版社，2019：4 – 6.

者，繁荣行业市场。另一方面，科技与文化的融合发展趋势明显，新兴文化产业业态不断出现，不仅引领文化市场发展潮流，也推动了行业市场的转型升级。自此之后，我国的文化市场主要沿着持续多元化的发展方向演进。在传统行业市场领域，演出市场在经历了改革开放初期的火爆之后，在这一阶段受到市场竞争的强烈影响，开始陷入分化发展的阶段。根据《中国文化和旅游统计年鉴（2019）》① 相关统计数据分析，1992 年全国文化部门执行事业会计制度的文艺院团 2744 个，演出场次 43 万场，演出收入 1.95 亿元；至 2001 年，文艺院团数量减少为 2590 个，演出场次降低为 42 万场，演出收入增长到 5.7 亿元，体制内文艺院团发展面临困境，演出市场不景气，进入剧场观看演出的观众呈现减少趋势。这一阶段，民营文艺院团凭借其灵活的机制、拥抱市场的勇气实现快速发展。尽管没有具体统计数据，但从个别地区的发展来看，1998 年福建全省民营文艺院团有 520 个，从业人员 2 万多，年演出场次 10 万场以上，服务观众 5 亿人次以上②，展示出民营文艺院团蓬勃的发展活力和积极的市场开拓意识，为繁荣演出市场作出了努力。在经历了港台与国外入境演出畸形发达、泡沫繁荣阶段以后③，演唱会市场有放缓、回调趋势，以首都体育馆为例，1993 年曾经一星期有 3 场演出，但到了 1995 年则直线下降为全年演出 40 场④。

在电影市场方面，受体制机制影响，20 世纪 90 年代初期开始，中国电影市场发展面临严重困境。自 1992 年开始，电影业各项指标开始难以抑制地下滑，据统计，1979～1992 年，电影观众总人次由 293 亿下降至 105 亿，放映场次下降近 20%，发行、放映收入分别减少 17.9% 和 15.7%，中国电影业陷入了前所未有的困境⑤。电影市场的发展困境倒逼改革，其中重要的路径之一就是引进海外大片。1994 年开始，中影公司开始推行每年从海外引进 10 部分账大片的举措。1994～2000 七年间，中影公司共引进海外分账片 46

① 中华人民共和国文化和旅游部. 中国文化和旅游统计年鉴（2019）［M］. 北京：国家图书馆出版社，2019.
② 苏敏华. 民间职业剧团在演出市场中的地位和作用［J］. 福建艺术，1998（2）：9-10.
③ 刘玉珠，柳士法. 文化市场学：中国当代文化市场的理论与实践［M］. 上海：上海文艺出版社，2002：127.
④ 杨朝岭. 大型经营性演唱会为何由热变冷——兼析蹒跚前进的我国演艺市场［J］. 瞭望新闻周刊，1996（44）：36-37.
⑤ 刘扬. 改革开放四十年中国电影发行业变革研究［J］. 当代电影，2018（8）：4-9.

部，总票房 17.4 亿元人民币，支撑起整个电影行业熬过长达十年的漫漫寒夜[1]。在艺术品市场发展方面，1992 年开始，艺术品市场迅速扩张，各类拍卖公司、画廊、艺术品博览会一拥而上。1995～1996 年，成为改革开放后艺术品市场的一个高潮，艺术品市场经营队伍是改革开放初期的几十倍。正是无序发展、操作不规范等因素导致市场乱象丛生，1997 年开始，艺术品市场步入缓慢发展的低谷阶段。同样，音像市场发展也是跌宕起伏，随着家庭光碟机和录像设备的迅速普及，我国音响市场在 20 世纪 90 年代飞速发展，到 90 年代后半期达到顶峰。1997 年，发行总额实现 18.4 亿元，发行品种 2.25 万种、发行数量 1.99 亿盘。但随后受到市场监管、行业发展理念转变等因素影响，1998 年开始音像市场也步入了较长一段时间的下行渠道。

文化产品的丰富、文化消费的多元使各行业市场体现出不同的发展态势，展示了这一时期文化市场的发展特色。随着文化市场的开放，越来越多的力量在市场发展中发挥起作用，科技在这一阶段开始崭露头角。在电视媒体行业市场发展方面，在科技发展推动下，1992 年开始，各省级电视台开始通过卫星播出，这是电视台传输手段历史性的转变，为电视媒体行业市场迅速拓展提供了强有力技术支撑。在这一时期，中国的电视文化生态发生了结构性的变化，电视台栏目更加丰富多元、更贴近百姓民生。电视剧市场实现大爆发，电视剧内容逐步多样化，以满足不同观众的需求，大古装、红色经典、公安题材、反腐题材、都市家庭剧、青春偶像剧陆续出现[2]。以上各种因素的综合促成了我国电视媒体市场在这一阶段的快速发展，形成了庞大的消费市场。出版市场方面，图书出版市场稳步发展，1994 年全国图书种类突破 10 万种，总印数突破 60 亿册，出版社超过 500 家[3]。此后，在"以规模数量增长为主要特征的阶段向以优质高效为主要特征的阶段转移"的发展理念指导下，我国图书市场开始由追求数量向追求质量转变。在文化娱乐市场上，1992 年是一个分水岭，这一年 KTV 兴起，带动了文化消费，但这一时期歌厅也出现了高消费发展趋

---

① 石川. 中国电影的改革 40 年：回归、探索与创新 [N]. 北京日报，2018 - 11 - 29.

② 温静，赵静. 复盘 60 年来中国电视剧发展史 [J]. 电视指南，2018 (7).

③ 中国出版工作者协会，中国出版科学研究所. 中国出版年鉴 (2001) [M]. 北京：中国出版年鉴社，2001：29 - 35.

势并很快使歌厅走向下坡路。直到 2000 年，麦乐迪等平民化 KTV 开始出现并取代豪华歌厅，重新带动了歌厅的发展。在这一时期，新兴的文化行业市场主要包括了网吧行业的出现和电子游戏市场的快速发展。随着电脑、互联网等新设备、新技术的出现，1996 年 5 月，我国第一家网吧在上海出现，在游戏、即时通信等功能加持下，1998～2000 年网吧迅速发展，成为当时重要的文化消费方式之一。网吧的发展加快了电子游戏的发展，这是高新技术发展的重要产物。1994 年，金盘公司以"神鹰突击队"系列产品拉开了中国原创游戏事业的序幕后，中国原创游戏很快就迎来了其发展的第一个高峰期①。到 1996 年，国内已经涌现出了一批致力于原创游戏研发、发行的公司和团队，也出现了一批在当时看来真正具备可玩性并被国内玩家认可的作品。1997～1999 年是中国游戏产业发展的第一个高峰期，中国原创单机版游戏在这一时期经历了由盛而衰的巨大变化。2001 年末，上海盛大代理的韩国网络游戏《传奇》正式上市，标志着我国网络游戏市场的启幕②，也开启了我国文化市场的一个新的阶段，此后，网络游戏成为我国文化市场的重要组成部分。

再来梳理这一阶段文化市场发展的概况可以看出，随着我国社会主义市场经济体制改革推进，文化市场更加开放，活力更加十足、规模更加庞大、业态更加多元。在我国社会主义市场经济体制逐步开始构建的过程中，市场机制在文化市场发展中的作用更加突出，各行业发展呈现出两大趋势：一方面，传统文化市场行业发展面临巨大挑战，创新发展、融合发展大势所趋。另一方面，科技发展、多元资金的投入促使新兴文化市场行业持续涌现并不断改变文化市场发展的格局。尽管总体上还处于较低发展水平，但市场机制在其中发挥的作用更加凸显，市场理念更加深入人心。

## 三、文化市场管理法制化转型

文化市场发展带动了我国文化事业的繁荣和发展，同时新兴业态的出现、新发展环境的变化都给文化市场管理带来巨大压力。有专家指出，20 世纪 90

---

① 朱婷. 中国游戏"出海"［N］. 中国政协报，2019－07－30（8）.
② 高少华. 盛大游戏回归 A 股更近一步［N］. 经济参考报，2017－06－20（8）.

年代我国文化市场主要有四个方面的问题：一是港台通俗歌手一度充斥舞台，演员"走穴"成风。二是利用电子游戏、电脑游戏从事赌博活动蔓延。三是歌舞娱乐场所中色情陪侍或变相色情陪侍活动猖獗。四是走私盗版音像制品充斥市场①。当然这只是其中的部分问题，概括起来，由于文化市场发展快速，在很多领域特别是新兴文化行业市场发展领域还没有形成完善的监管机制。除此之外，文化市场发展中还存在许多亟待解决的瓶颈问题，这就需要进一步加强文化市场管理，推动市场管理法制化、规范化，为市场发展提供坚实的法治基础。既要看到这一时期文化市场发展存在的问题，以期给予其监督和管理，更要看到文化市场发展的巨大成就，特别是服务群众、活跃文化生活的积极作用，推动其更好发展，这一时期的管理就体现了这一思路。

1992 年 6 月《中共中央国务院关于加快发展第三产业的决定》把"文化卫生事业"作为加快发展第三产业的重点之一，并明确把文化娱乐、广播电视、图书出版、旅游文化事业列为第三产业，纳入需要加快发展的国民经济部门。同年，国务院办公厅综合司编著的《重大战略决策——加快发展第三产业》一书中已经明确提出"文化产业"的概念②，这是政府主管部门首次提出文化产业的概念，是政府管理文化理念的重大转变，是对文化市场、文化产业在政策制定层面认识的深化，标志着文化领域开始纳入国民经济发展的视野和进程中，而非仅仅局限于宣传文化领域，仅突出其意识形态属性。自此之后，鼓励文化产业发展与加强文化市场监管的相关政策措施交替出现，持续推动文化市场发展。在演出市场方面，自 1993 年起，原文化部先后下发《关于进一步加快和深化艺术表演团体体制改革的通知》《关于继续深化艺术表演团体体制改革的意见》等文件，力求推动国有文艺院团深化改革，增强其发展活力和市场竞争力③。在市场监管方面，1997 年国务院颁布《营业性演出管理条例》，为规范营业性演出市场提供了法律保障。此外，原文化部还先后制定《涉外文化艺术表演及展览管理规定》《营业性演出管理实施细则》《在华外国人参加演出活动管理规定》等规章制度，进一步规范演出市场，为市场有序

① 庹祖海.30 年文化市场管理的使命变迁［J］.文化市场，2008（5）：12－14.
② 韩永进.中国文化体制改革 35 年历史叙事与理论反思［M］.北京：人民出版社，2014：34.
③ 王相华.文艺表演团体改革与竞争力研究［M］.杭州：浙江大学出版社，2016：36－37.

发展提供法律保障。在音像市场、文化娱乐市场管理方面，这一时期对市场的监管是发展的主基调。面对快速发展的音像市场，1994 年，国务院颁发《音像制品管理条例》，从出版、复制、进口、流通等环节进行了详细规定。此后，原文化部又先后制定《音像制品批发、零售、出租和放映管理办法》《音像制品进出口管理办法》进一步从实际操作层面对音像市场进行了规定。为推动音像市场转型发展，2001 年，原文化部下发《关于促进和规范音像制品连锁经营的通知》，通过促进和规范音像制品连锁经营推动音像制品市场冲出低谷、健康发展。文化娱乐市场同样以走向有序规范为主，1993 年，原文化部颁发《营业性歌舞娱乐场所管理办法》，对营业性歌舞娱乐场所进行了定位，并从申报和审批、场地与设施、经营与管理、奖励与处罚等环节对娱乐场所经营发展进行了详细规定，并在 1997 年进行了修订。在电子游戏经营场所监管方面，由于存在问题较多，引起社会各方的关注度较大，故在监管方面力度一直加码。2000 年 6 月，国务院办公厅转发《文化部等部门关于开展电子游戏经营场所专项治理意见的通知》（以下简称《通知》），原文化部、国家经贸委、公安部、信息产业部、对外贸易部、海关总署、国家行政管理总局联合开展了为期 3 个月的集中整治。《通知》重点提出，要从严治理，取缔非法经营和严重违规经营的电子游戏经营场所，进一步明确电子游戏经营场所应具备的条件，大力压缩经营场所的数量，切实加强监督管理，严格实行电子游戏经营场所的依法规范经营。其中，《通知》提出，自本意见发布之日起，面向国内的电子游戏设备及其零附件生产、销售即行停止。任何企业、个人不得再从事面向国内的电子游戏设备及其零、附件的生产、销售活动。这对我国游戏游艺产业发展产生巨大影响，使电子游戏市场发展出现重大转折，由此进入转型发展阶段。此外，在艺术品市场发展领域，1993 年颁布了《美术品管理办法》、1997 年颁发了《中华人民共和国拍卖法》等法律法规，为规范艺术品市场提供了逐渐完备的法律支撑。

在出版、电视媒体市场方面，这一时期最显著的特点就是市场主体的集团化发展开始出现。为规范图书市场，治理图书质量下降和"买卖书号"的问题，1992 年，原新闻出版署颁布《图书质量管理规定》（试行），此后又颁布《关于图书质量保障体系的规定》，开展图书质量检查。1996 年，针对出版体制改革，原新闻出版署下发《培育和规范图书市场的若干意见》，针对图书发行领域提出"三建一转"的工作任务，图书发行体制更加灵活①。1997年颁布的《出版管理条例》进一步促进和规范了出版市场发展。1997年开始，为进一步深化出版体制改革，全国范围内形成了一批以产权为纽带，能跨地区、跨行业经营的大型和超大型出版集团，如上海世纪出版集团、广东省出版集团等，掀开了集团化发展序幕。在广播电视市场领域，鉴于其行业在意识形态阵地建设中的重要作用，改革进展较为缓慢。1996年，原国家广播电影电视部发出《关于〈认真贯彻党的十四届六中全会精神进一步加强和改进广播影视工作〉的意见》，指出：适应电视台择优播出需要，除新闻类节目外，逐步实行电视节目制作和播出的相对分离。广播电视集团化发展的理念也是最早出现在1998年，2000年底湖南影视广播集团成立，实行事业单位，企业化管理。2001年，山东、上海等地组建集团或者总台，中国广播电影电视集团也在年底成立。在电影市场方面，面对电影市场发展困境，1993年、1994年，原国家广播电影电视部先后下发《关于当前深化电影行业机制改革的若干意见》和《关于进一步深化电影行业机制改革的通知》两个文件，明确提出与市场经济体制相适应的十大改革措施。其中，核心改革举措就两条：一是放开电影票价，具体由地方政府自主掌握；二是把国产故事片由中影公司统一发行改为由各制片厂自主发行。但这一改革并不彻底，我国电影市场依旧呈现下滑趋势，为了改变这一格局，1994年中影公司开始从国外引进电影以提振国内电影市场，但电影市场整体上较为惨淡。在制度建设上，2001年，《电影管理条例》出台，为电影市场发展提供了法律保障。尽管电脑游戏、网吧市场在这一阶段刚刚起步，但相关管理制度已经起步，如1996年出台的《中华人民共和国计算机信息网络国际联网管理暂行规定》、2000年出台的《互联网信息服务管理办法》为新兴信息行业发展提供了法律法规的保障。在市场监管稽查方面，1994年，原文化部召开全国文化市场监督检查工作会议，这是第一次召开专门的执法工作会议，对文化市场工作进行了探讨和部署。同年，原文化部颁布了《文化市场稽查暂行办法》，并决定全国统一核发《文化市场稽查

---

① 许冬生. 改革开放以来我国图书出版业的变迁 [J]. 新闻研究导刊, 2016, 7 (16): 290.

证》，加强市场管理，这使文化市场管理走向法治化和正规化，但这也仅仅是一个开题，后面还需要进一步规范和探索。

回顾这一阶段我国文化市场发展，在社会主义市场经济体制改革稳步推进的大背景下，随着我国经济社会发展水平的提高，文化市场整体呈现快速发展趋势并展现出以下一些显著的特点：一是从发展理念和思路上来说，文化市场越来越受到社会各界的认可，成为社会主义市场经济体系的一个重要组成部分，其产业属性越来越受到重视和发掘。二是从市场发展趋势来看，传统的文化行业受到的市场的压力越来越大，演出市场、电影市场特别突出，部分行业加快体制机制改革力度，积极与科技等要素相结合，呈现出新的发展格局。新兴文化市场发展迅速，市场需求巨大，但管理上亟待跟进。三是文化市场监管开始步入法制化、正规化，制度建设提速，为文化市场发展营造了良好的法律环境。但不可否认的是，这一阶段我国文化市场管理主要还是以行政手段为主，管理中的随意性较为明显，法治化、规范化尚处于起步的阶段。在这一阶段，有两个事件成为下一阶段乃至很长一段时间内决定文化市场发展的关键性要素：一是 2000 年 10 月，党的十五届五中全会通过的《关于制定国民经济和社会发展第十个五年计划的建议》中，首次提出"完善文化产业政策，加强文化市场建设和管理，推动有关文化产业发展"的举措。这是在党中央的文件中首次使用"文化产业"这一概念，并把文化市场建设和文化产业发展关联在一起。这表明，从中央层面，进一步把文化市场看作我国经济社会发展的重要组成部分，成为文化市场发展的内因。这是继 1988 年《关于加强文化市场管理工作的通知》之后我国文化市场发展又一个里程碑式的文件，是在这一阶段社会各阶层对文化市场、文化产业发展理念的全新认知，展现出社会各界对文化多元发展的理解和包容。二是 2001 年 12 月 11 日，中国加入世界贸易组织（WTO），这是中国改革开放事业的重大转折点，加入之前，中国每年都要和美国谈最惠国待遇，加入之后，这个问题自然就解决了；加入世界贸易组织也促进了中国的改革，使中国经济更加市场化、更加开放[①]。加入世界贸易组织倒逼中国改革开放加

---

① 陈琳. 入世 20 年专访——朱天：中国加入 WTO 最大意义是促进了改革开放 [N]. 新京报，2021 – 12 – 06.

速，特别是推动了文化体制机制改革深化和文化领域的开放，成为文化市场发展的重要外因。在这两大因素共同推动下，我国文化市场发展开始迈向新的发展阶段。

## 第三节　文化市场体系萌发与推进

这一阶段特指 2002～2012 年。经过文化市场复苏与探索、文化市场快速发展两个阶段之后，在文化产业被认可、中国加入世界贸易组织等多重因素推动之下，在这一阶段，文化市场体系的概念被提出并付诸建设实践。仅从概念上分析，文化市场体系建设是从顶层设计的角度出发，推动文化市场系统性发展、整体性推动。系统性设计和推动是政府主管部门的一种思路，与西方发达国家文化市场体系自然生产有很大区别，但与这一时期我国经济社会发展的时代背景相吻合。尽管这一时期的文化市场体系建设可能会一进三退，但这代表了国家对文化市场体系建设的认可，代表了一种发展方向和趋势。这一时期文化市场体系建设也是经济社会转型发展的产物，是时代发展的必然。在社会主义市场经济体制改革领域，这一阶段开始形成社会主义体制的框架，对市场在资源配置中的作用有了更深刻的认识，市场经济体系逐步发育。经济体制改革的快速推进加速了文化市场体系建设的步伐，在 2002 年党的十六大报告中，率先提出了健全文化市场体系、完善文化市场管理机制的发展目标；2011 年党的十七届六中全会上就健全现代文化市场体系进行专题部署，标志着我国文化市场体系建设进入新的发展阶段，达到了新的发展高度。在经济社会发展、文化体制改革、科技全面融入文化领域等因素共同作用下，这一阶段我国文化市场发展取得巨大成绩，新兴业态层出不穷，极大提高了文化发展在经济社会发展中的辨识度。

## 一、社会主义市场经济体制框架的完善

加入世界贸易组织之后，中国改革开放进程明显加快，社会主义市场经济

体制改革明显加速，市场化改革进一步深入。在这一时期，我国社会主义市场经济体制改革发展呈现三个方面的显著变化：一是市场经济体制框架由构建阶段向全面完善阶段转变；二是市场化改革由"点式"或"面式"突进向侧重制度建设和顶层设计转变，市场经济理论更加注重纵向提升发展；三是改革从侧重解决经济体制内在问题向关注经济社会整体协调发展转变①。具体来说，2002 年 11 月，党的十六大召开，在这次大会的报告中提出了要在更大程度上发挥市场在资源配置中的基础性作用，进一步探索公有制特别是公有制的多种有效实现形式，积极推动股份制，发展混合所有制。在这里，不仅要求对市场在资源配置中的基础性作用予以更大发挥，还探讨了公有制的多种实现路径，为社会资本进入经济发展各领域作了铺垫。2003 年 10 月，党的十六届三中全会通过《中共中央关于完善社会主义市场经济体制若干问题的决定》，其中进一步提出要大力发展国有资本、集体资本和非公有资本等参股的混合所有制经济，实现投资主体多元化，使股份制成为公有制的主要实现形式。这一决策具有重大的意义，它进一步破除了社会资本特别是外资进入中国市场的门槛，使外资和民间资本大量进入我国市场，进而加速了我国社会主义市场体制改革进程。此外，《中共中央关于完善社会主义市场经济体制若干问题的决议》再一次强调了建立统一、开放、竞争、有序的现代市场体系是经济体制改革的重要任务，对现代文化市场体系建设的持续谋划和推进保障了市场机制在经济社会发展中的地位和作用。2007 年 10 月，党的十七大召开，在胡锦涛同志所作的总报告中，提出了要从制度上更好发挥市场在资源配置中的基础性作用，力求通过建章立制确保把市场机制的作用充分运用在经济社会发展进程中。党的十七大的报告还重点阐述了推动我国经济发展模式转变，即"把现在经济增长主要依靠投资、出口拉动转向依靠消费、投资、出口协调拉动转变"，由"主要依靠第二产业带动向依靠第一、第二、第三产业协同带动转变"。这一转变把促进消费作为促进经济发展的重要途径，同时注重第三产业的发展，这给文化市场发展带来的巨大的发展空间。

从党的十六大到党的十七大这一发展阶段，我国社会主义市场经济体制改

---

① 胡长青. 党的十六大后社会主义市场经济体制改革及其理论发展评述［J］. 经济体制改革，2014（3）：17－20.

革的主要任务就是持续完善和健全社会主义市场经济体制的发展体系，这也取得较为显著的成果①：一是积极发展电子交易，涌现出多家具备一定规模、交易活跃的大宗商品"中远期"电子交易平台，在国际市场商品定价话语权有所增强。二是逐步完善要素交易机制，形成了证券交易市场、产权交易市场、期货市场等多种交易平台，提升了要素市场发育程度。三是建立优化国有资产管理体制，提升非公有制经济市场地位，推进价格、竞争、市场准入等改革。上述成果显示，我国社会主义市场经济体制改革展示出整体性和系统性推进的特征，在产品体系、要素体系、管理体系建设等领域稳步推进。社会主义市场经济体制改革的完善为文化市场体系建设提供了强有力的制度支撑。

## 二、文化市场持续繁荣与创新发展加快

这一阶段，文化市场展示出持续创新的发展态势，新兴业态层出不穷，业态更新不断提速，文化产品和服务丰富多样，更好满足了广大消费群体的文化需求。在这一发展进程中，以信息通信技术为代表的高新科技与文化市场发展融合的深度和广度持续扩大，个人电脑迅速普及，网络视频、网络游戏、网络音乐、网络动漫等新兴行业开始更多地走入文化消费市场。传统文化行业也借力高新技术，不断拓展和扩大市场份额，寻求更大发展空间。根据中国互联网络信息中心发布的《第 11 次中国互联网络发展状况调查统计报告》② 和《第 31 次中国互联网络发展状况调查统计报告》③ 相关统计数据分析，2002～2012年，我国互联网事业发生翻天覆地的变化，上网用户由 5910 万上升为 5.64 亿，手机上网用户由 153 万上升为 4.2 亿，域名总数由 37.1 万上升为 1341 万，庞大的用户群体为这一阶段网络文化市场发展提供了巨大的潜在消费市场。

从行业市场发展来看，网络视频行业发展迅速。2004 年 11 月，乐视网在

---

① 国家发展改革委宏观经济研究院市场与价格研究所. 市场决定的伟大历程——中国社会主义市场经济的执着探索与锐意创新［J］. 中国物价，2019（1）：10－11.

② 中国互联网络信息信息中心. 第 11 次中国互联网络发展状况调查统计报告［DB/OL］. http：//www. cnnic. net. cn/hlwfzyj/hlwxzbg/hlwtjbg/201206/t20120612_26702. htm，2003－01－16/2022－04.

③ 中国互联网络信息信息中心. 第 31 次中国互联网络发展状况调查统计报告［DB/OL］. http：//www. cnnic. net. cn/hlwfzyj/hlwxzbg/hlwtjbg/201403/t20140305_46239. htm，2014－03－05/2022－04.

中关村成立，定位以影视剧发行为主的视频网站，标志着中国专业视频网站正式诞生①。此后半年之内，56 网、土豆网等相继成立。由于门槛较低，在此后一段时间内，全国涌现出数百家网络视频网站。在政府加强监管之后，特别是大资本进入该行业之后，网络视频行业迅速发展，竞争日趋激烈，市场竞争力也在持续提升。根据《第 31 次中国互联网络发展报告》相关统计数据分析，截至 2012 年底，我国网络视频用户达到 3.72 亿，较上年底增加 4653 万人，增长率为 14.3%。网民中上网收看视频的用户比例较上年底提高了 2.5%，达到 65.9%。网络视频行业的发展对传统的电视播出市场产生了巨大的影响，也倒逼传统电视传媒产业"触网"发展，与网络技术全面融合。网络提速与家用电脑迅速普及使电脑游戏市场迅速发展，2002 年，盛大宣布《传奇》最高同时在线人数突破 50 万，成为全球用户数量第一的网络游戏。此后，搜狐、网易等互联网巨头纷纷涉足游戏行业，我国游戏行业开始爆发。2005年，巨人网络推出《征途》游戏，开启道具收费模式，网络端游进入新的一个爆发期。2008 年开始，随着智能手机的普及，手机游戏迅速发力并开始抢占市场。2011 年左右，腾讯、百度、360 等互联网企业巨头纷纷进入网页游戏市场，网页游戏达到巅峰后迅速开始下滑，而手机游戏则借机发展，迎来新的高增长时代。此时，中国网络游戏用户达到 3.36 亿的规模。此外，网络音乐、网络文学等行业市场也在这一时期发展起来，根据《第 31 次中国互联网络发展报告》相关统计数据分析，截至 2012 年底，网络文学用户达到 2.33 亿，较 2011 年底增长 3077 万人，年增长率为 15.2%。网络文化市场在文化市场发展中的地位和比重不断攀升，尤其是对年轻消费群体产生了巨大的吸引力。受突发事件影响，网吧行业市场在 2002 年跌入低谷，网吧总量由 2001 年的 30.7 万家骤降至 11.3 万家，政府主管部门的严格管控使网吧由单体向连锁发展趋势明显。经过几年整治，2008 年，网吧发展趋于稳定，但从 2010 年起，受移动互联网络、家用电脑普及等因素影响，网吧市场规模又走向下行渠道②。网吧行业仅仅经过 10 多年的发展就跨入了夕

---

① 王超. 中国网络视频行业发展研究 [J]. 洛阳师范学院学报，2017（6）：22 – 24.

② 金兴盛，黄健全. 2014 年浙江省文化市场行业发展报告 [M]. 杭州：浙江工商大学出版社，2014：121 – 122.

阳行业之列。

对传统的影视出版行业而言，面对网络文化市场迅速发展，在直面发展竞争的同时，传统媒介行业借助自身的优势，积极转型发展，通过拥抱互联网、广泛采用新技术等举措转型发展。两台合并、电视集团、制播分离、民营电视、数字电视、付费频道、上星落地等成为21世纪电视业的众多关键词①，呈现出这一阶段电视行业发展的市场特色。在数字化发展方面，影视传媒行业开始向数字化迈进，南宁有线电视网络公司开通了国内第一家有线数字电视系统。随后，我国开始对有线数字电视的研究和探索，并于2003年启动了有线数字化整体转型，同时还制定了数字化的发展目标及进程。除此之外还诞生了各种下一代新网和新业务，如中国下一代广播电视网（NGB）、三网融合、移动多媒体广播（CMMB）、高清付费频道等相关网络新媒体与业务，我国广播电影电视事业向一个全业务、全高清、全网络、全媒体的数字化方向发展。在频道发展方面，各电视台细分市场，推出自身有特色的栏目，如凭借《快乐大本营》《玫瑰之约》《晚间新闻》《新青年》《音乐不断》《今日谈》等数个有影响力的名牌栏目，2002年，湖南卫视确立了"锁定娱乐、锁定年轻、锁定全国"的频道定位。2004年，湖南卫视推出"快乐中国"的频道理念，围绕这一理念进行栏目编排，强化频道特色。2006年，湖南卫视广告创收突破10亿元，位居省级卫视排名第一。在电视剧制作方面，得益于制播分离政策，这一时期我国电视剧制作实现了质的飞跃，推出了一系列高质量的作品，赢得了市场和口碑。电影市场在这一阶段实现了爆发式增长，在院线制等改革政策推动下，电影制作、发行等环节迎来模式转变，电影业市场化加速。根据相关统计数据分析，2002～2012年，中国电影票房由9亿元上升为170.73亿元，电影院由872家上升为3293家，银幕总量由1581块上升为13118块，2012年度观影人次达到4.71亿②。这一阶段，我国电影市场发展一扫颓势，呈现出几个明显特色：一是产业链持续拓展，由仅仅注重电影票房向海外市场、电视、音像、新媒体等多个领域纵横延伸。二是数字化进程明显加快，2006年数字电影进入提速发展阶段，到2012年9月，全国2K数字银幕已经达到11000

---

① 温静，赵静.复盘60年来中国电视剧发展史［J］.电视指南，2018（7）.

② 此处数据引自中国票房网、《当代电影》（第12期）、《影院发展十年（2002－2012）》专题等。

块，占银幕数的 90% 以上①。三是社会资本投资电影积极性高涨，如 2006 年投资电影制作的民营公司和集体性质的社会机构就近 300 个。四是院线建设向中小城市延伸，观影体验感不断优化提升。这一阶段，电影市场发展已经取得非常亮眼的成绩。出版发行市场立足自身庞大的消费群体，借力体制改革发展契机取得显著进步，2002～2012 年，出版社由 532 家上升为 580 家，图书出版种数由 17.1 万种上升为 41.4 万种，总印数由 68.7 亿册上升为 79.2 亿册。这一阶段我国出版市场出现几个显著特征②：一是图书销售模式发生巨大变化，网络营销威力渐增；二是科技广泛应用于图书出版业，电子书市场不断拓展。

对传统文化行业市场来说，面对越来越激烈的市场竞争，各行业开始探索转型发展，以寻求更适宜于时代发展的市场模式。在演出市场方面，随着文化体制改革再出发，国有文艺院团转企改制成为这一阶段工作重点，执行事业会计制度的国有文艺院团由 2002 年的 2577 个下降为 2012 年的 1804 个③，转企改制的国有文艺院团持续增多。民营文艺院团依旧保持了快速发展的趋势，成为演出市场的重要组成部分。在这一阶段，演出市场的市场化程度不断提升，产业链发展持续完善，文艺表演团体、演出场馆、演出经纪机构、票务公司的合作越来越紧密，促进了演出市场转型发展。此外，随着旅游业发展进入快车道，我国旅游演艺发展迅速，成为演出市场的一抹亮色。根据《2012 中国演出市场年度报告》④ 相关统计数据，2012 年，全年演出总场次 200.9 万场，演出总收入 355.9 亿元。2012 年全国共有演出团体 13000 余家，其中国有演出团体完成改制的 2102 家；民营演出团体 10000 余家，全国演出经纪机构共 3059 家，专业剧场 1966 家，演出市场保持了稳定发展。在中国经济持续快速发展带动下，2002 年以后，艺术品市场开始走出低谷并走向一个新的高峰期，如全国艺术品拍卖会在 2002 年以前一年总成交额仅有几千万，2002 年就达到 4

① 刘汉文，韩超. 影院发展十年（2002－2012）——影院建设十年回顾与发展趋势分析 [J]. 当代电影，2012（12）：4－9.
② 刘宇，周建新. 改革开放 40 年我国图书出版业发展的历程与经验 [J]. 出版广角，2018（17）：11－14.
③ 中华人民共和国文化和旅游部. 中国文化和旅游统计年鉴（2019）[M]. 北京：国家图书馆出版社，2019.
④ 中国演出行业协会. 2012 中国演出市场年度报告 [DB/OL]. http://www.capa.com.cn/news/showDetail? id=60342.2013－06－28/2022－04.

亿~5亿元，2007年达到220亿元①，市场异常火爆，但也存在大量泡沫。2008年，受金融风暴影响，略有下滑，但此后又继续攀升，市场进一步复苏。这一阶段我国艺术品市场发展呈现出以下特色②：一是艺术品市场分行加剧，二元结构正在形成；二是市场体系和机制发育面临新的困境；三是五大板块相互消长与拉动，新的热点在理性中形成；四是艺术品市场标准问题成为市场焦点；五是艺术品资本化提速等。此外，还有音像市场等，受到网络发展、技术更迭等因素影响，音像市场发展平缓，但已经开始走出前期的下行通道。

这一阶段，文化市场发展还展现出新的特色，就是互联网平台企业在文化市场发展中的作用越来越突出。这里的互联网平台企业既有综合性平台，如阿里巴巴、腾讯、网易等，它们成为文化市场重要参与者，既是文化产业和服务生产者，也是重要消费渠道；还有销售平台企业，如京东、当当等，成为文化市场发展的重要推手。

## 三、文化市场管理体系化趋势明显

党的十六大以来，党对文化发展规律和文化管理规律的认识更加深刻，对文化属性的认识更加完整，这为进一步发展文化产业、繁荣文化市场提供了最高层次思想认识上的指导。在党的十六大报告中明确提出，要根据社会主义精神文明建设的规律和特点，适应社会主义市场经济发展要求，推进文化体制改革。要按照一手抓繁荣、一手抓管理的方针，健全文化市场体系，完善文化市场管理机制，为繁荣社会主义文化创造良好的社会环境。在这里就明确了文化市场管理的基本思路，即促进市场繁荣，维护良好秩序，成为指导我国文化市场体系建设的基本方针。但这一方针涉及的促繁荣和抓管理的关系和尺度往往会随着发展局势和环境的变化不断变化。2003年8月，在党的十六届中央政治局第七次集体学习中，专题学习了《世界文化产业发展状况和我国文化产业发展战略》，并就文化产业发展进行了专题讨论。会议强调，发展各类文化事业和文化产业，都要坚持正确导向，把社会效益放在首位，做到社会效益和

---

①　李雨蒙. 中国艺术品市场三十年变迁［J］. 中国民商，2017（11）：4.
②　西沐. 对新世纪十年中国艺术品市场的反思［J］. 美术观察，2010（12）：7 – 10.

经济效益的统一，努力宣传科学真理、传播先进文化、塑造美好心灵、弘扬社会正气、倡导科学精神。对文化产业重要性的认识和对文化产业发展的推动成为这一阶段我国文化市场快速发展的根本原因之一。在 2003 年 10 月召开的党的十六届三中全会上通过的《中共中央关于完善社会主义市场经济体制若干问题的决定》中，把文化体制改革纳入完善社会主义市场经济体制改革的重要任务当中，并明确指出要促进文化事业和文化产业协调发展，坚持把社会效益放在首位，努力实现社会效益和经济效益相统一，这是文化产业、文化市场发展的根本遵循。在文化产业和市场发展具体举措方面，鼓励经营性文化产业单位创新体制、转换机制，面向市场，壮大实力。健全文化市场体系，建立富有活力的文化产品生产经营机制。进一步完善文化产业政策，鼓励多渠道资金投入，促进各类文化产业共同发展，形成一批大型文化企业集团，增强文化产业的整体实力和国际竞争力。这些政策措施的实施鼓励了社会资本进入文化产业领域，促进了文化企业集团的发展，进一步带动了文化市场的繁荣。2005年 12 月，《中共中央国务院关于深化文化体制改革的若干意见》出台，这是这一阶段我国文化体制改革的总纲，标志着我国文化体制改革进入新的历史阶段。其中，《中共中央国务院关于深化文化体制改革的若干意见》首次提出了建设现代文化市场体系的改革发展目标，即形成统一、开放、竞争、有序的现代文化市场体系，更大程度地发挥市场在文化资源配置中的基础性作用。这里明确提出要发挥市场在文化资源配置中的基础性作用，进一步强调了市场机制在文化发展中的作用，无疑是一个巨大的突破，表明我国从顶层设计上进一步认可了市场机制在文化发展中的作用和地位。在培育现代文化市场体系具体举措上，《中共中央国务院关于深化文化体制改革的若干意见》提出了加强文化产品和要素市场建设、完善现代流通体制、建立健全市场中介机构和行业组织、加强文化市场监管等，明晰了现代文化市场体系建设的具体路径。此后，我国先后颁布的《国家"十一五"时期文化发展纲要》（2006 年）、《文化产业振兴计划》（2009 年）、《国家"十二五"时期文化改革发展规划纲要》（2011 年）等政策文件中都对进一步推动现代文化市场体系建设提出了发展的思路和具体对策。2011 年 10 月召开的党的十七届六中全会是第一次以中央全会的方式研究部署文化体制改革工作，这突出反映了两点：第一，党对文化工作规律的把握越来越深入，对文化工作越来越重视。第二，文化在整个经济社会发展中的作用越来越大，地位越来越突出，需要进一步就文化工作进行专题部署。这次会议审议通过了《中共中央关于深化文化体制改革推动社会主义文化大发展大繁荣若干重大问题的决议》，提出要促进文化产品和要素在全国范围内合理流动，必须构建统一开放竞争有序的现代文化市场体系。通过梳理2002年以来我国文化体制改革在宏观政策层面上的探索可以看出，这一阶段，文化建设越来越为国家所重视，成为我国现代化建设的重要组成部分。现代文化市场体系作为文化建设重要组成部分被提上日程并持续推进，市场机制在文化建设中的功能和作用被认可和接受，并在推动文化建设过程中发挥着积极的作用。综上所述，在这一阶段，政府主管部门对文化市场有了更深刻的认识和接纳，进而从更多维度管理文化市场，成为这一阶段的文化市场繁荣发展的根本保障。

从文化市场管理的具体举措来看，市场管理的系统性、全面性显著增强，为文化市场繁荣发展提供了有效支撑。2003年，原文化部印发《2003－2010年文化市场发展纲要》，这是政府主管部门首次就文化市场发展提出具体规划。该《纲要》明确了在这一阶段文化市场发展的主要目标思路，提出到2010年，初步建成一个市场门类齐全，结构合理，供求关系均衡，政府调控与市场机制相结合，统一、开放、竞争、有序的社会主义文化市场体系，并就演出市场、娱乐市场、音像市场、网络文化市场、电影市场、艺术品市场发展提出了具体发展目标。在发展思路上，提出了以发展为第一要务、以开放促发展、以管理促繁荣、以完善市场机制发挥市场功能为手段，使文化市场本身所具有的内在能力和作用，在政府宏观调控和依法管理的总体框架下，由供求决定价格，价格引导市场主体行为，调节供求使之达到均衡。在文化市场体系建设保障上，提出了建立完备的文化市场法制体系、建设灵活高效的宏观调控机制、建设公平竞争的文化市场机制、建立坚强有力的文化市场监管体系的保障举措。这一发展规划为这一阶段文化市场管理提供了一个整体的思路，即系统性谋划文化市场管理，凸显出政府力求发挥市场机制作用，构建能够支撑我国文化建设快速发展的现代市场体系。具体来说，就是既推动体制机制创新，鼓励放宽市场准入，增强市场发展活力，又强化市场监管，确保良好市场发展秩序。表现在行业市场发展政策上，在网络文化市场发展方面，坚持包容性政策，鼓励新兴业态发展，同时严格市场监管，通过发布《关于加强网络文化市场管理的通知》《网络文化市场执法工作指引》等政策文本规范市场发展。在电影市场发展方面，2003 年 9 月，《电影制片、发行、放映经营资格准入暂行规定》发布，对电影制片、发行、放映经营的资格准入做了更有利于电影产业发展的新调整，民营资本逐步进入发行领域，民营发行公司陆续发展起来，中国电影多元化的发行格局逐渐建立①。政策的突破马上就带动了相关产业的发展、市场的活跃，成为这个发展阶段文化市场管理的写照。在图书市场管理方面，2003 年颁布的《外商投资图书、报纸、期刊分销企业管理办法》标志着我国出版物市场正式对外开放②。2003 年，原新闻出版总署印发《出版市场管理规定》，为社会资本及个人进入图书市场提供了法律保障。当然，这一时期也有些政策举措值得商榷，如在网吧市场管理方面，2002 年 "蓝极速网吧" 事件促使《互联网上网服务营业场所管理条例》出台，此后原文化部推行的网吧连锁模式、严格经营许可证审批等政策尽管在当时具有特殊性和当下性，但也出现了权力寻租、市场垄断等问题，对网吧行业发展造成了负面的影响。

　　梳理这一阶段文化市场发展历程，文化市场体系概念被提出并付诸实践推动，文化市场实现了高速发展。同样在这一时期，文化市场得到更高层面政策的认可，文化市场体系建设推动力度逐步增大，文化体制改革为文化市场发展提供了强有力的政策支持，文化市场管理更趋体系化。当然，这仅仅是文化市场体系建设的起步和探索阶段，文化市场管理过程中还是存在大量突出的问题需要持续的改革和创新。

## 第四节　现代文化市场体系建设稳步开展

　　这一阶段特指 2013 年至今。2013 年，党的十八届三中全会召开。习近平

---

　　① 刘扬. 改革开放四十年中国电影发行业变革研究 [J]. 当代电影，2018 (8)：4 - 9.
　　② 刁其武. 20 世纪 90 年代中期以来中国出版业的改革与发展 [J]. 当代中国史研究，2006，13 (4)：63 - 70.

总书记在主持召开中央全面深化改革委员会第六次会议时曾强调：党的十八届三中全会也是划时代的，开启了全面深化改革、系统整体设计推进改革的新时代，开创了我国改革开放的全新局面①。这一论断点出了这一发展阶段我国改革开放事业的最大特点就是系统整体设计推进改革，建立健全现代文化市场体系既是本次大会提出的重大改革任务，也是这一阶段文化市场体系建设的发展方向和重要着力点。在这一阶段，随着信息通信技术快速发展，数字化程度持续提高，数字化成为这一阶段文化市场发展的显著特色，不论是传统文化行业市场还是新兴文化行业市场都越来越离不开数字化技术的支持，文化与科技的融合是大势所趋。透过表面的市场繁荣可以更进一步看到，文化体制改革驱动之下的市场机制在文化建设中的作用更加突出，文化市场体系在文化建设中的地位更加稳固。

## 一、社会主义市场经济体制改革实现重大突破

探究现代文化市场体系建设，首先还是要分析社会主义市场经济改革发展的大背景。尽管从 2013 年算起时间并不长，但社会主义市场经济体制改革已经取得了重大的理论突破。2013 年，在党的十八届三中全会上通过的《中共中央关于全面深化改革若干重大问题的决定》中明确提出"紧紧围绕使市场在资源配置中起决定性作用深化经济体制改革"，并按照这个要求，提出了经济领域众多新的重大改革举措，即：必须加快形成企业自主经营、公平竞争，消费者自由选择、自主消费，商品和要素自由流动、平等交换的现代市场体系，着力清除市场壁垒，提高资源配置效率和公平性。为此，要建立公平开放透明的市场规则、完善主要由市场决定价格的机制、建立城乡统一的建设用地市场、完善金融市场体系、深化科技体制改革。这是我国改革开放历史进程中具有里程碑意义的创新和发展，是我国社会主义市场经济体制改革跨时代的理论创新，对在新的历史起点上全面深化改革产生了深远影响。这一理论创新的实践意义在于：它有利于最大限度地激发各类市场主

---

① 习近平主持召开中央全面深化改革委员会第六次会议［N］.人民日报，2019 - 01 - 23（1）.

体创业、创新活力，有利于加快我国经济转型升级，有利于建设高效廉洁的服务型政府，有利于构建开放型经济新体制①。2017 年，党的十九大报告中进一步提出了使市场在资源配置中起决定性作用，更好地发挥政府的作用的要求，"有效市场、有为政府"双向协同发展的模式日渐成熟。党的十九大报告还提出经济体制改革必须以完善产权制度和要素市场化配置为重点，实现产权有效激励、要素自由流动、价格反应灵活、竞争公平有序、企业优胜劣汰。这些重点改革发展举措持续推动了我国经济体制改革深化，推动了市场经济体系建设探索和完善。

经过几年的探索与实践，我国经济体制改革全面发力、多点突破，"放管服"改革持续深化，包括：推进行政审批制度改革、深化商事制度改革、完善市场准入负面清单制度建设和事中事后监管制度，深化投融资改革和价格改革；系统推进国企国资改革；深化财税体制改革，积极推进预算管理制度改革，重点突破税收制度改革，启动中央和地方财政事权和支出责任划分改革；加快金融体制改革步伐；稳步推进新型城镇化和工业农村改革；进一步健全开放型经济新体制、创新驱动发展体制、生态文明体制②。综合这一阶段改革发展成效，我国社会主义市场经济体制"四梁八柱"主体框架基本确立，市场体系建设跨入高质量发展阶段。社会主义市场经济体制改革持续推进、现代市场体系建设不断完善为现代文化市场体系建设提供了良好的发展环境和有力的思想、政策支撑，成为这阶段建立健全现代文化市场体系的主要推手。

## 二、文化市场数字化转型加速

这一阶段，我国开始从工业经济向数字经济转型，大数据、互联网、人工智能等高新科技对我国经济社会的影响逐步增大，特别是互联网技术应用的扩张已经从互联网向移动互联网转化、商业互联网向服务互联网转化、产品互联网向工业互联网转化、城市互联网向农村互联网转化，并由此导致互联网、通

---

① 林兆木. 使市场在资源配置中起决定性作用 [J]. 理论参考，2013 (12)：48 – 51.
② 本刊记者. 党的十八大以来经济体制改革成效显著 [J]. 紫光阁，2017 (6)：20 – 23.

信和信息三大技术融合的物联网①。互联网、数字化技术快速发展加速了各文化行业市场数字化转型，网络视频、网上直播、网络表演、网络音乐、网络动漫、网络演出剧（节）目、网络艺术品、电子出版物等新兴业态迭代发展，网络文化市场规模飞速扩张，业态融合发展趋势明显。根据中国互联网信息中心发布的《第 33 次中国互联网络发展状况统计报告》②《第 48 次中国互联网络发展状况统计报告》③ 相关统计数据分析，自 2013 年 12 月至 2021 年 6 月，我国网民规模由 6.18 亿上升为 10.11 亿，互联网普及率由 45.8% 上升为 71.6%，手机网民规模由 5 亿上升为 10.07 亿，网民使用手机上网的比率由 81% 上升为 99.6%，农村网民规模由 1.77 亿上升为 2.97 亿，城镇网民规模由 4.41 上升为 7.14 亿。进一步对上述数据进行分析可以看出：一是网民增速明显，规模庞大，已经突破 10 亿大关，普及率连年提高，成为文化市场潜在的消费群体。二是随着移动互联网络迅速普及，手机网民规模暴涨，成为网络用户上网主渠道。三是农村网民用户持续攀升，为填补城乡数字鸿沟，更为便捷进行文化消费提供了保障。哪里有消费群体哪里就有市场，哪里有市场哪里就有契合市场发展的新型业态。互联网络，特别是移动互联网络快速发展为文化市场发展提供了新的空间，也成为新兴业态发展的重要依托。

具体到各行业市场，从网络视频行业市场发展来看，2013 年，我国网络视频用户规模达到 4.28 亿，网络视频使用率为 69.3%④。此后，得益于网络建设提速、视频设备的普及，特别是移动互联网络的迭代升级，网络硬件建设升级换代。在行业发展方面，网络视频与传统电视媒体深度合作，使网络视频内容更丰富，更具有吸引力。网络视频行业市场进入高速发展渠道，截至 2021 年 6 月，我国网络视频（含短视频）用户规模达到 9.44 亿，占网民整体的 93.4%，其中短视频用户规模为 8.88 亿，市场规模极其庞大。网络

---

① 何大安. 互联网应用扩张与微观经济学基础——基于未来"数据与数据对话"的理论解说 [J]. 经济研究, 2018, 53 (8)：177－192.

②④ 中国互联网络信息信息中心. 第 31 次中国互联网络发展状况调查统计报告 [DB/OL]. http：//www.cnnic.net.cn/hlwfzyj/hlwxzbg/hlwtjbg/201403/t20140305_46240.htm, 2014－03－05/2022－04.

③ 中国互联网络信息信息中心. 第 48 次中国互联网络发展状况统计报告 [DB/OL]. http：//www.cnnic.net.cn/hlwfzyj/hlwxzbg/hlwtjbg/202109/t20210915_71543.htm, 2021－09－15/2022－04.

视频市场发展也呈现出显著特征①：一是长、短视频竞争加剧，中视频成为文化产业发展风口，微短剧成为继网络剧、网络综艺、网络电影和网络动画之后的又一个内容赛道，影响力进一步提升。二是长视频平台通过重构影视项目管理规则和提升智能制作水平，加快了影视工业化进程。其中，依托5G、人工智能、云计算等先进技术，智能制作正在成为提升内容品质的"新生力军"，成为视频平台推进影视工业化的关键因素。三是短视频与直播、电商相互加成，快手、抖音等平台成为重要的电商阵地。四是短视频侵权问题引发社会关注，推进版权内容合规管理成为业界共识②。通过对视频行业市场的分析可以看出，在技术迭代创新发展的阶段，文化行业与科技充分融合并推动了业态持续创新，业态创新发展又进一步吸引了更多消费者，从而与市场形成良性互动，进而使新兴行业得以跨越式发展，充分体现了科技和市场的魅力。网络游戏行业市场的发展也展示了在数字经济时代游戏行业发展的特色，从直观数据分析，2013年底，我国网络游戏用户规模达3.38亿，网民使用率为54.7%。网络游戏向移动端发展趋势明显，截至2013年底，我国手机网络游戏用户达2.15亿，较上年增长7594万。到2021年6月，我国网络游戏用户已经达到5.09亿，尽管整体规模超过2013年，但从发展趋势看，近几年基本保持在这个规模并有下降趋势；网民使用率为50.4%，同样呈现下降趋势。这一时期，网络游戏已经主要向移动端用户发展，2021年上半年，国内移动游戏实际销售收入为1147.72亿元，同比增长9.65%。分析近几年网络游戏市场发展趋势可以看出：一是从2018年起，网格游戏产业开始从持续高速发展逐步进入缓慢发展期。短视频等新兴平台对用户时间的分化、产业结构不良导致创新驱动力不足等一系列因素，导致行业发展的瓶颈因素突出。二是网络游戏市场发展备受社会关注，促其健康发展成为社会共识。三是行业竞争进一步加剧，互联网头部企业纷纷加入市场竞争，一方面提升了国内游戏厂商竞争力，另一方也推动了游戏行业海外市场的开拓。另一个极具特色的行业市场是网络直播行业，它是文化市场最新的业态之一，展示了数字经济时代网络文化市场瞬息万变的

---

①② 中国互联网络信息信息中心. 第48次中国互联网络发展状况统计报告［DB/OL］. http://www.cnnic.net.cn/hlwfzyj/hlwxzbg/hlwtjbg/202109/t20210915_71543.htm, 2021 – 09 – 15/2022 – 04.

发展特色。我国网络直播行业起步于 2013 年，随着网络视频直播技术的成熟，2016 年网络直播市场迎来井喷式发展①，以至于业界把 2016 年视作"网络直播元年"。从发展现状来看，截至 2021 年 6 月，我国网络直播用户规模达到 6.38 亿，同比增长 7539 万，用户规模保持了高速增长态势。其中，电商直播用户规模为 3.83 亿，游戏直播为 2.64 亿，真人秀直播为 1.77 亿，演唱会直播为 1.3 亿，体育直播为 2.46 亿，体现出直播行业的多元业态②。从各直播领域来看，电商直播进入"新业态成熟期"，2021 年全年我国电商直播用户规模达到 4.64 亿，占整体网民的 44.9%③，国内整个电商直播市场格局呈现出了点淘、抖音、快手三强鼎立，蘑菇街、拼多多、小红书、京东、视频号等多极发展的局面。从网络表演（直播）行业来看，网络表演（直播）行业进入 3.0 时代，即发展格局基本稳定，电商直播兴起，内容多元，价值凸显。从营收模式来看，打赏仍是直播平台和主播的主要收入来源，直播平台打赏占行业收入的 75%，占主播收入的 35% ~ 45%，泛娱乐直播行业的打赏收入占到总收入的比重超过 90%④。其他领域，游戏直播高速发展期结束，进入行业规范发展期，体育直播则发展迅速。除这几大行业市场外，网络音乐、网络文学、网络新闻行业都取得了快速的发展。

在传统文化市场行业发展方面，受数字化、网络化发展趋势影响，各行业也加速了数字化转型发展。在演出市场发展方面，演出市场行业发展受到高新科技全方位的渗透和影响，不仅产生了网络表演业态，还出现了云剧场、指尖剧场等新型的线上演出空间。特别是受到新冠肺炎疫情的影响，网络演出的形式得以迅速发展，如北京演艺集团首届线上演出季于 2020 年 5 月 5 日拉开帷幕，于 6 月 25 日落幕。近两个月的时间里，来自北京演艺集团旗下九大院团的艺术家与团队呈现了 6 场异彩纷呈的线上演出活动。据各大直播平台数据统

---

① 陈经超，吴倩. 变革与回归：中国网络直播平台发展历程探析 [J]. 媒介批评，2017（1）：61 – 71.
② 中国互联网络信息信息中心. 第 48 次中国互联网络发展状况统计报告 [DB/OL]. http：//www.cnnic.net.cn/hlwfzyj/hlwxzbg/hlwtjbg/202109/t20210915_71543.htm，2021 – 09 – 15/2022 – 04.
③ 中国互联网络信息信息中心. 第 49 次中国互联网络发展状况统计报告 [DB/OL]. http：//www.cnnic.net.cn/n4/2022/0401/c88 – 1131.html，2022 – 02 – 25/2022 – 04.
④ 中国演出行业协会网络表演（直播）分会. 2020 年中国网络表演（直播）行业发展报告 [DB/OL]. http：//www.yyfsb.com/news/pinglun/15244.html，2021 – 05 – 18/2022 – 04.

计，6 场演出总观看人数近 4600 万①。线上演出越来越成为演出市场上的新常态。此外，网上订票、网络宣传推广、智慧剧场建设都体现了这一时期演出市场发展的新变化。在广播电视行业市场发展方面，广播电视数字化、智慧化发展趋势明显，智慧广电建设扎实推进，融媒体发展取得显著成效。从我国智慧广电业务收入结构上看，2020 年广播电视机构新媒体广告收入为 204.96 亿元，占比达 22.93%；有线电视网络宽带、集团客户等增值业务收入为 236.37 亿元，占比达 26.45；IPTV 平台分成收入为 135.82 亿元，占比达 15.20%；OTT 集成服务业务收入为 71.10 亿元，占比达 7.95%；广播电视机构网络视听收入为 245.53 亿元，占比达 27.47%②。由此可见，与广播电视网络化、数字化相关产业的收入成为广电发展的重要收入来源。2013 年以来，我国电影市场保持了高速发展，电影分账票房规模逐年上升，但增速下降，近两年，受到新冠肺炎疫情影响，电影市场迅速下滑。近几年，电影市场发展的明显趋势就是产业链延伸、跨界经营和互联网化并购潮将会持续；在线票务高速发展，电影发行去中介化；电影营销进入移动互联时期；院线集中度提高、影院建设城市层级下沉。随着新冠肺炎疫情逐步得以控制，电影市场还将会迎来新的繁荣。多次整顿之后，网吧市场在 2016 年之后开始进入下行空间，网咖、电子竞技以及多元化经营等成为网吧发展的新方向。艺术品市场保持了稳定增长态势，其中最突出的变化就是艺术品网络市场迅速发展并成为艺术品市场新的增长点。

纵观这阶段文化市场发展，数字化、网络化发展迅速，新兴文化产品和服务层出不穷，融合发展、创新发展成为这一阶段文化市场发展的显著特色，为我国文化事业繁荣发展、更好地满足人民群众文化消费需求作出突出贡献。

## 三、文化市场治理体系建设提速

在这一阶段，文化市场管理面临着巨大的挑战：一方面，新兴文化业态层

---

① 高倩，牛春梅. "云端音乐会" "云剧场" 成新生态，当剧场解禁，线上演出何去何从 ［N］. 2020 - 07 - 11.
② 沈雅婷. 广电行业内部正在进行深刻变化调整 ［EB/OL］. https：//www.chinaxwcb.com/info/579327，2022 - 05 - 12/2022 - 07.

出不穷、发展迅速，有些业态从出现到形成规模和影响，可能只需要数月时间，且与高科技的融合发展更使其发展和变化极其迅速，对这些业态的监管无疑是非常具有挑战性的。而且，传统文化行业市场如何转型发展，也是摆在政府、业界、社会前面的必答题。另一方面，党的十八届三中全会以来，我国社会主义市场经济体制改革跨入新的发展阶段，如何借助这一发展契机，推动文化管理体制改革创新，更好地推动现代文化市场体系建设更是当下面临的艰巨任务。从根本上分析，依旧要从促繁荣、强监管的思路上去理解和实践文化市场管理。党的十八届三中全会以来，国家治理体系和治理能力现代建设被提日程，文化治理体系和治理能力现代化无疑是其重要组成部分。在文化治理体系和治理能力现代化理念指导下，文化市场治理的理念得以贯彻，在实践中重点体现在了三个方面：一是深化改革，创新管理，给文化市场各行业更大的发展空间、更多的发展机遇。二是推进法治化建设，营造良好的市场发展秩序。三是发挥行业协会、企业的能动性和主动性，形成协同治理体系。

在促进行业市场繁荣发展方面，坚持简政放权，取消和下发行政审批权，进一步放宽市场准入门槛，鼓励社会资本进入文化市场。在演出市场方面，在2013年、2016年、2020年先后三次修订《营业性演出管理条例》，持续简政放权，大幅度简化营业性演出审批制度，下放行政审批权限。在2020年的修订中，允许外国投资者依法在中国境内设立演出经纪机构、演出场所经营单位，但不得设立文艺表演团体。外商投资的演出经纪机构申请从事营业性演出经营活动、外商投资的演出场所经营单位申请从事演出场所经营活动，应当向国务院文化主管部门提出申请。国务院文化主管部门应当自收到申请之日起20日内作出决定。批准的，颁发营业性演出许可证；不批准的，应当书面通知申请人并说明理由。上述修改进一步放宽了外资投资国内演艺市场的条件，促进了演出市场的繁荣。在广电市场发展方面，坚持管办分离，行业管理，真正实现了政事、政企的分开。2018年11月，国家广播电视总局发布了《关于促进智慧广电发展的指导意见》，进一步促进了广电行业的创新发展。其他还有《文化部关于推动互联网上网服务行业转型升级的意见》《文化部关于推动文化娱乐行业转型升级的意见》《电影产业促进法》等，均对文化市场各行业转型发展产生了积极的促进作用。

随着网络文化市场的兴起，政府主管部门对新兴文化市场业态发展大多采取了包容性发展的政策，以鼓励行业创新、繁荣市场发展，但在发展过程中也出现了各种各样的问题，甚至有些问题引起了全社会的关注和讨论。为此，各级文化主管部门也纷纷出台相关政策措施，制定法律规范，规范行业市场发展，构建有序市场发展秩序。2016 年，中共中央办公厅、国务院办公厅印发《关于进一步深化文化市场综合执法改革的意见》，明确了深化综合执法改革的任务和路径。建立全国文化市场管理工作联席会议制度，出台《文化市场举报受理办理规范》《文化市场综合执法调查询问规范》等综合执法规范，出台《文化市场黑名单管理办法》，加强市场信用管理制度。发布《艺术品经营管理办法》《网络经营活动管理办法》，持续规范各类市场发展秩序，营造良好的市场发展氛围。出台《文化部关于进一步加强和改进网络音乐内容管理工作的通知》《关于进一步加强网络文学出版管理的通知》《关于进一步严格管理切实防止未成年人沉迷网络游戏的通知》，确保各行业市场有序、规范、健康发展，以形成行业发展的持久动力。通过持续推动文化市场行业管理制度建设，营造了文化市场良好的发展环境。

在充分发挥行业引导和企业自律方面，鼓励行业组织建立完善的行业规范和标准，引导和推动文化市场各行业不断提高发展和管理的水平。针对行业普遍存在的突出问题，及时发布倡议和号召，督促企业向上向好发展。例如，上网服务行业协会发出的《让上网服务营业场所明亮整洁起来》、文化娱乐行业协会发出的《树立争取价值导向开发健康益智游戏》等倡议都成为行业规范发展的标志性事件。鼓励文化企业，特别是高新技术企业，提高认识，加强自律，促进行业更好地发展。通过行业组织和企业自身有意识地建设，提高行业自律水平，更好地推动文化市场有序发展。

# 第四章 现代文化市场体系运行机制

　　现代文化市场体系不仅是文化产业高质量发展的基础和根本保障，也是公共文化服务体系建设的重要支撑体系，建立健全现代文化市场体系，对繁荣发展社会主义先进文化、更好地服务社会主义文化强国建设具有基础体系的支撑作用。近年来，我国高度重视现代市场体系建设，党的十九届四中全会提出要建设高标准市场体系，党的十九届五中全会进一步提出要实施高标准市场体系建设行动。在党中央大力推动下，2020 年 3 月，中共中央办公厅、国务院办公厅印发《关于构建更加完善的要素市场化配置体制机制的意见》，明确了要素市场制度建设的方向及重点改革任务。2021 年 1 月，中共中央办公厅、国务院办公厅印发《建设高标准市场体系行动方案》，就构建更加成熟、更加定型的高水平社会主义市场经济体制，进一步激发各类市场主体活力，建设高标准市场体系进行了具体部署。现代市场建设步伐加快对现代文化市场体系建设起到了积极的促进和推动作用，2021 年 7 月，文化和旅游部发布《"十四五"文化和旅游市场发展规划》，提出建设高标准现代文化和旅游市场体系的发展目标。这需要政府主管部门、业界、学界共同关注，全方位、系统性探索和研究现代文化市场体系运行机制，厘清和把握现代文化市场体系发展规律。在此基础上，进一步从历史横断面的视角分析现代文化市场体系各主要组成部分的发展现状与水平，评估发展成效，进而有针对性地分析存在的问题和不足，为打造高标准文化和旅游市场体系提供理论参考和实践基础。

## 第一节　现代文化市场体系运行机制理论框架

在市场经济条件下，产品、资本、劳动力、土地等都是商品，作为生产要素，其流动都要通过相应的市场进行，因而形成了广义供求关系及其市场体系。要维系社会经济的正常运行，不同市场主体必须不断互为供给与需求，从而使市场供求关系以一定的规则构成一个有机整体①。文化市场体系同样围绕市场的供求、价格、竞争、运行等机制形成一个体系，以更好地促进社会主义文化发展。根据对现代文化市场体系实践和理论的综合，我们提出了现代文化市场体系运行框架，如图 4－1 所示。简单从源头追溯，随着我国经济步入高质量发展阶段，社会持续转型发展，人民群众收入、生活水平都持续提高，这强化了人民群众对精神需求的追求，文化消费越来越成为经济社会发展不可或缺的组成部分，其重要性越来越凸显，文化消费的多样性和复杂性也越来越明显。如何提供丰富多元的文化产品和服务，满足广大人民群众日益多元化的精神文化需求是改革开放以来文化建设领域一直在探索的重要课题。随着文化体制改革持续推进，当前更多地通过文化市场来满足人民群众的文化消费需求，即便是在推进公共服务体系建设的过程中，也积极发挥市场机制的作用，通过引入社会力量来提高公共文化服务体系的效能。依照前述对文化市场体系发展历程的分析，推动文化市场体系建设，根本的思路就是两条，简单来说就是一手促进文化市场充满活力、繁荣发展，另一手促进文化市场规范治理、有序发展。促进文化市场繁荣发展，就要充分发挥市场机制在文化市场发展中的积极作用，这些市场机制主要包括市场供求机制、市场竞争机制和市场价格机制。在这三种机制的刺激下，推动文化产品市场、服务市场、要素市场的繁荣发展。在规范文化市场治理方面，则主要通过价值引领、产权保护、制度完备、依法行政来确保文化市场发展始终以社会主义先进文化建设为引导，遵循社会主义核心价值观，坚持社会效益为首，努力实现社会效益和经济效益相统一。

---

① 温孝卿. 市场体系形成与发展 [M]. 天津：天津大学出版社，2004：1.

在明晰正确发展方向的前提下，加强文化市场法制化、制度化、规范化建设，提升文化市场治理能力，为文化市场发展营造良好的环境，以此来维护文化消费、文化生产和文化运行有序健康发展。通过促进文化市场繁荣、文化市场治理有序来提供丰富的文化产品和服务，推动文化产业高质量发展，形成完善的现代文化市场体系。

考虑到后续还要对各文化行业市场进行专题研究，这一章重点对文化市场机制的功能与实现程度、文化要素市场、文化市场规范治理进行剖析。

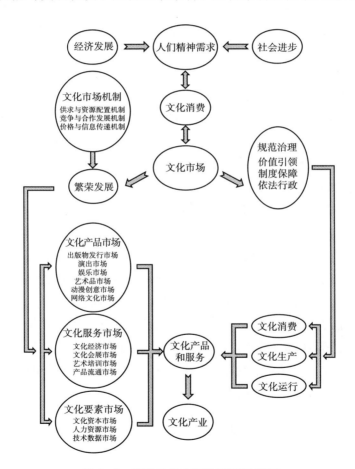

**图 4 - 1 现代文化市场体系运行框架**

资料来源：笔者绘制。

## 第二节　文化市场机制运行与实践

建立健全现代文化市场体系，推动高标准现代文化市场体系建设，其中的关键因素是积极发挥市场机制在文化市场发展中的作用，更好地凸显政府的服务和监管功效，真正做到宏观有政府、微观有市场，实现有效市场和有为政府的高效结合。首先，要肯定且要坚持市场机制在文化市场体系建设中的根本作用，但更为重要的是始终注重和把握文化市场所具有的特殊属性，即其意识形态属性。文化市场是意识形态建设的重要阵地，推动现代文化市场体系建设，必须要时刻坚守社会效益优先的基本原则，以社会主义核心价值观为统领，以建设社会主义先进文化为指引，这就需要坚持发挥政府的宏观引领作用，这是文化市场建设的根本遵循和主要方针。在牢守上述发展方针、原则的基础上，充分发挥市场机制的作用，培育完善的现代文化市场体系，赋予文化发展更大的活力和动力。

市场机制是市场理论中一个十分重要的经济范畴。如果把市场看作一个由若干要素组成的大系统，那么，当某一要素发生变化或者市场外面力量的作用导致市场不平衡时，价格就会作为反馈信号去调整市场主体的经济行为，以重新恢复市场在某种条件下的平衡状态。简言之，市场具有的这种能够自动平衡自身的机能，就叫市场机制。[1]

从上面的论述可以看出，市场本身具有不断自我调整的功能，有其内在的客观规律，它主要通过供求机制、竞争机制、价格机制、货币流通机制来实现体制运行，实现体制调整的功能和作用。当然，在现代市场体系中，市场机制是一套复杂、精致的运行系统，在分析文化市场运行机制时，重点要分析市场机制的实践程度。根据文化市场发展体系的实际，这里主要分析文化市场中的供求机制、竞争机制和价格机制。

### 一、文化市场供求机制

供求机制是市场机制中的首要机制，供求运动是市场运行的核心，其他相

---

[1]　万成林，温孝卿，邓向荣．市场学原理［M］．天津：天津大学出版社，2004：107－108.

关要素的变化都围绕着供求运动展开。供求联结着生产领域和消费领域，体现着生产者与消费者之间的关系①。文化市场的供求连接着供需两端，是文化资源配置的重要指针。对文化市场供需机制的分析，着重从供求的数量、供求的结构和供求的路径加以分析。首先，文化市场供求的数量关系是文化市场供求矛盾运作的最基本表现形式，表现了文化市场资源的流动。从当前文化市场供给来看，我国文化产品和服务已经极大丰富。尽管受到新冠肺炎疫情影响，但从主要行业门类市场发展来看，近年来文化市场供给依旧保持较高数量和质量，如从广播电视行业市场发展来看，根据国家广播电视总局发布的《2020年全国广播电视行业统计公报》相关数据来看②，2020年全国播出电视剧21.27万部，播出影视剧类电视节目时间为873.12万小时，同比增长2.91%。该《公报》指出，2020年各类题材创作百花齐放，推出了《在一起》《石头花开》《大江大河2》等精品剧目。但在2020年，全国制作发行电视剧202部、7476集，制作发行部数同比下降20.47%，制作影视剧类电视节目的时间为9.54万小时，同比下降20.70%，但依旧保持庞大的规模。2020年全国制作广播节目的时间为821.04万小时，同比增长2.39%；播出时间为1580.72万小时，同比增长1.76%。制作电视节目的时间为328.24万小时，同比下降5.02%；播出时间为1988.31万小时，同比增长1.91%。网络视听节目精品创作方面，2020年全国互联网音视频节目增量约2.2亿小时，其中获得上线备案号重点网络电影745部、网络剧211部、网络动画片112部、网络纪录片25部、网络综艺251部。推出《毛驴上树》《中国飞侠》等网络视听作品，丰富了人民群众的精神文化生活。仅从广电行业市场发展就可以看出，当前文化市场在供给上已经非常丰富，但需求侧上并没有跟进。尽管电视剧集制作数量庞大，但很多电视剧根本没有机会播出。据有关媒体报道，电视剧面临的是产能过剩的问题，我国每年电视剧产量超15000集，而仅有9000集左右有机会播出，这意味着，三分之一的电视剧拍出来后存在无法播出的可能③。之所以出

①　万成林，温孝卿，邓向荣.市场学原理 [M].天津：天津大学出版社，2004：109-110.
②　国家广播电视总局规划财务处.2020年全国广播电视行业统计公报 [J/OL].http://www.nrta.gov.cn/art/2021/4/19/art_113_55837.html，2021-04-19/2022-04.
③　王萍.全国政协委员郑晓龙：每年1.5万集电视剧浪费一半 [N].北京晨报，2018-03-05.

现供求之间的失衡，原因有很多方面，其中一个关键的原因就是文化市场供求结构的失衡。

文化市场供求结构关系主要是指文化产业和服务的种类在市场供求中的数量及比例的关系。这里有两层含义①：其一，文化市场产品和服务的种类与数量，这与各文化行业对不同文化消费群体的吸引力有很大关系，特别是近年来迅速崛起的网络文化市场最具代表性，它代表了文化市场的时代性和发展趋向，最具发展活力。其二，文化市场的产品结构还与文化产品的质量有密切的关系。通常情况下，文化产品和服务作为精神消费品，消费者对其供给质量的要求高于数量的需求。随着我国经济社会发展进入新时代，人民群众的收入水平和受教育水平大幅提升，对文化消费的质量和多样性的需求越来越高，这势必会推动文化市场供给侧结构性改革，粗制滥造、质量低下的文化产品和服务会越来越没有市场，这是市场机制完善的必然选择。在这里需要特别对公共文化服务体系供求结构进行简要分析，尽管公共文化服务具有公益属性，属于"政府买单"，但现在已经形成的共识是政府买单不代表政府自己实现全部供给，政府往往会通过购买服务来达成公共服务的目标，既然有购买就会有市场机制，就需要充分发挥文化市场、市场机制的作用。唯有通过这一路径，才能破除公共服务体系绩效低下等突出问题。此外，文化市场供求结构还与文化产品和服务的获取路径有很大关系，越是易于为消费者获取的文化产品和服务，越是有强大的吸引力和广阔的消费市场，也越是容易获取发展所需要的资源和政策，这也是为什么近年来网络文化市场快速发展、极其活跃的重要原因。综合上述分析可以看出，文化市场供求机制已经在现代文化市场体系发展中扮演着越来越重要的角色，发挥着越来越重要的作用，成为现代文化市场体系建设的重要推手之一。尽管文化市场供求机制还存在一些突出的问题，如供大于求、供需错位等，但从发展趋势上分析，供需机制在文化市场体系发展中的作用已经非常显著，需要在下一阶段发展中坚持问题导向和目标导向，以更好地发挥文化市场供求机制的积极作用，更充分、更有效地发挥其对资源的调配作用。

---

① 王亚楠，顾江. 文化市场供求失衡的原因及对策建议——基于产业政策有效性的视角［J］. 现代经济探讨，2017（3）：5.

## 二、文化市场竞争机制

竞争机制伴随市场的发育而产生；竞争的出现推动着供求由不平衡走向平衡；供求不平衡的出现又势必加剧竞争①。作为市场机制的主要内容之一，竞争机制是市场经济活动中优胜劣汰的主要手段和方法，普遍存在于市场发展各个领域、各个阶段。就文化市场而言，简单来说，主要存在三种类型的竞争：一是供给者即行业、文化企事业单位、个人、社会组织之间以及其内部之间的竞争，这种竞争的主要目标是实现商品的价值，拓展市场，提高收益。二是购买者之间的竞争。这种竞争主要是为了实现使用价值，如用户对紧俏文化产品和服务的购买，企业对版权、原材料竞争的购买等。三是买者和卖者之间的竞争，这主要是对价格的竞争，只要有竞争存在就会引起价格的波动，进而推动供求之间的矛盾和竞争，持续优化资源配置。竞争机制是激发文化市场各参与主体积极性、主动性的根本机制，特别是促进文化企事业单位改革创新的关键。因此，要特别重视竞争机制在文化市场中的作用，营造更好的发展环境。从文化市场发展经验来看，竞争机制要充分实现，需要注重以下方面的建设。

一是文化市场竞争政策的建设，即通过政策建设、制度建设为文化市场竞争营造有利的市场环境。从我国竞争政策发展来看，经过 40 多年的发展，竞争政策领域立法工作取得重大突破、机构职能逐步完善、反垄断执法工作成效显著、竞争政策地位持续提升，竞争政策框架体系初步形成并不断完善②。党的十九大报告也进一步提出了清除、废除妨碍统一市场和公平竞争的各种规定和做法，打破行政性垄断，防止市场垄断等发展要求。从文化市场竞争政策建设来看，尽管有《中华人民共和国反垄断法》《国务院关于在市场体系建设中建立公平竞争审查制度的意见》等法律和规范性意见支撑，文化和旅游部在《"十四五"文化和旅游市场发展规划》中就促进市场公平竞争进行了专题部

---

① 万成林，温孝卿，邓向荣. 市场学原理［M］. 天津：天津大学出版社，2004：114.
② 国务院发展研究中心市场经济研究所. 改革开放 40 年市场体系建立、发展与展望［M］. 北京：中国发展出版社，2019：228–229.

署，但从发展现状来看，受制于文化市场行业的特殊性，文化领域的行政垄断是比较严重的，具体而言就是行政机关和法律法规授权具有管理公共事务的组织往往会滥用行政权力，排除、限制竞争。这是下一阶段文化体制改革的重点领域和方向。

二是文化市场主体的自主性，即文化市场主体能够具有直接支配、使用、处置自己的劳动成果的权力，特别是能够自由进出市场。自由进出市场目前对文化领域的文化企事业单位，特别是民营、外资文化企业来说还存在许多困难。在广播、电视、报刊、出版、演艺等行业市场里，目前还或多或少存在对民营资本和外资的准入门槛，国有企业在这些领域往往具有绝对优势。如何在文化市场核心领域进一步放宽准入门槛是需要不断探索的核心问题，关系到我国文化市场竞争力的提升。

三是文化市场客体的流动性，即文化产品和服务、文化生产要素能够自由流动。在市场经济条件下，从市场交换的角度看，物流合理化的标准只有一个，这就是同种类商品由价格低的地区向价格高的地区流动，否则就不能建立统一的市场，不能使市场价格趋于一致，从而不能促进生产技术的进步，不能真正节约有限的社会资源，实现生产要素的优化组合①。从目前我国文化市场发展来看，在网络文化市场加速扩展的背景之下，文化产品和服务的流动性越来越大，原有一些区域、行业、所有制壁垒逐步被打破。但也不能否认的是，目前文化市场依旧还存在对文化产品和服务自由流动的壁垒，部分地区、部门的隐性政策，如财政补助、审批设置等阻碍文化产品和服务的自由流通，阻碍了统一文化市场的建设。

综合来看，在政策建设、改革深化、科技发展等多重因素影响之下，竞争机制在文化市场发展中的作用和地位越来越突出，成为现代文化市场体系发展的重要推手。但也要清醒地认识到，竞争机制在文化市场发展中的实现程度还不够高，还存在诸多从根本上制约竞争机制发挥作用的因素，特别是相关政策、行政管理方面的因素，尚需持续深化改革攻坚。

---

① 万成林，温孝卿，邓向荣. 市场学原理 [M]. 天津：天津大学出版社，2004：116－117.

## 三、文化市场价格机制

所谓价格机制，是指在竞争过程中，与供求相互联系、相互制约的市场价格的形成和运行机制，包括了价格形成机制和价格调节机制①。在现代市场中，价格机制作为反馈机制而存在，在市场系统中发挥反馈经济信息的功能，价格机制又被称作市场机制的信息要素②。可以说，价格机制是市场机制中最敏感、最有效的调节机制，价格的变动对整个社会经济活动有十分重要的影响。在文化市场体系中，价格机制同样发挥着重要的作用，具体表现在：一是调节文化生产和文化消费。商品价格是一个完整的体系，一种文化商品价格的变化往往会影响到相关价格的变化。价格的这种功能是通过利益分配机制来实现的，即通过利益分配机制来调节人们的市场行为，从而引导社会劳动和社会资金的流动，促进生产要素的优化和产业结构的合理调整③。通过价格机制，调节各类资源在文化行业各个生产部门的分配，协调各生产部门的文化生产按比例发展。同时，通过文化产品和服务的价格变化调整文化消费需求的变化，对文化消费需求进行合理引导。二是传递信息。文化产品和服务的价格以自身变动的方向和幅度，传递文化市场产品和服务供销等经济信息，指示供求做相反运动。价格上升则供给增加，需求减少；反之亦然。价格对供求的调解和指示作用不仅反映在供求的数量上，还反映在供求结构和时空上。通过信息传递，使企业调整发展战略，政府调整政策措施。三是调节收入。通过价格的涨跌，可以实现文化产品和服务买卖双方经济收入的分配和再分配，直接影响市场主体的经济效益。当然，价格还可以调节文化各行业、企业之间的收入，如网络视频出现对影视产品价格产生巨大影响，使更多收入流向新兴的网络视频行业等。正是通过价格的变化影响了市场主体的行为，重塑了文化市场的结构，调整了生产的规模和产品结构，进而调节了经济分配。

---

① 覃文乐. 论价格机制与旅游业发展 [J]. 中国物价，2004 (3)：40 – 43.
② 万成林，温孝卿，邓向荣. 市场学原理 [M]. 天津：天津大学出版社，2004：112.
③ 万成林，温孝卿，邓向荣. 市场学原理 [M]. 天津：天津大学出版社，2004：112 – 113.

从目前我国文化市场体系中价格机制的发展来看，市场定价已经形成主流，这与我国整个价格体系改革有很大的关系。价格改革是市场发育和经济体制改革的关键，40多年的价格改革使我国实现了从计划价格体制到市场价格体制的历史性转变，有力地支持和推动着我国经济体制改革，促进了社会和谐稳定，增进了人民群众的福祉①。当前，我国的商品和服务已经从政府定价转变为市场定价。经过40多年改革开放，我国商品市场发育较为充分，商品和服务价格已由原来的97%以上由政府定价，转变为97%以上由市场定价②。同时，要素市场建设和改革也取得了重要进展，资本、土地、劳动力市场从无到有、从小到大，市场配置要素资源的能力明显增强。在文化产品和服务价格改革方面，自改革开放以来，各行业在改革政策推动下启动了价格改革，如我国在1993年放开了电影票价的定价权，1994年放开了图书市场的价格。截至目前，除了具有公益性质的文化产品由国家统筹外，大多数文化产品和服务的定价权均以企业定价为主。但这里也存在两个影响价格机制正常运行的问题：一是产业发展扶持资金的使用。为推动文化产业发展、文化市场繁荣，各级政府都会对相关行业和企业进行扶持，这本无可厚非。但对特定产业的扶持也产生了一些负面的效果，如动漫行业的扶持虽然催生了大量动漫剧集的产生，但质量参差不齐，受到扶持的动漫企业往往会压低价格，没有正常反映行业的真实情况，反而影响到了动漫行业的高质量发展。二是公共服务体系建设对文化市场的影响。公共文化服务体系建设是国家重大战略，意义非凡，但在实际操作中，也出现了因公共资金购买公共文化产品和服务而导致产品价格下跌、市场秩序紊乱等问题。从总体上评价，价格机制已经在文化市场体系建设中发挥了主要的作用，但依旧存在行政管理对价格机制正常运行的影响。

综合来说，市场机制已经在我国文化市场建设中发挥了主要作用，特别是供求机制、价格机制的作用更加突出和明显，竞争机制受制于当前的管理体制

---

① 国务院发展研究中心市场经济研究所.改革开放40年市场体系建立、发展与展望［M］.北京：中国发展出版社，2019：203.

② 顾阳.《关于构建更加完善的要素市场化配置体制机制的意见》印发［N］.经济日报.2020－04－10（4）.

和机制，还有需要进一步探索和逐步改革的地方，这就需要在理论和实践中持续进行创新，以更好地发挥市场机制在现代文化市场体系建设中的积极作用。

# 第三节　文化要素市场建设与评估

生产要素市场是生产要素在交换或流通过程中形成的市场。生产要素是社会再生产过程运转的基本条件，生产要素商品化、社会化形成生产要素市场，是生产力发展和社会进步的重要标志。要素数量投入是经济稳定增长的基本引擎，要素优化配置是经济持续发展的核心动力。改革开放以来，我国就高度重视要素市场改革，通过打破生产要素高度集中管理的"统配制"推动经济高速发展。在改革开放40多年的历程中，我国在资本、劳动力、土地和技术等要素市场领域都推进了相应改革，使要素市场逐步摆脱了计划经济条件下的"统配制"，要素产权逐步清晰，要素自由流动持续优化，要素价格市场化不断推进，极大地释放了"要素再配置"的"改革红利"①。尽管如此，由于要素市场改革难度大、涉及的范围广，要素市场的制度改革始终落后于商品市场。当前，与商品和服务市场相比，要素市场发育还不充分，存在市场决定要素配置范围有限、要素流动存在体制机制障碍、要素价格传导机制不畅等问题，影响了市场发挥资源配置的决定性作用。在文化市场领域，要素市场化水平还比较低，成为制约现代文化市场体系建设发展的根本性因素。2020年3月，中共中央办公厅、国务院办公厅联合下发《关于构建更加完善的要素市场化配置体制机制的意见》，这是中央关于要素市场化配置的第一份文件，对于形成生产要素从低质低效领域向优质高效领域流动的机制，提高要素质量和配置效率，引导各类要素协同向先进生产力集聚，加快完善社会主义市场经济体制具有重大意义。借助这一发展契机，需要系统分析文化市场领域的文化要素资源配置，重点对资本、劳动力和技术数据等资源要素配置机制进行梳理，探究文化市场领域要素市场化水平。

---

① 国务院发展研究中心市场经济研究所. 改革开放40年市场体系建立、发展与展望 [M]. 北京：中国发展出版社，2019：158.

## 一、文化资本市场

金融是现代市场经济的核心，是促进现代经济发展的"血液"。现代经济是市场经济，市场经济从本质上讲是一种发达的货币信用经济或金融经济，它的运行表现为价值流导向实物流，货币资金运动导向物质资源运动。金融运行得正常有效，则货币资金的筹集、融通和使用充分而有效，社会资源的配置也就合理，对国民经济走向良性循环所起的作用也就明显。对文化市场发展而言，资本因素极其重要，是现代文化市场体系发展的金融体系支撑。对文化资本市场的分析，重点从制度建设、发展现状和存在问题三个方面进行梳理。

从文化资本市场相关政策建设上看，尽管早在 20 世纪 90 年代就有东方明珠成立并成功上市的开创性实践[①]，但真正开始从国家政策层面关注并出台相关政策是 2009 年的《文化产业振兴规划》。在《文化产业振兴规划》中，资本市场方面的内容主要包括银行业、担保和再担保、企业上市融资、上市后再融资、企业债券等，自此，金融与文化产业成功连接，相关政策开始陆续出台。为落实《文化产业振兴规划》，2010 年，中宣部、中国人民银行等九部门联合印发《关于金融支持文化产业振兴和发展繁荣的指导意见》，并从银行信贷、金融服务、直接融资、保险市场等六个方面系统提出了金融支持文化产业发展的措施，推动资本要素在文化产业领域的市场化配置。这是我国首次围绕单一文化要素市场化配置出台的正式文件，也是文化经济政策的重心从文化事业转向文化产业的标志[②]。2012 年 6 月，原文化部出台《鼓励和引导民间资本进入文化领域的实施意见》，鼓励民间资本投资文化产业，推动建立健全多元化、多层次、多渠道的文化产业投融资体系。2014 年，原文化部、中国人民银行、财政部三部委联合发布《关于深入推进文化金融合作的意见》，强调从创新文化金融体制机制、创新符合文化产业发展需求特点的金融产品与服务等方面推动文化金融发展。《关于深入推进文化金融合作的意见》的特色和亮点

---

[①] 蓝轩. 我国文化金融发展的回顾与展望 [J]. 文化产业研究，2020（2）：1-13.

[②] 闫烁，祁述裕. 完善"十四五"时期文化经济政策 促进文化要素市场化配置 [J]. 行政管理改革，2020（11）：10-19.

在于，它没有过多重复以往金融单方面支持文化产业的诸多具体事项，而是从促进文化和金融的对接与合作角度对今后工作提出指引，重点体现了文化金融合作的新趋势、新需求、新做法，着力在文化金融的瓶颈环节、薄弱领域下功夫，体现出文化金融合作的开拓创新①。上述几个文件基本上奠定了我国文化金融政策的主体框架，为我国文化资本市场发展打下制度的基础。在 2017 年中共中央办公厅和国务院办公厅印发的《国家"十三五"时期文化发展改革规划纲要》和 2021 年文化和旅游部《"十四五"文化和旅游发展规划》中均对文化资本市场发展进行了部署。从上述的分析来看，文化金融政策越来越被政府主管部门重视并初步形成体系，为下一阶段我国文化资本市场发展奠定了发展的基调和方向。

从发展成效来看，以 2020 年相关发展数据来看，尽管受到新冠肺炎疫情的影响，我国文化资本市场发展逐步走向恢复发展的区间。根据相关统计数据分析②，截至 2020 年底，30 家银行文化产业贷款余额达 16561.5 亿元，同时在企业债券、公司上市方面，对文化产业也有较大支持力度。具体来看，2020 年文化产业债券市场发行数量与 2019 年持平，单次平均融资规模显著减小。2020 年，文化产业债券市场呈现出两极分化的态势，文化产业数字化与互联网相关债券增多，传统文化娱乐行业相关债券大幅下降。同时，2020 年我国 IPO 上市文化企业数量及首发融资规模双双实现增长，市场整体发展态势良好，但受疫情影响，上市文化企业再融资市场持续降温，共计发生融资事件 74 起，融资规模为 1172.49 亿元，分别同比下降 9.76%、1.17%。此外，2020 年，全国文化行业私募股权融资市场延续了整体下滑趋势，融资事件数量同比下降 37.15%，融资总金额同比下降 38.34%。从上述的数据分析可以看出，尽管 2020 年度数据比新冠肺炎疫情前有较大幅度下滑，但我国文化资本市场基本盘已经非常扎实，为文化产业发展提供了强有力的支撑。从近些年文化资本市场发展现状分析，文化金融产品和机构步入专业化初期阶段，其

---

① 张晶雪. 党的十八大以来文化金融发展综述：构建起多层次的投融资体系［N］. 经济日报，2017－10－11.

② 杨涛，金巍. 文化金融蓝皮书：中国文化金融发展报告（2021）［M］. 北京：社会科学文献出版社，2021.

中，文化金融产品的主要形式有以企业信用为基础设计的产品、以文化资产为基础设计的产品、以文化企业收益权和所有权为基础设计的产品等。银行、信托、保险、融资租赁、融资担保等机构都有专门的文化金融产品设计并应用于市场①。从体系建设上看，多层次资本市场正在形成。这里包括银行信贷、上市融资、投资基金、保险等多元化的投融资体系。以 A 股文化企业上市为例，截至 2018 年 4 月 30 日，A 股共有 177 家文化企业及相关产业企业上市，IPO 募资金额为 949.45 亿元，为文化企业发展提供了资金保障。此外，金融科技迅猛发展，为文化资本市场注入了新的活力，增添了新的渠道。

尽管我国文化资本市场发展取得显著的成绩，但更要认识到文化资本市场发展尚处于起步阶段，还存在很多突出的问题：一是资源配置结构失衡的问题。大部分文化企业发展体量较小、固定资产较少，导致融资难、融资贵的问题突出，特别是初创型文化企业，几乎很难获取到融资，反倒是市场前景好、规模大、资质优良的文化企业往往会得到金融机构授权，这无疑降低了文化资本市场的功效。二是交易手段大多是金融机构进行的产品质押融资交易等，比较单一，且主要以银行为主的金融机构作为市场主导力量②。此外，还存在直接融资与间接融合比例极端不平衡的问题。三是文化企业无形资产评估难，文化企业信用评估与组织滞后，文化金融基础设施建设尚需提升。

## 二、文化人才市场

国以才立，业以才兴。一个国家只有人才辈出、群英荟萃，才能兴旺发达，繁荣昌盛。改革开放以来，我国劳动就业制度发生了根本性变革，劳动力市场体系不断完善。经过 40 多年人事制度的改革实践，我国实现了劳动就业制度由"统包统配"向市场化导向转变，推动我国劳动就业工作取得历史性成就、发生历史性变革，就业局势维持稳定。从业人员规模不断扩大，劳动者就业结构不断优化，劳动就业政策与服务体系日趋丰富完善，走出了一条具有

① 金巍. 文化金融十年：在创新与变革中成长 [J]. 当代金融家，2019 (12)：97 – 99.
② 梁儒谦，贺祯. 我国文化金融高质量发展路径 [J]. 中国金融，2021 (6)：97 – 98.

中国特色的劳动力市场体系改革发展道路①。在劳动力市场改革推动下，我国文化人才制度改革持续推进并取得显著成效。在文化人才队伍建设方面，21世纪以来，我国高度重视文化人才队伍建设，实施了一系列文化人才建设的政策和举措。2001 年，《中华人民共和国国民经济和社会发展第十个五年规划纲要》中提出了"实施人才战略，壮大人才队伍"的战略决策。2003 年 12 月，党中央、国务院召开全国人才工作会议，并作出《关于进一步加强人才工作的决定》，人才工作建设跨入快车道。2010 年，原文化部发布《全国文化系统人才发展规划（2010 - 2020 年）》。这是文化系统第一部人才发展专项规划，也是《国家中长期人才发展规划纲要（2010 - 2020 年）》颁布实施后首个行业人才发展规划②。《全国文化系统人才发展规划（2010 - 2020 年）》首先对我国的文化人才队伍进行了细化，即：文化党政人才队伍、文化经营管理人才队伍、文化艺术专业技术人才队伍、公共文化服务人才队伍、高技能文化人才队伍、文化科技人才队伍、文化外交人才队伍。在人才分类基础上，提出了人才培育九大工程，即文化名家工程、文化党政干部能力建设培训工程、基层文化人才培养工程、文化产业高层次经营管理人才培养工程、文化艺术专业技术人才知识更新工程、非物质文化遗产保护管理和专业人才培养工程、海外高层次文化人才引进计划、西部地区文化人才支持计划、优秀青年文化艺术人才支持计划；提出了到 2020 年的文化人才总体发展目标：到 2020 年，文化从业人员总量从现在的 195.6 万人增加到 280 万人，增长 43% 左右；文化人才总量占全社会总人口比例得到较大幅度提升，占全国人才资源总量的比例预计达到 2%左右；各类人才的思想素质、文化水平、业务能力得到全面提升，人才竞争比较优势明显增强；到 2020 年，具有大学以上学历的达到 60%，专业技术人才中具有中级以上职称的达到 60% 左右。《全国文化系统人才发展规划（2010 - 2020 年）》的提出为文化系统人才培养提供了强有力的政策支撑，为文化人才培养提供了具体路径和有效举措，取得了良好的发展成效。此外，《文化产业振兴纲要》《文化发展规划纲要》及各级政府主管部门的文化发展规划等均对

---

文化人才队伍建设提出了具体部署，为文化人才队伍建设提供了政策保障。在体制机制改革方面，则重点推进文化事业单位人事制度改革，打通人才流通渠道，畅通人才在各类文化企事业单位之间的流动。自 2003 年深化文化体制改革以来，我国大力推动经营性文化事业单位转企改制，打破文化事业单位人员身份编制的束缚，为文化人才流通打通了最根本的制度障碍。未进行转企改制的文化事业单位也通过推动内部人事制度建设，通过岗位竞争、柔性引才、薪资改革等举措深化人事制度改革，激发人才队伍积极性和主动性。

从文化人才市场建设发展现状来看，根据国家统计局公布的第四次全国经济普查最新数据显示，截至 2018 年末，我国文化产业从业人员数达 2789.3 万人，与 2013 年末相比，文化就业总量增长了 30.8%[①]，文化产业吸纳就业能力持续增强。由上述数据可以看出，我国文化人才队伍建设取得快速进步，人才队伍逐步扩大，人员层次更加丰富和多元。从具体调研数据来看[②]，国有文化法人单位具体情况为：各系统人才资源分布较为均衡，文化系统占比最高；各界别国有法人单位人才资源分布较为均衡，文化艺术界占比最高；年龄结构较为均衡，35 岁以下青年人才占比略高；人才资源以大学本科和专科为主，高学历人数占比偏低；人才资源中基层单位占比较高；人才资源以专业技术人员为主，技能人员占比较低，人才资源年人均参加培训比率较高，境外培训比例较低。就民营文化企业机构人力资源发展现状分析，文化创意和设计服务行业人才集聚效应明显；人才资源年轻化程度较高；人才资源学历较低，高层次人才集聚效应尚未产生；技能人才占比近半，人才资源专业化程度有待提高。综合上述分析可以看出，当前国有文化法人单位和民营文化企业机构人才资源各有特色，各有侧重，也存在一些突出的问题，还需要统筹整个文化人才市场现状进行进一步综合分析。从文化人才市场发展现状分析，尽管市场机制已经在人才市场建设中发挥着重要作用，但我国人才市场建设依旧存在一些尚需重点突破的根本性问题：一是人才流动机制依旧存在体制性障碍，文化事业单

---

① 杨森. 第四次全国经济普查：我国文化产业市场主体数量剧增 [EB/OL]. 央广网，https://baijiahao. baidu. com/s? id = 1652339619715153688&wfr = spider&for = pc，2019 – 12 – 07/2022 – 04.

② 赵宁，范巍. 我国宣传思想文化人才发展状况调查 [J]. 中国人事科学，2019 (11)：60 – 70.

位、国有企业、民营企业之间的人才流动依旧不顺畅，不能给文化事业发展带来更大的发展动能。二是文化人才结构比例失衡，高层次人才匮乏依旧是制约文化发展的主要原因之一。三是人才评估和激励机制不完善①，影响到人才效能的发挥。四是文化人才管理理念陈旧，缺乏与新时代文化高质量发展相适应的战略思路。从目前发展来看，推动文化人才市场高质量发展依旧任重而道远。

## 三、文化技术数据市场

技术市场是改革开放的产物，是技术商品经营、交易及相关中介服务的运行体系。40 多年来，我国技术市场从无到有，取得了重大突破。技术市场的高速发展深刻改变着我国的科技投入结构，促进了科技体制改革，对于优化科技资源配置，加速技术成果转化，促进科技与经济的结合发挥了重大作用②。文化技术市场是技术市场的一个细分市场，是随着科技与文化融合越来越密切而发展起来的新兴文化要素市场。技术是人类社会物质和精神文明演进的重要推动力。工业革命以来，技术进步产生的巨大力量，推动着经济社会文化各个领域的快速发展。文化是人类文明的智慧结晶，既是技术发展的知识支撑和价值标准，也日益成为技术进步的重要驱动要素和应用场景③。技术与文化的深入融合发展推动了文化技术市场的产生与发展。从整个技术市场发展来看，技术市场在我国还属于新兴市场，但已经取得较快的发展。根据《全国技术市场统计年报（2019）》相关统计数据分析④，2018 年，我国促进科技成果转化的环境持续优化，法律法规政策体系、技术转移服务体系加速完善，科研人员创新活力进一步释放，企业创新能力大幅提高，科技成果应用场景不断丰富，市场配置创新资源成效显著，全年共签订技术合同 411985 项，成交额为 17697.42 亿元，分别比 2017 年增长 12.08% 和 31.83%。其中，2018 年技术

---

① 朱静坤. 文化人才创新力提升的困境，诱因及策略 [J]. 青年与社会，2020 (21)：120-122.

② 国务院发展研究中心市场经济研究所. 改革开放 40 年市场体系建立、发展与展望 [M]. 北京：中国发展出版社，2019：238.

③ 江小涓. 数字时代的技术与文化 [J]. 中国社会科学，2021 (8)：4-34.

④ 许倞，贾敬敦. 2019 全国技术市场统计年报 [M]. 北京：兵器工业出版社，2019.

开发合同成交额为 5888.55 亿元，比 2017 年增长 24.01%，占全国技术合同成交总额的 33.27%；技术服务合同成交额为 9634.57 亿元，比上年增长 41.14%，占全国技术合同成交总额的 54.44%。电子信息技术交易保持领先，2018 年，电子信息领域技术合同成交额为 4505.17 亿元，比上年增长 16.69%，占全国技术合同成交总额的 25.46%。城市建设与社会发展和现代交通领域技术合同成交额居第二、第三位。从与文化市场发展密切的新技术科技合同发展来看，新技术革命和产业变革加剧，互联网、大数据、云计算、人工智能等新一代信息技术快速发展，与实体经济深度融合，激发了我国实体经济新动能。2018 年，电子信息领域技术合同成交额居各类技术领域第一位，为 4505.17 亿元，占全国技术合同成交总额的 25.46%。其中，计算机软件技术合同成交额位居第一，为 2551.81 亿元，占电子信息领域技术合同成交总额的 56.64%。以先进制造工艺、现代设计、自动化等为代表的先进制造领域技术合同成交额为 2490.88 亿元，比上年增长 57.22%，增速居第一位。新技术合同快速发展对推动我国文化产业发展起到积极的带动作用。

文化技术市场作为新兴的要素市场之一，尚处于起步发展阶段，尽管新兴科技市场合同发展快速，但存在的问题还是有很多，主要是文化与技术发展的融合问题①。目前的文化技术市场来看，通常的做法是，文化企业将内容依然作为其核心竞争力，在产品生产、流通的过程中，适当地运用一些技术手段来实现文化企业的战略发展。也就是，技术是手段，是方法；文化是目的，是归宿。这种做法具有一定合理性，但会造成文化产业发展的滞缓。详细梳理相关问题，主要包括：政府引导与技术自行发展行为的不一致；文化技术市场价格机制尚未成形；文化技术市场的相关政策滞后，法制不健全；技术中介组织缺位；技术人才发展机制不健全；文化技术发展程度不平衡；等等。文化技术市场体系建设存在这些问题的主要原因包括：历史原因，文化技术市场是一个全新的市场，形成时间较晚，前期积累的经验不足；技术创新意识不够强，跟不上新兴业态发展的步伐；市场活力不足，市场主体不成熟；法律法规不完善，难以构建有效的发展支撑。从上述分析可以看出，文化技术市场发展依旧还需

---

① 朱静雯，李靓. 我国文化技术市场体系建设存在的问题、成因及对策 [J]. 出版科学，2014，22（6）：5-11.

要强化和探索，以构建对文化高质量发展的有效支撑。加快培育数据要素市场是中共中央、国务院在 2020 年 3 月颁布的《关于构建更加完善的要素市场化配置体制机制的意见》中提出的重要发展决策，意义非常重大。数据是社会主义文化特别是文化产业发展的重要基础，发展文化数据市场将是"十四五"乃至今后很长一段时间的重要工作，还须持续推动。

## 第四节　文化市场治理体系的探索与突破

文化市场治理体系是建立健全现代文化市场体系的根本保障，是高标准现代文化市场体系建设的先决条件，也是其重要组成部分。文化市场治理体系建设是一项复杂的系统工程，大致上可以把其划分三个主要的部分：一是治理思路和理念上突出价值引领、繁荣发展；二是制度建设上突出系统完善、重点突破；三是文化市场监管上突出依法行政、有序监管。现代文化市场体系涉及面广、内容繁杂，这里重点在前面梳理文化市场体系发展历程的基础上，从系统性角度对其进行进一步剖析。

### 一、坚持社会效益优先，社会效益和经济效益双效统一

文化市场具有特殊属性，这是当前包括政府、业界、学界等在内社会各界都认同并坚决维护和积极实践的基本发展理念。毫无疑问，文化市场是我国意识形态阵地建设的主要组成部分，推动现代文化市场体系建设，首先要坚持社会主义先进文化发展方向，坚持社会主义核心价值观引领，始终把社会效益放在首位，努力实现社会效益和经济效益双丰收。在改革开放伊始，文化市场的概念刚刚出现在我国文化建设进程中时，社会效益优先的理念就被坚决贯彻执行。早在 1988 年 2 月，原文化部、国家行政工商管理总局联合发布《关于加强文化市场管理工作的通知》，首次在中央部委文件中使用"文化市场"这一概念。在首次使用文化市场这一概念时，该文件明确要求文化市场经营者应在国家有关方针政策允许范围内举办文化娱乐业的经营活动，要把社会效益放在

首位。所以说，正本清源，在中央文件第一次正式提出"文化市场"这一概念时就已经明确把建设社会效益优先放在了首位。此后，这一发展理念不断被丰富和拓展，并深深熔铸于文化市场发展全过程。在1988年关系文化市场发展文件之后，文化市场发展的又一里程碑式文件是2000年10月党的十五届五中全会通过的《关于制定国民经济和社会发展第十个五年计划的建议》。在这一文件中，除了首次提出"文化产业"这一概念之外，在发展理念上进一步明确了"坚持把社会效益放在首位、社会效益和经济效益相统一的原则"，文化市场发展所要坚持的原则和理念更加清晰。此后，从《文化产业振兴规划》《国家"十一五"时期文化改革发展纲要》等文件到《"十四五"文化和旅游市场发展规划纲要》，均把"坚持把社会效益放在首位，实现社会效益和经济效益的统一，最大限度地发挥文化引导社会、教育人民、推动发展的功能"这一原则作为我国文化发展的基本原则被贯彻始终。当然，在这里需要进一步分析和研判，在文化市场发展过程中强调社会效益优先并不是否认或者否定文化市场所具有的经济属性，否则其就不能称为文化市场了。之所以首先强调社会效益，这是文化市场发展的底线原则，就是鉴于文化市场的特殊属性，首先要确保文化市场的社会效益，然后在此基础上大力发展经济效益，实现社会效益和经济效益的双效统一。因此，这两者之间并不矛盾，而是一种递进关系，需要做得更好、更扎实。这相当于给文化市场发展打下了基础，扎下了篱笆，确保了其发展始终处于规范的发展议程中。不论是当下，还是未来文化市场体系建设，这是始终都要坚持的基本发展原则，以更好地促进社会主义先进文化事业的发展。

## 二、坚持制度探索，筑牢文化市场发展规制框架

制度建设是现代文化市场体系繁荣、有序发展的基本保障，任何市场经济运营机制和发展秩序的建立都需要以制度的形式予以固定，以确保文化市场发展的规范化、稳定性。加强制度建设，依法、依规、依制推动文化市场治理体系建设是改革开放以来，特别是党的十八届三中全会以来文化市场管理工作的核心任务。在2021年1月中共中央办公厅、国务院办公厅印发的《建设高标

准市场体系行动方案》中，提出了通过了五年左右的努力，基本建成统一开放、竞争有序、制度完备、治理完善的高标准市场体系。在这里，制度完备被提到了现代市场体系建设的主要目标和根本要求的高度，具有重要的指导意义，标识着我国现代市场体系建设跨入新的发展阶段。产权制度、市场准入制度、竞争制度是现代市场体系的基础制度，建立健全现代文化市场体系首先要扎实推进这三项基础制度建设。鉴于前述对竞争制度进行系统论证，这里重点分析产权制度和市场准入制度。

第一，文化市场的产权制度。产权制度是指既定产权关系和产权规则结合而成的且能对产权关系实现有效的组合、调节和保护的制度安排[1]。产权制度最主要的功能在于降低交易费用，提高资源配置效率。建立归属清晰、权责明确、保护严格、流转顺畅的现代文化产权制度，是文化市场体系存在和发展的基础，也是完善文化市场治理体系的内在要求，还是实现社会主义文化持续健康快速发展和社会有序运行的重要制度保障。当前，我国在文化领域也制定了一系列的知识产权法律、法规，包括《中华人民共和国著作权法》《中华人民共和国专利法》《中华人民共和国商标法》等主体法律及其实施条例，《中华人民共和国非物质文化遗产法》《中华人民共和国文物保护法》《中华人民共和国档案法》《中华人民共和国电影产业促进法》《中华人民共和国公共图书馆法》《信息网络传播权保护条例》等相关法律条例。此外，我国还加入了《尼泊尔公约》《保护世界文化和自然遗产法》《保护非物质文化遗产公约》《保护和促进文化表现形式多样性公约》等国际公约[2]。其中，《中华人民共和国著作权法》是文化市场领域的根本法，其于 1991 年实施，先后经历了 2001 年、2010 年、2020 年三次修订，成为推动科技创新和文化繁荣发展的重要举措，在全社会形成了尊重知识产权的良好氛围。尽管我国已经在文化产权保护领域取得比较突出的成就，但存在的问题也非常突出：一是文化领域还存在作品权利主体不够清晰，侵犯知识产权的案件时有发生，知识产权运用不够理想。二是文化领域知识产权法律法规体系有待于进一步完善。三是知

---

[1]　湖南省农业农村厅政策与改革处.农村集体产权制度改革政策解答（1）［J］.湖南农业，2019（6）：1.

[2]　高国庆.我国文化领域知识产权保护的突出问题及策略［J］.教育学，2018（151）.

识产权高端人才储备不足，难以适应新的发展趋势。四是互联网技术对传统文化产权保护的冲击。如尽管《中华人民共和国著作权法》持续在修改，但相对于快速发展的社会生活还是显得捉襟见肘。特别是随着互联网的普及和深入，类似于广播组织的合法权益如何在互联网环境下得到合理维护也是争议的焦点①，高新科技持续、快速渗透到文化市场各个行业和领域将会给文化领域产权保护带来更大的挑战，同时也会带来更大的发展机遇。

第二，文化市场准入制度。改革开放以来，我国在文化市场管理上一直实行市场准入制度，在最早颁发的文化市场管理文件——1988 年 2 月，原文化部、原国家行政工商管理总局联合发布的《关于加强文化市场管理工作的通知》中明确提出：在文化市场管理中，所有文化娱乐经营活动，不论是综合的或单项的，长期的或临时的，固定的或流动的，均须报经所在地的区、县以上文化主管机关批准，向当地工商行政管理机关申请登记，领取营业执照，一些大的文化娱乐场所还须经所在地公安机关安全审查合格后，方可营业。经营者应在国家有关方针政策允许范围内举办文化娱乐业的经营活动，要把社会效益放在首位。也就是说，让谁进入市场、怎样进入市场必须由相关主管部门依据相关制度、政策进行审批。在改革开放初期，文化市场准入要求并不清晰，但能够进入文化市场的主要以国有资本为主，国有文化机构是当时提供文化产品和服务的主力。随着改革开放深入，在以下三种因素影响下，文化市场准入制度开始进行改革，即：一是文化消费高涨，文化市场需求持续提升；二是国有文化机构难以满足文化消费需求，迫切需要推进文化体制机制改革；三是随着我国加入世界贸易组织，我国在文化市场一些领域逐步对外开放。如在演出市场领域，早在 1988 年国务院转批的《文化部关于加快和深化艺术表演团体改革的意见》中就提出，大多数艺术表演团体，可实行全民所有制，鼓励社会资本办团，开启了鼓励民营文艺表演团体发展的阶段。尽管我国在各文化市场行业领域推动准入制度改革，探索文化市场准入负面清单制度，但由于文化市场的特殊属性，文化市场准入制度改革还存在许多需要深化改革的领域。如在网络文化市场领域，作为最具活力、发展最为迅速的文化市场，存在准入门

---

① 卢海君. 改革开放 40 年的中国著作权法制 [J]. 中国出版，2018 (23)：18－21.

槛过高而导致存在的合法化困难等突出问题。如申请国家广播电视总局颁发的信息网络传播视听节目许可证者，必须是国有独资或者国有控股单位。国家广播电视总局目前尚未放开许可证审批，已经持证的大多数是传统传媒企业，这不仅导致了以变相手段高价买卖许可证的现象，也导致很多新申请的民营直播平台通过持牌企业入股、并购持牌企业或者与持牌企业共用许可方式运行，这无疑不利于我国网络市场的发展壮大①。文化市场准入制度改革意义重大，既关系到社会主义文化大发展大繁荣，又关系意识形态阵地建设，尚需审慎探索，持续改革。

## 三、坚持依法行政，推动治理体系现代化建设

市场经济是法治经济，不仅要强化法律制度建设，为现代文化市场体系建设夯实制度支撑，还要加强行政执法队伍建设，大力推动依法执政，为文化市场体系现代化建设提供先进的治理理念和治理手段。从文化市场执法改革分析，文化市场综合执法改革是其中的核心部分，是文化市场依法行政的基础。文化市场执法一直是文化市场建设的重要内容，长期以来文化执法工作对打击文化场所违法经营行为，规范文化市场秩序起到了重要作用。2002 年 11 月，党的十六大部署推进文化体制改革。2003 年 6 月，党中央召开了全国文化体制改革试点工作会议。作为我国综合行政执法改革的重要领域，文化市场综合执法改革由中宣部统筹部署，相关部门共同推进，自 2004 年正式开始试点工作。2004 年 8 月，中共中央办公厅、国务院办公厅转发中宣部等七部门《关于在文化体制改革综合性试点地区建立文化市场综合执法机构的意见》，直辖市、县级市和县（市、区）现有的文化局、广播电视局、新闻出版局合并，设立文化广电新闻出版局，统一履行原文化局、广播影视局、新闻出版局等部门的行政管理职能，正式确定在北京、上海、浙江、广东、重庆、深圳、沈阳、西安、丽江九个文化体制改革综合性试点地区开展综合执法改革试点。2005 年 6 月，九个试点地区综合执法改革基本完成，形成了各具特点的综合

---

① 曲丰年，郑重. 浅议我国互联网文化产业监管制度的发展［J］. 商业文化，2019（22）：46 – 56.

执法模式，为下一阶段的改革提供了经验。2005 年 12 月，中共中央、国务院下发《关于深化文化体制改革的若干意见》，明确提出要整合有关行政执法队伍，组建文化市场综合执法机构，逐步推开文化市场综合执法改革。2011 年 12 月，原文化部印发《文化市场综合行政执法管理办法》，并于 2012 年 2 月 1 日正式施行。该办法的出台，是对过去十多年改革经验的制度性总结，为文化市场综合执法的规范化运行打下了基础。2016 年 3 月，中共中央办公厅、国务院办公厅印发《关于进一步深化文化市场综合执法改革的意见》，全国进入深化文化市场综合执法改革阶段。党的十九大以来，文化市场综合执法改革稳步推进。截至 2021 年 7 月，全国 100% 的省（区、市，含新疆生产建设兵团）、99% 的市（州、盟）、97% 的县（市、区）完成队伍整合，执法力量进一步增强，执法保障进一步强化；《文化市场综合执法管理条例》《文化市场综合行政执法事项指导目录》等制度建设取得重要突破，为下一步扎实推进文化市场综合执法各项工作奠定了坚实基础①。通过回溯文化市场综合执法改革历程可以发现，文化市场综合执法主体逐渐统一，机构改革是推进文化市场综合执法改革的重要动力，文化市场综合行政执法改革模式呈现多样化，行政执法权配置是文化市场综合执法改革的主线。同时，当前文化市场综合执法改革尚面临如下挑战：一是文化市场综合执法的法律法规滞后，统一文化市场综合执法主体会产生较多问题，文化市场综合执法运行机制亟待健全和优化，文化市场执法队伍建设有待加强②。文化市场综合执法改革事关文化市场发展环境营造、秩序构建，特别是在当前我国正处于重要的历史交汇点，如何全面落实意识形态工作责任制，在更高水平上推进文化市场综合执法规范化建设，把握文化和旅游市场新业态新模式发展监管尺度、守牢安全底线是文化市场综合执法工作面临的首要任务。建立健全现代文化市场体系，综合执法改革至关重要，尚需在《"十四五"文化和旅游市场发展规划》等文件指导下，立足实际、把握趋势，持续探索文化市场综合执法建设。

---

① 薛帅. 全国文化市场综合执法改革推进现场会暨综合执法工作会在江苏常州召开［N］. 中国文化报，2021 - 07 - 08.

② 祁述裕，徐春晓. 深化文化市场综合执法改革：演进、挑战与建议［J］. 山东社会科学，2021（2）：52 - 57.

除大力推进文化市场综合执法建设之外，根据文化市场发展趋势变化，特别是针对文化市场数字化、移动化、智慧化等特点，文化市场主管部门也重点在"互联网＋监管"、文化市场信用体系建设、"双随机、一公开"监管制度、审慎监管等方面进行了积极探索。这些内容都是现代文化市场治理体系的重要组成部分，也将在进一步的探索中不断完善并更好服务高标准现代文化市场体系建设。

# 第五章 视听内容行业市场

## 第一节 网络音乐行业市场

网络音乐是指用数字化方式通过互联网、移动通信网、固定信息网等信息网络，以在线播放和网络下载等形式进行传播的音乐作品，包括歌曲、乐曲以及有画面作为音乐产品辅助手段的 MV 等①。传统音乐的传播介质从早期的黑胶唱片到卡带，再到 CD、DVD 等，一定程度上都受到成本、播放设备的限制，以虚拟化形式存在于网络媒介中的网络音乐，因其跨时空、跨地域、即时迅捷的传播特性，已成为目前大多数人获取音乐信息的主要渠道。作为音乐与科技结合的产物，每一次技术革新都会对网络音乐的发展带来新的机遇，从最早的 MP3 播放器，到以电脑为终端的在线音乐，再到以手机为终端的无线音乐，中国网络音乐的市场规模越来越大。

1994 年 4 月 20 日，我国网络成功接入国际互联网，这对我国之后的政治、经济、文化均产生了深远影响。据中国传媒大学音乐产业发展研究中心项目组发布的《2020 中国音乐产业发展报告》②，2019 年中国数字音乐产业规模达到664 亿元，同比增长 8.4%；数字音乐用户规模超过 6.07 亿人，同比增长9.2%，网络音乐用户渗透率达到 71.1%。该报告同时也指出③，2019 年中国

---

① 文化部关于网络音乐发展和管理的若干意见 [EB/OL]. http：//www. gov. cn/govweb/fwxx/wy/2006 – 12/14/content_468874. htm，2006 – 12 – 14/2021 – 10 – 08.

②③ 中国传媒大学音乐产业发展研究中心项目组 . 2020 中国音乐产业发展报告 [EB/OL]. https：//www. sohu. com/a/437722006_152615，2020 – 12 – 11/2021 – 10 – 10.

音乐图书与音像出版产业统计口径内总体规模为 13.44 亿元，同比增长 0.45%。其中，音乐图书类产业规模为 10.44 亿元，同比增长 1.3%；音像类出版产业规模则下降至 3.00 亿元，同比萎缩 2.3%。由此可见，网络音乐已成为音乐传播的主要渠道，每一台电脑、每一部手机，都变成了一个虚拟的音乐厅，虚拟的音乐大社区。

## 一、网络音乐市场发展历程

### （一）网络音乐市场的起步期（1997~2006 年）

1997 年 6 月，张秦创建我国第一家音乐网站"高地音乐传讯"，"高地"除开设实时音乐频道、BBS 讨论组、音乐聊天室之外，还在网上销售一些线下的中文地下摇滚乐，形成了一种线上线下相结合的商业模式。在"高地"的影响下，这一时期还出现了一些其他音乐网站，影响比较大的有"网蛙音乐站"，这个网站除音乐聊天室及歌曲下载外，还颇有前瞻性地与上海音像出版社签订了合法下载音像制品的合约，成为能合法下载原创音乐作品的网站。之后，一些音乐网站纷纷创建，并开始侵夺传统音乐市场，在这种压力之下，媒体和唱片公司也加入音乐网站创办的队伍之中。星空音乐台（Channel V）、全球音乐电视台（MTV）利用其自身资源优势和影响力，开办"MTV 中文音乐网"，并迅速打开市场。在国务院新闻办公室的批准下，中国唱片总公司成立"中国音乐网站"，将其 70 多年来积累的优秀作品搬上互联网，其他唱片公司如"声像""摩登天空"等也纷纷仿效，开通自己的音乐网站。如果说 1997 年开办的这些音乐网站受众还局限在早期接触互联网的音乐爱好者，2000 年百度创立，其 MP3 搜索引擎随之出现，人们获取网络音乐更加方便快捷，受众迅速扩大，市场需求激增，大量企业纷纷进军网络音乐市场。2002~2003 年，出现了一些原创音乐网站和音乐论坛，逐渐汇聚了一批交流音乐小样的词曲作者和演唱网络原创音乐的歌手，形成了最早的网络原创音乐人群体[①]。

在网络在线音乐发展的起始阶段，免费试听和免费下载是主要的商业模

---

① 侯琳琦. 网络音乐的多视角研究 ［M］. 北京：北京邮电大学出版社，2013：24 - 25.

式，由于不需要客户端、播放器、支付接口等，成本较低，商业价值也很低。如何使音乐产品更具商业价值，彩铃因此走上历史舞台。我国最早的彩铃业务于 2003 年 1 月在香港出现，随后中国移动在 2003 年 5 月推出首个彩铃业务。彩铃的普及，让音乐的消费模式从传统的专辑消费变成了单曲消费，音乐消费成本降低，数字音乐的发行成本也大大降低。虽然彩铃的出现让数字音乐市场发生巨大变化，但彩铃音乐下载更多只是片段型音乐，因此，更具有长尾效应的整曲下载逐步成为市场主流需求。2003 年以后，以酷狗音乐、酷我音乐为代表的 P2P 在线音乐网站成立，聚集了大量的音乐作品供用户试听和下载。随着 MP3 音乐播放器的普及，音乐下载成为用户的主要需求，付费下载成为音乐网站的主要商业模式。以 2005 年的热门网络音乐作品《老鼠爱大米》为例，当时最高的单月下载超过 600 万条，以 2 元一条的下载费用估算，这首歌曲仅下载，单月收入就达到 1200 万元。

网络技术的飞速发展和市场需求的强劲增长，带来了网络市场的迅猛发展。据文化部统计，2005 年中国网络音乐市场规模为 27.8 亿元，比上年增长 61%，用户群也十分巨大，其普及率远远超过了网络游戏、网络视频、电子商务等互联网应用服务[①]。但在网络音乐产业的这个战略机遇期，网络音乐市场存在许多不容忽视的问题。首先是违法违规经营问题，经营网络音乐的企业需要申请"网络文化经营许可证"，但在现实中，有很多并不具备资质的企业擅自从事经营活动，还有一些未经内容审查的境外网络音乐作品违规流传，造成了很多乱象。其次是侵犯知识产权、盗版作品非法下载等问题十分突出，市场秩序混乱。这一时期，不管是企业还是个人，版权保护意识都较弱，音乐网站上存在大量未经授权的音乐作品，免费下载似乎成了这一时期数字音乐理所当然的一项特性，这种状况对音乐创作人的合法权益、传统唱片行业及整个音乐产业造成了较大冲击。最后是网络音乐产品的内容缺乏监管，有些内容格调不高、比较低俗，有些内容侵害民族风俗习惯，甚至影响社会稳定。

针对网络音乐市场存在的这些问题，2006 年，文化部发布《关于网络音乐发展和管理的若干意见》（以下简称《意见》），该《意见》首次明确了网

---

① 文化部. 解读《文化部关于网络音乐发展和管理的若干意见》［EB/OL］. http：//zwgk. mct. gov. cn/zfxxgkml/zcfg/zcjd/202012/t20201205_915391. html，2006－12－11/2021－10－20.

络音乐的内涵以及我国网络音乐市场的发展目标，提出了重点支持原创网络音乐、建立国家网络文化创新体系的意见，在监管方面，提出明确网络音乐产品内容审查程序和要求、加大执法力度、保护知识产权等措施。《意见》的出台，首次向社会表明了国家关于网络音乐发展和管理的基本政策和方向，为之后网络音乐市场的健康发展奠定了基础。

**（二）网络音乐市场的规范期（2006～2015年）**

《意见》发布以后，由于政策明朗，网络音乐逐渐成为音乐市场的主流形式。2006年8月，"首届中国网络音乐节"在四川成都举行，音乐节的指导机构由国务院新闻办公室网络新闻宣传局、文化部市场司、国家新闻出版署音像和电子出版物管理司组成。2009年10月，由文化部市场司主办的"2009中国网络音乐之旅"活动举行，在全国范围内展开音乐作品征集和评选活动，旨在提高网络音乐的创作和演唱水平，促进中国网络音乐的可持续发展。政府的这些举动为网络音乐市场释放了积极、正面的信号。

音乐版权问题一直是网络音乐发展中各方关注的焦点，这时期盗版市场受到国内外的联手打击，国内版权代理机构开始出现，但仍未能彻底遏制盗版问题。针对数字音乐版权问题，我国于2006年7月正式实施《信息网络传播权保护条例》，这是我国首次在法律中对数字音乐版权使用方的权利、义务及侵权行为作出明确规定。在国家法律法规的约束和国家政策的引导下，许多音乐网站开始合法化、正规化发展。例如，百度MP3搜索与百代唱片公司开始合作，新浪与环球、索尼BMG、百代、华纳和滚石五大唱片公司合作的新浪乐库正式上线。谷歌音乐搜索使用了巨鲸音乐网数据库，与包括华纳、环球、百代、索尼四大唱片公司在内的超过140家唱片公司达成近110万首歌曲的正版授权[①]。在无线音乐市场，随着2008年我国3G移动通信网络的正式开通，建立在3G网络基础上的数字音乐产品不再局限于铃声、歌曲点播等简单的音乐服务，而是可以通过无线网络直接将音乐下载到手机或其他移动设备。

---

① 侯琳琦. 网络音乐的多视角研究［M］. 北京：北京邮电大学出版社，2013：33.

自 2006 年网络音乐市场政府监管日趋严格，到 2015 年网络音乐走上健康发展之路，这段时期，网络音乐市场主要呈现出以下两个特点。

一是商业模式逐渐成熟，市场规模持续增长。据文化部 2009～2015 年陆续发布的《中国网络音乐市场年度报告》，2009 年网络音乐总体市场规模已经达到 20.1 亿元，网络音乐经营单位 212 家，至 2015 年，总体市场规模达到 99.56 亿元，经营单位 1251 家，见表 5－1。

表 5－1　　　　　　　2009～2015 年网络音乐市场规模及经营单位统计表

| 分类 | 2009 年 | 2010 年 | 2011 年 | 2012 年 | 2013 年 | 2014 年 | 2015 年 |
|---|---|---|---|---|---|---|---|
| 市场总规模/亿元 | 20.1 | 23.0 | 27.8 | 45.4 | 74.1 | 75.5 | 99.56 |
| 在线音乐市场规模/亿元 | 1.7 | 2.8 | 3.8 | 18.2 | 43.6 | 51.2 | 58.06 |
| 无线音乐市场规模/亿元 | 18.4 | 20.2 | 24.0 | 27.2 | 30.5 | 24.3 | 41.50 |
| 网络音乐经营单位数量/家 | 212 | 240 | 452 | 575 | 695 | 1034 | 1251 |

资料来源：2009～2015 年文化部发布的《中国网络音乐市场年度报告》。无线音乐市场规模以音乐内容和服务提供商总收入计，不包括电信运营商收入。因此，总体市场规模亦不含电信运营商收入。

可以看出，2009 年，在线网络音乐和无线网络音乐市场规模对比悬殊。2012 年，在线网络音乐市场迎来爆发式增长，在其后几年，逐渐超过无线网络音乐。这种变化的背后，有运营商政策调整、用户收听音乐习惯变化等原因，但更重要的原因是网络音乐商业模式逐渐成熟，找到了适合自身发展的盈利模式。2012 年之前，在线网络音乐的商业模式主要有以下两种：（1）广告分成模式。在线音乐服务商从内容提供商处获得歌曲授权，然后利用网站注册会员数、用户流量、点击量等数据吸引广告商投放广告，获得相应收入，之后与内容提供商按照一定比例分成。（2）歌曲下载收费模式。但因为我国用户付费消费音乐的习惯尚未养成，服务商销售数据难以监管等原因，收入所占比例很小。无线音乐虽然市场规模较大，但电信运营商在市场中占据了绝对主导地位，市场创造的大部分利润都归运营商所有，如 2013 年，无线网络音乐总体规模（包括电信运营商收入）为 397.1 亿元，但音乐内容和服务提供商收入只有 30.5 亿元，电信运营商收入高达 366.6 亿元。作为提供音乐内容的制作商和服务商所得收入不及电信运营商的十分之一，产业链中各方利益出现明显失衡，这种模式不利于调动产业链中各方的积极性，也不利于产业的长期健康发展，亟须建立更加公平公正的商业模式。

2012 年之后，在线音乐市场规模逐渐增大，得益于商业模式上的成功探索。首先，在线音乐演出成为促进在线音乐收入增加的主力。六间房、酷狗等纷纷推出在线音乐演出平台，用户活跃度很高，付费用户占比较高。其次，行业环境的改善促进网络流量变现能力提高。在政府监管、行业自律及正版化工作的推进下，音乐网站的广告价值继续上升。其次，部分在线音乐服务提供商开始尝试以 VIP 会员的模式进行小范围收费，为今后在线音乐商业模式的多元化作出了有益的探索。最后，音乐客户端软件逐渐成为用户获取音乐的主要渠道。据 2012 年的调查，音乐客户端软件在客户获取音乐渠道中仅次于搜索引擎，用户使用率高达 24.3%。

二是政府监管日趋严格，市场乱象得到一定程度的解决。首先是网络音乐版权问题，文化部联合其他相关部门开展打击网络音乐市场侵权盗版专项行动，并分批发布违法违规歌曲名单勒令网站限期下架。除政府监管外，在文化部的指导下，2011 年成立了由网络音乐运营企业、唱片公司、第三方机构共同组成的"网络音乐行业发展联盟"，行业联盟的成立为产业链中的内容方、渠道方、运营方等参与方加强合作，共同推进网络音乐市场的自律和健康发展发挥了积极作用。其次是针对擅自从事网络经营活动的市场主体，2010 年文化部关闭了 300 多家违规经营的音乐网站，并组织主要网络音乐经营单位相关负责人进行专项培训，违法经营问题得到了遏制。

**（三）网络音乐市场的健康发展期（2015 年以后）**

随着网络音乐市场规模的不断扩大，国内网络音乐产业的各利益相关方对于盗版问题的危害逐渐有了深刻认识和切身体会，开始自发加入维护正版音乐利益的行列。2015 年 2 月，由谷建芬、刘欢、崔健、高晓松等 11 位音乐人共同发起的"华乐成盟"宣布成立，这是国内第一家真正由音乐人自己自发成立的著作权代理机构，通过公司化规范管理，维护词曲创作人的合法权益。早在 2013 年 4 月，北京市版权局就推出《数字音乐版权收入倍增计划》，要让权利人的收入翻倍，参加计划的企业或唱片公司收入盈利增加一倍，让原创音乐的作品增加一倍；2013 年 12 月，多家唱片公司与国内领先互联网音乐平台

QQ 音乐就版权规范问题达成共识，组建网络音乐维权联盟。2015 年 7 月 8 日，国家版权局下发《关于责令网络音乐服务商停止未经授权传播音乐作品的通知》，启动规范网络音乐版权专项整治行动，要求各服务商于 7 月 31 日前将未经授权传播的音乐作品全部下线，如果在此"红线"以后仍继续传播未经授权音乐作品，国家版权局将依法从严从重处罚。

自 2015 年 7 月国家版权局针对网络音乐的"剑网行动"之后，大量非法作品被下架，网络音乐市场进一步规范化，但正是在这个规范化的过程中，音乐平台意识到了版权关乎生存。为争夺网络音乐独家版权，腾讯 QQ 音乐、海洋音乐、阿里音乐展开了激烈竞争，大量收购"独家版权"，展开资源圈地。2017 年 5 月，腾讯音乐以 3.5 亿美元加 1 亿美元与环球音乐达成合作，罕见地集齐世界三大唱片公司的独家版权。2018 年华纳和索尼入股腾讯音乐，同年腾讯音乐在纽交所成功上市。2020 年在与环球的独家版权合约到期之际，腾讯牵头财团入股法国 Vivendi 旗下环球音乐 10% 股权，成为世界最大的唱片公司的股东。通过额外支付过高的版权费来换取排他性权利，整个行业都在承受版权成本畸形增加的压力。谁占有资本优势谁就能出头，其他平台再怎么从用户体验下功夫，也影响不了市场格局，这种竞争机制是不正常的。国家版权局也指出①，以独家版权形式使用网络音乐作品，不利于网络音乐产业的长期健康发展。主要网络音乐服务商竞相购买独家版权，导致版权价格暴涨，网络音乐服务商之间的转授权谈判艰难，增加了网络音乐服务商的资金压力，也影响到网络音乐良好商业模式的形成，不利于优秀音乐作品合法有序广泛传播。2021 年 7 月 24 日，市场监管总局依法对腾讯控股有限公司收购中国音乐集团股权违法实施经营者集中行为作出行政处罚决定，责令腾讯及其关联公司解除独家版权、停止高额预付金等版权费用支付方式等，恢复市场竞争状态。

经过网络音乐市场盗版侵权现象的专项治理，以及 2021 年对独家版权的行政处罚，进一步规范了网络音乐市场，为网络音乐市场的健康发展打好了基础。从 2015 年开始，"音乐 +"的业态融合逐步开始转型升级，流媒体下载、

---

① 国家版权局.解读《关于责令网络音乐服务商停止未经授权传播音乐作品的通知》[EB/OL]. http：//www.cac.gov.cn/2015 - 08/04/c_1116136707.htm，2015 - 08 - 04/2021 - 10 - 19.

在线 K 歌、音乐演艺互动社交等成为拓展数字消费市场和盈利模式的主要途径。各数字音乐平台的战略重点逐渐从下游用户资源向注重上游创作生态转移，各音乐平台相继推出原创音乐人扶持计划，这些计划包含了一整套音乐人包装推广体系，如数字专辑发行、音乐人包装、线上线下音乐会、粉丝导入等。优质内容的增加以及付费订阅模式的优化不断增强了用户的付费意愿，据《2020 音乐产业发展报告》，网络音乐市场用户付费率大幅提升至 7.8%，同比增长 30%①。一些优秀的音乐类综艺节目，如《歌手》《中国好声音》等版权资源与数字平台联动，创造了新的版权消费和应用场景。大数据、区块链技术在卡拉 OK 音乐版权保护领域的应用取得实质性进展。《中华人民共和国著作权法》在 2020 年进行了第三次修订，引入惩罚性赔偿制度提高侵权成本，赋予录音制作者广播权和公开表演权等修订条款，对网络音乐产业生态中各个环节权利人的利益平衡和音乐产业的发展带来深远影响。

## 二、网络音乐产业的产业链构成

传统唱片公司是以词曲著作权为主的管理公司。对音乐人以经纪业务形式管理，生产音乐产品。盈利模式主要为两块：一是版权收入，唱片公司生产音乐产品之后，通过发行公司宣发，再通过零售商，将黑胶、卡带、CD 等音乐制品卖给消费者；二是唱片公司通过包装歌手，通过广告、演唱会方式等赚取服务费用②。网络音乐产业链主要由以下四部分组成：一是内容提供商，既包括传统的拥有音乐版权的唱片公司，也包括新兴的专做版权代理的公司及独立音乐人和独立的音乐工作室；二是服务提供商，其处于产业链中间环节，包括网络音乐平台、电信运营商等，它们负责直接与用户接触，将内容提供商提供的音乐产品推广给用户；三是终端设备制造商，主要指生产支持网络音乐设备的企业，如 MP3 播放器或手机等；四是网络音乐用户，他们为网络音乐产品和服务付费，相应的费用分配在产业链上游和中游的各个环节。

---

① 中国传媒大学音乐产业发展研究中心项目组 . 2020 中国音乐产业发展报告［EB/OL］. https：//www. sohu. com/a/437722006_152615，2020 - 12 - 11/2021 - 10 - 10.

② 徐谌辉 . 中国音乐产业艰难求生［J］. 财经，2017（4）：96 - 106.

## 三、网络音乐市场的运营模式

网络音乐生产与消费是网络音乐市场的两端，网络音乐平台和运营商、网络音乐终端设备制造商串联起了生产与消费的两端。随着我国对数字音乐版权保护的重视以及用户付费意识的提高，网络音乐市场日渐形成了良性循环。

### （一）网络音乐内容生产

1. 唱片公司

在传统音乐产业链上，唱片公司位居核心。在传统音乐长期发展中，形成全球市场的五大主导唱片公司——华纳、贝图斯曼、百代、索尼、环球，中国的唱片公司起初难以与之抗衡，后来凭借对本土市场的熟悉，逐渐发展壮大，涌现出红星音乐社、华谊音乐、麦田等唱片公司，其中以麦田和华谊两家为大。网络音乐兴起的初始阶段，盗版横行，网络音乐几乎成了免费音乐的代名词，唱片公司普遍受到巨大冲击。中国市场上，小唱片公司大都被淘汰出局，大唱片公司则有的名存实亡，有的靠并购整合报团取暖。国际巨头唱片公司则由五家变为三家——索尼、华纳和环球。

在互联网冲击下，唱片公司的商业模式发生变化。传统音乐生产中，唱片公司形成了将娱乐经纪、音乐制作、版权经营、渠道分发等垂直整合的业务模式，这一模式在 2000 年达到巅峰。2000 年之后，网络音乐逐渐兴起，在发展初期，盗版现象严重，正版的线上音乐为了挽回顾客，不得不推出免费正版产品争夺消费者，恶性竞争造成免费消费音乐产品的惯性。据腾讯研究院统计，2013 年我国数字音乐用户数量达到 4.5 亿人以上，但仅有 3.5% 为付费用户①。2011 年，北京太合麦田音乐文化发展有限公司首席执行官宋柯喊出"唱片已死"，并宣布公司不再签约歌手，转而集中精力做版权管理和产品创新，这是当时多数国内唱片公司业务转换的模式。随着政府对版权保护的重视及行业的共同努力，唱片公司所掌握的大量版权成为核心资源，在与网络音乐服务商的

---

① 腾讯研究院.2015 年音乐产业发展报告［EB/OL］.http：//www.199it.com/archives/477365.html，2016－05－29/2022－07－05.

谈判中逐渐取得了主动权。尤其是掌握了核心艺人和核心曲目的大唱片公司，开始同各数字音乐平台密切合作，开展不同形式的合作，如版权授权、独家版权合作和版权总代理、付费分成等。2016年，囤积大量版权的海洋音乐和腾讯的音乐业务合并，成立了腾讯音乐，在之后关键性的一年中，腾讯集齐了华纳、环球、索尼三大巨头的独家版权。在三大唱片公司的共同推动下，中国版权市场一套独有的独家版权模式成型。在国外，三大唱片公司按歌曲播放量收费，唯独在中国，实行独家版权，也就是让国内音乐平台相互竞价，价高者得。最受欢迎的头部歌手版权被三大国际唱片公司牢牢掌控，国内音乐平台根本没有议价能力。据艾媒咨询的数据显示，中国音乐版权市场近60%的营收掌握在三大唱片公司手中。

2. 独立音乐人

独立音乐人是指没有和任何唱片公司签约的音乐人，通过第三方服务商来发行和销售音乐产品。据市场研究团队 MIDIA 发布的报告《独立音乐人的赋能时代》[①]，当下全球音乐产业内的独立音乐人发展较快，2018 年全球未签约公司的独立音乐人收入增长了35%，网络音乐（流媒体）市场收入是独立音乐人的重要收入来源，占30%。在国内，根据各大网络平台公开的数据，入驻音乐人总量将近20万人，其中网易云音乐7万人，腾讯音乐6万人，豆瓣4万人，上传的歌曲数量多达数百万首。

在传统唱片业时代，唱片公司挖掘培养艺人，花钱录音、制作、压片、宣传、销售，最终形成我们所熟知的"唱片业"。新技术的出现颠覆了传统唱片公司的这种运作方式。技术的发展使得做一张专辑仅需一台电脑成为可能，越来越多的音乐人，甚至业余音乐爱好者可以自己完成歌曲的制作和发行，音乐人对唱片公司的依赖大大减弱，他们需要的是服务，而非"卖身"。如何让独立音乐人依附于自己的平台，是国内网络音乐平台争夺的焦点。各大音乐平台均推出了扶持原创音乐人的计划，如网易云音乐的石头计划、QQ 音乐的Music + 计划、太合音乐旗下的百度音乐推出的音乐人平台计划、虾米音乐推出的寻光计划等。

---

① 范志辉. 音乐人的好时代真的要来了？［EB/OL］. https：//m. thepaper. cn/baijiahao_16716208，2022－02－17/2022－07－05.

2016 年，网易云音乐独家发布独立音乐人陈粒单曲数字专辑《爱若》，以 1 元一张的价格在线售卖，短短一个月，销售数量突破 10 万张，这是独立音乐人领域的首张付费数字专辑，意义重大。在腾讯终结独家版权的"后版权时代"，平台内容的重要性愈发凸显，独立音乐人与平台的深度合作，将为音乐市场带来更多更好的原创资源，使音乐市场形成更合理的分配机制，而良性合理的商业模式，是整个音乐产业良好发展的前提和保证。

3. 版权代理公司/组织

音乐版权包括词曲版权和录音版权。词曲版权属于歌曲词曲创作者，录音版权属于录制音乐的录音工作室或唱片公司。对签约大型唱片公司的音乐人或被大型唱片公司买断版权的音乐人来说，其创作的歌曲版权由唱片公司统一代理。大型的唱片公司都会有专门的版权部门，负责与网络音乐合作时相关的版权问题。对一些独立音乐人，或与小型唱片公司签约的音乐人来说，其词曲版权和录音版权有两种管理途径：一是交由集体组织统一管理。我国的音乐版权管理组织主要有两家——中国音乐著作权协会和中国音像著作权集体管理协会，这两家组织通过统一授权向版权使用方——网络音乐平台收取费用，然后扣除一定比例的管理费用后支付版权费用给版权人。在发生版权纠纷时，版权管理组织有义务代理其授权人提起诉讼，保护其合法权益。二是交由版权代理公司管理。随着政府对版权保护的重视和音乐人版权意识的增强，国内出现了一些专业的版权代理公司，其业务性质和音乐版权管理组织类似，也向版权委托人收取一定的费用，但和集体版权管理组织相比，这类版权代理公司更加专业化，也更加高效，遇到版权纠纷时，反应更加迅速。如"华乐成盟"版权代理公司，这是国内第一家由专业音乐人自主成立的版权代理公司，致力于让版权收入最大化地回流到创作者手里。

## （二） 网络音乐服务提供

### 1. 网络音乐平台

从 1999 年第一批音乐网站上线，目前网络音乐平台已发展出在线音乐网站、音乐客户端、音乐类 App 等形式。在数字音乐发展的这 20 多年中，经历了淘汰赛、版权战等一系列整合，形成几大主流巨头音乐平台，一是腾讯系，旗下有 QQ 音乐、酷狗音乐、酷我音乐；二是百度系，旗下有千千音乐；三是网易系，旗下有网易云音乐；四是阿里系，旗下有天天动听、虾米音乐，但分别于 2016 年、2021 年停止服务。

目前，几大主流音乐平台的运营模式各有不同的侧重点。在音乐平台的运营成本中，版权成本是毋庸置疑的大头，与盗版泛滥时不同，各平台都通过大量成本做大自己的版权规模，以此吸引更多的用户。在版权大战中，腾讯系和阿里系依靠强大财力基本把版权瓜分完毕，为了在这场战争中不至落后，通过"预付＋分成"的方式，网易云音乐与 QQ 音乐达成版权转授权合作，也拥有了 150 万首授权歌曲①。版权与用户选择之间的关系越来越近，如某些平台会用独家版权垄断某位歌手的所有歌曲，用户如果想听这位歌手的歌，就只能去拥有独家版权的平台。在做大版权的同时，各平台均有不同的服务侧重。如网易云音乐将音乐基于不同心情、不同功能、不同时间进行分类的"歌单"功能，为用户提供了一种更为场景化的服务模式。QQ 音乐依靠腾讯内部丰富的社交矩阵，做强其"分享"功能，截至 2016 年，据不完全统计，QQ 音乐已累计实现 200 亿次的分享量。

各大音乐平台稳定的营收方式主要有以下几种：一是会员付费。包月会员每月付包月费用，便能收听、下载音乐平台上的会员曲库。有的音乐平台在普通会员基础上推出了超级会员，提供更多专属个性服务，如 QQ 音乐的豪华绿钻会员权益包括了无损音质音乐、生活福利、票务福利以及与明星近距离接触的机会等。网易云音乐的黑胶 VIP 可以享有一些音画主题、头像挂件、个性皮肤等特效权益，下载曲目数量也与普通会员不同。二是数字专辑收入。随着数字音乐的兴起，越来越多的音乐人选择在网络平台发行单曲或专辑。2016 年 QQ 音乐平台累计销售 2000 万张数字专辑，总销售额超过 1 亿元。QQ 音乐专辑的营销方式是用户购买一张数字专辑，可以获得各种衍生内容，包括高品质音乐的收听和下载、组建粉丝会、专属铭牌以及抽取亲签海报等，产生了良好的营销效果。如独立音乐人李志在网易云音乐以 1 元的价格售卖数字专辑，仅一周便卖出了超过 10 万张。三是与艺人深度合作。各大音乐平台均推出了独立音乐人支持计划。除此之外，圈定一些知名音乐人 IP 资源，平台会为歌手们提供新作品的独家首发、专

---

① 张泽宇. 网易云音乐五年：版权被腾讯牵制 商业化如何突围？[EB/OL]. http：//finance. ce. cn/money/201808/23/t20180823_30104887. shtml，2018－08－23/2022－10－15.

属音乐会、专属粉丝部落等全方位推广服务。另外，QQ 音乐对独家代理版权的音乐人，除宣发资源上会有所倾斜外，还会提供相关的维权服务。四是其他社交娱乐活动，如网络直播、在线 K 歌直播打赏、智能设备销售等。2019 年第四季度腾讯社交娱乐服务在总收入中的比例为 70.6%，收入主要来自旗下全民 K 歌的虚拟礼物、增值会员和直播服务。2019 年全年社交娱乐服务营收为 182.8 亿元，同比增长 36%。阿里巴巴、网易云音乐均推出了 K 歌平台，如阿里巴巴的唱鸭、鲸鸣，网易云音乐的音街。在线音乐平台将 K 歌、直播等产品作为打造泛娱乐场景的又一突破口，但这一场景的打造仍然与版权相关。

2. 电信运营商

我国的三家电信运营商——中国移动、中国联通、中国电信在网络音乐市场中也占有重要的市场地位。中国无线音乐市场最主要的业务模式是音乐付费下载，其中又分为手机彩铃下载、振铃下载和整曲下载等不同的业务模式。2003 年 5 月，中国移动借鉴韩国业务模式，引进彩铃业务，随之中国联通也相应推出了炫铃业务。经过 2004 年、2005 年的爆炸式增长，这项业务成为电信运营商的重要收入增长来源。据统计，2009 年 11 月彩铃下载数据占下载总量的 70% 以上，是无线音乐最主要的下载业务，其次是振铃和全曲下载，分别占下载总量的 10.7% 和 10.1%。

在中国无线音乐市场中，已形成较通畅的产业链：电信运营商提供了稳定的服务平台和成熟的资金回流渠道，内容和服务提供商将音乐产品和服务通过这一平台输送给用户，同时通过已经建立起来的完整收费模式获得合理收入。随着无线音乐市场规模的扩大，电信运营商渐渐不满足于渠道提供商这一角色，开始直接与唱片公司合作。2005 年 4 月，中国移动与 MTV 全球音乐电视台签署合作协议，共同开拓国内无线音乐市场。2006 年 6 月，中国移动先后与八家唱片公司签署协议。2006 年 6 月，中国联通宣布与华纳音乐签约，共同开拓无线音乐市场。此外，通过建立音乐门户平台，直接介入无线音乐业务。2007 年，中国电信携手八家国内外知名唱片公司，联合发布"爱音乐"数字音乐服务，该服务融合多种音乐服务功能。除此之外，电信运营商也开始启动音乐制作人计划，通过比赛等形式发现新人，希望打造自己的本土原创音乐人队伍。

2009年，我国无线音乐市场继续保持着快速增长的势头，市场规模达到18.4亿元，在网络音乐总体市场规模中所占据的比例超过90%①，是支撑和推动网络音乐市场发展的中坚力量。但从产业链各方的收入分配角度来分析，电信运营商获得收益远高于服务提供商，据文睿研究数据表明，2009年电信运营商通过无线音乐获得了高达269.6亿元的收入，而服务提供商营收规模仅有18.4亿元②。在这种情况下，内容提供商通过和服务提供商分成而获得的收入就更为有限了。这种分配模式的形成有其固有的深层原因，在市场中，电信运营商既提供了技术运营平台和音乐传播分发渠道，又直接掌握用户资源，控制了收费渠道，即运营商掌控了无线音乐价值创造和传递的大部分过程，对市场具有至关重要的影响力和控制力。由于音乐内容提供商在这种市场分配中难以获得公正的市场地位和资金，这种模式不利于音乐市场的长期健康发展。

2014年底，中国移动成立全资子公司咪咕文化科技有限公司；2018年7月，中国联通成立沃音乐文化有限公司。两大电信运营商试图通过整合数字音乐业务增加企业整体的业务链。但是，与市场同类型的音乐App相比，咪咕音乐和沃音乐曲库内容偏少，用户界面单一。搜索听歌、用户画像精准推荐歌单是在线音乐的核心功能。相关数据显示，半数以上的用户通过这两种渠道获得曲目，而沃音乐、咪咕音乐在这方面显然布局欠佳。在版权内容、用户数量相对稳定的今天，电信运营商如何越过同类音乐App，在短时间内获得巨大的用户流量以及内容版权，是一个难题。

### （三）网络音乐终端设备制造

网络音乐终端设备主要包括MP3播放器，音乐手机。1998年，韩国企业世韩公司推出了世界上第一台MP3播放器，从此启动了MP3市场。MP3播放器在中国市场出现是在2000年左右，最初的功能只能播放从网络上下载的MP3格式音乐文件，后来将广播、录音、电子阅读、拍照等功能融为一体。MP3播放器的出现使传统的随身听、便携CD等受到极大冲击。随着智能手机的兴起，MP3播放器逐渐走向没落。

---

① 数据来源于原文化部发布的《2009年中国网络音乐市场年度报告》。
② 侯琳琦. 网络音乐的多视角研究［M］. 北京：北京邮电大学出版社，2013：49.

随着通信技术的发达，音乐功能成为手机的标准配置。本书所称的网络音乐终端设备主要是指电信运营商定制的音乐手机，以达到推动手机音乐下载服务发展的目的。中国移动曾于 2005 年出台《音乐手机定制规范》，围绕手机音乐功能，在外观、使用界面、业务应用及附加功能，终端硬件性能及质量、客户成本五个方面，对定制手机厂商提出严格要求。2009 年，中国电信与华为、诺基亚、三星、LG、摩托罗拉等厂商联合发布五款天翼手机，希望通过深度终端定制，建立并推广统一的音乐服务品牌"爱音乐"，为用户提供综合音乐服务。音乐定制手机是电信运营商延长产业链助力音乐内容建设的举措，在用户还只能依靠 MP3 播放器离线听音乐的时代，因其方便、集多种功能于一身的特性，受到用户欢迎，但随着 QQ 音乐、网易云音乐、虾米音乐等手机App 的出现，其海量资源、精准推送、个性化定制歌单等服务更切合用户的音乐需求，音乐定制手机退出了历史舞台。

## 四、网络音乐市场存在问题

### （一）优质音乐内容生产不足

在传统唱片业时代，唱片公司常常需要对大量艺人进行培养，但这些艺人当中只有很少一部分能获得成功。对这些成功的头部艺人，唱片公司会不惜重金为其打造单曲和专辑，以期望其作品能带来高额回报，进而对冲公司对其他艺人的一些投资。根据国际唱片业协会（IFPI）所作的一份有关音乐投资的调查报告显示，从全球来看，唱片公司每年要将收入的 16% 左右（约 50 亿美元）投到艺人和曲目的挖掘上①。在这样一种高额回报驱动的艺人培养中，传统唱片业优质内容生产动力足，产生了许多优秀的音乐作品，持续地为唱片公司带来收入。

在网络音乐越来越重视版权的大环境中，音乐版权市场迅速得到规范。在独家版权模式下，多家音乐平台为抢夺版权陷入非理性竞争的价格战。在音乐平台和唱片公司的共同助推下，版权费水涨船高。同时，由于版权授权协议一

---

① 胡建辉. 音乐产业举步维艰 电视台播歌或须向唱片公司付费 ［EB/OL］. http：//finance. people. com. cn/n/2012/0821/c70846 – 18791777. html，2012 – 08 – 21/2022 – 07 – 05.

般 2 ~ 3 年会重新签订一次，在卖方市场下，音乐平台为了避免用户流失到其他平台，往往会选择接受更高溢价的版权费。2017 年腾讯音乐签下环球独家时，版权费从最初的 3000 万 ~ 4000 万美元一度涨到 3.5 亿美元现金加 1 亿美元股权，短期内飙涨 10 倍。同年，网易云音乐以 2000 万元的价格拿到朴树专辑《猎户星座》的独家版权。第二年，网易云音乐又以 1.7 亿元的价格购买了华研音乐的 2000 首曲库。版权费用水涨船高，唱片公司几乎可以"躺赢"，再去花时间金钱培养艺人、打磨作品的动力自然不足。产业链上游优质内容的不足，势必传导到整个产业链，影响整个产业的健康发展。

**（二）用户付费意识有待提高**

自 2015 年版权保护政策加强整肃以来，中国数字音乐的用户付费开始起步。据《2020 中国音乐产业发展报告》：2019 年数字音乐用户规模超过 6.07 亿人，同比增长 9.27%。各数字平台优质内容的提升以及付费订阅模式的优化，不断增强用户的付费意愿，推动用户付费率大幅提升至 7.8%，同比增长 30%[1]。相较过去几年，数字音乐付费已经实现了翻倍的增长，是数字音乐用户付费意识初步形成的体现，但与美国主流数字音乐平台 Spotify 2018 年 46.4% 的付费率相比，与横向的游戏、视频、在线阅读等其他数字娱乐形态相比，网络音乐的付费率仍处于较低水平。网络音乐平台的收入主要来自三个方面：用户付费；广告收入；版权运营收入。在盗版问题未解决之前，平台主要依靠广告收入，正版化改革以后，用户付费收入占比持续增高。因此，用户付费意识的提升有利于网络音乐平台增加收入，进一步做大规模也有利于整个行业的健康发展。

**（三）音乐版权价值开发不足**

版权问题一直是困扰网络音乐健康发展的顽疾，在网络音乐的初始野蛮生长阶段，版权保护是政府监管和网络平台发展的重中之重，2010 年起监管部门开展"剑网行动"，2015 年，政府展开针对网络音乐传播最严厉的一

---

① 中国传媒大学音乐产业发展研究中心项目组. 2020 中国音乐产业发展报告 [EB/OL]. https://www.sohu.com/a/437722006_152615，2020 - 12 - 11/2021 - 10 - 10.

次打击盗版和侵权行动，接连出台多项政策，以期保护正版音乐所享有的合法权益。在政策的严控下，数字音乐盗版泛滥的现象得到了有效改善，为此后健康、规模化的商业发展夯实了基础。在网络音乐平台和版权持有者——唱片公司的早期博弈中，由于法律法规的不健全，网络音乐平台处于有利地位。但随着法规的健全，掌握了大量版权的巨头唱片公司在与音乐平台进行版权谈判时，处于绝对优势，加之各大音乐平台的竞争关系，版权价格水涨船高。版权成为音乐平台支出的最大成本。但在天价拿下版权之后，各平台将版权视为用户付费下载、购买单曲专辑的独家资源，对版权价值的开发不足，在产业链的上游、下游未能形成联动，对音乐 IP 的孵化和挖掘有待进一步深化。

## 五、推进网络音乐市场进一步发展的对策建议

### （一）打造公平竞争的市场环境

长期以来，网络音乐市场各方主体围绕版权和用户展开争夺大战，腾讯依靠强大的经济后盾，版权独家占有率约 90%，同时与各大唱片公司互相持股，形成利益捆绑关系。以和三大唱片的持股关系为例，腾讯和腾讯音乐斥资约 70 亿美元先后购入了环球音乐共计 20% 的股份。腾讯音乐持股华纳音乐 1.6%，华纳音乐、索尼音乐分别持股腾讯音乐 2%。这种垄断格局的形成，提高了版权资源壁垒，增加了用户转换成本，同时限制了其他市场主体的进入，降低了市场进入活跃度，对整个行业的发展带来了不利影响。2021 年 7 月 24 日，国家市场监督管理总局依法作出行政处罚决定，责令腾讯及关联公司采取三十日内解除独家音乐版权、停止高额预付金等版权费用支付方式、无正当理由不得要求上游版权方给予其优于竞争对手的条件等恢复市场竞争状态的措施。这是中国音乐反垄断第一案，也是《中华人民共和国反垄断法》实施以来第一起恢复市场竞争状态案件。我国网络音乐发展到现在，已形成几大巨头占据市场支配地位的局面，音乐领域的反垄断，打造公平竞争的市场环境，有利于从多方面促进音乐市场转变：如推动市场主体的竞争焦点回归内容，回归创新，进一步提升用户体验；有利于形成合理的版权授

权模式，培育新的市场进入者，形成百花齐放的良好局面，最终维护消费者利益。

## （二）进一步调动用户付费意愿

相比于发达国家的数字音乐平台以及其他数字娱乐形式的付费率，用户付费率仍有很大增长空间。提高用户付费率可从以下几方面着手：首先，布局粉丝社交领域，提升用户黏性和付费意愿。许多头部平台已开始布局粉丝社交，如开设互动平台、邀请明星与粉丝在线互动。注重关键意见领袖在引领粉丝经济效应上的积极作用，通过关键意见领袖调动用户付费积极性。其次，采用捆绑销售模式提升用户付费率。借鉴其他互联网平台会员销售模式，如淘宝、京东采用的捆绑式销售的模式，将平台会员与其他互联网娱乐平台、旅游平台等绑定一同销售，消费者付出一个会员的费用，可以得到多个会员身份。在数字音乐领域，如将数字音乐会员与其他业务会员捆绑销售，增加产品价值；或在同一平台的多个业务项目中，挑选高付费率项目将数字音乐会员作为附属商品售卖，提高付费率。最后，将付费模式与用户定位建立联系。如设立家庭会员或学生会员，以比较便宜的价格销售会员，这样尽管会造成营收降低，但会提升用户黏性和付费意愿，培养用户付费习惯，进而提升用户付费率。再如，根据调研发现，音乐包是用户在平台购买意愿最高的一类产品，在互联网整体走向垂直深耕的背景下，网络音乐平台可针对对音乐有特殊需求的群体开发多样化的音乐包，如古典音乐包、戏曲曲艺音乐包、广场舞音乐包、健身专用音乐包、上下班通勤音乐包等，以进一步提升付费用户数量。

## （三）全产业链开发版权价值

在政策与企业平台的双重推动下，2018 年中国音乐版权市场规模达到188.3 亿元[①]。由于数字音乐平台不断正版化的发展，头部平台目前已成为产业链中体量最大的音乐内容库，并对音乐版权的管理与运营起到至关重要的作

---

① 艾瑞咨询. 中国数字音乐商用版权市场研究报告（2018）［R］. https：//finance. eastmoney. com/a2/201906181154139432. html.

用。而基于所保有的大量正版音乐内容，数字音乐平台未来应在版权运营方面进行探索。一方面，深入产业链上游，通过投资或收购唱片公司、持续孵化独立音乐人等方式节省版权成本，同时进一步扩大版权内容库，加强自身对于版权的控制。另一方面，在下游与包括音乐节、综艺、影视剧、游戏等泛娱乐板块形成联动，活跃开发并利用音乐版权价值，重视音乐 IP 的孵化与挖掘。最终将能够形成一条围绕数字音乐平台而运营的完整的数字音乐版权产业链，并且带动中国音乐版权价值在未来的持续增长。

# 第二节　电影市场

电影市场是指以电影产品为中心形成的创意策划、生产制作、发行和放映环节组成的商品（服务）交易关系的总和。随着生活水平的日益提高，人们对精神文化的需求越来越丰富多样，看电影成为文化娱乐的重要方式。进入21 世纪以来，中国电影市场蓬勃发展，影片量质齐升，票房节节攀高，电影市场成为文化市场最重要的生力军。繁荣发展电影市场对满足人民群众精神文化需求、增强国家文化软实力具有重要意义。

## 一、现代电影市场的发展

### （一）1978～1992 年，改革开放初期的市场探索

新中国成立以后，中央人民政府成立了文化部电影局（中央电影局成立于1949 年 4 月，属中共中央宣传部领导，10 月 1 日后划归文化部管辖）。新中国的电影管理体制机制学习借鉴苏联，采取"统销统购""层级发行"的计划经济模式，电影生产、发行、放映实行从中央到地方的垂直管理体制。1949～1966 年的电影，以革命历史题材和歌颂新中国为主，总体格调昂扬向上，有着浓郁的政治宣教色彩。电影类型虽然单一，但因为当时人们的文化娱乐形式有限，观影群体非常庞大。《白毛女》（1951 年）、《刘三姐》（1961 年）、《小兵张嘎》（1963年）、《冰山上的来客》（1963 年）、《英雄儿女》（1964 年）、《红色娘子军》

（1971 年）等都是当时的经典电影。"文革"十年，电影事业发展受到严重阻碍。

改革开放之后，被压抑了 10 多年的群众文化生活得到释放，几百部中外电影重登银幕，观众重新走进电影院，中国电影业逐步复苏。在改革开放大背景之下，电影业也在进行初步的市场探索。1979 年，为了更好地开展与境外合作，中国电影合作制片公司成立，开展各种合作拍片业务。1980 年，文化部发布《关于试行故事片、舞台艺术片新的结算办法》（简称"1588 号文件"），按影片质量和拷贝发行数和制片厂结算，一定程度上调动了制片厂的积极性①。1984 年，《中共中央关于经济体制改革的决定》颁布，国有电影制片厂从事业单位转型成为企业，开始了独立核算、自负盈亏的时代。20 世纪80 年代，中国电影年平均票房收入在 22 亿元以上，平均票价约为 0.3 元，年平均观众人次达到了 73 亿。其中，1979 年全国电影观影人次高达 293 亿，全年平均每人观看 28 场电影；1991 年，中国电影观众人次达 144 亿，票房收入达 24 亿元，创下了新中国电影有史以来的最高纪录②。

虽然进行了一定程度的市场化探索，20 世纪 80 年代的电影体制仍然延续着新中国成立初期的计划经济格局：中央层面有"中国电影发行放映公司"，地方分级设置"电影发行放映公司"，所有影片在制作完成后，统一交由中影公司买断发行，然后由中影公司将影片拷贝交给下级公司进行放映。无论是电影厂还是发行放映公司，每家电影院和流动放映队都只对上级单位负责，完成上级交给的任务。制片机构没有经营自主权，发行环节多，电影制片厂和发行企业都面临生存困难。再加上 80 年代中后期电视机、录像机的普及以及盗版碟片的强烈冲击，电影市场加剧萎缩，许多电影院都改成了歌舞厅、录像厅。1992 年，电影观众总量下降至 105 亿人次，如图 5-1 所示。

从创作层面来看，改革开放前后，受思想解放和市场改革风潮的影响，中国电影在内容创作、表达手法方面都有很多探索和创新，受到了广泛的关注。《天云山传奇》（1980 年）、《城南旧事》（1983 年）、《黄土地》（1984 年）、《芙蓉镇》（1986 年）、《老井》（1987 年）、《红高粱》（1987 年）、《大红灯笼

---

① 刘汉文，沈雅婷. 改革开放 40 年的中国电影政策创新［J］. 电影艺术，2018（6）：3-8.
② 解放军报. 电影市场火爆，军事大片如何"突围"？［N/OL］. 转引自新华网 http://www.xinhuanet. com/mil/2016-01/17/c_128636114. htm.

高高挂》（1991 年）等电影都产生了热烈的社会反响，成为载入中国电影史册的艺术精品。

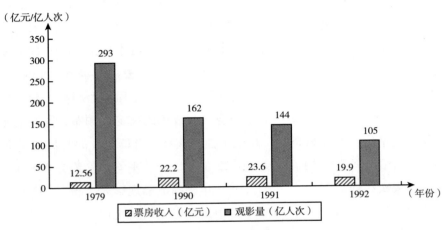

图 5 - 1 1979 ~ 1992 年的电影收入与观影人次

注：1994 年引入分账大片后，才开始正式统计电影票房和观影人数，之前的数据是大致对应。
资料来源：笔者据网络公开数据搜集整理。

## （二）1993 ~ 2001 年，电影市场改革的全面展开

1992 年底，党的十四大确立了社会主义市场经济体制方针，各领域在市场改革方面开始新一轮的探索。1993 年，国家广播电影电视部《关于当前深化电影行业机制改革的若干意见》及其《实施细则（征求意见稿）》发布，开始了针对电影发行体制的全面改革。《关于当前深化电影行业机制改革的若干意见》规定，"将国产故事片由中国电影公司统一发行改为由各制片单位直接与地方发行单位见面""电影票价原则上放开"，打破了中国电影公司独家发行的局面。延续 40 多年的独家经营、统购统销的计划经济模式被冲破，制片单位获得了影片的市场话语权。但是，由于当时每个省级行政区只有一条发行网络，省市县之间有明确的上下级管理体系，这就意味着制片单位要发行影片就需要先和各个省级发行公司洽谈业务，再向下级公司发行，制片单位仍然面临着发行成本高和时间长的问题。

1994 年，原广播电影电视部出台新规定，中国电影公司每年以分账发行

方式引进十部"基本反映世界优秀文明成果和基本表现当代电影艺术、技术成就的影片",开启了引进"大片"电影的时代。参照国际通行的票房分账形式,引进"大片"收入分成,比例为制片方 35%、发行方 17%、放映方 48%。1994 年底,第一部进口分账大片《亡命天涯》在全国六大城市上映,首轮放映票房收入达 1127 万元,最终收获票房为 2500 万元,成为当年国内票房冠军,拉开了好莱坞大片称霸中国市场的序幕。1998 年的《泰坦尼克号》更是极大激发了中国观众看电影的热情,创造了 3.6 亿元的票房奇迹①。进口大片在中国现代电影史上留下了浓墨重彩的一笔,对中国电影市场产生了深远的影响。有研究者指出,进口大片不但支撑着中国电影市场走过艰难的 90 年代,更对建构中国电影市场意识起到重要作用,也从根本上改变了中国电影的外貌和形态,一些主旋律影片也开始大胆尝试商业运作②。可见,引进大片启蒙了中国电影市场的商业意识,在中国电影市场发展史上具有里程碑意义。

1997 年,冯小刚打造了中国第一部商业"贺岁片"《甲方乙方》,该片在北京取得了 1100 万元的票房成绩,超过了有史以来所有国产片和进口片的纪录。之后陆续推出的《不见不散》(1998 年)、《没完没了》(1999 年)等都受到市场追捧,中国从此有了真正意义上的商业电影。贺岁片开启了国产电影的商业时代,普及和推广了中国电影的市场意识,培育了观众的电影娱乐化口味,影响了中国电影的制作、发行和推广方式③。

从创作层面看,20 世纪 90 年代电影市场做到了百花齐放、百家争鸣,创造了电影史上的辉煌时期,创作了一批经典影片。《霸王别姬》《阳光灿烂的日子》《唐伯虎点秋香》《东邪西毒》《活着》等,都是载入中国电影史册的经典之作。

虽然 20 世纪 90 年代的电影市场迈出了重大的改革步伐,但并没有根本改变市场体制,传统国有制片厂依然举步维艰,面临着资金断流、人员老化、设备陈旧等一系列问题。从市场终端来看,由于录像设备的普及,盗版横行,观影主场地从电影院转移到了录像厅和家庭,票房收入、影院数量、电影产量持续下滑。电影片

---

① 中国新闻网. 九问进口大片 [OL]. https://www.chinanews.com.cn/2001 - 10 - 18/26/131488. html.

②③ 黄欣. 面对市场 破冰改革——20 世纪 90 年代中国电影改革之路 [J]. 中国电影市场, 2021 (8):26 - 31.

商、代理商不赚钱，影院更是入不敷出。制片方投入数亿，但是市场回收往往只有数千万元，绝大部分机构依靠各地政府和电影局的资助，才能生存下去①。1999年，全国电影市场收入仅 8 亿元，电影观众降至 4.5 亿人，电影市场跌入谷底。

为了应对加入世界贸易组织带来的挑战，文化市场改革步伐加快。2000 年，国家广播电视总局、文化部联合下发了《关于进一步深化电影业改革的若干意见》，提出组建电影集团和实现股份制改革，使制片、发行、放映一体化，倡议建立以院线为主的供片机制，并对进口影片的供片政策进行调整。中影、上影、长影、西影、峨影、珠影、潇湘等被批准组建为电影集团，实行制、发、放一条龙，影、视、录一体化，后产品及相关产品跟进开发的综合性集团化的运作模式，中国电影市场形成了七大电影集团相互合作、相互竞争的格局②。

2001 年，国务院颁布新的《电影管理条例》，规定电影制片单位以外的单位可以独立从事电影摄制业务，这意味着民营企业将可以拥有电影出品权，以往必须向电影制片厂"买厂标"才有资格拍电影的局面被打破。当年 12 月，国家广播电视总局与文化部联合出台《关于改革电影发行放映体制的实施细则》，意图彻底打破电影发行网络的行政区划管理模式，开始全面启动院线制改革。

## （三）2002～2011 年，院线制助推中国走向"电影大国"

2002 年 6 月，中国开展全面的院线制改革，国产影片由制片公司直接与院线沟通或通过发行公司代理联系院线，业务流程从之前的单渠道多层次发行变为多渠道一级发行，减少了发行环节，打破了长期以来我国电影市场按行政区划分割的状态。截至 2002 年底，全国 35 条院线正式挂牌营业，共计 1019座影院，银幕数有 1834 块，跨省院线 14 条。2002 年因此被称为"院线制元年"。此后，"统一品牌、统一供片、统一经营、统一管理"的院线制，成为中国电影发行放映的主要方式。院线制对于中国电影市场秩序的建立起到了重要的作用，影院获得了选择院线的自主权，制片方也获得了更高的议价能力，院线制的成立有效地平衡了电影产业各个环节之间的关系，为推动中国电影产

① 张江艺. 走市场化的希望之路——从 2000 年中国电影市场谈起 [J]. 电影创作，2001（3）：44–46.

② 唐榕. 改革开放 30 年中国电影体制改革研究 [J]. 现代传播，2009（2）：5–9.

业发展起到了重要的作用①。

改革后的电影院线，彻底摆脱了事业单位属性，成为身份明晰的市场主体。影院在数量、视听效果、服务质量和品牌建设等方面也有了很大提升，北京、广东等地都出现了五星级影城。尤其是多厅化和数字化建设成效显著，数字银幕从 2002 年的 0 块发展到 2012 年的 1.1 万块左右（含 IMAX 和 3D），占总银幕数的 93%以上。截至 2012 年 12 月，全国有 46 条院线，3442 家影院，13118 块银幕，中国步入"万块银幕"时代。

2003 年，《电影剧本（梗概）立项、电影审查暂行规定》《中外合作摄制电影片管理规定》《电影制片、发行、放映经营资格准入暂行规定》《商投资电影院暂行规定》等一系列文件发布，为民营资本和外资进入电影市场提供了制度保障。2003 年底，北京保利博纳电影发行有限公司成立；2004 年 1 月 7 日，第一批七家民营企业获得了国产电影的发行资格。长期以来由国有企业相对垄断的国产电影发行格局发生了根本性改变，民营发行公司逐渐成为我国电影发行的中坚力量，中国电影多元化的发行格局建立起来。

2004 年，中国电影在探索中冲出谷底，以中影、上影、长影、西部以及八一厂为代表的国营电影企业，通过体制机制改革获得了新生；以万达影视、华谊兄弟、博纳影业、华策影视、光线传媒、横店电影等为代表的众多民营影视企业，在国产电影市场占据了越来越重要的地位。中国电影市场形成了国有影企和民营影企并驾齐驱的繁荣景象。可以说，院线制改革促进了中国电影市场的快速发展。以张艺谋的电影《英雄》为标志，中国电影开启了大片时代。2003～2011 年，国产电影票房屡创新高，影片数量从 100 部增长到 650 部左右。2010 年，中国电影市场步入百亿时代，2011 年电影票房达到 130 多亿元。

### （四）2012 年至今，从"电影大国"迈向"电影强国"

2012 年 11 月，党的十八大召开，提出"扎实推进社会主义文化强国建设"的伟大构想，再次明确了社会主义文化强国的道路。在相关措施和政策的保驾护航下，文化产业迈上了新的台阶。2014 年 5 月，七部委出台《关于支持电影发

---

① 武建勋. 中国院线市场发展面临的问题及对策［J］. 中国电影市场，2021（8）：10 – 13.

展若干经济政策的通知》，提出"推动中国电影在关键时期迈上一个新的台阶，实现由电影大国向电影强国的跨越"，并推出加大电影精品专项资金扶持力度、借力文化产业专项资金扶持电影产业、对电影产业实行税收优惠等一系列政策举措。2016 年 11 月，《电影产业促进法》出台，为未来电影产业持续健康繁荣提供了法治基础和保障，对中国电影产业的健康发展具有重要的里程碑意义。《电影产业促进法》从根本上解决了电影产业政策和国家层面支持的问题，使电影在文化产业中的先导性、示范性作用得以发挥[1]。2018 年，国务院颁布了新的《电影管理条例》，鼓励企业、事业单位和其他社会组织以及个人以资助、投资的形式参与摄制影片，希望起到以投资带动宣传的模式，促进观影人数增加，从而达到投资者和出品方的双赢，推动中国电影产业更上一层楼。

目前，中国电影制片业已逐渐形成了传统电影公司、互联网电影公司及与互联网公司合作的众多中小型电影公司并立的格局。以电影票房收入衡量，中国电影市场在 2019 年前已经成为仅次于美国的全球第二大电影市场。2020 年，受新冠肺炎疫情影响，全球电影市场产生较大变局，中国电影票房首次位居全球第一。2021 年，中国电影总票房达到 472.58 亿元，其中国产电影票房为 399.27 亿元，占总票房的 84.49%；城市院线观影人次 11.67 亿；全年新增银幕 6667 块，银幕总数达到 82248 块。新冠肺炎疫情之下，中国电影产业快速复苏发展，全年总票房和银幕总数继续保持全球第一。

与此同时，国产影片类型也日益丰富，出现了喜剧片、战争片、动作片、奇幻片、科幻片等多个类型的创作浪潮，动画电影也为越来越多的观众所接受，极大丰富了大众的文化娱乐需求，详见表 5 - 2。

表 5 - 2　　　　　2012 ~ 2021 年国内华语票房年度冠军影片　　　　单位：亿元

| 年份 | 电影（导演） | 影片类型 | 国内票房 |
| --- | --- | --- | --- |
| 2012 | 人再囧途之泰囧（徐峥） | 喜剧、剧情、冒险 | 12.67 |
| 2013 | 西游·降魔篇（周星驰） | 喜剧、奇幻、冒险 | 12.45 |
| 2014 | 心花路放（宁浩） | 公路、爱情、喜剧 | 11.67 |
| 2015 | 捉妖记（许诚毅） | 剧情、喜剧、奇幻 | 24.38 |
| 2016 | 美人鱼（周星驰） | 喜剧、爱情、科幻 | 33.92 |

① 饶曙光. 电影强国建设的历史进程与中国道路 [J]. 民族艺术研究，2017（1）：26 - 35.

续表

| 年份 | 电影（导演） | 影片类型 | 国内票房 |
|------|------|------|------|
| 2017 | 战狼2（吴京） | 动作、军事、战争 | 56.8 |
| 2018 | 红海行动（林超贤） | 动作、剧情、战争 | 36.48 |
| 2019 | 哪吒之魔童降世（饺子） | 动画电影 | 50.36 |
| 2020 | 八佰（管虎） | 战争 | 31.11 |
| 2021 | 长津湖（陈凯歌、徐克、林超贤） | 历史、战争 | 57.22 |

资料来源：笔者据网络公开数据整理。

总的来看，在产业化与市场化的推进下，中国电影产业政策日渐完善，电影产业链条日臻成熟，电影市场生态更为优化合理，电影发展在整体上步入更为理性的发展阶段，正从"电影大国"向"电影强国"迈进。

## 二、电影市场产业链现状

中国电影产业链主要分为上游制片—中游发行—下游院线（影院）三大环节，电影衍生品也是重要市场环节，近些年产业规模也在不断扩大。下游影院放映电影产生的票房收入是电影市场的主要收入源。此外，近些年网络电影异军突起，成为电影市场值得关注的类型。

### （一）电影制片数量增长迅速

制片是电影产业链的上游。制作公司完成电影投资、拍摄和后期制作，通过将电影版权出售给发行公司取得盈利。目前国内大概有上千家制片公司，头部公司有中影（中国电影股份有限公司）、华谊兄弟（华谊兄弟传媒股份有限公司）、光线传媒（北京光线传媒股份有限公司）、博纳影业（博纳影业集团股份有限公司）、万达影业（大连万达集团股份有限公司）、上影（上海电影（集团）有限公司）、北京文化（北京京西文化旅游股份有限公司）、安乐（安乐影片有限公司）、寰亚（香港寰亚综艺集团有限公司）、英皇电影（英皇集团）等。目前国内上映的电影，多数出自这些影视集团。近年来，国内每年上映的电影数量持续增长。2019年，全年上映电影数量超过600部，其中，破亿影片超过80部，破10亿影片15部，破20亿影片6部。数量增长的同时，行业竞争也日趋激烈。2021 年，全年上映影片共 697 部，创历史新高，总票房达到 472.58 亿元，恢复至 2019 年的 74%。从盈利性来看，《长津湖》（57.22 亿元）、《你好，李焕英》（54.14 亿元）和《唐人街探案 3》（45.24 亿元）三片加起来的票房就占了全年票房的 31%，昭示着电影市场单片盈利的难度持续增加。

### （二）电影发行市场竞争激烈

发行处于电影产业链中游。发行公司从制作公司手中购买电影版权，然后以票房分账的方式与院线公司合作，在合作院线的电影院放映影片。目前国内发行公司有依托院线资源优势的传统发行公司和依托互联网优势的新媒体发行公司两类，前者以光线传媒、华策影视、博纳影业、五洲发行、中影集团，华夏电影等为代表，后者以猫眼文化、微票儿、淘票票、爱奇艺、腾讯视频等为代表。总的来看，传统发行公司有长期稳固的合作关系与人脉资源，可以优先拿到热门影片的发行权，可以长期近距离接触影院，能够更加了解当地市场的详细情况，灵活调整思路，使发行在市场行为中更有竞争力。新媒体发行公司具有"服务 + 新媒体"的双重属性，可以通过预售形式对未来市场形成摸底预测，并在此过程中获得用户大数据（观影数据、口碑评价、消费行为），并与预售、点映、低价等市场行为相结合，为宣传和营销创造了更大的空间。

目前国内大约有上千家电影发行公司，中影和华夏两个国有企业占据头部地位。2021 年，中影和华夏主发行影片分别为 71 部和 51 部，约占全年影片发行量的 50%；票房分别达到 259.46 亿元和 114.02 亿元，约占全年总票房的 80%。2021 年民营发行公司前十为猫眼微影、淘票票、博纳影视、万达电影、北京精彩、上海儒意、联瑞影视、五洲电影、英皇电影、腾讯影业。由于互联网的迅速发展，多数电影发行公司都采取"线下 + 线上"的营销方式，猫眼、淘票票等都已形成了成熟的互联网发行模式。2020 ～ 2021 年，受新冠肺炎疫情影响，线下营销受限，线上营销尤其是短视频营销成为重要的电影营销方式。猫眼电影将《我和我的家乡》首支预告片拆分成 7 支短视频于抖音发布，并且在此基础上提取亮点，二次创作。取得了总播放量超 2 亿的优秀成绩。

**（三）　院线与影院稳定发展**

电影院线制是我国电影放映行业所采用的一种特殊的经营模式。由于院线有牌照准入壁垒，因此，近年来国内院线数量基本保持稳定，但影院数量和银幕数量则快速增长，如图 5 - 2 所示。

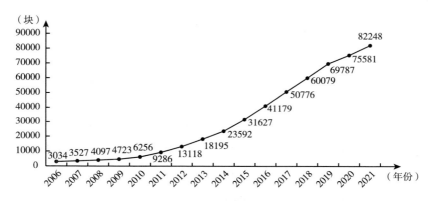

图 5 - 2　2006 ~ 2021 年影院数量与银幕数量的变化

资料来源：笔者据网络公开数据整理。

目前国内院线的竞争格局已经基本清晰，万达院线、广东大地、中影星美、上海联合、中影南方新干线、中影数字、金逸珠江、横店影视、华夏联合、浙江时代占据国内院线前十地位，成为我国院线市场商业化运作的主导力量。

**（四）　电影衍生品**

电影衍生品是指根据电影本身或电影内容衍生出的产品，包括各类服饰、玩具、日用产品、音像制品、海报、游戏甚至主题公园等。此类产品主要依托的是电影上映所带来的知名度和影响力，往往能够在短时间内获得巨大的利润收入。电影衍生品是电影行业主要收入来源之一，又称为"后电影市场"。衍生品是电影背后的巨大金矿，在成熟的国际电影市场，衍生品才是电影产业营收的主要来源。以美国市场为例，电影票房仅占营收的 30%，而衍生品占到 70%。美国迪士尼影视作品可有四轮收入：第一轮是票房；

第二轮是光碟、图书；第三轮是主题公园；第四轮才是品牌授权和周边产品。

近年来，随着电影市场的成熟，电影衍生品市场快速发展，阿里影业、万达影视等业界龙头纷纷布局衍生品市场，电影衍生品业务风生水起。动画电影《西游记之大圣归来》推出衍生品首日，销售收入就突破了 1180 万元；《流浪地球》曾创下国产电影衍生品众筹最高纪录，其预售总额达到了 1452 万元。动画电影《哪吒之魔童降世》在七夕当天上线的官方授权手办众筹项目，仅 3小时销售额就突破百万。在国内衍生品开发行业，"罗小黑"就是获得成功的长线电影 IP 的代表之一。与推出"爆款"衍生品后就销声匿迹的众多国产电影不同，"罗小黑"系列衍生品稳扎稳打，走出了打造系列品牌的经营路线。2011 年《罗小黑战记》动画上线，其衍生品开发商梦之城在表情包、衍生品等领域进行了一系列的 IP 开发，覆盖了包括漫画、服饰、日常用品、盲盒等产品类型。2019 年，《罗小黑战记》电影版上映，"罗小黑"品牌影响力进一步扩大，并且推动电影衍生品及此前出品的众多系列衍生品热卖。不断打造和推出衍生品的过程，使"罗小黑"IP 具有持续的生命力，"罗小黑"也为国产电影打造有影响力的系列品牌作出了有益探索①。但对比世界电影市场，中国电影衍生品市场仍处于初级阶段。

## 三、电影市场的政府监管与引导

中国的电影市场体现出较强的政府主导特色。政府主要通过制定文化政策，鼓励生产原创精品，促进电影市场良性发展，更好地满足消费者多元化的精神文化需求。改革开放以来，中国电影经历了生产单位转企改制、院线制改革、放宽民营资本、推动融资上市、推动"互联网＋"融合等重大改革，政府对电影市场的发展从"干预者""控制者"向"推动者""服务者"角色逐渐转变，在放松电影行业监管的同时，逐步形成了政府宏观监管、市场自觉主导的有序发展格局，详见表 5 - 3。

---

① 姚亚奇. 电影衍生品，文创"富矿"如何挖掘［N］. 光明日报，2019 - 11 - 03（5）.

表 5 - 3　　　　　　　　　　　　重要电影政策文件一览表

| 时间 | 发文单位 | 文件名称 | 重大内容 |
|---|---|---|---|
| 1979 年 8 月 | 国务院 | 《关于改革电影发行放映管理体制的请示报告》 | 增加发行事业生产基金 |
| 1984 年 10 月 | 中共中央 | 《中共中央关于经济体制改革的决定》 | 将电影业规定为企业性质，自负盈亏，独立核算 |
| 1993 年 1 月 | 广播电影电视部 | 《关于当前深化电影行业机制改革的若干意见》 | 国产故事片由中影公司统一发行改由各制片单位直接与地方发行单位见面；电影票价要原则上放开，具体由各地政府掌握 |
| 1994 年 8 月 | 广播电影电视部 | 《关于进一步深化电影行业机制改革的通知》 | 从 1995 年 1 月起，各制片厂的影片（著作权）发行权拥有单位，可以直接向北京等 21 家省市的各级发行、放映单位发行自己的影片；自 1995 年起，由中影公司每年以国际通行的分账发行方式进口十部"好电影" |
| 1996 年 5 月 | 国务院 | 《电影管理条例》 | 促进电影走向依法行政 |
| 2000 年 6 月 | 国家广播电视总局、文化部 | 《关于进一步深化电影业改革的若干意见》 | 组建电影集团，实现股份制改革，促使制片、发行、放映一体化 |
| 2001 年 12 月 | 国家广播电视总局、文化部 | 《关于改革电影发行放映机制的实施细则（试行）》 | 组建中影集团影片进出口公司；实行以院线为主的发行放映机制，减少发行层次，改变按行政区域计划供片模式，变单一的多层次发行为以院线为主的一级发行，发行公司和制片单位直接向院线公司供片 |
| 2002 年 2 月 | 国务院 | 《电影管理条例》 | 经批准的民营公司可独立开展中外合拍片业务；民营公司连续以单片许可证拍摄两部影片后，可独立成立电影制片公司；允许企业、事业单位、个人投资建设和改造电影院，允许以中外合资或者中外合作方式建设、改造电影院 |

| 时间 | 发文单位 | 文件名称 | 重大内容 |
|---|---|---|---|
| 2004 年 1 月 | 国家广播电视总局 | 《关于加快电影产业发展的若干意见》 | 加快国有电影单位转制,积极推进股份制;鼓励电影企业组建以资本为纽带的跨地域、跨行业、跨所有制经营的大型电影集团;运用数字化、网络化、信息化技术对电影原创品、复制品、衍生品和形象产品进行多媒体传播,多层次开发,多渠道营销;大力实施电影"走出去"工程;等等 |
| 2007 年 9 月 | 国家广播电视总局 | 《关于进一步加强广播影视节目版权保护工作的通知》 | 强化知识产权保护 |
| 2010 年 1 月 | 国务院 | 《国务院办公厅关于促进电影产业繁荣发展的指导意见》 | 大力实施精品战略,努力多出优秀作品;加快推进国有电影事业单位转企制和公司制、股份制改造;进一步深化院线制改革,大力发展跨区域规模院线、特色院线和数字院线等 |
| 2014 年 5 月 | 财政部、国家发改委、国家广播电视总局等 | 《关于支持电影发展若干经济政策的通知》 | 加大电影精品专项资金支持力度;在文化产业发展专项资金中,专门安排资金支持电影产业发展;对电影产业实行税收优惠政策等 |
| 2017 年 3 月 | 主席令 | 《中华人民共和国电影产业促进法》 | 首次以法律形式对电影产业的规范和发展作出规定。减少审批项目、降低准入门槛;简化审批程序、规范审查标准、坚持放管结合、加强后续监管 |
| 2018 年 12 月 | 国家电影局 | 《关于加快电影院建设促进电影市场繁荣发展的意见》 | 加快电影院建设发展,深化电影院线制改革,加快特色院线发展 |
| 2020 年 11 月 | 主席令 | 《中华人民共和国著作权法(2020 修正)》 | 加大原创保护力度,并规定了电影作品版权归属的细节,为电影创作提供了法律保障 |
| 2021 年 8 月 | 中央网信办秘书局 | 《关于进一步加强"饭圈"乱象治理的通知》 | 提出了取消明星艺人榜单、优化调整排行规则、严管明星经纪公司、规范粉丝群体账号、严禁呈现互撕信息、清理违规群组版块、不得诱导粉丝消费、强化节目设置管理、严控未成年人参与、规范应援集资行为十项具体工作措施 |

续表

| 时间 | 发文单位 | 文件名称 | 重大内容 |
|------|----------|----------|----------|
| 2021 年 11 月 | 国家电影局 | 《"十四五"中国电影发展规划》 | 锚定 2035 年建成文化强国的目标，以推动中国电影高质量发展为主题，以创作生产优秀电影作品为中心环节，以满足人民美好精神文化生活需要为根本目标，大力繁荣电影创作生产、建设高水平电影市场体系、发展壮大市场主体、加快电影科技创新、升级电影公共服务、提升国际影响力、加强人才队伍建设、提高管理服务水平，为全面建设电影强国奠定坚实基础 |

资料来源：笔者据网络公开数据整理。

从电影产业相关政策的频繁制定到常规化补充完善，再到《电影产业促进法》的出台，电影政策涵盖了产业发展规划、市场监管、市场准入、院线建设、影院资助等全方位、各环节，既改善了电影投融资、生产制作、发行放映环境，也为影院建设、院线拓展及技术升级提供了资金扶持①。除国家层面的政策之外，各省区市也都出台了相应的配套政策，尤其是东南沿海地区，政策支持力度大，推动了行业快速发展。近些年中国电影市场的迅速崛起，与行业政策密切相关。可以说，政府的引导与规范主导了中国电影市场发展变迁的大趋势。未来，随着电影市场在文化市场结构中的比重越来越大，增强行业自律与自治，充分调动市场本身活力，是政府引导的一个重点。

## 四、对我国电影市场的综合评述

### （一）从发展态势来看

目前，国家出台了一系列扩大内需的政策措施，全社会文化消费水平大幅提升，外部资本充裕且投资电影的意愿较强，为电影产业发展提供了广阔空间。首先，我国将持续向电影强国迈进。虽然新冠肺炎疫情打乱了中国电影的

---

① 饶曙光，李国聪. 文化体制改革与中国电影的产业化之路 [J]. 电影理论研究（创刊号），2019（11）：62 - 70.

前进步伐，但电影市场整体复苏较快，包括《"十四五"中国电影发展规划》在内的一系列政策措施，为中国电影市场的快速崛起提供了环境和制度支持。随着技术不断进步和对电影精品创作的日趋关注，未来中国电影产业若能及时抓住电影技术创新、内容精品打造、分众与衍生消费趋势、智慧影院建设等机遇，定会乘势而上，加速实现电影强国之梦。其次，网络电影将会日趋成熟。网络电影一般都是团队组建拍摄，以互联网为首发平台的电影，一般投资较小、选题比较灵活。网络电影近些年发展相当迅速，2020 年全网上线网络电影 746 部，票房破千万元的数量达到 79 部；2021 年全网上线网络电影 540 部，票房破千万元的数量达到 62 部。类型也相当多元，奇幻、冒险、动作、主旋律、喜剧、魔幻、玄幻等都有尝试①。最后，电影出海前景可观。相对于近年来国内影片产量、票房总数、院线建设等硬指标不断攀升的趋势，中国电影的海外发行步伐并不快。中国电影基金会理事长张丕民指出，中国电影走出去是实现电影强国梦的必然之路。"强国的最大衡量指标就是国产电影在国际市场的占有率和影响力，这是个硬指标，你在国内做得再大，到国际市场没有影响力，也不能说是强国②。"在国际市场讲好中国故事，是中国电影业的重要使命。在国家宏观政策指导和电影人的努力之下，中国电影走出去的道路长远、前景可期。

**（二）从短板突破来看**

新冠肺炎疫情之前，中国已是全球第二大电影市场，银幕数量、观影人次均位居世界第一。2020 年，中国首次超过北美成为全球第一大电影市场，2021 年总票房继续保持全球第一，保持了较为良好的发展势头。但也要清醒认识到，在电影产业收益、产业链完善度等方面，我国电影产业与世界电影强国仍有明显差距。从电影大国迈向电影强国，中国还有很长的路要走。一是内容质量仍需要继续提升。质量是决定票房走势的关键因素，内容创作不仅要从历史大方向寻找小切口，还要回归大众日常生活，挖掘美好生活和大众精神的

---

① 陈旭光，张明浩. 2021 中国电影年度产业报告 [J]. 中国电影市场，2022（2）：4–16.

② 央广网. 中国电影走出去：讲好中国故事 掌握自己的优质 IP [EB/OL]. http：//news. cnr. cn/dj/20180619/t20180619_524275012. shtml.

内核。当前电影内容更多的是商业化电影和精英式内容，那些具有深刻意义但因经济、地域等问题未发现的内容还有很大挖掘空间，如何在商业性和艺术性之间找到更好的平衡，是电影市场需要进一步探索的课题。二是电影工业化仍需持续推进。目前，国内电影尚缺乏成体系的生产能力，无法在保证数量的基础上实现电影质量的飞跃，优质电影供给还存在巨大缺口，需要全行业全链条不断磨合，加深融合，实现更多的突破。三是市场营销仍需不断创新。面对新冠肺炎疫情等带来的挑战，很多影院通过提高票价来弥补损失，实际上却损害了成长中的电影市场，高票价阻挡了人们进入影院观影的热情。影院和院线需要通过复合手段进行营销。电影宣发也应主动变革创新模式，着重在正片片段、短视频等方面发力，通过参加综艺、上直播间等，扩增传播渠道和传播角度。

## 第三节　电视剧市场

从 1958 年 6 月我国第一部电视剧与观众见面以来，国产电视剧已经走过了风风雨雨的 60 多年。60 多年来，中国电视剧从无到有，从蹒跚学步到快速发展，已经成为影响最大、覆盖最广、受众最多的文化形态，成为文化领域最具活力的中坚产业，成为向世界传播中国声音、阐发中国精神、展现中国风貌的重要载体。本章在对我国电视剧市场发展历程梳理基础上，分析我国电视剧产业链构成和盈利模式，并对新冠肺炎疫情期间我国电视剧行业发展特点进行分析。

### 一、中国电视剧市场发展历程

#### （一）第一阶段：20 世纪六七十年代，破冰与蹒跚学步

1958 年 5 月 1 日，北京电视台的开播标志着中国电视事业开始了。1958 年 6 月 15 日，北京电视台播出的家庭伦理剧《一口菜饼子》，成为中国第一部电视剧。此后几年诞生了《桃园女儿嫁窝谷》（1961 年）、《绿林行》（1962

年)、《焦裕禄》（1966 年）等剧。1978 年 5 月，由许欢子和蔡晓晴导演的《三亲家》播出，这是这一时期录制的第一部彩色电视剧，成为中国电视剧发展的标志性作用[①]。

总体来说，这一时期的电视剧大多以宣传作用为主，几乎没有太大的娱乐性。并且，由于受到电视技术与创作等方面的限制，我国的电视剧的发展较为落后。改革开放以后，随着国家的路线、方针、政策的确立，我国电视剧的发展逐渐起步。

### （二）第二阶段：20 世纪 80 年代，诞生经典的年代

改革开放以来，看电视逐渐成为人们新兴的精神消费。这一时期涌现出许多至今都难以逾越的经典电视剧作用。1981 年，王扶林导演的《敌营十八年》在春节期间播出，掀起巨大反响。1983 年，政府开始实施"四级办电视"的改革政策。这项政策在将电视普及到县城以下行政区域中发挥了重要作用，同时也促进了电视系统的商业化。此后，中国电视剧正式从停滞期大踏步出来，迈向成长期。

1983 年，《霍元甲》作为在内地播放的第一部香港电视剧，播出时盛况空前，也引发了内地的功夫热潮。1985 年，《上海滩》一经播出便红遍全国，该剧主题曲也成为几十年来粤语流行歌曲的经典。同年，中国第一部长篇电视连续剧《四世同堂》播出，因其深刻的思想性和高度的文学性引起强烈反响，成为当时社会舆论的中心话题。

这一时期，经典作品的拍摄也拉开了帷幕。1986 年，中国第一部采用特技拍摄的电视剧《西游记》播出，获得了极高评价，造就了 89.4% 的收视率神话。这版《西游记》至今仍是寒暑假被重播最多的电视剧，重播次数超过 3000 次。1986 年，上海电视台制作的电视连续剧《济公》应运而生，每晚家家窗户里传出的都是"鞋儿破，帽儿破，身上的袈裟破"的主题歌。1987 年春节期间，36 集大型古装电视连续剧《红楼梦》第一次以日播的形式在中央电视台播出，创下国内最高收视率纪录，造就了中国电视剧史上"难以逾越

---

① 刘源隆 . 60 年中国电视的"第一次"[J]. 小康，2018（31）：80 - 83.

的经典"①。

这一时期，得益于改革开放的红利，我国电视剧的创作与播出都比之前有了大幅度的提升，老百姓的精神文化生活也得到了较大的提高。但这一时期电视剧的制作经费主要来自国家计划拨款，广告经费和企业赞助相对较少。此时电视剧参与市场的积极性还十分有限，主要满足电视台的播出需求。广告与电视剧的结合仅仅在电视剧的播出环节，电视剧产业的产业链环节较少并且断裂②。

### （三）第三阶段：20 世纪 90 年代～2000 年，跨入黄金时代

20 世纪 90 年代以后，电视剧逐渐成为电视台工作的重心。这一时期，电视剧题材开始多样化，商业化程度也开始提高，以满足不同观众的需求，古装剧、武侠剧、红色经典、公安题材、反腐题材、都市家庭剧、青春偶像剧陆续出现。

《渴望》是于 1990 年出品的 50 集电视连续剧，它作为中国第一部大型室内电视连续剧，在中央电视台播出。该剧开创性地以写实的视角直面那个社会动荡、是非颠倒的年代。这部剧开创了真正意义上的中国长篇电视情节剧的历史，也成了当时的"现象级"剧作。自《渴望》之后，国内陆续出现了《爱你没商量》《皇城根儿》《京都纪事》《我爱我家》《东边日出西边雨》《英雄无悔》《儿女情长》等一系经典剧目。

此外，1990 年出品的古装神话历史剧《封神榜》在服装、神怪造型上都给人耳目一新的感觉，成为神话剧的经典。

在喜剧方面，1991 年上映的 25 集电视连续剧《编辑部的故事》以调侃、幽默、讽刺、戏谑，开电视系列片之先河，成为我国第一部电视系列喜剧。1994 年，第一部情景喜剧《我爱我家》开播，成为日后情景喜剧的标杆。

在历史题材电视剧中，《水浒传》《三国演义》《宰相刘罗锅》等剧给观众留下深刻印象。同时期，香港和台湾也输送了十分多优秀的电视作品。例如《新白娘子传奇》《神雕侠侣》等。这一时期的港台电视剧比较风格化，如香

---

① 刘源隆. 60 年中国电视的"第一次"［J］. 小康，2018（31）：80 - 83.

② 李岚，罗艳. 我国电视剧产业三十年改革发展与未来趋向［J］. 电视研究，2008（12）：62 - 64.

港 TVB 以商战、警匪、武侠为主，台湾以琼瑶式言情剧为主。

在 2000 年前后，清宫戏《还珠格格》播出，轰动亚洲，一时间万人空巷，并打破中国电视剧收视纪录，《还珠格格》第一部全国平均收视率达47%，最高为 62.8%。

这一时期，电视剧产业链开始形成。投资商、生产商、电视台、广告商等各主体相互配合，完善电视剧产业链。这一时期，由社会赞助电视剧拍摄，通过鸣谢、广告等形式来回报赞助方成了替代以往国家政府部门提供资金拍摄电视剧的主要方式。广告与电视剧的捆绑播出，也成为电视剧商业化运作的新路径。

### （四）第四阶段：21 世纪初，国产电视剧拿下多个世界第一

进入 21 世纪以后，我国电视剧创作艺术日趋成熟，大众文化的趣味性和艺术作品的专业性开始相互融合，造就了中国电视剧多元创造的新格局。

2002 年，党的十六大召开，文化产业被政府明确纳入国家发展的宏观战略格局，电视剧产业作为文化产业的重要组成部分，获得了快速发展的契机。在 2003 年 12 月 30 日，国家广播电视总局颁布了《关于促进广播影视产业发展的意见》；2004 年 8 月 20 日，国家广播电视总局颁布了《广播电视节目制作经营管理规定》；2003 ~ 2004 年，国家广播电视总局先后给国内 24 家有实力的民营影视制作机构发放了长期的《电视剧制作许可证（甲种）》；2005 年8 月 8 日，再次出台《国务院关于非公有制资本进入文化产业的若干规定》等一系列政策，加速了电视剧产业发展。2006 年，原先的"电视剧题材规划立项审批"制度取消，实行"电视剧拍摄制作备案公示管理"办法。这一系列措施使市场机制更加深入地参与电视剧市场资源的配置，进一步改善了电视剧产业的市场环境①。

这一时期，两台合并、电视集团、制播分离、民营电视、数字电视、付费频道、上星落地等成为 21 世纪电视业的众多关键词②。其中，民营电视剧制

---

① 李岚，罗艳. 我国电视剧产业三十年改革发展与未来趋向 [J]. 电视研究, 2008 (12)：62 – 64.
② 温静，赵静. 复盘 60 年来中国电视剧发展史 [EB/OL]. 传媒内参，https://www.sohu.com/a/240641980_351788, 2018 – 07 – 11/2022 – 12 – 07.

作公司正是在这样的环境中应运而生的。它打破了中国电视剧制作行业单一化的格局，在电视剧制作领域，形成了国家队、地方队、民营队三足鼎立的局面。我国的民营电视剧制作公司的发展最早是和国家传媒机构的改革与发展紧密相连的。早在 20 世纪 80 年代中期至 90 年代初期，国内一些地区便已经出现了一批以拍摄电视剧为主业的影视制作公司，这些公司堪称我国民营电视剧制作公司的先行者。

在作品上，2002 年一部《激情燃烧的岁月》引发国人对峥嵘岁月的集体回忆。2005 年，《亮剑》引爆一批军旅剧热。两年后，一部几乎没有任何知名演员主演的《士兵突击》又从一堆军旅类型剧中脱颖而出，开创了一种全新的现实主义军旅剧审美。与此同时，曾经的家庭伦理剧也不断探索新的话题，如《金婚》《媳妇的美好时代》等。2006 年起，《乡村爱情》系列剧，通过几对年轻人的爱情生活、创业故事，多角度展现了一幅当代农村青年的爱情生活画卷①。2007 年，《奋斗》火遍全国，剧中倔强骄傲、成熟独立的夏琳一角成为新一代女性的代表。此后，2008 年的《闯关东》与 2009 年的《潜伏》都从不同题材中找到了独特的支点，让这种充满年代感的剧目，拉近了与观众的距离。

这段时期，我国的电视剧产业发展进入快车道。2003 年我国电视剧突破了万集大关，电视剧生产达到了四五百部。在两三年之后，这一数字就上升到了 15000 集，并持续了十多年。2007 年，中国电视剧更是拿下了生产数量世界第一、播出数量世界第一、观众数量世界第一三个世界第一。在改革开放还不到 40 年的时间里，我国已经在制作量、播出量、收视人群等几个指标上都处于世界领先水平，成为名副其实的电视剧大国②。

### （五）第五阶段：网生时代，自制剧元年到超级剧集元年

随着电视剧市场的发展，原本的"一剧四星"政策改为"一剧两星"，视

---

① 李君娜. 中国电视剧深入现实一甲子 从不缺直抵人心好作品［EB/OL］. 人民网. http://media. people. com. cn/n1/2018/0613/c40606 - 30053696. html，2018 - 06 - 13/2022 - 12 - 07.

② 数据来源于《中国电视指南》杂志记者对中国广播影视出版社社长王卫平的采访。对应文章来源：《复盘60年来中国电视剧发展史》，传媒内参，2018 - 07 - 11，https://www. sohu. com/a/240641980_351788.

频网站也开始越来越多地影响传统的电视媒体。对于一部电视剧，收视率已经不是唯一的评价标准，视频平台的流量和反馈也占了极大比重。

2014年，视频网站纷纷打出"网络自制剧元年"的称号，全网共205部，共2918集上线，点击量超百万。从播放量来看，TOP10网剧达50亿次，整个网络剧播放预计超百万。2015年是网剧蓬勃发展的一年，众多传统影视制作人和大量资本涌入网剧市场，各大视频网站纷纷投拍，网剧市场一时间被推向资本的风口浪尖。

互联网时代，IP大战如火如荼，内容的话题度和受众度被提到空前的高度，年度十大受欢迎网剧几乎都是根据网文小说改编而来。例如，《甄嬛传》《芈月传》《琅琊榜》《锦绣未央》《遇见王沥川》《花千骨》《择天记》《三生三世十里桃花》《楚乔传》等为电视剧的题材和表达方式增加了多样性。当这些IP剧放大了示范效应后，IP也随之"瓜分殆尽"，但原创力依然裹足不前，"二次元"就是在这种情况下进入了大众视野。因此，我们看到了悬疑与玄幻、"烧脑"的混搭，事实上，网剧的受众在这一年被培养起来①。

随着越来越多的资金、人才、技术，乃至广告主从传统电视剧制作行业涌向网剧领域，网剧开始摆脱粗制滥造的形象，逐渐开始向精品化方向发展。与此同时，国家也加强了对网络剧的监管。2016年1月，《太子妃升职记》《心理罪》《盗墓笔记》等六部大热网剧被强制下线，同年2月，国家广播电视总局表态将加强对于网剧和网络自制节目的监管，并提出线上线下统一标准等一系列规定，对网络剧制作机构的管理要求进一步提高。这也从侧面反映出未来精品化内容将成为发展趋势。

未来，优质头部资源仍是IP全产业链的价值源头，IP运营也将成为IP内容的比拼。凭借原创IP的潜在价值，在文学、动漫、游戏、电商等IP全产业链条发力，以此满足用户多类型的文化需求。以IP为核心的商业化运作将刺激全产业链条的加速成型和完善。一方面，来自文化市场的刚性需求初步建立起完整的产业链条。另一方面，IP内容也在不断地培养受众群体的娱乐消费

---

① 温静，赵静. 复盘60年来中国电视剧发展史 [EB/OL]. 传媒内参，https://www.sohu.com/a/240641980_351788，2018-07-11/2022-12-07.

习惯，更多人性化、创意强的衍生周边产品形成了线上与线下的联动互补。

目前来看，IP 仍然是电视剧行业的重头戏，四大一线卫视和视频网站都准备了大量 IP 内容。据不完全统计，2018 年，六大视频网站（优酷土豆、爱奇艺、腾讯、乐视、搜狐、芒果）公布的自制剧（含网剧）共 145 部，其中 IP 剧共 97 部，原创剧 48 部。相比 2017 年，六大视频网站 IP 剧数量全部超过自制剧。如果说 2014 年视频网站开启了网剧的"元年"，那么，2018 年就是超级剧集的"元年"①。不过，"IP 虚火过旺，市场正在回归理性"，这句老生常谈的话放在现今依然未变。

**（六）第六阶段：当下，聚焦现实**

除了 IP 热潮，现实主义题材剧也是这一时期的亮点。其实，从 2010 年之后，国产电视剧就已经迎来了现实主义题材的小高峰。如表现中国社会城乡改革大潮的《浮沉》《马向阳下乡记》《温州一家人》《平凡的世界》《温州两家人》等作品，在业内人士看来，一方面，政策的大力引导推动了现实题材影视剧创作的繁荣；另一方面，现实主义作品背后温暖人心的力量是其井喷的根本原因。

2017 年以来，现实题材剧又迎来新的生机，《人民的名义》《鸡毛飞上天》《北京人在北京》《白鹿原》《破冰行动》等成为新时代现实题材电视剧的代表。

如果说《人民的名义》是在重大社会政治话题与当下群众关切上让现实题材重回荧屏热点，那么，《鸡毛飞上天》这部描写改革开放历史进程与人生奋斗故事的电视剧则体现了现实题材作品在表达时代变迁与当下关切的结合上，显示了更大的时空维度与艺术容量。除了《人民的名义》《鸡毛飞上天》的上佳表现外，还有《我的前半生》《欢乐颂 2》《情满四合院》《生逢灿烂的日子》《急诊科医生》等话题之作或口碑之作。

在感慨现实题材剧获得突破的同时，我们也看到现实主义题材电视剧尚存的不足。如一些年代剧年代感不足，讲述的是当下的故事；一些行业剧专业性

---

① 温静，赵静. 复盘 60 年来中国电视剧发展史［EB/OL］. 传媒内参，https：//www.sohu.com/a/240641980_351788，2018 – 07 – 11/2022 – 12 – 07.

不足，行业的外衣下是言情的内核；一些都市情感剧贩卖的依旧是陈腐的价值观等。改革开放40多年来，现实题材一直是电视剧创作的重镇。几代影视人在现实主义指引下创作一批批经典作品，那些由生活提纯的韵味、诗意和思想成为一代代观众的文化食粮。新时代赋予现实主义强大的生命力，赋予现实题材辽阔的生长空间。真情书写新时代的中国故事，形塑时代的主流价值观，是影视行业理应承担的使命与担当[1]。

## 二、电视剧产业链构成

电视剧产业链[2]可以分为上游的影视制作机构与下游的播出平台两大类。随着电视剧产业的发展，电视剧制作机构与播出平台都从单一走向多元化。

### （一）上游：制作出品机构

电视剧的制作机构最初只由广电系统内部的力量构成，随着改革开放与市场经济的推进，民营资本进入电视剧行业，拓展了电视剧制作机构的主体。就目前来看，电视剧制作出品机构大致可以分为三类。

第一类，以中央电视台、山东影视制作股份有限公司、芒果影视等为代表的媒体机构和国有企业。

第二类，发展很快的民营制作公司，如像华策、新媒诚品、五元文化等。除了传统的几大民营制作公司外，也出现了一些新兴的制作公司。而这些公司很多都和网络剧、网络电影有关系，这些新公司正借助于新平台不断涌现。

第三类，以腾讯影业、爱奇艺、优酷土豆为代表的互联网视频平台，参与了越来越多的主控、主投、独播产品，成为行业内重要的出品方。

---

① 温静，赵静. 复盘60年来中国电视剧发展史 [EB/OL]. 传媒内参，https://www.sohu.com/a/240641980_351788，2018 - 07 - 11/2022 - 12 - 07.

② 数据来源：前瞻研究院. 一文了解中国电视剧行业产业链上下游发展现状 新媒体平台成为行业发展新动能 [EB/OL]. https://www.qianzhan.com/analyst/detail/220/191118 - a22849da.html. 2019 - 11 - 19/2020 - 12 - 05，https://baijiahao.baidu.com/s? id = 1650592944205329266&wfr = spider&for = pc.

根据 2019 年 7 月国家广播电视总局发布的《总局办公厅关于 2019 - 2021 年度全国〈电视剧制作许可证（甲种）〉机构情况的通告》的数据，如图 5 - 3 所示，2019~2021 年全国拥有电视剧制作许可证（甲种）机构仅有 73 家，相较 2017 年度、2018 年度全国电视剧制作许可证（甲种）名单中的 113 家机构减少 40 家。可以看出，在经历过 2018 年的"洗牌期"后，"精品化"已经成为影视行业发展的趋势。

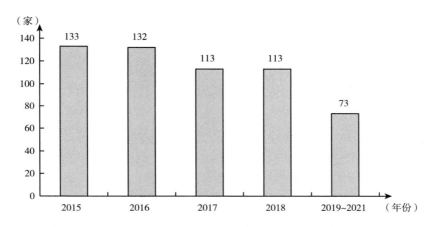

**图 5 - 3　2015~2021 年度中国电视剧制作甲种机构数量变化**

资料来源：笔者根据国家广播电视总局发布的数据整理。

**（二）下游：播出发行平台**

目前，电视台、视频网站是电视剧的主要播出平台。

根据国家广播电视总局数据显示，截至 2016 年底，全国共批准设立电视台 187 座，广播电视台 2269 座，教育电视台 42 座。其中，国家级电视台有中央电视台和中国教育电视台，每个省、自治区、直辖市，每个地级及以上城市至少有一座电视台或广播电视台；2018 年广播电台、电视台、广播电视台等播出机构共 2647 家，随着其他媒体的持续影响，2020 年我国电视台数量略有下降，如图 5 - 4 所示。

当前，我国互联网行业迎来繁荣时期，中国互联网络信息中心发布的《第 49 次中国互联网络发展状况统计报告》显示，截至 2021 年 12 月，我国网

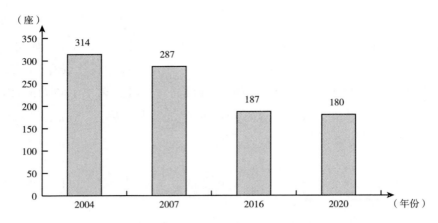

**图 5 - 4　2004 ~ 2020 年中国电视台数量变化**

资料来源：笔者根据国家广播电视总局发布的数据整理。

络视频（含短视频）规模达 9. 75 亿，占整体网民比例的 94. 5%①。精品短剧与付费观看成为网络剧发展的趋势。各大平台开始布局短剧、竖屏剧、互动剧等创新形态剧集，拓展了电视剧形态与用户规模。

此外，音像制品也是电视剧的发行渠道之一。根据国家新闻出版署的数据显示，2013 ~ 2018 年，我国音像制品的营业收入呈现波动增长态势。其中，2018 年，音像制品出版实现营业收入 30. 1 亿元，增长 6. 1%；利润总额 3. 7 亿元，增长 3. 9%②。

综上所述，现阶段，我国电视剧产业制作端已经开始由增量向增质方向转变，精品化成为今后发展的主要趋势。而在下游播出发行端中，传统的电视台和音像市场在互联网的冲击下，市场已经出现逐渐下滑态势；而近几年发展的视频网站利用其快捷、便利以及灵活性，吸引了影视制作公司以及视频用户的青睐，其市场规模快速增长。未来，随着网络平台对排播模式的整改，电视台将和网络平台深入融合发展，进行更加有效的流量互通，共同促进我国电视剧产业健康发展。

---

① 中国互联网络信息中心. 第 49 次中国互联网络发展状况统计报告 ［R］. 2022 - 02.

② 人民网. 2018 年新闻出版产业分析报告（摘要版）［EB/OL］. http：// media. people. com. cn/ n1/2019/0828/c14677 - 31323062. html，2019 - 08 - 28/2022 - 04 - 13.

## 三、电视剧产业盈利模式

目前，我国电视剧的盈利模式主要包括版权销售、广告和衍生产品开发等方面。

### （一）版权销售

版权销售一直是电视剧制片方最重要的盈利模式，主要包括电视播出版权、新媒体播出版权以及海外版权。

2015 年以后，我国根据电视剧产业发展现状与趋势，将原先的"一剧四星"变为"一剧两星"，优化电视剧在电视台中的资源配置，规范电视剧播出市场的有序竞争关系。

以往的电视剧主要将播出版权售卖给各级电视台。随着互联网的发展，视频网站逐渐成为电视剧新的拓展市场。而随着文化走出去战略的推进，一批优秀的电视剧也将播出版权售卖给海外播出机构，进一步拓展了电视剧的播出市场。

### （二）广告

电视剧播出平台对于电视剧的盈利模式则主要依靠广告收入，包括植入广告与广告分成。

植入广告是指将广告内容巧妙地植入进电视剧剧情内容之中的广告。成功的广告植入可以在一定程度上帮助制片方降低投资风险、拓展盈利空间。目前，电视剧植入广告的现象较为普遍。

后期广告分成也是国际上拓展电视剧盈利模式的一种方法。制作精良的电视剧，制片方可以考虑与电视台协商，根据播放之后的广告效益实行风险共担、利润分成的模式。广告分成的比例需要制片方与电视台签订详细的合同，可以参照节目广告招商的情况制定灵活多变的分成方式①。

---

① 宋培义，刘丹丹. 基于盈利模式视角的中国电视剧产业发展策略［J］. 中国电视，2015（1）：100－103.

### （三）衍生产品开发

电视剧作为文化产业，其衍生品成为版权与广告之外的新的盈利模式。电视剧衍生品开发是指以电视剧内容为基础的其他产品形式的开发，如书籍、音像和电子制品、影视拍摄基地、旅游、文艺娱乐、餐饮以及服装等。开发衍生品可以极大地拓展电视剧的盈利空间，实现盈利模式多元化①。

## 四、新冠肺炎疫情期间电视剧行业特点

新冠肺炎疫情之下，影视行业确实遇到了困难。各影视企业做了很多自救工作。如因为新冠肺炎疫情必须暂停影视剧的拍摄，虽然曾有 6000 多人滞留横店，横店却做好防护，保障全部滞留人员均未感染新冠肺炎。实际上，新冠肺炎疫情之下，影视企业不倒闭、不关门，储蓄力量准备精品就是对抗击新冠肺炎疫情的贡献，留得青山在不愁没柴烧。

与此同时，国家广播电视总局以及多个省市，像北京、上海、江苏、浙江等都出台了很多政策，稳定企业经营，帮助影视企业渡过难关。尤其是北京，北京影视企业比较多，出台了一系列的帮扶政策：从行政审批的简化，到减轻企业负担，并且加大财税政策方面的支持等，形成了配套的扶持帮助体系。

现在整体上影视企业复工复产正在稳定进行。各个影视基地也在为复工复产做积极准备，出台了很多优惠措施：如青岛东方影免除园区停工剧组的租金；横店影视城免除摄影棚费，酒店住宿费减半，并为当地影视工作人员发放补贴；象山影视城出台相关的费用减免措施等。可以说，守望相助、共渡难关，是整个行业的共识②。

虽然产业遭遇困难，但电视和网络剧的收视可喜，国产电视剧总体收视率同比增幅显著。2019 年电视剧收视率没有破 2% 的剧集，但 2020 年以来，《安

① 宋培义，刘丹丹. 基于盈利模式视角的中国电视剧产业发展策略 [J]. 中国电视，2015（1）：100 – 103.

② 刁基诺. 中国电视/网络剧发展报告 2020 [EB/OL]. https：// new. qq. com/rain/a/20200426 A0QA6P00，2020 – 04 – 26/2022 – 12 – 07.

家》《我在北京等你》《决胜法庭》《完美关系》《下一站幸福》《新世界》等电视剧在单一电视频道的收视率均突破2%，这说明观众对电视剧集的需求依然很大，优秀作品会得到越来越多观众的认可。

新冠肺炎疫情期间，网络剧的供应数量虽然没有提升，但网络剧的有效播放量攀升明显，与2019年同期相比，增长率高达58%。2020年1~3月，全网连续剧累计有效播放达1457亿次，比2019年同期增长9%[①]。新冠肺炎疫情的出现，使观众对电视和网络剧的需求更加强烈。

## 五、综合述评

经过改革开放40多年的发展，我国已经成为电视剧大国。随着社会主要矛盾的变化，人民对电视剧的质量要求也在不断提高，从一般的娱乐消费向更高层次的精神消费是电视剧行业今后的重要发展方向。总体来看，我国电视剧市场具有以下主要特征。

### （一）电视剧行业受政策影响较大

我国电视剧行业从成长到发展都烙印着国家的发展政策。从立项审批到备案公示，从一剧四星到一剧两星，从"限娱"到"限古"到"限酬"，电视剧市场的发展一直受到政策的监管。这一方面体现出我国电视剧市场在发展过程中有诸多需要完善的地方，另一方面也体现出，电视剧作为大众传媒领域的精神文化产品，其广泛的受众面与影响力，需要受到意识形态与价值传播主管部门的监管与规范。

### （二）电视剧市场受媒体技术发展的影响较大

改革开放以来，广电传媒行业发展迅速，对电视剧行业的发展也具有重要

---

① 数据来源于首都影视发展智库、首都广播电视节目制作业协会、清华大学中国文艺评论基地、CC-Smart新传智库于2020年4月26日中国电视剧发展论坛线上会议发布的《中国电视/网络剧产业报告（2020）》，首席专家：尹鸿，主编：司诺。https：//www.sohu.com/a/407191273_100236281，2020 - 07 - 12/2022 - 04 - 13.

影响。我国电视从最初的黑白向彩色转变、从模拟电视向数字电视转变、从电视端向网络端发展等，都是传媒技术的发展对电视剧行业的深刻影响。

### （三）电视剧类型多元，题材内容受时代发展影响明显

随着时代的发展，我国电视剧的类型也日益多元化，重大题材、现实题材、年代剧、古装剧、神话剧、都市情感、家庭伦理等类型层出不穷。这在一定程度上说明了我国电视观众精神文化需求的多元化。此外，电视剧题材类型与时代发展与观众审美需求密切相关。当前众多历史时节点交汇期，重大题材、现实题材电视剧受到广泛欢迎。这说明，电视剧作为最为接近百姓生活的电视娱乐产品，集中反映了当下观众所喜爱的审美类型与价值品味。

### （四）精品化成为今后电视剧生产的主要方向

随着我国社会主要矛盾的变化，人民对精神文化生活要求也在不断提高，精品化成为我国电视剧产业的主要发展方向。与此同时，电视剧生产机构与播出平台也就电视剧精品化发展进行深度合作，互通流量，共同推动电视剧市场高质量发展。

### （五）互联网对电视剧行业影响显著，网台联动将成为播出端共赢的主要模式

随着视频网站对传统电视台的冲击，互联网对电视行业的影响日渐显著。网台联动等模式将成为今后电视剧播出的重要方向。此外，购买视频网站会员、付费享受更优质的追剧体验，将成为用户在网络视频平台看剧的新消费点。我国观众的电视剧付费消费习惯正在养成。

### （六）IP剧的探索更加成熟，版权保护与运营更加完善

网络时代催生IP剧大爆发，在IP争夺火热的过程中，如何保护与开发影视IP成为行业关注的重要内容。随着行业发展、国家政策的引导与规范，影视IP内容的运营与保护将日益完善。同时，随着IP运营与保护的完善，电视剧的盈利模式也将围绕产业链、价值链实现更加多元化的发展。

### （七）中国电视或网络剧发展走向：三大主题，七大趋势①

中国电视剧及网络剧发展的新态势，将出现时代的三大主题和行业的七大趋势。

1. 新时代的三大主题

第一，讴歌新中国、新时代成就。无论是 2020 年的精准扶贫、全面建成小康社会，还是 2021 年建党 100 周年，讴歌新中国建设和新时代成就会成为一个重要的创作主线。《觉醒年代》《山海情》等一批优秀作品得到各方的肯定。

第二，优秀传统文化的现代转化。这方面，一些古装戏，如《庆余年》《长安十二时辰》等，都不再更多地纠缠于宫斗、权斗，而是有意识地去关注对中国传统文化、传统道德、文化精华的展示。过去限制古装剧，其实很多时候是认为古装剧有过多娱乐化倾向，甚至在价值观的传达上会引起一些争议，如宫斗权斗的过度渲染、政治阴谋的主题泛滥。

然而，现在大家意识到如果古装剧展示出更多中华的传统优秀文化，传递文化精神，真正能够做到对中华优秀传统文化的创造性转化、创新性发展，未来对古装剧的政策就可能会有新的改变。毕竟，优秀的古装作品不仅有国内市场，而且有比较好的国际市场，当下青年人兴起的国风审美潮流，也有利于文化自信的建设。

第三，表现社会积极向上的善风美俗。善风美俗就是好的社会风气，如都市题材的作品，不再停留在苦情、婚变、职场争斗，而是通过对社会矛盾的表现，表现人性的真善美，表现社会风气的正面力量。作品当然需要表现现实困境，但是更要通过现实困境的解决，体现社会向上、向善、向美、向前的趋势，让现实主义成为一种积极的现实主义。

2. 电视剧和网络剧发展的七大行业趋势

第一，行业导向和行业调控会继续强化。无论是党政管理机构的导向要求，还是行业管理的措施手段，都表明电视和网络剧行业的社会效益目标和责任会有增无减。

---

① 这部分内容整理自：刁基诺. 中国电视/网络剧发展报告 2020［EB/OL］. https：//new. qq. com/rain/a/20200426A0QA6P00，2020 - 04 - 26/2022 - 12 - 07.

第二，影视行业继续面临深度调整。目前这个深度调整还未完成，恰恰屋漏偏逢连夜雨，受到新冠肺炎疫情影响，行业很可能被重新洗牌，会有中小企业退出，新兴企业前赴后继，行业结构和格局都会出现新的变化，特别是传统的电视剧企业受到冲击较大，而与网络平台联系紧密的影视企业会获得新的转机。

第三，电视和网络剧的数量仍然会持续下降。2019 年影视剧集数量已经回落至万集左右。由于电视平台和网络平台上新剧的数量都下降，特别是电视平台的电视剧购买力严重下滑，加上资本的撤离，电视剧和网络剧的数量下降几乎成为定局。

第四，头部内容依然严重稀缺。一方面，电视和网络平台的上新数量下降；另一方面，各平台对头部产品的需求却在急速上升。每个星期、每个月、每个季度都希望有头部内容的出现和引领。但是目前来看，真正能够引起观众大范围关注的头部内容依然严重缺乏。所以抓头部内容、提高头部内容的质量将是影视行业的当务之急。

第五，网络平台话语权继续上升，台网合作将更加紧密。虽然网络平台的购买力、影响力都在持续上升，台网有一段分化趋势，但下一阶段，台网会走向互相借势借力，可能出现分久必合的趋势。电视播出的共振效应，对头部内容会带来更大的影响，二者联动，可以共同使头部内容发挥更大效益。

第六，主旋律重点剧、头部商业古装剧、高强度类型剧、专业化职业剧将是中国电视/网络剧的"四驾马车"，支撑电视/网络剧的基本格局。每年献礼的重点剧目会得到政策上的倾斜和支持，头部大制作的古装剧则往往具有广泛的社会影响，高强度的类型剧和专业化的职业剧是这些年头部内容的重要类型，虽然创作水平参差不齐，但大都会引起观众的关注。网络 IP 仍然会是这些作品的重要来源。

第七，网络自制剧在形态、类型、产品方面会更加创新。未来影视企业或将会开辟一些全新的类型，如互动剧、短剧、迷你剧，将电视剧与游戏结合，将电视剧与移动终端结合，这是影视、互联网与科技的强大联合，更是观众与创作者的全新互动。未来可能这些类型会形成新的形态，为整个影视行业的发展带来新的增长点。

## 第四节　图书出版市场

出版业是文化产业的重要组成部分。改革开放40多年以来，我国出版行业经历了自己的改革发展之路，逐渐探索出适合我国国情的现代出版市场体系。该部分从梳理了我国图书出版业的形成与发展历史入手，分析我国现代出版市场体系的形成过程，并结合现代出版产业链模式与盈利模式的研究，对我国当前出版产业市场的发展现状进行综合评述。

### 一、我国出版行业发展历程①

#### （一）改革开放探索时期：1978～1991年

1978年，党的十一届三中全会后，经济体制改革在各行业陆续展开，原先由出版社承担编辑出版、新华书店承担图书发行的分工机制与人民群众精神文化需求激增的形势越来越不相适应，新闻出版事业也开始探索自己的改革之路。

1980年12月，国家出版局发出了《建议有计划有步骤地发展集体所有制和个体所有制的书店、书亭、书摊和书贩》的通知，由新华书店统一发行图书的状况开始发生变化，开出版业市场化改革的先河。

1982年3月，国家出版局在《关于图书发行体制改革问题的报告》中进一步明确了图书发行体制改革的方向。《关于图书发行体制改革问题的报告》提出，图书发行体制根本改革的目标是"一主三多一少"，即在全国组成一个以国营新华书店为主体的，多种经济成分、多种流通渠道、多种购销形式，少流转环节的图书发行网。

1983年，中共中央、国务院颁布《关于加强出版工作的决定》，按照"事业单位，实行企业管理"原则，推动出版社面向市场实现体制转轨。《关于加

① 这部分内容整理自：刘拥军.中国出版体制改革的主线条［J］.出版与印刷，2018（1）：1－5.

强出版工作的决定》还鼓励地方出版社立足本省，面向全国，逐渐打破了出版社的地域限制，为建立具有全国影响力的出版社奠定了基础。

1984 年 6 月，全国地方出版工作会议在哈尔滨召开。会议提出，要适当扩大出版单位的自主权，提高出版单位经营的主动性；出版社要由单纯的生产型逐步转变为生产经营型。1984 年 12 月，国务院发出《关于对期刊出版实行自负盈亏的通知》，规定除对部分科技、文艺、外文、少数民族文字的期刊给予少量定额补贴外，其他各种期刊自 1985 年 1 月 1 日起一律不再有补贴，实行独立核算、自负盈亏。

在"一主三多一少"改革取得成效的基础上，1988 年 4 月，中共中央宣传部和新闻出版署对图书发行体制改革提出了推进"三放一联"的改革任务。"三放一联"，即放权承包，搞活国营书店；放开批发渠道，搞活图书市场；放开购销形式和发行折扣，搞活购销机制；推行横向经济联合，发展各种出版发行企业群体和企业集团。通过改革，新华书店、其他国有书店、集体书店，以及个体书店和书摊共同参与的出版物市场格局基本形成。

1988 年 4 月，中共中央宣传部与新闻出版署联合发布《关于当前出版社改革的若干意见》。文件指出，出版社要逐步实行社长负责制；社长是法人代表，党组织起监督保证作用；出版社应积极推行多种形式的责任制，采取协作出版、自费出版、对外合作出版等多种渠道，扩大出版能力。此后，出版社逐步完善了社长负责制，试行了多种形式的责任制和合作方式。

经过这一轮改革，出版单位从事业单位体制逐渐转变为事业单位企业管理体制，基本扭转了以往只重视生产而忽视经营的做法，增强了经营意识和市场竞争力。

### （二）社会主义市场经济体制探索阶段：1992～2001 年

1992 年，邓小平同志南方谈话和党的十四大召开确立了社会主义市场经济体制的改革目标，这一改革目标为新闻出版业的体制改革指明了方向。新闻出版业在调整组织结构的基础上，逐步建立统一、开放、竞争、有序的市场体系。这一阶段出版业集团化开始出现，出版社内部改革进一步深化，图书定价与市场发行更加遵循市场经济规律。

　　1994 年 1 月，全国新闻出版局长会议召开。会议提出了推动"整个出版业的发展从以规模数量增长为主要特征向以优质高效为主要特征的阶段转移"的工作思路。这一阶段性转移，一方面是由于社会主义物质文明建设和精神文明建设向出版业提出了越来越高的要求。出版业如果不提高产品质量和在经营方面注重社会效益、经济效益，将难以担当历史赋予的重任；另一方面，出版业进入社会主义市场经济体系后，面对既广阔又多变的出版市场，如果不进一步提高产品质量和采取举措提升社会效益、经济效益，不加强出版单位自身的内涵发展，便会缺少足够的市场竞争能力，难以生存和发展。

　　自 1990 年起，按照"六统一"（即统一规划、计划，统一承包经营，统一重大贷款，统一进出口贸易，统一国有资产保值增值，统一主要领导干部任免）原则，山东出版集团、四川出版集团、江西出版集团先后成立。1995 年后，按照母子公司体制，先后成立广东省出版集团、上海世纪出版集团、中国科学出版集团、北京出版社出版集团等。2000 年，辽宁出版集团正式挂牌运营，成为中国出版界第一家真正实现政企分开、政事分开，并获得国有资产授权经营的出版产业集团。在发行集团建设方面，以 1992 年德州新华书店出版发行集团总公司、广州新华书店集团成立为起点，湖北新华书店集团、辽宁省发行集团、北京市新华外文发行集团等相继成立。1998 年，广东、江苏和四川三地新华发行集团成为全国发行改革试点单位。

　　1993 年，第三次图书价格改革按图书分类管理原则，把除教科书外的其他图书品种的定价完全放开，由市场进行调节。这标志着符合市场经济规律的出版物定价体系正式建立。1999 年，新闻出版物稿酬标准由原先的指令性转变为指导性，同时推行版税制度。进入 21 世纪，出版机构和作者之间的稿酬标准越来越多地依照市场约定。

　　1994 年底，新闻出版署党组给党中央提交了《关于加强和改进出版工作的报告》，分析新的形势下出版工作面临的问题，对出版工作的基本思路、方针等提出了意见。1995 年 1 月，中央政治局常委会会议原则通过了新闻出版署党组的报告，并对出版工作作出指示。此后，出版业的阶段性转移开始大踏步推进，以现代企业制度为核心，在集团化、连锁经营、出版物市场体系建设、股份制改造、上市融资等方面迅速发展。出版物发行业在这一轮改革中走在前列。

1996 年，新闻出版署出台《关于培育和规范图书市场的若干意见》，提出"三建二转一加强"，即：重视批发市场建设，推行多种购销形式建立新型购销关系，建立和完善市场规则，转换出版社自办发行的观念和机制，转换国有书店的经营机制，加强农村发行。

### （三）全面推进新闻出版体制改革阶段：2001～2012 年

2001 年，新闻出版署升格为新闻出版总署，与国家版权局一个机构、两块牌子，凸显了国家对新闻出版事业发展的重视。为应对中国加入世界贸易组织给新闻出版业带来的机遇和挑战，中共中央办公厅、国务院办公厅 2001 年转发了《中央宣传部、国家广播电视总局、新闻出版总署关于深化新闻出版广播影视业改革的若干意见》，2002 年又转发了《中央宣传部、新闻出版总署关于进一步加强和改进出版工作的若干意见》。两个文件对我国出版业进一步改革的指导思想、方针原则、总体要求、基本格局、改革主线和重点等作出了部署，推动出版业改革进入全面深化阶段。

党的十六大作出"推进文化体制改革"的战略部署后，党中央、国务院迅速启动文化体制改革试点工作，于 2003 年确立了 21 家新闻出版单位作为试点，进行体制机制创新。此后，按照中共中央、国务院《关于深化文化体制改革的若干意见》，扩大改革试点，全面深化出版发行单位体制改革，重塑市场主体。2005 年，全国 17 万个印刷复制单位率先转企改制；2008 年，30 个省级国有新华书店系统全面完成转制工作；2009 年，370 多家地方和高校出版社完成转企改制；2010 年，148 家中央各部门各单位出版社中，147 家完成转制，1 家退出市场，265 家独立的音像电子出版单位完成了转企改制；2011 年，非时政类报刊出版单位分期分批启动转企改制。

2003 年，国务院办公厅发布《关于印发文化体制改革试点中支持文化产业发展和经营性文化事业单位转制为企业的两个规定的通知》，提出出版集团可以进行企业化转制，在原国有投资主体控股的前提下，允许吸收国内其他社会资本投资，符合条件的可申请上市。2005 年，中共中央、国务院出台《关于深化文化体制改革的若干意见》，提出全面建立现代企业制度、推进公司制改造，打造一批具有国际竞争力的文化企业的改革目标。此后，通过股份制改造和跨媒体、跨地区、跨行业、跨所有制的战略重组，推进股权多元化改革和投融资体制改革，在中国或境外上市，打造新型市场主体和战略投资者，成为出版集团改革的重点。

此外，2003 年，《设立外商投资图书、报纸、期刊分销企业的暂行规定》实施，中国正式向外资开放图书发行领域。同年，新闻出版总署修订后的《出版物市场管理规定》生效，取消包括图书批发特别是总发行的所有制限制、上级主管单位的限制和行政法规及新闻出版部门规定的其他条件限制，标志着出版物分销对外开放进入新阶段。截至 2007 年底，中国已有 17 家民营和民营控股的出版物发行单位，全国连锁经营单位 9 家，民营发行网点数量达到11 万个①。

### （四）现代出版市场体系形成阶段：2009 年至今

2009 年 4 月，根据中央关于深化文化体制改革的要求，为进一步推进新闻出版体制改革，加快新闻出版事业和产业发展，新闻出版总署发布《关于进一步推进新闻出版体制改革的指导意见》，明确提出推动新闻出版产业升级和结构调整，大力发展数字出版、网络出版、手机出版等新业态，努力占领新闻出版业发展的制高点。《关于进一步推进新闻出版体制改革的指导意见》提出了重构出版新格局的五大任务：推进公益性新闻出版单位体制改革，构建新闻出版公共服务体系；推动经营性新闻出版单位转制，重塑市场主体；推进联合重组，加快培育出版传媒骨干企业和战略投资者；大力推进新闻出版产业升级和结构调整；引导非公有出版工作室健康发展，发展新兴出版生产力；加快推进现代出版物市场体系建设；扩大对外交流，积极实施"走出去"战略；加大行政体制改革力度，转变政府职能。这五大任务不仅对当时的改革具有指导意义，而且搭建了出版体制的基本骨架，对中国特色社会主义出版体制的形成具有重大历史意义。通过这一轮改革，我国出版业迅速发展、壮大，成为出版大国。

为进一步推动新闻出版业数字化转型升级，2014 年 4 月，国家新闻出版

---

① 资料来源于江苏省新闻出版局（省版权局）江苏省电影局网站。我国已成立 17 家民营和民营控股出版物发行单位，https://jssxwcbj.gov.cn/art/2008/2/13/art_34_10259.html（网站内容来源：新华社；访问日期：2022 – 07 – 05）.

广电总局、财政部联合发布了《关于推动新闻出版业数字化转型升级的指导意见》。该文件提出：通过三年时间，支持一批新闻出版企业，实施一批转型升级项目，带动和加快新闻出版业整体转型升级步伐；构建数字出版产业链，初步建立起一整套数字化内容生产、传播、服务的标准体系和规范；促进新闻出版业建立全新的服务模式，实现经营模式和服务方式的有效转变。2015年4月，为了进一步提高出版业在信息化条件下的影响力、传播力和竞争实力，推动出版业更好更快发展，新闻出版广电总局、财政部联合印发了《关于推动传统出版和新兴出版融合发展的指导意见》，为推动传统出版向网络空间延伸影响力、实现传统出版和新兴出版融合发展，指明了方向、提出了任务、阐明了路径、提供了遵循。上述两个文件极大地加快了我国出版业向现代出版业转型升级的步伐。2017年，我国数字出版全年整体收入规模为7071.93亿元，其中，互联网广告、移动出版、在线教育、网络游戏收入位于前四位①。

目前，新技术革命为出版行业带来巨大影响，推动出版行业的编辑、出版、印刷和发行等环节都产生了重大的变化。在印刷和出版成本方面，印刷技术和计算机技术的飞跃，大大降低了印刷和出版的成本，提高了行业利润率。在产品形式方面，图书出版的形式更加多样化，多媒体技术进一步推动图书产业与其他媒体的合作与互动。在发行方面，计算机和互联网技术对图书发行产生了极为深远的影响，网上销售的规模越来越大。在产品物流方面，在建立完善的信息流基础上，现代化的物流业使得按需印刷、实时销售、零库存、全面营销分析等能够得以实现。随着数字化浪潮席卷全球出版业，数字技术已用于出版的策划编辑、制作印刷、生产管理、市场营销等环节。与传统出版相比，数字出版以其方便快捷的查询、海量的存储、不断创新的文化内容和更加环保等特点，形成鲜明的优势。

## 二、我国出版业产业链结构

新闻出版行业包括图书出版、期刊出版、报纸出版、音像制品出版、电子

---

① 李明远. 2017年数字出版产业总收入突破7000亿元［EB/OL］. 人民网，http://media.people.com.cn/n1/2018/0726/c40606-30171856.html，2018-07-26/2020-07-26.

出版物出版、印刷复制、出版物发行及出版物进出口等新闻出版业务。行业全产业链可分为上游产业、中游产业、下游产业三部分。其中，上游产业包括内容提供、印刷、出版物资供应；中游产业包括图书、期刊、报纸等出版；下游产业包括发行、零售、投递等。

### （一）上游产业

出版业的上游产业链主要包括出版物的内容提供、出版印刷服务、出版物资供应。

1. 内容提供

内容生产是出版业的重要工作。"内容"已经成为现代文化产业的一个重要概念，"内容资源""内容为王""内容提供商""内容产业"等与"内容"相关的词汇越来越多地出现在文化产业行业中。广大出版人同样意识到了内容资源的重要性。

2. 出版印刷服务

在新闻出版行业中，出版印刷是指将出版内容印制到出版媒介上的过程，是新闻出版生产的重要环节。新闻出版的印刷出版媒介主要包括报纸、期刊、书籍、地图、年画、图片、挂历、画册及音像制品、电子出版物的装帧封面等。

从整体上看，经过改革开放40多年的发展，我国印刷业不仅实现了告别"铅与火"，迎来"光与电"，彻底改变了装备陈旧、技术落后的局面。而且，在数字化、网络化、智能化的时代，显现出良好的"后发优势"，部分大中型印刷企业通过持续的技术改造和升级，其主力生产设备已经完全可以与国际同行相媲美，代表了中国印刷企业发展的新高度。

3. 出版印刷物资供应

生产、分配、流通、消费是商品经济条件下构成社会再生产的四个环节，缺一不可。出版印资供应属于流通领域，是满足人们文化生活需要的出版印刷产业链中的重要一环。印刷物资供应是出版业生产资料供应环节，在整个出版产业系统中占有重要地位。生产资料市场具有如下特点：第一，市场较集中，交易主要在企业之间进行。第二，产品专业性强，技术服务要求高。第三，供求变动影响范围广。第四,产销关系比较固定。由此可见,出版印刷物资供应市场对整个出版行业具有基础性的作用。由此可见,出版印刷物资供应是出版行业的上游生产业链,对整个出版行业发展具有基础性作用。

### (二) 中游产业

图书出版业是出版行业的中游产业。

图书出版是指书籍、地图、年画、图片、画册及含有文字、图画内容的年历、月历、日历,以及由新闻出版总署认定的其他内容载体形式的编辑,并通过印刷发行向社会出售的活动。在我国,图书出版执行许可证制度。图书由依法设立的图书出版单位出版。设立图书出版单位须经新闻出版总署批准,取得图书出版许可证。

在图书出版的流程方面,每个出版单位都有自己的具体流程,并不完全相同,主要包括选题报批、组稿和编辑、审稿与申报书号、确定印数和定价、申报 CIP 和实名制、设计、排版和印刷等环节,在此不再具体展开论述。

### (三) 下游产业

发行和零售是图书出版的下游产业。

图书发行渠道:主要有出版单位自办发行系统、新华书店发行系统、民营书店发行系统、其他专业性的国有书店发行系统、含有外资的发行机构、图书进出口机构等。在我国,拥有《出版物经营许可证》才可以发行销售图书。

出版单位自办发行系统:是一种出版单位拥有总发行权的发行系统。出版社自办发行使出版社基本上完成了由生产型向生产经营型的转变,缓解了社会上买书难、卖书难的矛盾,并使出版社获得了较好的经济效益。

新华书店发行系统:是我国最大、最主要的出版物发行渠道。

民营书店发行系统:民营出版公司拥有出版资源,出版社拥有书号,因此,民营书店发行系统通常是由民营出版公司和出版社合作发行的,通常是民营公司占优势、主导地位。

其他专业性的国有书店发行系统:主要有外文书店、古旧书店(如中国书店、上海古籍书店等)。

含有外资的发行机构：外商办理一定的申请手续，经过审批获得《出版物经营许可证》后，就可以经营相应的出版物批发和零售业务。

图书进出口机构：应具有进口出版物内容审查能力，并持有出版物进口经营许可证。

随着网络购物的发展，线上销售渠道越来越成为人们购买图书的主要方式。

## 三、我国出版行业的主要盈利模式研究

总体来看，图书出版的盈利模式可以分为传统的出版社模式与现代的数字出版盈利模式两大类。

### （一）传统模式：出版社模式①

出版社选择的盈利模式主要有常销书模式、畅销书模式、资助出版模式、出版链延伸模式、投资推动模式、个性化服务模式、组合模式等。

1. 常销书模式

常销书模式，即遵循出版业的市场规律，达到三分之一以上图书盈利、三分之一图书不亏损、三分之一以下图书亏损，逐步地形成图书品牌，使图书的盈利能力逐步提升。但采用这种模式需要时间、耐心和智慧，急功近利是不可能有结果的，也只有经历过市场磨炼的专业化队伍，才能在市场中立于不败之地。

2. 畅销书模式

畅销书是非常受市场欢迎的一类图书。畅销书模式可以快速地推动出版社的发展，但畅销书的营销成本较大。

3. 资助出版模式

对于大多数专业面较窄的出版社，很多图书的印量都低于 2000 册，此时，若没有出版基金或其他经费支持是净亏损的，因此得到资助是出版的前提。但长期固守这种模式，出版社只能内化为其他企业或事业单位的附庸，没有市场

---

① 这部分内容整理自：阎列，邓宁丰. 图书盈利能力与出版社盈利模式分析［J］. 科技与出版，2005（2）：3-4.

生存能力。

### 4. 出版链延伸模式

出版链延伸是指立足一个专业图书品牌，延续到相关的产业链，如培训活动、网络出版、刊物出版、影视传播、娱乐、广告等。中国中医药出版社在中药市场、医院经营方面的探索就属这种模式。

### 5. 投资推动模式

由于国内出版社的设立长期严格受控，在逐步开放市场之际，进入出版业的门槛降低了。无论是从发行环节的切入、文化工作室的建立，还是出版社的变相操作，资本都在悄然进入我国的出版业；同时，也出现了境外资本和国内资本在出版业中的投机行为。无疑，如果有强势资本的健康推动，出版社的发展将会更加迅速，适应市场的能力会快速提高；但若投机资本进入，出版业的泡沫化现象就会随之而来，出版社将面临更大的压力。

### 6. 个性化服务模式

出版作为一项以生产内容为主的文化活动，其价值表现还在于其精神层面。随着信息技术的发展和社会进步，读者对图书的需求日益多元化，研发图书及其衍生产品的新表现形式，为读者创造性地提供个性化产品并产生高附加值也是可探求的方向。

### 7. 组合模式

基于目前出版业的现实，为了应对单一业务模式所存在的风险，一般应选取组合模式，在多元化经营中确保出版社盈利。但对中小出版社来说，通常只具有在两三个方面探索的能力，因此在发展策略选择上要慎之又慎。

## （二）现代模式：数字出版①

数字出版是现代出版的主要经营模式。根据图书出版企业数字出版的不同盈利来源，可以将盈利模式分为基于直接出售内容盈利模式、基于内容运营盈利模式、基于增值服务盈利模式和基于"免费内容＋收费网络广告"盈利模式。

---

① 这部分内容整理自：姚沛沛. 中国图书出版企业数字出版盈利模式研究［D］. 南京：南京大学，2016：23.

1. 基于直接出售内容盈利模式

基于直接售卖内容盈利是图书出版企业数字出版最常用的方法，最典型的模式便是电子书模式，即图书出版企业通过在自建或他建的平台中将数字化内容直接出售给用户，并获得盈利的过程。

电子书的流行显示了人们对书籍轻便、易携带、易购买的真实阅读需求。图书出版企业制作的电子书主要指将纸质图书数字化，置于发行网站中供读者购买阅读，其收费方式主要有两种：一是内容版权收费，如按本收费、按流量收费、包月收费等；二是收费阅读 App 产品或免费 App 内置收费内容。

生产决定消费，由于多数出版企业数字内容资源短缺，提供的电子书内容单一、同质化严重，无法吸引读者阅读、消费。生产得不到消费的反作用支持，只会阻碍生产发展，造成企业不断减少开发内容资源，如此恶性循环，致使国内电子书盈利困难局面。

另外，图书出版企业在进行数字出版转型时，常不重视交互设计，造成用户体验不佳。如果一本电子书不能很快满足读者的阅读需求，耗费用户时间成本较多，读者的期待值、注意力就会降低，减少购买行为，最终导致出版企业盈利能力下降甚至亏损。综上所述，国内图书出版企业发展电子书模式尚有较长路要走。

2. 基于内容运营盈利模式

基于内容运营盈利模式最典型的是数字版权运营模式，即图书出版企业通过深度整合、开发并进行网络营销来经营包括传统图书在内的内容资源的信息网络传播权、影视音乐综艺动漫作品改编权、游戏开发权、周边衍生品开发权等各种数字版权交易活动，并获得盈利的过程。

数字版权运营这一模式在互联网企业发展较好，如腾讯文学依托集团的社交属性及海量用户全力打造集阅读、社交、影视、游戏、综艺、听书等一体的多样化阅读。腾讯文学数字版权运营盈利方式主要包括两方面：一是向个人的租赁版权收费，主要指在线阅读收费。如充值收费、按本收费、按章节收费、VIP 会员收费等。二是向企业转让网络文学的影视、动漫、游戏改编权。如 2014 年腾讯文学将旗下阅文集团的网络玄幻小说《择天记》的游戏开发权以高价出售给了巨人网络公司，同时巨人网络公司表示要做"书游同步"的游戏客户端。

随着数字技术的发展，内容资源将会被更多创新的方式改编。市场会变得越来越向大企业靠拢，据此，图书出版企业要发展数字版权运营模式，必须不断改革创新，不断整合、深挖更具运营价值的内容资源，以优秀作品打造强势品牌，树立企业品牌文化。同时也要加强版权保护观念和技术，坚决抵制盗版，提升企业盈利能力。

3. 基于增值服务盈利模式

这一模式是指出版企业为满足不同用户需求，以非常规的内容资源呈现形式出售给用户，并获得盈利的过程，如在线教育模式、数据库模式等。

以在线教育模式为例。图书出版企业数字出版中的在线教育盈利模式，指图书出版企业通过自行搭建或同其他在线教育平台合作提供内容资源等举措获得盈利的方式。

中国图书出版企业在线教育收费方式主要有三种：一是内容收费，即对平台中提供的课程或资料等收费，送是最普遍的收费方式；二是移动端软件收费，如移动应用商店的付费 App；三是政府招标收费。

线上教学的优势与发展潜力在新冠肺炎疫情期间得到彰显与肯定。在新冠肺炎疫情暴发之前，我国的线上教育虽然有一定的发展，但社会总体接受度不是很高，人们普遍更加偏爱传统线下教育。有数据显示，2017 年，仅 14% 的中国家长偏好线上教育，2018 年为 27%，2019 年为 31%[①]。新冠肺炎疫情暴发后，传统线下教学被迫暂停。线上教学因其"非接触式"的互动特征成为弥补线下教学空缺的重要授课方式。一时间，曾经充当配角的线上教育被推到舞台中央，成为全国大中小学校新冠肺炎疫情期间的主要教学阵地。艾媒网数据显示，2020 第一季度，中国中小学生中，55.8% 学生使用远程交流工具进行网络课程学习，51.7% 学生使用互联网课堂类工具进行网络课程学习，分别有 30.6%、16.3% 学生使用辅助教育类、学校自有线上教学系统来进行线上学习[②]。新冠肺炎疫情暴发后，A 股在线教育板块迎来一波大涨行情。2 月 12

---

① 前瞻产业研究院. 2020 年中国线上教育行业市场现状及发展趋势分析 未来三四线城市将成为发展动力源 [EB/OL]. https：//bg. qianzhan. com/trends/detail/506/200316 – 2c0a7c1f. html，2020 – 03 – 16/2021 – 10 – 01.

② 艾媒网. 教育行业数据分析：2020Q1 中国 55.8% 中小学生使用远程交流工具进行网络课程 [EB/OL]. https：//www. iimedia. cn/c1061/73665. html，2020 – 08 – 20/2021 – 10 – 01.

日，在线教育概念股全线飘红，板块涨幅 2.91%。在纳斯达克或纽交所挂牌上市的中概股教育股也呈现出大涨态势："跟谁学"上涨 4.56%，好未来上涨 3.37%，51Talk 上涨 21.06%，流利说上涨 15.13%①。

由于在线教育市场尚属于新生事物，还存在一些问题，主要体现在以下方面：首先，平台内容同质化严重。目前，众多在线教育平台存在摘抄、照搬国外发达国家成功的在线教育平台的现象，不加改变则不合国情，会出现"水土不服"现象。另外无论是传统出版企业还是数字出版企业，提供的在线教育课程内容都以考证、升学为主，没有各自特色，缺乏创新。其次，缺乏统一行业标准，师资力量参差不齐。很多企业为提高点击量打着"名师"的旗号忽悠学生，所谓"名师"实则是鱼龙混杂，导致学生根本无法获得优秀学习资源。再其次，技术创新不够。目前除极少数企业仍坚持 PC 端服务外，其他大多数企业已将战略重心、转移到移动端，并不遗余力地设计更新 App，以期最大限度地抓住用户的碎片时间。但因技术能力不够导致移动端 App 闪退、漏洞太多、界面不简洁等问题。面对这些问题，图书出版企业应结合自身内容资源优势，打造高质量在线教育内容，加强技术创新，以建立品牌效应，从而提高盈利能力。

总体来看，虽然线上教育产业尚不完全成熟，但非常时期的刚需较为明显，促进了线上教育出版的集中发展。随着市场和技术的成熟，线上教育出版将迎来更优质的发展。

4. 基于"免费内容 + 收费网络广告"盈利模式

基于"免费内容 + 收费网络广告"盈利模式指图书出版企业为抢占互联网入口，以免费内容吸引大量用户，从而获得广告商注意并投放广告，获得盈利的过程。

网络广告运营符合"免费 + 收费"模式，即免费提供内容给用户，获得大量点击以此吸引广告主，并得到广告收入的模式。随着互联网广告逐年递增，加之"免费 + 收费"在互联网领域的成功，这一模式或将成为图书出版企业数字出版盈利的一种趋势。

"内容（免费或低价）+ 广告（收费）"这一模式的成功取决于内容质量好

---

① 环球网. 线上教育产业迎来"小爆发"［EB/OL］. https：//baijiahao. baidu. com/s？id = 16583799836899652058&wfr = spider&for = pc，2020 - 02 - 13/2021 - 10 - 01.

坏与规模大小。因此，企业要想吸引广告商的注意、获得更高收益，就应该将内容置于最核心的地位，用提高出版物内容质量、提升企业品牌形象来更好地获取互联网广告收益。但是在使用这一盈利模式时，图书出版企业也要注意考虑到用户的阅读体验，不能只顾盈利、忽略用户体验而强行置入与图书内容资源毫不相关的广告。要严格把控广告内容，提高广告可读性、趣味性、相关性，探索提升用户阅读体验的广告植入方法。

## 四、我国出版行业发展现状综合述评

新闻出版业以习近平新时代中国特色社会主义思想为指导，认真贯彻落实党中央关于新闻出版改革发展要求，坚持贯彻新发展理念，坚持守正创新，坚持以人民为中心，坚持把社会效益放在首位、社会效益和经济效益相统一，围绕推进行业高质量发展，不断深化供给侧结构性改革，持续挺拔主业、优化结构，着力融合创新、提质增效，实现了稳步发展①。2020 年，新冠肺炎疫情的暴发对出版行业业务开展造成一定影响，但影响较为有限。新闻出版市场发展情况主要有以下趋势。

### （一）新闻出版产业规模有所下滑

2020 年，受新冠肺炎疫情等因素冲击，新闻出版产业规模有所下滑，但发展基本面仍保持稳定。全国出版、印刷和发行服务实现营业收入 16776.3 亿元，较 2019 年降低了 11.2%；利润总额为 1024.8 亿元，较 2019 年降低了 19.2%；拥有资产总额 22578.7 亿元，较 2019 年降低了 6.3%；所有者权益（净资产）11425.4 亿元，较 2019 年降低了 6.0%②。

### （二）主题图书影响力进一步彰显

在 52 种年度印数达到或超过 100 万册的一般图书中，主题图书占 30.8%，较 2019 年提高 6.4%。其中，一批宣传阐释习近平新时代中国特色社会主义思

①② 国家新闻出版署.2020 年新闻出版产业分析报告［R］.2021－12：1. https：//www.nppa.gov.cn/nppa/contents/764/102441.shtml.

想，书写脱贫攻坚、疫情防控伟大成就的主题图书表现亮眼。

**（三）主流报刊市场地位日趋稳固**

《人民日报》平均期印数和总印数继续保持增长，始终稳居综合类报纸第一；《经济日报》平均期印数突破百万份，排名上升；《光明日报》平均期印数和总印数持续增长。《求是》平均期印数和总印数继续增加，跻身全国期刊平均期印数前三；《时事报告（大学生版）》继续位居首位，《时事（高中）》进入前十。主流报刊舆论阵地引领作用不断加强。

**（四）书报刊传统出版规模有所下滑**

与 2019 年相比，2020 年，全国图书品种新版降低 5.0%，重印降低 2.1%；全国图书总印数降低 2.1%；图书出版实现营业收入 963.6 亿元，降低 2.6%；52 种年度印数达到或超过 100 万册的一般图书减少 30 种；报刊出版总印数分别降低 9.0% 和 7.0%，实现营业收入分别降低 6.4% 和 2.8%，降幅均有所加大；印刷复制实现营业收入降低 13.1%，出版物发行实现营业收入降低 7.6%[①]。

**（五）数字化业务收入保持增长**

2020 年，新闻出版单位面对新冠肺炎疫情的冲击，积极开拓线上业务，推进数字化转型。数字出版收入达 11781.7 亿元，增长 19.2%。新华书店与出版社网上出版物销售数量增长 40.6%，金额增长 62.5%。全国数字出版物出口金额增长 11.5%。新媒体上市公司各项经济指标全面增长，实现营业收入增长 13.7%；拥有资产总额增长 5.5%；实现利润总额增长 134.1%[②]。

**（六）出版传媒集团旗舰地位进一步突出**

2020 年，108 家图书出版、报刊出版和发行集团共实现主营业务收入 3491.0 亿元，占全国书报刊出版和出版物发行主营业务收入的 80.5%，提高

① 国家新闻出版署.2020 年新闻出版产业分析报告［R］. 2021 - 12：1. https：//www. nppa. gov. cn/nppa/contents/764/102441. shtml.

② 国家新闻出版署.2020 年新闻出版产业分析报告［R］. 2021 - 12：2 - 3. https：//www. nppa. gov. cn/nppa/contents/764/102441. shtml.

4.7%；实现利润总额 341.2 亿元，占全国出版发行全行业利润总额的 74.2%，提高 1.2%。9 家集团资产总额、主营业务收入和所有者权益均超过百亿，"三百亿"阵营增加 1 家。表现出出版传媒集团较强的抗风险能力[1]。

### （七）出版版权贸易逆差大幅缩小

2020 年，全国共输出图书、音像制品和电子出版物版权 13895 项，较 2019 年降低 6.2%；引进图书、音像制品和电子出版物版权 14185 项，较 2019 年降低 11.2%；贸易逆差 290 项，较 2019 年降低 75.0%。其中，向美国、英国、日本、俄罗斯、印度等地输出宣传阐释习近平新时代中国特色社会主义思想、介绍中国建设成就经验图书版权 140 多项，介绍新冠肺炎疫情防控知识图书版权 400 多项，涉及英语、日语、俄语、印地语、阿拉伯语等文字[2]。

---

[1][2]　国家新闻出版署. 2020 年新闻出版产业分析报告 [R]. 2021 – 12：2 – 3. https：//www. nppa. gov. cn/nppa/contents/764/102441. shtml.

# 第六章 动漫游戏行业市场

## 第一节 动漫行业市场

动漫行业是指以"创意"为核心，以动画、漫画为表现形式，包含动漫图书、报刊、电影、电视、音像制品、舞台剧和基于现代信息传播技术手段的动漫新品种等的开发、生产、出版、播出、演出、销售，以及与动漫形象有关的服装、玩具、电子游戏等衍生品生产经营的产业。因为有着广阔的发展前景，动漫产业被称为"新兴的朝阳产业"。2020年，我国动漫产业产值突破2000亿元，全球动漫产值占比8%，成为仅次于美国和日本的世界第三动漫大国。

### 一、现代动漫市场的发展

动漫首先是一种艺术表现形式，主要包括动画与漫画两种表达方式。在人类文明的早期，漫画就已经成为人类表达思想感情的独特载体。动画则是伴随着电影技术的发展而发展的，在电影业高速发展的20世纪，国际动画行业也取得了不俗的业绩，产生了很多动画电影经典，代表公司就是迪士尼。在国内，1926年，万氏兄弟的《大闹画室》，开启了中国动画电影的大门；1941年，万氏兄弟又制作了《铁扇公主》，成为亚洲历史上第一部动画电影长篇。20世纪50～80年代，以上海电影美术制片厂为代表，制作了《哪吒闹海》《小蝌蚪找妈妈》《大闹天宫》等动画短片，揽收了一系列国际大奖，形成了国际动画发展史上的中国画派。据统计，截至 1986 年，我国有 31 部动画影片在各类国际电影节上获奖 46 次，达到世界一流水平。但由于市场运营意识的欠缺，这些优秀国产动画虽然达到了极高的艺术水准，却并没有取得更高的产业效益。直到改革开放以后，我国才开始现代动漫市场的探索与发展。

**（一）1979～2003 年，动漫市场的初步探索**

中国动漫的市场化探索，是从引进国外动画片开始的。改革开放以后，影院、电视台等也开始探索市场化道路，国外动画片也在此时开始引入。20 世纪 80 年代，中央电视台引进了一系列国外动画片，以日本动画为主，受到了国内观众的欢迎。1980 年的《铁臂阿童木》、1983 年的《聪明的一休》、1986 年的《花仙子》、1992 年的《圣斗士星矢》、1996 年的《灌篮高手》、2001 年的《EVA》都曾名动一时。此时，国际动漫进入快速增长期，大量加工业务转移至中国。20 世纪 90 年代是国内动画加工业的发展高峰，北京、上海、广州、杭州等地都出现了专门为日美动漫企业做代工的公司，中国成为世界动画工厂。日本很多著名动画的加工、制作，背后都有中国动画代工的印迹。国内较早投入动画市场的一批行业先驱，大都有为国际动画公司代工的经验。

国际动漫市场的勃兴激发了国内对动漫市场的探索。20 世纪 80 年代，国内涌现出《哪吒闹海》《天书奇谭》《山水情》等一系列优秀动画电影，也制作出一批影响深远的电视动画片，如《葫芦兄弟》《黑猫警长》《阿凡提的故事》等。90 年代，很多电视台、电视制作商开始关注和投资影视动画片，成立了多家动画片生产部门与企业，优秀动画片数量大幅增加，《宝莲灯》《舒克和贝塔》《蓝皮书和大脸猫》《大头儿子小头爸爸》等电视动画成为一代人的集体记忆。1999 年，三辰卡通公司制作了大型原创科普动画系列《蓝猫淘气 3000 问》，作为第一部国产原创大型科普动画系列，蓝猫系列历经十年，在少年儿童群体中反响巨大。2001 年，上海美术电影制片厂、上海电视台联合推出的 52 集大型电视动画连续剧《我为歌狂》，在青少年群体中获得了较高的口碑。当时中国虽然产生了一些经典动画，但整个国产动漫市场总体比较低迷，产量少、经典少，市场规模较小。

### （二）2004～2011年，驶入量产快车道

2004年，国家广播电视总局下发《关于发展我国影视动画产业的若干意见》，要求三分之一以上的省级和副省级电视台开办少儿频道，国产动画片每季度播出数量不少于动画片总量的60%。自此，国内电视荧屏播放进口动画片的数量大幅减少，中国动漫产业走上了鼓励自主原创的道路。2004年底，国家广播电视总局首批命名了上海美术电影制片厂、中央电视台中国国际电视总公司、三辰卡通集团、中国电影集团公司、湖南金鹰卡通有限公司、杭州高新技术开发区动画产业园、常州影视动画产业有限公司、上海炫动卡通卫视传媒娱乐有限公司、南方动画节目联合制作中心九家国家动画产业基地。2005年5月，国家广播电视总局又批准建立了第二批六个国家动画产业基地，包括深圳市动画制作中心、大连高新技术产业园区动画产业园、苏州工业园区动漫产业园、无锡太湖数码动画影视创业园、长影集团有限责任公司、江通动画股份有限公司。这些基地成为国内最重要的动漫产业集聚区。2006年，国家广播电视总局发布《关于进一步规范电视动画片播出管理的通知》，规定：全国各级电视台所有频道在每日下午5点至晚上8点的时段，不得播出境外动画片和介绍境外动画片及展示境外动画片的资讯节目。这一政策的出台，极大拓展了国产动画片的发展空间，激发了国内动漫企业的创作生产热情，国内各大专院校纷纷开办动画专业，动漫创作生产机构如雨后春笋一样涌现。2007～2011年，国家采用税收优惠和资金补贴双管齐下的政策，扶持动画原创企业，直接推动了电视动画备案数量与发行数量的逐年增长。2007年，国产动画片达到10万分钟，中国超过世界第一动漫大国日本而成为动漫产量第一的国家。2011年，国产动画片产量超过26万分钟。2012年，因为产业发展环境和国家宏观政策以及地方具体政策的发展变化，国产动画片的生产量有所回落，比2011年下降了14.66%，但仍然保有22万分钟的生产量，在动画生产上稳居世界第一。

在这一阶段，国产动漫市场出现了一些里程碑式的作品。2005年，《喜羊羊与灰太狼》首播，吸引了一大批粉丝，大街小巷都有喜羊羊的身影。2006年，中国首部武侠动画电视连续剧《虹猫蓝兔七侠传》在中央电视台少儿频道黄金时段播出，获得中央电视台少儿节目及动画精品国产动画片一等奖。

2007 年，国内第一部以青少年为定位的动画作品《秦时明月》进入观众视野，土豆网、优酷网等互联网播放平台的点击量急速上升，同年，这部新作获得第 20 届"星光奖"。《秦时明月》日渐成长为国产动画的"明星"，甚至国漫界形成了"秦时明月现象"——作品网络总点击量超过 20 亿次，拥有数百万忠实观众，成为"中国青少年动漫第一品牌"。2011 年，动画电影《藏獒多吉》参加了法国昂西国际动画电影节，中国题材首次和日本画风相结合，成为中国动漫电影融合外来动漫因素的典型作品。

### （三）2012 年至今，转型升级成效明显

在博得一片赞叹之声的同时，行业内外对动漫产业"量大质次""粗糙幼稚""有行业无产业"的批评声也越来越强烈，观众大量流失，中小动漫企业大量倒闭，行业转型升级的要求越来越迫切。从 2012 年开始，相关部门开始减少对企业的补贴，同时积极鼓励动漫原创企业重视产品质量。我国电视动画制作行业开始探索新道路，从追求数量向追求质量和效益转变。2012 年因而被称为中国动漫产业的"转型升级年"。这一年，中国原创动画产量在历经八年的连续增长之后，首次出现了负增长，比 2011 年下降了 14.66%。

近十年来，中国动漫市场经历了转型阵痛期，仍然取得了不错的成绩。2013 年，《十万个冷笑话》获得第十届金龙奖、最佳新媒体动画奖，之后又获得最佳动漫改编奖。2015 年，动画电影《西游记之大圣归来》横空出世，以 9.56 亿元人民币票房成绩登顶中国动画电影票房总冠军，打破了中国动画电影票房纪录。2016 年的《大鱼海棠》与《大圣归来》，一起被业界评为国漫新时代的开创之作。2019 年，动漫电影《哪吒之魔童降世》以 49.7 亿元的票房成绩在总票房排行榜上位列第二，仅次于《战狼 2》，成为整个国漫行业的强心剂。2019 年，全国通过认定的动漫企业有 42 家，累计数量达到 896 家，浙江省、广东省和北京市的动漫企业均超过了 100 家。2019 年全年电视动画发行数量触底反弹，发行量高达 305 部，同比增长 26.56%，制作时长为 9.47 万分钟，同比增长 9.47%①。

经过多年的积累发展，中国动漫行业内逐步涌现出一批大型动漫集团和龙

---

① 整理自国家广播电视总局网站，http://www.nrta.gov.cn/.

头骨干企业，中国动漫集团、央视动漫集团等已经实现了集团化运营，奥飞娱乐、光线传媒、腾讯、bilibili、爱奇艺等上市公司都深度投资和运营动漫企业。快看漫画、腾讯动漫、有妖气等新媒体动漫平台也逐渐兴起，动漫产业产值不断增长，动漫市场呈现一派繁荣景象。2020年，中国泛二次元用户规模达到4亿人，网络动漫用户规模达2亿人，我国的动漫产业消费群体已经逐渐进入稳定发展期。

## 二、动漫产业链发展现状

从产业链来看，动画产业包括原创策划、动画制作、发行与销售三个核心环节。原创策划往前延伸，又可包含漫画书的创作、出版；制作环节本身就包含有建模、渲染、配音等诸多流程；动画片销售往后延伸，又可继续带动图书、音像、文具、玩具、游戏、主题乐园以及服装、家具等其他方面的形象授权。

### （一）动漫图书

1993年，第一本动漫刊物《画书大王》出版，这是国内首次出现以漫画连载半月刊形式出版的动漫杂志。1995年，中宣部和新闻出版总署宣布实施"5155工程"，力争在两三年内建立五个动画出版基地，分别由辽宁少儿出版社、中国少儿出版社、少年儿童出版社、接力出版社和四川少儿出版社牵头，重点出版15套大型系列儿童动画图书，创办《中国卡通》《北京卡通》《少年漫画》《漫画大王》《卡通先锋》等儿童动漫刊物。2000年以后，随着互联网的发展、手机的普及，更多的动漫迷选择更为方便的网络平台或者手机阅读漫画，动漫刊物纷纷停刊。2012年以后，伴随着动漫行业转型升级的步伐，漫画期刊和图书的品种、质量和发行数量稳中有升。国家新闻出版署数据显示，2015～2019年，全国动漫期刊出版数整体呈下滑趋势。与此同时，网络漫画呈现快速增长态势，网络漫画月活跃用户规模从2019年1月的7300多万人，增长到2020年1月的9600多万人。

### （二）电视动画

我国电视动画从追求数量转向数质并举阶段以后，进入比较平稳的发展状态，如图6-1所示。

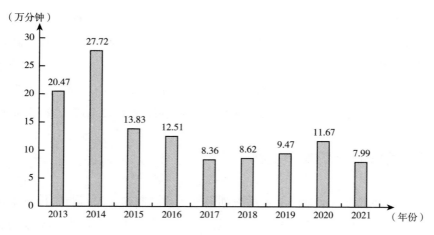

**图 6 - 1　2013 ~ 2021 年国产电视动画片发行时长**

资料来源：笔者整理自国家广播电视总局网站，http：//www. nrta. gov. cn/.

目前国内已形成以 6 个少儿（动画）卫星频道和 32 个少儿地面频道为主体，众多卫星综合频道和其他电视频道为补充的动画播映体系。2020 年新冠肺炎疫情的暴发并未影响我国电视动画的备案及发行热情，2020 年全国电视动画备案数量和发行数量均较 2019 年有所增长，分别达到了 571 部和 374 部。

**（三）动画电影**

2015 ~ 2019 年我国动画电影年备案数量在 130 部以上，2019 年国产动画电影实现"井喷式"发展，制作备案数量达到 164 部，制作完成并取得公映许可证的影片有 51 部。2019 年全年，动画电影票房收入达到 116. 08 亿元，达到美国、日本等成熟动画电影市场的程度，观众对国产动画电影文化认同感不断提高。《哪吒之魔童降世》打破动画电影低幼化格局，在全年龄化方面取得重大突破，票房达到 50. 7 亿元，居当年国产电影票房榜首。2020 年，新冠肺炎疫情的暴发使得上半年拍摄受到一定的影响，线下电影院全面关闭，国产动画电影受到一定的冲击。据统计，2020 年 1 ~ 9 月，全国仅有 70 部动画电影进行备案①。总的来看，近些年动画电影在主题、题材、审美表现

---

①　整理自国家广播电视总局网站，http：//www. nrta. gov. cn/index. html.

方面都有长足进步，尤其是《西游记之大圣归来》《哪吒之魔童降世》《姜子牙》等动画电影的热映，成功吸引了电影观众的注意力，为中国动漫电影拓展了市场空间。

### （四）网络动漫

随着网络技术的不断发展，数字化阅读成为获取知识信息和消费娱乐的主要方式之一，网络动漫日益兴起。快看漫画、腾讯动漫、有妖气等新媒体动漫平台成为行业新秀，综合视频平台成为网络动画播出主力军，爱奇艺、腾讯视频、优酷视频等综合视频网站纷纷开设动画频道。以 bilibili 为代表的垂直视频网站在以动漫、游戏为主的二次元社区的基础上，围绕着年轻群体的娱乐需要，拓展至生活、娱乐、科技等大众化泛娱乐社区。

### （五）动漫衍生品

动漫衍生品是指原创动漫或卡通形象在经过设计师再设计后，制造出的一系列可售卖产品。动漫衍生品商品附加值高，市场空间巨大。以美国迪士尼为例，该公司拥有米老鼠、唐老鸭、小熊维尼、白雪公主等众多经典动漫形象，形成了全球娱乐行业最长的产业链，开发了超过 10 万种与迪士尼卡通形象有关的产品，在全球有 3000 多家授权商。

目前，国内越来越多的传统行业厂商借力动漫品牌开展内容营销、形象营销（商品授权、促销授权）、场景营销（空间授权），企业品牌和动漫 IP 联动的项目数量也在大幅提升。如网易严选与上海美术电影制片厂合作，共同推出葫芦兄弟系列彩妆产品，包含护手霜、眼影、口红、散粉、面膜和香水等；麦当劳携手快看漫画，联合 10 部漫画作品打造联名麦旋风，并通过 AR 互动、联名动画短片、定制动漫等玩法，增强粉丝参与度；重庆江小白酒业有限公司和武汉两点十分文化传播有限公司联合推出的 2 季 24 集《我是江小白》网络动画，成为跨界宣传和定制营销的重要标杆。根据对 2019 年百度搜索风云榜动漫榜单的统计分析，全年共有 180 个国产动漫 IP 上榜，其中《斗罗大陆》《魔道祖师》《斗破苍穹》等 IP 最具关注度、知名度和影响力。

## 三、动漫行业市场的主要运营模式

### （一）全产业链发展模式

动漫企业采用全产业链模式的情况，一般出现在产业发展初期和产业成熟的后期。在产业发展初期，由于配套不足、分工不细，动漫企业为拓展市场，打通产业全流程，被迫实施全产业链模式。在产业相对成熟的后期，竞争优势明显、市场占比高的企业会主动向上下游延伸，形成完整的产业链条，拓展上下游生存空间，挤压竞争对手，以获取更多垄断利益。全产业链模式下，内容、发行渠道和衍生品相互依存又相互制约，其中，内容的质量往往决定发行传播的效果，渠道发行播映也影响衍生产品市场产值。以中南卡通为例，作为中国动漫行业的领军企业、首批国家重点动漫企业和十大最具影响力国家文化产业示范基地，中南卡通以内容为核心，从内容到观众、从产品到商业，将动画与旅游、时尚、快消、美食、二次元、科技、体育、广告、社交、游戏、演出、主题公园等进行全方位、立体性的嫁接开发，创造出了更多的新兴生态、新兴产业①。

### （二）成熟产品带动内容创作的发展模式

有一部分动漫企业打破常规发展模式，从优势产业出发，打造出成熟的终端产品后，再谋求向上游动漫创作领域突破。这类模式在浙江、广东等童玩产业比较发达的省市比较流行。如奥飞动漫，其前身为广东奥迪玩具实业有限公司，代表作就是名满全国的四驱车，其产业链模式是以玩具盈利反哺内容创作，内容创作又丰富玩具产品。这类企业多是从玩具、文具等产品起步，将动画片作为企业整体产业链的一个环节进行运作，能够达到品牌价值和产品销售同步提升的效果。

### （三）原创内容与衍生品联动发展模式

这类模式往往将优势衍生品与原创内容设计同步考虑，在播放动画片的同

---

① 吴佳. 中南卡通：勇做动漫产业的领军企业［J］. 传媒，2018（5）：14 – 16.

时，强势推出衍生产品。比较成功的典型是深圳华强方特文化科技集团股份有限公司，将现代高新科技和文化产业相结合，形成了以创意设计为龙头，以特种电影、动漫产品、主题演艺、影视出品、影视后期制作、文化衍生品、文化科技主题公园为主要内容的优势互补产业链。华强动漫与方特主题公园同属华强方特文化旗下，开创了内容与主题公园双管齐下，衍生产品顺理成章的动漫产业链模式。华强方特文化从打造"方特欢乐世界""方特梦幻王国""方特水上乐园""方特东方神画"四个完全自主知识产权的主题乐园品牌开始，在全国多个城市建成十余个主题乐园，随着"熊出没"IP 开发日臻成熟，相关衍生品也取得了市场的认可。

## 四、动漫行业市场的主要特点

### （一）政策引导力度大

我国高度重视包括动漫在内的文化产业全门类的发展，出台了许多扶持政策。对于动漫产业，从人才培训、资金投入，到产品开发、播出渠道等方面均构建了有利的政策环境。2006 年，国务院办公厅转发了财政部等部门《关于推动我国动漫产业发展的若干意见》，该文件系统性地提出了很多事关我国动漫事业发展的政策建议，明确了行业未来发展的方向。同时，原文化部还联合教育部、科技部、财政部、信息产业部、商务部、国家税务总局、工商行政管理总局、广播电视总局（今国家市场监督管理总局）、新闻出版总署十部门组成联席会议制度，出台系列政策，扶持动漫行业发展，详见表 6-1。

表 6-1　　　　　　　　　　　动漫行业相关扶持政策一览表

| 发布时间 | 政策名称 | 主要内容 |
| --- | --- | --- |
| 2005 年 5 月 | 关于促进我国动画创作发展的具体措施 | 除了鼓励各级电视台增加动画播出时段、开办动画专栏外，国家广播电视总局规定播出总量不得少于60% |
| 2006 年 4 月 | 关于推动我国动漫产业发展的若干意见 | 国家加大财政投入力度，扶持优秀动漫原创产品创作，推动形成成熟动漫产业链 |

续表

| 发布时间 | 政策名称 | 主要内容 |
|---|---|---|
| 2008 年 2 月 | 关于加强电视动画播出管理的通知 | 对境外动画片的播出时间、审批进行规范，为国产动画片营造成长环境 |
| 2008 年 8 月 | 关于扶持我国动漫产业发展的若干意见 | 扶持民族原创，完善产业链 |
| 2009 年 9 月 | 文化产业振兴规划 | 动漫产业是发展重点，着力打造观众喜爱的国际文化动漫形象品牌 |
| 2011 年 6 月 | 动漫企业进口动漫开发用品免征进口税收的暂行规定 | 动漫企业自主开发、生产动漫直接产品，确需进口的商品可享受免征进口税及进口环节增值税 |
| 2012 年 7 月 | "十二五"时期国家动漫产业发展规划 | "十二五"时期动漫产业发展的基本思路和主要目标 |
| 2013 年 7 月 | 推动国产动漫电影发展的 9 条措施 | 增加对动画电影创作的扶持，对国产动画电影进行宣传推介和集中营销 |
| 2017 年 2 月 | "十三五"时期文化发展改革规划 | 推动我国国际网络文化博览会、我国国际动漫游戏博览会等重点文化产业展会市场化、国际化、专业化发展 |
| 2018 年 4 月 | 关于延续动漫行业增值税收政策的通知。 | 对动漫软件销售，一般纳税人实际税负超过3%的增值税部分，实行即征即退的政策 |
| 2019 年 8 月 | 关于推动广播电视和网络视听产业高质量发展的意见 | 以实施"新时代精品工程"为抓手，谋划实施好电视剧、纪录片、动画片、广播电视节目、网络视听节目等重点创作规划 |
| 2021 年 6 月 | "十四五"文化产业发展规划 | 提升动漫产业质量效益，以动漫讲好中国故事，生动传播社会主义核心价值观，增强人民特别是青少年精神力量。打造一批中国动漫品牌，促进动漫"全产业链"和"全年龄段"发展。发展动漫品牌授权和形象营销，延伸动漫产业链和价值链 |

资料来源：笔者根据网络公开数据搜集整理。

## （二）行业产值增长快

政策支持推动了动漫产业的快速发展。2005 年，我国动漫总产值不到 100 亿元。从 2006 年国家广播电视总局发布包括"各级电视台黄金时间不得播出境外动画片"在内的系列政策之后，国产电视动画和动画电影数量不断增长，动画生产数量攀升至世界第一。近两年，我国经济社会整体受到新冠肺炎疫情的强烈冲击，许多行业消费低迷、收入下降、增速放缓，但也从一定程度上激发了文化消费新需求，动漫游戏产业受用户数量增长、使用时长增加、消费活跃等有利因素的影响，产业规模逆市上扬。2020 年，我国动漫产业实现了2500 亿元产业产值规模目标①。

### （三）网络时代转型升级快

2013 年以来，随着我国互联网经济的快速发展，互联网人口红利快速释放，以动漫产业为代表的数字创意产业进入快速增长通道。各大互联网公司都开始涉足动漫产业，尤其是网易、腾讯等知名企业，不断加大文化娱乐产业投资力度，推动了动漫行业的快速发展。受互联网影响，动漫产业的受众定位、发行渠道、播出平台、自制内容、营销方式、政策扶持以及技术应用等方面都产生了显著变化。近年来，随着 5G 商用加快推进，大数据、人工智能、虚拟/增强现实、区块链等技术与动漫产业深度融合，更是推动了动漫行业在生产制作流程、产品形态、呈现方式、传播方式、服务场景上的持续创新。

## 五、动漫行业市场的主要问题

### （一）原创精品偏少

动漫产业说到底是内容产业，能讲好故事是最根本的评价标准。评价好故事的基本标准有两个：一是有意义；二是有意思。目前，国产动漫在有意义和有意思两方面都能做好的作品还不是很多。对比成熟的日漫、美漫，我们的动漫创意不足，模仿日美风的痕迹比较明显，很难打动观众。此外，市场跟风现象严重，一部动画片成功之后，往往有大量同类型题材蜂拥而至，导致同质化严重。总体上，国产动漫还有很多定位低幼，无法跳出"动物拟人化"的主

---

① 夏晓伦. 产业观察：我国动漫产业步入发展快车道 国产 IP 迎新机 ［EB/OL］. http：//finance. people. com. cn/n1/2021/0521/c1004 – 32110167. html.

角偏向，也缺乏细腻的手法和情感变化，缺少对人心理、情感和情绪的深入挖掘，感染力不足。少数面向成人的动画格调和格局不够高，审美浅层化、低级化、游戏化，难以产生鼓舞人、激励人的升华性力量。以票房第一的《哪吒之魔童降世》为例，在价值观传达、情节设置、画面表现方面都有批评的声音，无论是价值表现还是审美表现，距离经典动漫都还有一定差距。

### （二）产业链不够完整

动漫产业应该有创意、制作、运营、播出、衍生等一个完整的产业链。国内动漫市场无论是动画片本身的播出市场，还是动漫图书和音像制品市场、动漫形象的衍生产品市场，都存在产业链不完整、商业模式不清晰、动漫企业之间孤立发展等问题。以动漫衍生市场为例，从国际经验看，动漫产业70%以上的利润来自衍生产品，衍生产品是动漫产业上游、中游环节最终得到市场回报的终端。我国动漫衍生品产业与日美相比还有较大差距。据统计，2016年中国动漫衍生品市场规模约为播映市场的1.5倍，而日本、美国的动漫产业中，衍生品市场能够达到播映市场的8~10倍。以《冰雪奇缘》为例，其在北美的票房收入为4亿美元，而主角所穿"公主裙"一年在美国的销售量就高达300万条，收入约4.5亿美元。此外，还有电影蓝光DVD、原声大碟、同名手游、授权电视剧角色等，迪士尼打造了一个庞大的《冰雪奇缘》衍生品产业链，持续为迪士尼带来销售收入[①]。目前国内多数动画制作企业通过衍生产品获得的利润比重严重偏低，衍生市场开发不足。

### （三）高端人才缺乏

动漫行业实质上是智力密集型的文化产业，国内动画产量虽然呈现"井喷"态势，但是优质内容仍然稀缺，背后的根本原因则在于动漫人才的匮乏和相关人才培养的滞后。尽管在2000年后，国内开始出现专门的动漫职业教育本科院校，很多艺术院校也开设了动漫相关专业，但由于薪资和劳动强度不匹配，优质人才和从业人员的不足始终是困扰中国动漫产业发展的难题。随着

---

① 孙珊珊，杨欣玥. 我国动漫产业竞争力提升对策研究 [J]. 东北师大学报（哲学社会科学版），2019（1）：185–186.

受众对动漫精品的需求越来越高，动漫人才缺口日趋突出。高端动漫产业人才的匮乏，造成了连锁反应，突出地表现为优质动漫作品的缺失和衍生品开发的乏力。

### （四）高科技应用不够及时普遍

近年来，人工智能、大数据、移动互联网等新技术日新月异，给很多行业都带来颠覆性的影响。尤其是文化产业，新模式、新业态层出不穷。但这些新技术并没有充分运用到动漫技术的开发之中，目前的动漫仍然是以传统动漫技术为主，剧情、场景都是较为简单直接的表现。以《秦时明月》为例，采用ACG 技术 +3D 效果和立体渲染技术后，人物形象更加逼真，场景渲染效果更加唯美、画质分辨率更加高清，让观者有种身临其境的感觉，获得了市场一致好评。但这只是动漫产业的成功个例，并不是普遍现象。今后需要进一步推进新技术应用的协同化，从而带动整个行业科技水平的整体提升。

## 六、推动动漫市场高质量发展的相关建议

动漫不仅是重要的文化娱乐产品，也已成为意识形态传播的重要阵地，在价值观传递、文化传播、教化育人、提升国家文化软实力、彰显文化自信等方面发挥着日益重要的作用。因此，要进一步加强政府、社会与市场的三方资源整合，引导动漫企业在产品细分领域做专做强，在上下游产业链之间分工合作，推动动漫产业项目投资市场化、产品开发专业化、产品生产规模化、产品运营商业化。

### （一）完善动漫产业链，优化整体布局

基于当前动漫市场需求和动漫产业发展的大格局，需要优化整体布局，促进产业链各环节协同发展。这就需要动漫企业进一步深化市场调研，学习、借鉴国外先进经验，精准把握受众需求，遵循营销规律，加强产业内协作。具体而言，可以围绕以动漫为核心来创作更多的 IP 资源，并借助影视、游戏等关联产业推动动漫产业更好变现，推进以动漫产业为核心的相关产业上中下游有

效互动，打造动漫产业闭环生态①。在这一过程中，尤其要重视漫画创作这一基础环节。漫画是动画创作的资源，好作品都是先出漫画再拍成动画的，要让漫画成为整个动漫产业链的起点和源泉，真正将具有良好市场推广价值的漫画运用到动画作品、游戏、服装、玩具等产品形态中。另外，还要充分利用各个地区的人力资源、市场资源和政策扶持等优势，搭建完整的动漫产业链，形成高度协调的动漫市场格局，从而提高动漫产业的整体发展水平。

### （二）立足特色题材，讲好中国故事

中国动漫需要改变盲目借鉴国外动漫发展经验、设计思路、设计元素的做法，注重深度挖掘民族文化题材，致力于用中国文化元素讲好中国故事。这一点目前已经成为业内共识。杭州玄机科技信息技术有限公司副总经理魏本娜认为：优秀的动漫电影，首先要注重整体内涵——故事内容能否让观众觉得有看头、有深度、有回味。讲好故事，目前也是国内优秀动画公司的普遍追求。同济大学电影研究所所长杨晓林认为，只要突破"讲故事"的瓶颈，国产动画一定会迎来新的辉煌。关于如何讲好故事，他提了四个建议：请小说家和成熟剧作家加盟动画编剧队伍，从文学"母体"中汲取营养，从当下现实生活和社会问题中提炼主题和发掘内容，从世界文化和自然遗产中找寻场景和创意灵感②。基于电影产业的成功经验来探讨动画电影的创作规律，可谓是真知灼见，值得业界深入思考和探讨。

### （三）拓宽营销手段，创新传播方式

动漫企业在开发内容产品和衍生产品的同时，要注意强化市场调研，确定目标市场，提高市场占有率，从而取得最优的经济效益。目前仍有很多优质国产动画因为营销不力，没有产生应有的社会效益和经济效益。如动画电影《罗小黑战记》，口碑内容俱佳，但因为宣发力弱，没有产生裂变效应。在营销方式上，要鼓励企业对传统营销方式大胆创新，传播渠道既覆盖到电视、报刊、网络等传统大众媒体，也要覆盖抖音、快手、bilibili等新媒体平台。近些

---

① 秦洁，余洪．中国动漫产业跨界融合发展模式研究［J］．当代电视，2021（11）：96－99．
② 杨晓林．中国动画电影如何讲好中国故事［J］．上海艺术评论，2016（5）：8－10．

年来，随着移动通信网络从 3G、4G 向 5G 转换，手机动漫将会获得更大的发展空间，为动漫传播和营销提供了新的发展模式，这些新媒体传播方式都将会为动漫产业带来新突破。

### （四）培育高端化人才，提高研发能力

动漫产业是一个人才需求层次比较广的行业，人才需求金字塔的底层是支持、运营、服务人才，中间是设计开发、技术、绘制等人才，高端则是策划、编导、管理人才。要基于动漫产业人才需求现状，加大对高端人才培养的力度，从而提升动漫产品的研发力度；要进一步推动与高校互动，基于产业发展的人才需求，与高校深化合作，实施订单式培养；要进一步出台推动各地高校和动漫产业基地合作的机制，提高高校人才培养的针对性和有效性。

### （五）加强知识产权保护，完善制度建设

加强知识产权保护是促进动漫产业国际化发展的必要路径，要借鉴发达国家动漫知识产权保护的经验，尽快建立动漫知识产权保护体系。在政府层面，要加强知识产权相关内容的宣传力度，培养公众的知识产权意识，简化知识产权审批手续，及时公布已申请的知识产权，激发企业等市场主体自主创新的积极性。在行业层面，可设立知识产权保护以帮助企业合规经营，避免不必要的侵权纠纷。在企业层面，相关企业可以聘请法律顾问，设立知识产权部门，强化创新意识，明确市场定位，打造企业品牌形象。

## 第二节　网络游戏市场

网络游戏是指以互联网为传输媒介，以游戏运营商服务器和用户计算机为处理终端，以游戏客户端软件为信息交互窗口的旨在实现娱乐、休闲、交流和取得虚拟成就的具有可持续性的个体性多人在线游戏。该部分在对我国网络游戏市场发展历程梳理基础上，分析网络游戏的产业链构成与运营机制，并对当前我国网络游戏市场的发展现状进行述评。

# 一、中国网络游戏市场发展历程

1994 年，中国接入世界互联网，互联网产业逐步在中国拉开帷幕。在此之前，国内的游戏行业以街机游戏和电脑单机游戏为主，这段时间是中国网络游戏的"史前文明"。1995 年开始，中文文字网络游戏泥巴（Multi-User Dungeon，MUD）出现，由于当时国内电脑的使用与上网条件十分有限，当时的电子计算机多供机关以及高校使用，所以这类文字网络游戏通常只是在各大高校以及电信部门小范围传播。此后几年，陆陆续续有一些网络游戏企业创办，但都没有形成市场规模和产业体系。2000 年左右，中国网络游戏市场体系开始形成，政府开始对网络游戏行业进行管理和引导。根据网络游戏产业发展阶段，我们将中国网络游戏产业划分成五个阶段，分别是：产业起步阶段（1998～2004 年）、快速发展阶段（2005～2007 年）、平稳发展阶段（2008～2012 年）、多平台发展阶段（2013～2016 年）、高质量发展阶段（2017 年至今）。

## （一）产业起步阶段：1998～2004 年

1998～2004 年是我国网络游戏产业的起步阶段。1998 年 6 月，《联众游戏世界》作为第一款图形化的网络游戏界面在中国出现。2000 年 7 月，中国第一款图形化网络游戏《万王之王》正式上市，自此中国网络游戏市场开始形成。《万王之王》上线的 2000 年也被称为是中国网络游戏的元年。

这一阶段的重大标志性事件是盛大游戏的出现。1999 年 11 月成立的盛大是以代理国外游戏产品起家的，其标志性事件是在 2001 年 7 月引进了韩国网络游戏《传奇》。该游戏一经上线就获得玩家追捧，到 2002 年 10 月，《传奇》最高的同时在线人数达到了 60 万，到 2003 年，《传奇》更是占据了中国网络游戏市场份额的近 70%，成为当时的现象级游戏产品。与此同时，腾讯于 2003 年 8 月上线 QQ 游戏，开启了游戏与社交的探索之路。

由于网络游戏采用了联机认证技术，解决了单机游戏时代的盗版问题，保障了游戏开发者和运营方的合法权益，短短两年时间内，近 40 余款网络游戏相继上市，整个市场开始飞速成长。截至 2004 年底，国内同时运营的网络游戏已经超过了 150 款，网络游戏产业和市场开始进入了快速发展阶段。

纵观这一阶段，由于中国游戏产业刚刚起步，中国网络游戏行业在定位、规模、人才和产业链上基本完善，发展速度也较快；游戏企业也从引进、模仿海外游戏为主向研发自主创新游戏过渡。从产业数据上看，2001 年，中国游戏出版市场规模约为 5 亿元，其中网络游戏占 3.1 亿元，中国网络游戏产业仅仅发展了一年就超越了单机游戏，可见网络游戏市场的发展潜力和需求[1]。从 2002 年开始，中国最主要的几大门户网站开始进军网络游戏行业，其中就包括网易推出的《大话西游》、新浪运营的《天堂》、搜狐运营的《骑士 Online》等。这些大型门户网站参与到网络游戏行业，不仅能够在资金和技术上给予中国网络游戏产业以支持，还为中国网络游戏产业的发展提供了更大的平台。

**（二）快速发展阶段：2005～2007 年**

在学习国外游戏经验之后，中国网络游戏产业逐渐从代理国外游戏向自主研发游戏转变，并进一步探索适合国内市场的运营该模式。2005 年，盛大游戏旗下的《热血传奇》及自研游戏《传奇世界》进行运营模式的创新，采用了游戏本体免费、道具增值服务收费的全新运营模式，开创了网络游戏行业盈利新模式，这一模式被后来中国游戏厂商效仿，成为中国网络游戏主要运营模式。与此同时，盛大游戏通过资本并购不断获取游戏代理权，并研发新游戏。凭借其优秀的市场表现，盛大游戏在美国纳斯达克上市，同年 7 月，盛大游戏以现金方式参股上海洁方在线信息技术有限公司，收购了杭州边锋、北京数位红软件应用技术有限公司，11 月收购韩国游戏公司 Actoz 的控股权，盛大成为国内首个收购国外游戏上市公司的企业[2]。

这一阶段的一个著名事件是《魔兽世界》登陆中国。世界顶尖游戏产品登陆中国游戏市场，极大地推动了中国游戏市场的繁荣与发展。2004 年 4 月，第九城市取得了暴雪公司的《魔兽世界》在中国的独家代理权，2005 年 4 月 26 日开始进行公测，一直运营至今，最高同时在线人数超过 1000 万

---

① 网易. 中国游戏产业的发展历程 [EB/OL]. http://biz.163.com/50122/2/1AMV0A7F000213LF. html，2020 - 07 - 05/2021 - 12 - 13.

② 华夏. 中国网络游戏发展史研究 [D]. 沈阳：辽宁大学，2018：13.

人。《魔兽世界》作为当时世界网络游戏的最高制作水平，为刚刚起步的中国网络游戏产业提供了一个学习对象。此外，《魔兽世界》作为制作最为精良的MMORPG 网络游戏之一，还为中国网络游戏的玩家提供了一流的游戏体验。这也推动游戏玩家对其他游戏产品提出更高的要求，倒逼中国网络游戏产业的快速发展。2009 年 6 月，《魔兽世界》的中国地区的运营商更换成网易。

这一阶段，游戏企业之间逐渐以技术合作、经济合作等方式展开合作，共同占领游戏市场，体现出较好的统一性和协调性。各大网络游戏厂商也开始注重发掘潜在的用户资源，处于不同市场地位的厂商努力寻找适合自己的发展机遇，逐渐形成了完整的网络游戏产业链。到 2007 年，中国网络游戏玩家数量已经达到 4017 万人，网络游戏市场的实际销售数额破百亿元，对电信、传统出版和媒体、IT 等相关行业的贡献超过 400 亿元[1][2]。

### （三）平稳发展阶段：2008～2012 年

在经过了几年的快速发展阶段后，中国网络游戏的实际销售收入在 2008 年达到 183.8 亿元，比 2007 年增长了 76.6%。收入远远超过传统的三大娱乐内容产业——电影票房、电视娱乐节目和音像制品发行的收入[3]。中国的网络游戏的使用率也从最初的不到 20% 发展到 60% 左右，网络游戏产业进入了一段相对稳定的发展阶段。这一阶段，传统 PC 端网络游戏虽然也在发展，但市场接近饱和，网页游戏发展动力不足，移动端游戏的时代还没有来临。

在产业发展方面，2008 年的金融危机在对各个产业造成巨大冲击的同时，也对网络游戏产业人才和市场的发展造成了一定的影响。有实力的游戏企业不断扩张产品线企图占领游戏市场更大的份额，在对质量和速度同样的要求下，有工作经验的人才就会流向大型企业，而这种做法会导致创新型企业的人才流失，使整个游戏行业的创新能力和创新积极性都有很大程度的下降[4]。

---

① 中广网. 中国网络游戏实际销售收入突破百亿元大关 [EB/OL]. http：//www.cnr.cn/cai-jing1/200811/t20081120_505156054.html，2008－11－20/2021－12－13.

② 华夏. 中国网络游戏发展史研究 [D]. 沈阳：辽宁大学，2018：15.

③ 数据来源于国家新闻出版署官方网站，http：//www.gapp.gov.cn/news/1658/97972.shtml，2021－12－13.

④ 华夏. 中国网络游戏发展史研究 [D]. 沈阳：辽宁大学，2018：17－18.

　　这一时期较为著名的事件是美国动视暴雪公司正式登陆中国。2010 年 7 月，美国动视暴雪公司在上海成立了中国第一个研发中心，标志着世界顶级游戏公司正式登陆中国。暴雪正式登陆中国后，为中国游戏市场带来了更多的世界级游戏产品。暴雪当时在中国运营的游戏产品有《魔兽世界》《暗黑破坏神 Ⅲ》《星际争霸》《风暴英雄》《守望先锋》《炉石传说》。作为世界级游戏公司，暴雪的出现对中国游戏产业的发展起到极大的推动作用，对游戏产品的出品也起到了很强的示范和带头作用。

　　在游戏产品方面，这一时期，国产 PC 端游和页游网虽然也有一定程度的发展，但是能够在运营上取得成功的题材较少，且大多数游戏为以武侠和玄幻题材的角色扮演类产品为主。大部分的网络游戏产品在生产、策划、运营、推广都呈现出很强的模式化。这一时期，比较有代表性的游戏产品出现在手游领域。2011 年，《愤怒的小鸟》在国内上线，成为当时国内最受欢迎的手游之一。虽然这款游戏属于休闲类游戏，但其作为智能手机时代的游戏，与以往功能机时代的游戏相比，在操作和体验方面都具有较大的进步。

**（四）多平台发展阶段：2013 ~ 2016 年**

　　2013 年，移动游戏出现爆发式增长，游戏产业进入端游、页游、移动游戏多平台发展阶段。随着智能手机以及 3G 移动网络的普及，移动端游戏获得了良好的发展基础。据统计，移动游戏的玩家在 2012 年只有近 9000 万人，但是到 2013 年达到了 3.1 亿人，同比增长 248.4%；市场收入也从 2012 年的 32 亿元增长到 112 亿元，同比增长 246.9%①。

　　在游戏细分市场方面，以往一家独大的 PC 端游比重逐渐下降，于 2016 年出现负增长，移动游戏比例上升，并在 2016 年后首次超越 PC 端游，成为国内第一大细分游戏市场。在游戏类型上，移动游戏也从最初的休闲类游戏向角色扮演、即时策略等中重度游戏类型方向发展，涌现出《王者荣耀》《阴阳师》等一批国产现象级产品。

　　2014 年前后，随着 4G 移动网络的发展，游戏直播业务蓬勃发展。游戏直

---

　　① 中国音像与数字出版协会游戏出版工作委员会，CNG 中新游戏研究. 2013 年中国游戏产业报告（摘要版）［R］. 2013：51 - 52.

播平台也如雨后春笋般出现推动游戏产业发展。从内容上看，游戏直播平台的建立使游戏直播更加全面、垂直和分众，更能够满足直播使用者的需求、为需求多样的玩家提供更有针对性的内容服务。直播行业也逐渐从单向内容生产转向强互动的内容生产，并为电子竞技的产业化提供了发展平台①。

此外，2014 年，游戏主机在中国正式解禁，时隔 13 年主机游戏市场重回大众视野。2016 年前后，VR、AR 游戏等新兴游戏类型开始出现，网络游戏市场朝着更加多元化的方向发展。

### （五）高质量发展时期：2017 年至今

2017 年，党的十九大召开为中国游戏产业的高质量发展奠定了总基调。这一时期，国内游戏产业朝着高质量、精品化方向发展，从规模效益增长向质量效益增长转变。

这一时期，游戏产业也遭遇了重大挫折。2018 年 3 月，由于国家展开机构改革，监管机构暂停了游戏的版号审批，直到当年 12 月，中宣部版权局才重新开始审批游戏版号。中国游戏产业经历了长达 8 个月的"寒冬"，发展一度陷入停滞。国家在对游戏监管机构改革的同时，也出台了一系列规范网络游戏市场发展的政策，助力中国网络游戏市场健康发展。

在经历游戏产业监管机构重整之后，游戏行业的管理机制进一步优化，游戏市场运营规范进一步完善。2019 年 5 月，国家网信办全面推行"青少年防沉迷系统"，得到各大网络视频平台的积极响应。2019 年 10 月，青少年防沉迷系统上线，《未成年人保护法》修订案新增"网络保护"章节，明确指出对未成年人使用网络游戏实行时间管理。同年 11 月，国家新闻出版署发出《关于防止未成年人沉迷网络游戏的通知》，帮助未成年人树立正确的网络游戏消费观念和行为习惯。可以看出，国家正努力集政府、学校、家庭以及社会组织和行业企业合力提升未成年人网络素养，共同守护所有未成年人健康成长。2021 年 8 月 30 日，《国家新闻出版署关于进一步严格管理切实防止未成年人沉迷网络游戏的通知》发布。《国家新闻出版署关于进一步严格管理切实防止

① 华夏. 中国网络游戏发展史研究［D］. 沈阳：辽宁大学，2018：22.

未成年人沉迷网络游戏的通知》要求，网络游戏企业仅可在周五、周六、周日和法定节假日的每天晚上八点到九点，向未成年人提供 1 小时服务，其他时间都不允许提供网游。该通知被称为史上最严游戏禁令。此外，随着 5G 网络的发展，云游戏等新兴游戏业态进入各大游戏企业的发展计划中，为游戏产业的发展提供新的增长引擎。

## 二、网络游戏的产业链构成

网络游戏的产业链主要由监管机构、游戏开发、游戏运营、游戏玩家、会展及衍生产品等环节构成。

### （一）监管机构

网络游戏的监管机构包括中央宣传部、国家新闻出版署、文化和旅游部、工业和信息化部等。

网络游戏同时具备了文化产品、电子出版物、音像制品的与互联网的多重属性，这使得很长一段时间内，我国的网络游戏产业面临多头监管的局面。经过 2018 年机构改革后，我国网络游戏监管机构的职责逐渐明确。从监管机构的主体来看，各个主要监管机构的职责分别是：中央宣传部负责总体文化方向把控；新闻出版总署管的是游戏产品和发行机构，如出版社；文化和旅游部负责的是网络游戏市场，如游戏经营场所；工业和信息化部管的是游戏的基础设施建设，尤其是互联网的建设。

### （二）游戏开发

游戏开发者指制作电子游戏软件的企业、团体或个人，其中企业性质的游戏开发者一般称为"游戏开发商"。国内大型游戏开发商往往通过投资中小型游戏开发商或收购游戏独立开发工作室的形式进行游戏开发工作。游戏开发通常包括创意、提案、制作、整合、测试、发布等环节。

游戏创意是游戏的概念设计阶段，主要是指游戏故事和剧情的创作过程。游戏创意来源包括原创故事和社会故事，也有来自影视、小说、史料、动漫等文化 IP 的改编。

游戏提案主要包括制定游戏开发计划、组建开发人员等工作。提案的内容主要包括收集的相关资料、制定研发预算、确定游戏题材、确定游戏引擎等。游戏创意与提案都属于游戏开发的准备阶段。

准备阶段之后进入游戏制作阶段。游戏制作是游戏产品正式开发阶段，包括策划设计、程序编码、流程控制、视觉效果等工作。通常，游戏制作的第一个版本被称为 alpha 版。根据项目计划，所有必不可少、不得不完成的高优先级工作都要排在 alpha 版本中。因此，alpha 版承载了游戏的主要内容，测试人员可以根据 alpha 版本内容的好坏去判断最终游戏产品的质量。在 alpha 版已经确定了绝大部分系统的制作方法后，之后的版本工作主要是进行铺量制作。"铺量"的工作包括更多的怪物、关卡、场景、道具、BOSS、装备、任务、活动、后续剧情等，通过不断填充游戏世界，让玩家体验更丰富，同时要保证所有内容的统一性。

在各个版本制作过程中，需要对关卡、程序、美术、音乐音效等不同游戏要素进行整合，对游戏参数进行调整。

游戏测试是游戏正式上市前对游戏软件的调试阶段。测试的目的是发现游戏软件中存在的缺陷，并进行改进，从而提升软件产品的质量。网络游戏测试常由真实用户参与完成，多以封测、内测等形式出现，主要有以下测试：游戏情节的测试；游戏世界的平衡测试；游戏文化的测试。通过测试形成游戏评估报告，对游戏产品质量进行鉴定。

通过各级测试的游戏可以进入游戏发布阶段。在发布前，游戏开发商需要进行版权申报，只有获得游戏出版许可批复的产品才能进入游戏市场。

此外，网络游戏开发商还包括游戏代理商。由于各国知识产权的保护，游戏资源在世界范围内并不是完全公开共享的，但是玩家对于电子游戏的热爱是没有国界的，于是，游戏代理应运而生[①]。目前，国内许多游戏都是由游戏代理公司引入的，如《魔兽争霸》《炉石传说》《穿越火线》《地下城与勇士》等。

## （三）游戏运营

游戏运营是连接游戏开发商与游戏玩家的重要桥梁，网络游戏发行后需

---

① 曹宏鸣. 我国网络游戏产品产业链经营模式研究 [D]. 济南：山东艺术学院，2020：26.

要不断地维持游戏服务，网络游戏运营商就是网络游戏维持运转的核心环节。通常网络游戏运营商只负责游戏运营，并不具有游戏版权，对游戏内容无权进行修改，所以运营商的发展受网络游戏产品生产商的制约。通常网络游戏运营商在对游戏产品进行风险评估并获得公司领导层批准后向版权所有者购买游戏产品的版权，获得代理许可，然后在搭建好游戏服务器后便可以开始运营①。

目前，网络游戏运营商主要包括独立运营、联合运营、第三方运营托管、版权授权运营、电子竞技、游戏主播等衍生活动运营等。

独立运营是指由游戏生产商自己运营游戏。自主研发的网络游戏公司一般同时兼备网络游戏产品生产厂商和运营商两种角色，它们的游戏产品通常由自己独立运营。从目前我国网络游戏市场发展状况来看，经济效益比较好的企业大多都自主研发网络游戏公司，如腾讯、网易等，它们占据了大部分的游戏市场份额。

联合运营是指平台方和整条产业链上的联运商相互合作，通过合作优势获得共赢。由于联运模式能够降低运营商的风险和成本的投入，同时获得运营所得的高额收益，得到一部分游戏企业的认可。

一些没有能力和资金进行运营的游戏企业，会通过加入腾讯、网易等企业的游戏平台来扩大自己的市场份额，或直接将游戏项目打包出售给腾讯、网易等大型企业，让其代为运营，这便是第三方托管运营的主要方式②。

版权授权运营模式是研发商通过签订代理协议方式将产品提供给游戏运营商，游戏运营商通过向研发商支付一次性游戏代理版权金、分成款获得代理权，并在游戏运营期间根据游戏充值流水及双方约定的分成比例向研发商支付游戏分成款。

随着电子竞技和游戏直播行业的兴起，电子竞技及其游戏主播等衍生活动成为一个新兴的庞大产业分支。目前国内的电竞及其衍生活动的运营模式主要有赛事运营、战队经济运营、IP 衍生运营和明星运作四类。赛事运营是收益最多、见效最快、可持续且稳定的一种商业模式，但由于前期的投入和成本都十分庞大，对运营公司的实力要求颇高，只有大型的游戏公司才能承受。战队

---

①② 曹宏鸣. 我国网络游戏产品产业链经营模式研究［D］. 济南：山东艺术学院，2020：26 - 27.

经济运营是一种应用较广的商业模式，以投资赞助电竞俱乐部战队获得收益为主。目前，国内的电竞战队在盈利能力方面尚需提高，除了少数战队能通过赛事奖金、赞助、广告代言获得丰厚的收入外，大部分战队仍然处于投资人"烧钱输血"的状态。电子竞技本身就是一个大 IP，能衍生出很多周边的产业，如直播、垂直媒体、小说、漫画、影视等。在电竞直播领域，很多主播的收入已经达到了千万级别。明星运作是指将电竞或游戏主播中的明星参照传统体育明星的运作方式进行运营。电竞是新兴体育领域，电竞选手的社会知晓度目前仍十分有限。很多职业电竞选手退役之后如果没有持续高光的流量输出，很快会被遗忘在角落，这也表明电竞领域的明星运作模式亟须完善。

**（四）游戏玩家**

游戏玩家是游戏的消费者。截至 2021 年 12 月，国内游戏玩家规模达 6.66 亿人①。

**（五）会展及游戏衍生产品**

与网络游戏相关的大型会展主要有中国国际数码互动娱乐展览会（China-Joy）、中国国际网络文化博览会、中国国际动漫节、中国游戏产业年会等。

其中，中国国际数码互动娱乐展览会，是由国家新闻出版署和上海市人民政府共同指导，中国音像与数字出版协会和上海汉威信恒展览有限公司主办，上海市新闻出版局和浦东新区人民政府协办的综合性国际数字娱乐产业盛会。

中国国际数码互动娱乐展览会涵盖游戏、动漫、互联网影视、互联网音乐、网络文学、电子竞技、潮流玩具、智能娱乐软件及硬件等数字娱乐等领域，是当今全球数字娱乐领域最具知名度与影响力的年度盛会，截至 2020 年，中国国际数码互动娱乐展览会已举办十八届。

网络游戏衍生产品包括动漫、影视、音乐、cosplay（角色扮演）、直播、电竞等，各类衍生产品基本都能在综合性的游戏会展中见到。

---

① 中国音像与数字出版协会游戏出版工作委员会，CNG 中新游戏研究 . 2021 年中国游戏产业报告（摘要版）［R］. 2021：11 - 12.

### 三、网络游戏产业的运营机制

#### （一）游戏运营平台

网络游戏的游戏运营平台可分为电脑端平台和移动端平台。

1. 电脑端平台

下载网络游戏电脑客户端，在完成账号注册后，凭借账号信息连接游戏厂商运营的服务器，整个游戏进行过程需要在联网状态的电脑上进行，如《英雄联盟》《穿越火线》《地下城与勇士》等。

2. 移动平台

将移动互联网作为传输媒介，在手机、平板电脑和掌上游戏机等便携式硬件上进行的网络游戏，如《全民飞机大战》《王者荣耀》《阴阳师》等。

#### （二）盈利模式

从我国游戏产业而发展历史看，我国网络游戏走的是一条从付费模式向免费模式转变的道路。

1. 付费模式

付费模式是我国网络游戏早期的盈利模式，一般分为点卡和包时卡两种。点卡是玩家购买游戏点数，然后将点数按一定比例转换成在线游戏时间来进行消费。这种模式的特点是利润大，但玩家容易流失。包时卡是玩家一次性购买一个时段，在该时段中可以不限时地进行消费，它可以确保商家收入稳定，玩家不易流失，但利润增长空间小①。

2. 免费模式

免费模式是指游戏时间免费的运营模式，它主要靠增值服务收费盈利，这是目前我国网络游戏的主要盈利模式。这种模式的优势在于，它通过免费的游戏聚拢人气，在此基础上靠深度游戏用户购买的增值服务（如道具等虚拟物品）获得收益。此外，游戏中的广告也是免费模式的收入来源之一。总体来

---

① 黄莹. 论中国网络游戏运营商赢利模式的研究和创新 [J]. 现代商贸工业, 2008 (5)：314 - 315.

说，这种网络游戏运营模式其实是将原先的"购买游戏时间"变为"购买游戏虚拟物品"。由于游戏厂商把出售虚拟道具视为主要盈利手段，因此玩家如果不购买道具，便很难享受到游戏的乐趣，玩家对游戏中消耗品的不节制消费就成了游戏的主要利润来源[①]。

虽然免费网游能够最大限度吸引用户，但这种模式的弊端也日益显现。从游戏玩家角度来看表现为"氪肝"和"氪金"。首先，一些免费网游往往需要玩家花大量时间打怪升级、获取装备。长时间熬夜玩这类游戏容易伤肝，故被玩家称为氪肝游戏。由于免费网络游戏设计的初衷就是靠增值服务盈利而非时间，因而会控制免费服务的数量。因此，在该类型的网络游戏中，玩家既想获得高级装备充分体验游戏乐趣，又想做个真正的免费网络游戏消费者就意味着要花大量的时间与精力来获得一些稀有道具。其次，免费网络游戏缺乏平衡性。免费网络游戏通过经营道具商城来盈利的模式就注定了少数网络游戏消费者可以通过一掷千金的行为来购买各种高级装备，从而迅速提升游戏能力，这种需要在增值服务上花费大量金钱的游戏被玩家称为氪金游戏。这种花钱与不花钱带来的巨大差别会在一定程度上影响普通用户的游戏体验，影响游戏的平衡性，造成较大的心理落差。最后，免费网络游戏产品质量整体不高。近年来推出的几百部免费网络游戏中，同质化现象非常严重，而且不少产品的质量较为低劣，甚至有些游戏还处于半成品状态就急于上线，运营商一边运营一边不断地弥补游戏中的各种漏洞。由此可见，我国网络游戏的未来发展之路不能仅仅依靠免费模式盈利[②]。

除了以上两种主要盈利模式以外，我国网络游戏还有会员收入和合作分成两种类型。会员收入是用户通过支付一定的会费，获得运营商提供的特定增值服务。但单纯依靠会员制度的盈利模式不仅单调，而且由于经过分销渠道、市场宣传、代理费用等数次截流，实际利润率并不高。合作分成是与电信部门合作，将游戏服务费与电信的互联网接入费捆绑在一起，与电信达成接入费分成协议，但对运营商的用户规模提出了要求。

---

① 黄莹. 论中国网络游戏运营商赢利模式的研究和创新 [J]. 现代商贸工业，2008（5）：314 – 315.
② 朱云，包哲石. 基于消费心理学视阈的我国网络游戏赢利模式研究 [J]. 文化产业研究，2016（2）：40 – 51.

## 四、当前我国网络游戏市场的发展现状

2021 年 12 月，中国音像与数字出版协会游戏出版工作委员会发布了《2021 年中国游戏产业报告》。虽然受到新冠肺炎疫情的影响，文化产业发展遭受重创，但我国网络游戏市场因其线上数字经济的特征，获得了不错的成绩。

### （一）中国游戏市场实际销售收入与用户规模

1. 中国游戏产业实际销售收入

《2021 年中国游戏产业报告》显示，2021 年，中国游戏市场实际销售收入为 2965.13 亿元，比 2020 年增长了 6.4%[①]，如图 6-2 所示。

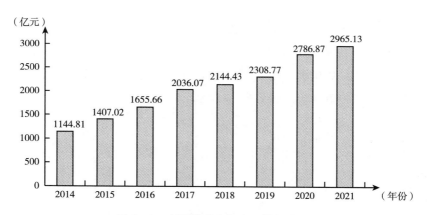

**图 6-2 中国游戏市场实际销售收入**

资料来源：《2021 中国游戏产业报告》。

2. 中国游戏用户规模

2021 年 12 月，中国用户规模达到 6.66 亿人，同比增长 0.22%，用户数量趋向饱和，如图 6-3 所示。由于国家出台了网络游戏防沉迷新规，以及未成年人保护工作的进一步落地，网络游戏用户结构与规模将进一步优化。

---

① 中国音像与数字出版协会游戏出版工作委员会，CNG 中新游戏研究.2021 年中国游戏产业报告（摘要版）[R].2021：12-13.

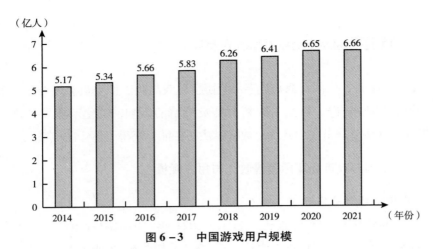

**图 6 - 3　中国游戏用户规模**

资料来源：《2021 中国游戏产业报告》。

3. 中国自主研发游戏的实际销售收入

中国自主研发游戏的国内市场（不含港澳台地区）实际销售收入为 2558.19 亿元，比 2020 年增加了 156.27 亿元，同比增长约 6.51%，但增幅较 2020 年同比缩减约 20%[①]，如图 6 - 4 所示。

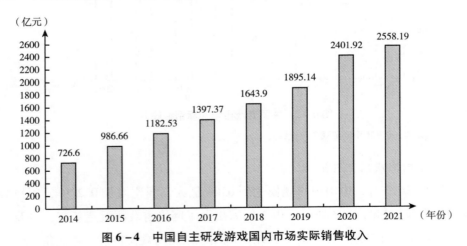

**图 6 - 4　中国自主研发游戏国内市场实际销售收入**

资料来源：《2021 中国游戏产业报告》。

---

① 中国音像与数字出版协会游戏出版工作委员会，CNG 中新游戏研究. 2021 年中国游戏产业报告（摘要版）[R]. 2021：12 - 13.

中国自主研发游戏的海外市场实际销售收入达 180.13 亿美元，比 2020 年增加了 25.63 亿美元，同比增长约 16.59%，增速同比下降约 17%[1]，如图 6 - 5 所示。从近几年的平均增幅来看，中国游戏出海份额呈现稳定上升的态势，说明中国自研游戏的海外市场正在得到有效拓展。

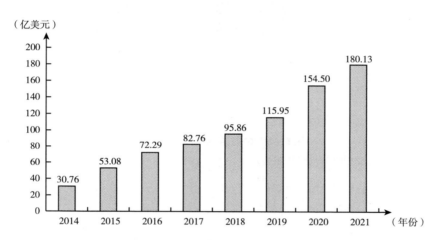

**图 6 - 5　中国自主研发游戏海外市场实际销售收入**

资料来源：《2021 中国游戏产业报告》。

## （二）中国游戏细分市场状况

2021 年，中国各游戏细分市场中，移动游戏依旧是最大的细分市场，其次是客户端游戏市场，网页游戏和其他游戏市场占比最小，如图 6 - 6 所示。

### 1. 中国移动游戏市场规模

2021 年，中国移动游戏市场实际销售收入为 2255.38 亿元，比 2020 年增加了 158.62 亿元，同比增长约 7.57%[2]，如图 6 - 7 所示。从近几年数据来看，中国移动游戏市场收入呈逐年增加态势。

---

　　[1]　中国音像与数字出版协会游戏出版工作委员会，CNG 中新游戏研究. 2021 年中国游戏产业报告（摘要版）［R］. 2021：13.

　　[2]　中国音像与数字出版协会游戏出版工作委员会，CNG 中新游戏研究. 2021 年中国游戏产业报告（摘要版）［R］. 2021：18 - 19.

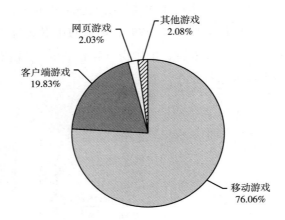

**图 6-6 中国游戏市场收入占比**

资料来源：《2021 中国游戏产业报告》。

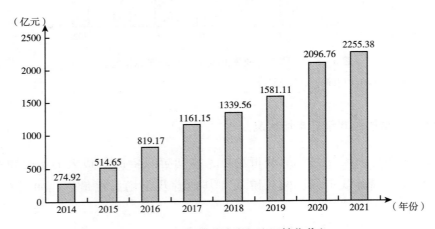

**图 6-7 中国移动游戏市场实际销售收入**

资料来源：《2021 中国游戏产业报告》。

  中国移动游戏用户规模达 6.56 亿人，同比增长 0.23%[①]，如图 6-8 所示。用户规模几近饱和状态。

---

  ① 中国音像与数字出版协会游戏出版工作委员会，CNG 中新游戏研究 . 2021 年中国游戏产业报告（摘要版）［R］. 2021：26-27.

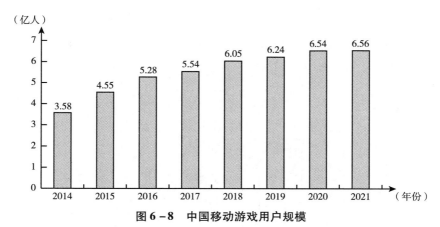

**图6-8 中国移动游戏用户规模**

资料来源:《2021中国游戏产业报告》。

2. 中国客户端游戏市场规模

2021年,中国客户端游戏市场实际销售收入为588.00亿元,比2020年增加了28.80亿元,同比增长5.15%,为近三年内首次出现增长的趋势①,如图6-9所示。从近几年发展趋势来看,客户端游戏市场处于波动状态,当出现爆款游戏时,市场会出现增长。

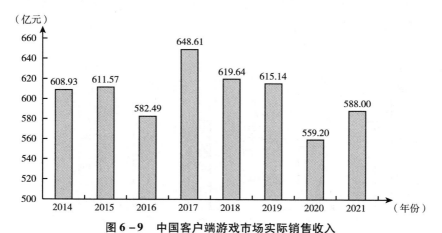

**图6-9 中国客户端游戏市场实际销售收入**

资料来源:《2021中国游戏产业报告》。

---

① 中国音像与数字出版协会游戏出版工作委员会,CNG中新游戏研究.2021年中国游戏产业报告(摘要版)[R].2021:27.

3. 中国网页游戏市场规模

中国网页游戏市场实际销售收入仅为 60.30 亿元，比 2020 年减少了 15.78 亿元，同比下降 20.74%①。网页游戏自 2015 年起逐年下降，如图 6 - 10 所示。

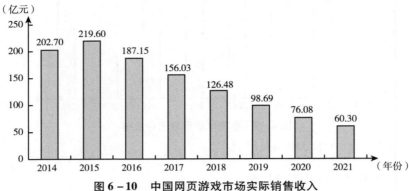

**图 6 - 10　中国网页游戏市场实际销售收入**

资料来源：《2021 中国游戏产业报告》。

4. 中国电子竞技游戏市场规模

中国电子竞技游戏市场实际销售收入 1401.81 亿元，比 2020 年增加了 36.24 亿元，同比增长 2.65%，增幅较上年同比缩减约 42%②，增速放缓，如图 6 - 11 所示。随着亚运会新增电子竞技项目，电竞市场将有望进一步扩大。

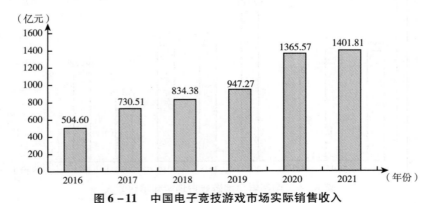

**图 6 - 11　中国电子竞技游戏市场实际销售收入**

资料来源：《2021 中国游戏产业报告》。

①② 中国音像与数字出版协会游戏出版工作委员会，CNG 中新游戏研究. 2021 年中国游戏产业报告（摘要版）［R］. 2021：28.

5. 中国主机游戏市场规模

中国主机游戏市场实际销售收入达 25.80 亿元, 同比增长 22.34%①, 如图 6－12 所示。2021 年新的主机硬件发售, 国内自主研发产品陆续登陆主机平台, 促进了主机市场的收入增长。

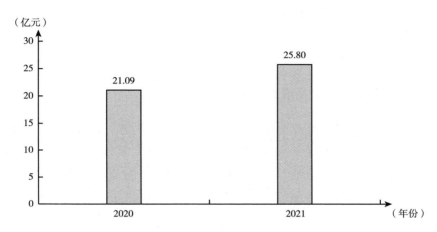

**图 6－12　中国主机游戏市场实际销售收入**

资料来源:《2021 中国游戏产业报告》。

## 五、网络游戏市场综合评述

我国网络游戏市场经过 20 多年的发展, 已经成为世界上最大的网络游戏市场。总体来看, 我国从最初引进代理国外游戏到现在的自主创新产品研发, 游戏产业的发展取得了显著进步。这一切离不开游戏企业的创新探索, 也离不开国家有关部门对游戏市场的监管与引导。随着数字经济的发展, 我国游戏市场将迎来更大的发展前景。

### (一) 人具有游戏的文化需要, 游戏市场具有长期发展潜力

游戏产业之所以可以长盛不衰, 甚至在逆境中都能持续发展, 其中一个重

---

① 中国音像与数字出版协会游戏出版工作委员会, CNG 中新游戏研究 . 2021 年中国游戏产业报告 (摘要版) [R]. 2021:12.

要原因是，人具有游戏的基本需要。赫伊津哈①在阐述人与游戏的关系时指出，人是游戏者，人生来就具有游戏的需要。席勒和斯宾塞②在论述人的游戏需要时指出，游戏是生命能量的释放。在现代社会，玩游戏不仅是生物能量的释放，更是通过游戏行为获得精神文化体验的充盈。从历年游戏产业发展成绩来看，虽然市场收入与规模增长有快与慢，但总体上一直保持着增长趋势。并且，游戏产业收入早在几年前就已经超越电影票房，成为全球头号娱乐媒介。可见，游戏市场具有长期发展势头。

### （二）游戏产业具有高度的创新性与自我完善能力

数字娱乐产业是文化产业中创新性最强、对高科技的依存度最高、对日常生活渗透最直接、对相关产业带动最广、增长最快、发展潜力最大的部分③，这使得作为数字娱乐产业的游戏产业有着高度的创新精神与自我革新能力。一方面，游戏产业对科技发展较为敏感，能够根据科技进步进行产业升级。网络游戏从诞生到现在不过短短数十年，凭借其对科技的高度敏感与产业的自我革新精神，从早期的单机游戏发展到如今手游、端游、电竞、VR/AR（虚拟现实/增强现实）游戏等多终端融合的时代。可见，游戏行业在发展过程中具有高度的创新进化能力，能够及时根据科技与时代发展实现自我升级换代。另一方面，游戏产业凭借创新精神，能够在激烈的市场竞争中赢得用户青睐。据伽马数据显示，我国游戏用户规模逐年增长，截至 2021 年 12 月，我国游戏用户规模达 6.66 亿人，几乎饱和④。伽马数据总经理滕华表示，超九成用户看中游戏产品创新，大部分用户的付费意愿会受到产品创新程度的影响，而追求创新也越来越成为游戏业界共识⑤。而我们知道，创新精神是文明战胜危机的重要原因之一。由此可见，游戏产业具有的高度创新文化是其在产业发展中能够不断成长进化的重要原因之一。

---

① ② ［荷］约翰·赫伊津哈（Johan Huizinga）. 游戏的人：文化中游戏成分的研究［M］. 何道宽，译. 广州：花城出版社，2007：10.

③ 李思屈. 数字娱乐产业［M］. 成都：四川大学出版社，2006：1.

④ 2021 中国游戏产业报告［EB/OL］. https：//www. sohu. com/a/511077504_505583，2021 – 12 – 24/2022 – 03 – 14.

⑤ 管璇悦，曹雪盟. 游戏产业，创意发展［N］. 人民日报，2020 – 01 – 02：12.

**（三）游戏市场监管需要以正视游戏产业发展规律为基础**

游戏产业的发展史也是一部游戏市场监管史。我国对游戏市场的监管也经历了长期的摸索，游戏也从污名化的形象向数字娱乐产业转变。随着，国家和社会对游戏产业的认识的加深，今后对游戏产业的监管需要以正视游戏产业发展规律为基础，推动产业健康发展，比一味地批评污名化要更具有现实意义。

**（四）培养消费习惯，改善游戏体验**

当前，我国网络游戏市场的盈利模式主要以免费为主，这一模式在节约用户费用的同时也暴露出"氪金"与"氪肝"等弊端，一定程度上降低了游戏用户的消费体验。付费用户与免费用户之间的游戏体验存在较大的差距，也不利于游戏市场的长期稳定发展。消费投入产生的体验差异需要控制在合理的范围内，以符合游戏的公平原则。因此，游戏市场的盈利模式需要继续优化，使用户在游戏消费过程中的性价比更合理，体验更友好。

**（五）做好国内市场的同时，努力开拓国际市场**

经过多年发展，我国国内游戏市场已经取得了明显的进步。随着我国自研游戏的发展，近年来，游戏海外市场的开拓取得了较大的进步。接下来，我国游戏企业在继续完善国内市场的基础上，应当乘势而上努力开拓国际游戏市场，促进游戏产业的国内国际双循环发展。

# 第三节　电子竞技行业市场

电子竞技（e-Sports）简称电竞，是指用电子游戏来比赛的体育项目。早期的电子竞技主要集中于《拳皇》之类的以游戏机为主的比赛类游戏。近几年，随着电脑、电子移动设备的发展，现有的电子竞技的范围逐渐扩大，除去以前人们认为的以游戏机、街机为主的比赛，现有的电脑游戏、手机游戏等都已经成为电子竞技的一种。

## 一、电子竞技的发展历程

电子竞技从最初的由公司和游戏厂商举办到国际赛事以及国家级体育比赛，仅用了十几年的时间，发展迅速，引人瞩目。电子竞技在中国的发展大致可以分为以下五个时期：萌芽期（1996~2002年）、探索期（2003~2010年）、发展期（2011~2015年）、爆发期（2016~2018年）以及拓展期（2019年至今）。

1. 萌芽期（1996~2002年）

尽管电子竞技是在最近几年正式走入人们的视野中的，但早在20世纪90年代，国内就已经出现了电子竞技的萌芽。与我们现在所看到的电子竞技不同，当时的电子竞技的游戏主要集中在一些早期的、国外研发运营的电脑游戏，如《星际争霸》和《反恐精英》。这类以单机为主的电子游戏称霸了当时的网吧。同时，由于单机游戏的特性，这类游戏并没有给用户之间带来太多的互动性，因此，游戏所带来的社交效应也相应降低。

这一时期，中国电子技的领军人物也崭露头角。一些游戏爱好者开始在互联网上交流，国内最早的一批参加电子竞技比赛的选手——马天元、Jeeps、寒羽良等开始结识。在此之后，由亚联副总胡海滨与他们沟通后，成立了中国第一支全职业电子竞技战队，即 = A. G = 战队。

在这一时期，国内没有太多的企业真正涉入电子竞技行业，只存在部分运营商，通过对国外知名电子游戏进行国内的代理与运营来获得相关的收益。如曾有中国"暴雪"之称的奥美电子（即后来的"神州奥美"）早期代理引进暴雪一系列精品游戏，如《魔兽争霸》系列、《反恐精英》系列、《魔戒》等。除了代理一些精品的国内游戏，奥美电子还积极参与国内的电子竞技行业，多次与大赛的主办方、知名企业合作，并于2002年举办了首届全国超级反恐精英联赛。

虽然奥美电子在之后的游戏代理预判失误后倒闭，但是奥美电子的游戏代理模式给后续的游戏公司一定程度上的借鉴。在此之后，腾讯游戏、网易游戏、盛大游戏等大型游戏公司的业务都有涉及相关的网络游戏、单机游戏等游戏类型的代理与运营。代理的游戏种类也逐渐增多，除去人们熟知的大型电脑游戏，越来越多的益智类游戏也逐渐加入行列。

总体而言，这一时期的电子竞技的发展仍处于萌芽的阶段。无论是游戏代理的品牌方、代理的游戏分类还是相关电子竞技战队及电子竞技选手的数量、质量，各方面仍然处于一个初期的发展阶段，虽然有一部分人及一部分的公司有着电子竞技相关意识及知识，但是这些仍然处于摸着石头过河的萌芽期。在这一时期中，虽然相关政策以及比赛项目暂未出现。但是国内第一支全职业电子竞技战队的出现，标志着以电子竞技用户为中心的使用者的电子竞技意识的觉醒，也正是由于这些人的热爱与坚持，为后续电子竞技在政策下的探索与前进奠定了基础。

2. 探索期（2003～2010 年）

2003 年电子竞技就已经成为国家体育总局承认的第 99 个正式体育项目，同年中央电视台体育频道创办的《电子竞技世界》开播，并邀请了瑞典 SK 战队做客。但好景不长，2004 年 4 月国家广播电视总局发布《关于禁止播出电脑网络游戏类节目的通知》，网游类电视节目遭遇封杀令。同年 6 月，《电子竞技世界》停播。电子竞技进入一段时间的探索期。

对电子竞技的探索主要分为两个方面：一方面，这一时期的电子竞技逐渐被各类运动会所接受。如 2007 年亚洲室内运动会引入电子竞技为正式比赛项目；2008 年国家体育总局将电子竞技定义为第 78 号体育运动；同年，成都市在第十一届运动会中引入电子竞技作为正式的比赛项目。这表明，电子竞技作为一项体育项目受到了来自国际、国家以及地区的认可。但是有关电子竞技的转播电视台以及节目却寥寥无几，在这一时期，具代表性的是《鲁豫有约》于 2005 年为电子竞技世界冠军制作一档专题节目以及 2008 年 CCTV10 的《百科探秘》栏目播出《78 号运动》。虽然各类运动会以及政策对电子竞技呈现出向好的态势，但是播放量与传播力不够。

另一方面，此时的电竞比赛和电竞选手、俱乐部等也都处于逐渐摸索的状态，还未完全形成规模。在这一时期，参加相关电竞活动的电竞选手大都是以个人名义参加的，如 2005 年获得魔兽世界冠军的 SKY（中文名：李晓峰），以及在 2009 年进入 WCG 世界总决赛的中国选手 Infi（中文名：王诩文）和 Fly100%（中文名：陆维梁），作为国内最早一批参加电子竞技比赛并取得荣誉的一群人，他们的对外比赛以及逐步探索为后续电子竞技俱乐部的爆发增长奠定了基础。尽管早在 1999 年，国内就已经出现了第一支全职业电子竞技战队，但在中间很长一段时间，国内的电子竞技俱乐部寥寥无几，且都处于初建阶段。而这一时期，国内的电子竞技俱乐部的数量呈现稳步上升的态势，成立了 WE、TYLOO 及 DK 等电子竞技俱乐部。

虽然电子竞技失去了其最为主要的宣传渠道，但更多电子竞技俱乐部的建立以及国家、地区相关政策的支持与建立，表明这一阶段，用户与玩家热情并未因此而浇灭，电子竞技也逐渐被各类运动会所认可，电子竞技产业整体是在缓慢发展的。

3. 发展期（2011~2015 年）

网络直播的出现给电子竞技行业带来了新的转机。早期，虽然电子竞技产业在缓慢发展，但是其最主要的宣传与转播途径被切断，导致电子竞技很长一段时间都无法正式在电视节目上跟传统的体育竞赛一样进行实时转播，无法正式地与受众见面。而自 2012 年 YY 成为国内首家开展游戏直播业务的公司并推出 YY 直播（虎牙直播的前身）后，电子竞技拥有了全新的转播与宣传途径。消失已久的电子竞技也逐渐回归到人们的视野之中，4G 网络的出现与移动设备使用量的暴增，为电子竞技的相关直播奠定了基础，使得用户可以随时随地观看自己喜爱的电竞赛事与电竞主播的直播，这不仅促进了直播行业用户规模的暴增，而且扩大了电子竞技的传播力度，使得越来越多的电竞爱好者找到合适的观看与聚集的场地。根据中国音数协游戏工委、伽马数据（CNG 中新游戏研究）联合发布的《2015 年中国移动电竞游戏发展趋势报告》，中国移动电子竞技游戏实际销售收入达到 59.7 亿元，但移动电子竞技直播市场依然开拓有限，存在较大的发展空间①。

这一时期的游戏直播的内容主要包括电子竞技赛事、游戏节目和个人直播内容。电子竞技直播主要以电脑游戏为主，用户在直播平台上聚集，追逐自己喜爱的电竞选手。2011 年，腾讯代理运营对战 MOBA 竞技网游《英雄联盟》，意味着国内的电子竞技游戏开始由单机走向联机，MOBA 类游戏在电子竞技中崭露头角。2015 年天美开发手游《王者荣耀》，代表着电子竞技开始逐渐地由

---

① 人民网. 2015 年移动电竞市场达 60 亿谁能把握直播平台下个机会 [EB/OL]. http：//game. people. com. cn/n1/2016/0112/c48662 – 28042510. html，2022 – 04 – 05/2016 – 01 – 12.

端游走向手游，手机游戏登上了电子竞技的舞台。一方面，手游的出现推动了游戏直播用户规模的增长；另一方面，游戏直播也促进了电子竞技的对外传播和影响力的形成与扩大。

除网络直播外，各类资本、互联网公司以及政策的介入也推动了电子竞技的深化发展。王思聪于2011年高调宣布收购CCM战队，并将CCM战队更名为IG电子竞技俱乐部（以下简称IG），宣布进入电子竞技行业，整合电子竞技。除IG外还出现了OMG、RNG、eStar Gaming等一系列耳熟能详的俱乐部，电子竞技俱乐部的数量在逐渐增长，同时电子竞技俱乐部的训练项目不再局限于原有的电脑游戏，手机游戏也被纳入电子竞技俱乐部的训练项目中。同年，腾讯举办首届TGA全能赛，奖金24万元。2012年，第二届DOTA2国际邀请赛，IG夺冠，赢得100万元美金。电子竞技比赛的奖池金额也在各类资本以及用户的关注下逐渐上涨。2013年，国内首个永久性电子竞技专业场馆"创·赛场"亮相上海，同年国家电子竞技裁判员资格证曝光。2014年中国宁夏回族自治区首府银川成了WCA永久举办地；2015年，12月17日开赛首日，通过网络直播平台观看WAC全球总决赛的用户就超过了3000万人，截至12月20日闭幕式当天百度指数峰值高达24万人①。

4. 爆发期（2016～2018年）

2016年，电子竞技行业迎来了真正的爆发期。经历了发展期，网络直播用户的累积，电子竞技比赛的用户观看规模逐渐扩大。2017年第七届英雄联盟全球总决赛在中国的武汉、广州、上海以及北京举办。该比赛从9月23日开始直播，到11月4日结束，总直播时长为132小时，根据国外数据统计显示，观看直播的中国人数高达9634万人，占总观看比赛人数的98.4%②。

此外，以虎牙直播、斗鱼、企鹅电竞为代表的直播平台均受到腾讯注资。腾讯不仅成为众多游戏平台的股东，同时也运营和开发了一系列游戏，如移动类产品《穿越火线》《和平精英》《王者荣耀》、端游类产品《绝地求生》《无

---

① 人民网. WCA2015全球总决赛圆满落幕电竞迎来大时代［EB/OL］. http：//ent. people. com. cn/n1/2015/1224/c1012-27972974. html，2022-04-05/2015-12-24.

② 人民网.《英雄联盟》S7全球总决赛中国收看观众高达9634万.［EB/OL］. http：//game. people. com. cn/GB/n1/2017/1101/c40130-29620877. html，2022-04-05/2017-11-01.

限法则》等。

除用户观看规模外，这一时期，电子竞技俱乐部也都取得了耀眼的成绩。2016 年，中国电子竞技俱乐部 Vici Gaming Reborn 战队（简称 VG. R）获得 DOTA2 sli 国际邀请赛冠军；Wings 战队获得 ESL ONE 世界冠军以及 DOTA 国际邀请赛冠军。此外，2018 年被称为中国电竞元年，在这一年《英雄联盟》全球总决赛（简称 S8）中国队夺冠，电子竞技逐渐被主流社会所认可。第 18 届雅加达亚运会将电子竞技纳为表演项目，其中中国获得《王者荣耀》（国际版）冠军。电子竞技比赛被国际奥委会认可、电子竞技俱乐部频频夺冠等事件的出现，都给电子竞技爱好者打了一剂强心针。

总体而言，在这一时期内电子竞技呈现出整体向好的态势。腾讯、网易、小米等纷纷进军电子竞技，移动电竞呈现爆炸式发展，这一时期出现了多款精品移动电竞游戏，如《和平精英》《决战！平安京》《荒野行动》等，并纷纷出海，争夺海外市场。俱乐部与选手也得到了前所未有的关注，苏宁、京东、bilibili 等纷纷赞助俱乐部，俱乐部也更加注重选手的形象包装，运营更加小组化。此外，电子竞技生态圈开始形成，逐渐与地产，品牌进行合作，一方面以确保电竞赛事的顺利进行，另一方面形成良好的线下以电竞赛事为主的生态圈，打造电竞商业综合体。根据报道显示，2017 年、2018 年以及 2020 年电商、视频网站、游戏公司、运动器材、硬件设备等各类公司开始在电竞领域进行深度布局，京东、苏宁、bilibili、微博、快手等分别成立与收购了 SNG 战队、JDG 战队、BLG 俱乐部、TS 战队和 YTG 战队等①。

5. 拓展期（2019 年至今）

高速发展的电子竞技产业，带来了对电子竞技人才的需求。中国人力资源和社会保障部于 2019 年发布公示通告，拟发布 15 个新职业，其中包括电子竞技员、电子竞技运营师两项电竞相关的职业。为更好地适应电子竞技产业的发展，加快培养电竞专业技能型人才的进度，部分高校在近几年陆续设置电子竞技相关专业，为我国电子竞技专业人才的培养提供了有力的支持。截至 2019年，国内已有 6 所高校开设电竞相关专业，23 所高职院校设立电子竞技运动

---

① 人民网. 电竞产业崛起新赛道发展何处去 [EB/OL]. http：//yn. people. com. cn/n2/2021/1205/c378440 - 35036387. html，2022 - 04 - 06/2021 - 12 - 05.

与管理专业，9 所中职院校设立电子竞技运动与管理专业①。这代表着，电子竞技逐渐摆脱了之前"误人子弟"的形象，开始逐渐转变为"健康""益智""产业""国际化"等一系列积极的词汇。

在市场层面，延续爆发期所带来的热度红利，电子竞技不仅受到电子竞技爱好者的喜爱与追捧，也开始逐渐走出原有的电子竞技圈，电子竞技生态圈进一步深化。以腾讯移动电竞游戏《王者荣耀》为例，《王者荣耀》于 2019 年与 MAC 魅可联名，选用当红组合火箭少女 101 与当红游戏形象（如貂蝉、大乔等）进行彩妆品外形设计与跨界营销。2020 年 11 月，腾讯《王者荣耀》携手佛山市文化广电旅游体育局、佛山市顺德区文化广电旅游体育局，共同揭晓了"荣耀之路·武术文旅路线""广佛线武术主题地铁专列"等文旅合作项目。同时，《王者荣耀》"裴擒虎"也获得由佛山市文化广电旅游体育局授予的"佛山武术推广大使"官方称号②。

这一时期，电子竞技产业在出圈的基础上进行更进一步的拓圈。国内移动电竞游戏市场暂无全新"爆款"出现，中国电竞整体市场规模增速逐渐放缓，这意味着未来电竞市场的增长空间将来源于电子竞技商业化。新冠肺炎疫情期间，电竞赛事表现突出和国内相关赛事质量与数量逐渐提升，都说明电竞赛事的商业化价值已得到充分的验证。2020 年 10 月，腾讯领投，天图资本、SIG、快手跟投，全球电竞运营商英雄体育 VSPN 完成 B 轮融资，将进行电竞全板块业务深化、电竞衍生品研发以及海外业务扩张等。这意味着，在充分开发国内电竞赛事商业化的基础之上，其将进一步向海外扩展，扩大影响力。

## 二、电子竞技市场主体及产业链构成

自从 2011 年开始平台直播，互联网游戏公司以及资本和政策涌入，使得

①　中华人民共和国人力资源和社会保障部. 新职业——电子竞技员就业景气现状分析报告［DB/OL］. http：//www. mohrss. gov. cn/SYrlzyhshbzb/dongtaixinwen/buneiyaowen/201906/t20190628 _ 321882. html，2020－12－25/2019－06－28.

②　佛山市顺德区文化广电旅游体育局. "荣耀之路"顺德文旅打卡集章活动带你重燃武魂！［EB/O］. http：//www. shunde. gov. cn/fssdwgdltj/gkmlpt/content/4/4703/post_4703814. html#4629. 2022－10－17/2021－02－09.

电子竞技找到合适的发展路径并逐渐发展起来，直至 2018 年迎来了中国电子竞技的元年。根据 CNNIC 发布的 2020 年第 45 次《中国互联网络发展状况统计报告》，截至 2020 年 6 月，我国网民规模达 9.40 亿，其中，网络游戏用户规模达 5.40 亿，较 2020 年 3 月增长 805 万，占网民整体的 57.4%；手机网络游戏用户规模达 5.36 亿，较 2020 年 3 月增长 699 万，占手机网民整体的 57.5%①。现有的中国电子竞技用户规模增长缓慢，行业更关注用户转化与商业价值的挖掘。同时，国内整体电子竞技用户付费率相对较低，仍需一段时间培养用户的付费习惯以充分开发电子竞技商业化价值。

从与游戏本身的关联度来看，电子竞技的产业链可以分为"上游、中游、下游"三个主要的产业链。上游是指游戏内容研发，游戏内容代理公司这些与游戏密切相关的主体与公司；中游则主要与电竞赛事相关，主要包括电子竞技比赛主办方、比赛主场馆、电子竞技职业选手与主播（即电子竞技俱乐部与解说）；下游主要包括相关的赛事转播，如游戏直播平台、电视频道以及以电子竞技为基础的广告。运营、宣传与赞助则遍布电子竞技产业链的上游、中游与下游。

现有的游戏内容研发公司主要以国外的游戏公司为主，从早期的《星际争霸》《炉石传说》《守望先锋》，到近几年的《绝地求生》《英雄联盟》等都是国外游戏。国内游戏研发主要以网易为主，开发了《第五人格》《大话西游》《永劫无间》等游戏。国内的电子竞技游戏大多都是采用游戏内容代理的模式，如《绝地求生》《英雄联盟》等游戏，其主要代理方是腾讯游戏，国内还存在多家游戏内容代理公司，如完美世界、网友游戏，巨人网络等。

中游的产业链组成主要分为两个方面：一方面是电子竞技赛事相关；另一方面是电子竞技人员相关。电子竞技赛事的举办主要与主办方和主场馆有关。在国内，随着各地政府的重视，现在有越来越多的电子竞技场地落地，其中包括成都、杭州、北京、西安、上海等地区，赛事的举办越来越趋向于赛事主场化，通过俱乐部在各个城市建立主场场馆来组成类似于 NBA 等传统体育项目中的主客场赛事联盟，将赛事分散到多个城市中去，促进了城市相关旅游产业的发展。与电子竞技人员相关的可以分为电子竞技俱乐部与主播解说，现有的明

---

① 中国网信网.2020 年第 45 次中国互联网络发展状况统计报告［DB/OL］. http：//www.cac. gov. cn/2020－04/28/c_1589619527364495. htm，2022－12－26/2020－04－28.

星俱乐部主要包括 EDG、RNG、WE、IG、FPX 等战队，这些战队现如今不仅参加相关的电子竞技比赛，也参加一些商业合作、产品代言，运营也越来越趋向明星化运作；主播解说的专业化培养使得越来越多的年轻人对这一职业抱有期望。

下游的产业链主要分为游戏直播平台以及电视频道。相较于电视频道的转播，电子竞技赛事的转播大多数是以游戏直播平台为主要的转播渠道。虎牙、斗鱼等直播平台的迅速发展，与电子竞技的发展息息相关。现如今，大多数的游戏直播平台通过获得电子竞技比赛的独家转播的机会给平台带来流量，同时也宣传了电子竞技赛事。

在整个产业链的过程中，始终存在着赞助商、用户、运营以及广告。赞助商既可以赞助电子竞技游戏、相关游戏直播平台，也可以赞助一定的俱乐部，并以自己的名称冠名俱乐部。运营不仅包含对电子竞技游戏的运营与宣传，还包含对电子竞技赛事以及俱乐部本身的包装与运营。用户则是"上、中、下"三条产业链的最终对接对象，用户在整个过程中不仅充当着游戏者的角色，同时也扮演着观看者、购买者的角色。

基于电子竞技产业链的"上、中、下"三个层次，现有的电子竞技产业链模式如图 6 – 13 所示。

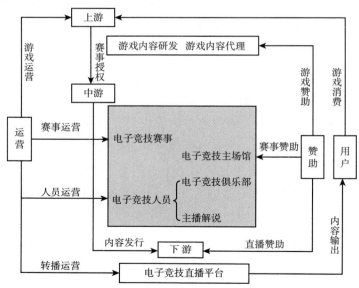

图 6 – 13　电子竞技产业链基本构成

基于以上电子竞技产业链的基本构成，电子竞技的盈利模式可以大致分为以下几种。

第一，赞助商对电竞游戏、赛事以及电竞俱乐部的赞助。

通过接受来自企业、个人等品牌的赞助，使得电竞游戏、赛事以及俱乐部可以获得资金扶持与运营。目前有关电子竞技行业的赞助主要集中在对电子竞技赛事的赞助以及对电子竞技俱乐部的赞助。在 2017 年公布的中国最具赞助价值体育赛事 TOP100 榜单中，《英雄联盟》S7 全球总决赛排名第 15，共有 10 项电竞赛事进入榜单，其中包括《英雄联盟》职业联赛、世界电子竞技大赛、全国移动电子竞技大赛等①。这表明了外界对电子竞技赛事的认可，认为电子竞技赛事也能像传统体育一样进行赛事赞助，也有类似于传统体育赛事一样的商业潜能。同时，对赛事的赞助有利于赛事持续发展。此外，赛事赞助认可度高对用户消费有良好影响。

对俱乐部的赞助，随着电子竞技俱乐部的商业价值逐渐凸显，不同背景的资本纷纷注入电子竞技俱乐部，对电子竞技俱乐部提供相应的赞助，如京东赞助 JDG 战队、苏宁易购赞助 SUNING 战队、bilibili 赞助 BLG 战队、李宁赞助 SS 战队以及何猷君个人赞助 V5 战队等。电子竞技俱乐部通过获得来自各个行业与个人的赞助，一方面能够缓解运营资金的压力，另一方面是对其俱乐部商业价值的肯定。在这一整个赞助的过程中，俱乐部获得了运营的资金、赞助商业获得了相应的宣传与商业资源，双方互利共赢。

第二，电子竞技游戏版权以及赛事直播的版权的开发与运营。

依靠版权的盈利模式根据其版权的主要内容不同，可以分为基于游戏形象的版权运营与开发、电子竞技直播赛事的版权购买以及一些已经被"明星化"的电竞选手本身也可以作为一个知名版权形象的相关代言。

知名游戏 IP 基于游戏世界观，衍生出各种类型的游戏产品。以网易《阴阳师》为例，在卡牌类游戏的基础上开发了 MOBA 类游戏《决战！平安京》，养成类游戏《阴阳师：妖怪屋》。将其人物形象版权进行二次开发，获得相关衍生游戏，一方面能够给游戏玩家带来一定的新鲜感，提升用户的黏性；另一

---

① 闽南网. 中国最具赞助价值体育赛事榜单公布 S7 位列 15 ［EB/OL］. http：//www. mnw. cn/sports/dzjj/201701/1544904. html，2022 – 04 – 05/2017 – 01 – 12.

方面，可以将游戏的原有 IP 价值进一步扩大，以拓展未来市场范围。此外，以电子竞技游戏的人物形象为基础，与其他品牌进行联合，进行跨界营销，也是常见的电子竞技游戏人物形象的版权开发模式，如《王者荣耀》的英雄与MAC 口红品牌的联合、《穿越火线》与吉利汽车的跨界营销以及《阴阳师》与农夫山泉等。

　　网络直播购买游戏赛事的直播版权也是一种较为可观的盈利方式。截至2019 年，各类赛事的版权合约陆续到期，全新的赛事直播版权的争夺战也将拉开帷幕。国内直播平台纷纷以高价购买头部电竞赛事版权，如虎牙直播拥有《英雄联盟》四大赛区直播版权、企鹅电竞以 6000 万元的价格购买 LPL 赛事 S档版权、bilibili 以 8 亿元的价格获得《英雄联盟》总决赛三年独家版权；《王者荣耀》赛事也与多家直播平台共享版权。赛事版权的争夺已经成为电竞业内关注的重点。通过对赛事版权的购买，直播平台能够获得更多的来自电竞爱好者的关注与期盼，能够更好地为直播平台获取稳定的、有黏性的用户与日活量。

　　第三，用户付费。

　　无论是电子竞技产业链的上游、中游还是下游，这三个产业链最终需要对接的终极对象是用户，用户的游戏内购买、站内直播观看等行为所带来的流量点也是促进电子竞技产业发展的一个重要因素。随着移动电子竞技以及相关赛事的发展，越来越多的女性用户也加入了电子竞技的行业之中，企鹅智库等机构日前发布的《2020 年全球电子竞技运动行业发展报告》显示，新冠肺炎疫情期间，中国电子竞技用户新增约 2600 万。其中，在伴侣及子女的带动下，更多女性与年长用户开始由"电子竞技知晓者"转变为"赛事观看者"①。

　　从电子竞技游戏的角度而言，游戏本身所设置的内置购买就是用户消费的一个主要途径。用户通过充值获得相应的游戏货币并根据自己的需要在游戏内进行游戏内道具购买，从而增强游戏的角色的各种技能，以获得更愉悦的游戏体验。但目前，相关的游戏付费制度并不成熟，虽然一个游戏会有许多的"氪金大佬"，但是对于游戏的总体用户，固定为游戏付费的用户还是相对较

---

　　① 人民网.2020 年中国电竞用户预计突破 4 亿电竞的未来在中国 ［EB/OL］. http：//yn. people. com. cn/n2/2020/1104/c372314 - 34393524. html，2022 - 04 - 04/2020 - 11 - 04.

少，用户的付费习惯还在培养中。

对于电子竞技赛事的付费，仅维系在电子竞技赛事的开始与现场的销售。一些电子竞技爱好者可以通过对电子竞技赛事门票以及比赛相关的周边产品购买的方式，到电子竞技比赛现场的场馆观看比赛。而如今随着各地房地产商以及各地的政府的支持，电子竞技比赛的赛事主场化运作带来的是各地围绕着电子竞技主题所做的一系列的商业模式的开发，这将会促进用户在电子竞技赛事场地的周围进行进一步的与电子竞技相关的消费行为的发生。除对电子竞技赛事的付费外，还存在对电子竞技俱乐部的队员付费的情况。运营公司的出现，使得电子竞技俱乐部的发展越来越趋向于商业化，越来越多的优秀电竞选手与运营公司签约，进行明星化运作，从而为某些游戏代言、为某些产品代言，此外还会参加一些线下活动与喜爱他们的电子竞技爱好者进行交流。

对电子竞技的直播付费则是用户尤其是电竞赛事和相关游戏直播用户最习以为常的付费模式。用户因为电子竞技选手和主播的游戏技能而观看相关直播，希望从中学习游戏的玩法与技巧。一些人气俱乐部选手的直播便成为用户主要的观看对象。在直播过程中，用户会通过刷礼物的方式与游戏主播进行沟通，当电子竞技比赛走向高潮或者胜利时，屏幕另外一方的受众便会通过刷礼物等方式来表达自己激动的心情。通过这种方式，用户不仅给自己所喜爱的电竞俱乐部的选手消费，同时也给电子竞技赛事消费，在这一过程中游戏直播平台也会从用户所刷的礼物中按照一定的比例抽取一定的金额。同时，用户的聚集所带来的注意力和日活量还会被平台拿去"二次售卖"以获得更多相关广告商的投资与赞助。

## 三、电子竞技市场的监管体系

早期，国家广播电视总局发布的网络类电视节目封杀令《关于禁止播出电脑网络游戏类节目的通知》使得电子竞技在很长一段时间消失在大众视野，直至网络直播平台的发展，电子竞技才重新回归到大众的视野之中。因此，电子竞技产业的发展状况与相关主管部门的监督息息相关。

随着电子竞技行业趋于成熟并逐渐走向拓展期，国家相关部门已经出台了许多相关的政策。如，2015 年国家体育总局体育信息中心出台了《电子竞技赛事管理暂行规定》为所有的电子竞技赛事提供了政策依据和办赛规范；2016 年国家出台《网络出版服务管理规定》《关于移动游戏出版服务管理的通知》以及 2017 年出台的《网络表演经营活动管理办法》规定未满足前述"一证一备"的网络游戏，不得在中国境内上线运营，当然不得作为电子竞技项目的比赛或表演用游戏。伴随着 2020 年全球电子竞技大会的举行，中国音像与数字出版协会发布了我国电子竞技行业首个授权类团体标准——《电子竞技赛事通用授权规范》，对电子竞技赛事版权、电子竞技赛事实况直转播授权和赛事授权进行规定，以促进我国电子竞技产业的健康发展，提升国际竞争力。

此外，电子竞技行业还受到来自相关电子竞技赛事的比赛规范。例如，2017 年国际奥委会第六次高峰论坛，电子体育的发展和规划承认电子竞技可以被视为新的体育项目的同时，提出了电子竞技作为新的体育项目必须具备的三个条件：非暴力原则、公平竞争以及结合传统体育。2019 年中国互联网协会电子竞技工作委员会筹备成立会议暨"数字电竞与智能电竞"电子竞技行业峰会在清华大学召开。会议宣布，中国互联网协会电子竞技工作委员会筹备组正式成立。电子竞技工作委员会倡导电子竞技行业的自律和规范，推动行业相关技术实力和服务能力的提升，组织电子竞技行业标准的制定，促进电子竞技行业的交流与合作，开展与电子竞技相关的公益活动。

2020 年 11 月 30 日，在北京举办了"电子竞技员国家职业技能标准"终审会，并形成最终评审意见。2021 年 2 月，人力资源和社会保障部官网发布了电子竞技员国家职业技能标准系。"电子竞技员国家职业技能标准"将成为电竞行业从业者的从业依据与标准。进一步完善电子竞技员的相关职业道德规范、工作环境，并通过公开、公正、公平的学习途径，按技能等级持证上岗。同时，在保障维护电子竞技从业者的身心健康的同时，也有助于引导电子竞技行业走向有序的发展之路。

一系列的相关主管部门的监管文件，在电子竞技行业的发展期与成熟期纷纷出台。2011 年，中国电子竞技俱乐部联盟（ACE）成立，其由多家国内职业俱乐部组建而成。该组织负责国内职业电子竞技战队注册、管理、转会、赛事监督等工作，并颁布职业联赛参赛俱乐部管理办法、职业选手个人行为规范等条例。但目前而言，该俱乐部对电子竞技行业的规范力度较低。

电子竞技的行业监管与行业之间的自律体系则相对较少，相关的监管大都来自相关主管部门的监督与引导。其主要原因是我国电子竞技产业刚成熟不久，虽然处于一个以电子竞技行业为中心的对外拓展的发展阶段，但是电子竞技发展过于迅速，因此对于其行业内部，暂时还未出现相关的行业内的监管与自律。因此，对于电子竞技产业，应尽快完善其行业内部之间的监管与策略，以更好地成为相关主管部门的监管之外的辅助监管策略，达成电子竞技行业共识，完善电子竞技产业的监管体系，推动电子竞技行业高质量发展。

## 四、电子竞技市场的未来发展

2020 年，受全球新冠肺炎疫情的影响，大量传统线下体育赛事停摆，欧洲杯、日本夏季奥运会延期举办，全球传统体育赛事被迫按下了暂停键。而国内疫情之初，电子竞技产业仍保持着其线上的优势，处于稳步发展的状态。因此，结合国内外的情形以及未来 5G、VR、AR 等科技的布局，未来的电子竞技行业的发展趋势主要有以下特点。

1. 电竞赛事线上开赛，数字体育优势凸显

受新冠肺炎疫情影响，电子竞技产业链上的各个环节都受到不同程度的冲击，与传统的体育赛事不同，主流的电竞赛事纷纷在线上开赛，借助互联网以及网络直播的优势尽可能地降低新冠肺炎疫情对电竞行业的影响。头部电竞赛事，如《英雄联盟》职业联赛、《王者荣耀》职业联赛、《绝地求生》全球邀请赛等均转战线上。不限时间、不限地区的网络直播成为用户观看电竞比赛的主要方式。在 2021 年《英雄联盟》全球总决赛（即 S11）中，仅在 bilibili 的直播就破 4 亿，全网关注度破 8 亿。

新冠肺炎疫情的影响，使得电子竞技赛事作为数字体育的优势凸显。一方面，线上赛事的开展能够在不影响后期比赛的同时满足观众的观看需求；另一方面，线上赛事的开展能够降低新冠肺炎疫情对赛事赞助商和版权方的影响，稳定赛事商业的收入。因此，对未来的电子竞技赛事的发展而言，更有可能是

在线下电子竞技赛事的基础之上与线上的电子竞技赛事相结合，二者相辅相成，更好地促进电子竞技赛事的举办与转播。

2. VR、AR、5G 等科技手段的加入带来更多的可能

相较于传统体育，在电子产品基础上发展而来的电子竞技产业对新的高科技有更强的包容能力与适应性。电子竞技游戏能借由 VR、AR 等技术进行进一步转型与发展，在现有的电子竞技游戏的基础上开发出更多的游戏模式与类型。目前，华奥电子竞技 NEST 布局 AI、VR、5G 等新兴科技在电子竞技行业的应用，探索全新的科技向赛事项目。

5G 的出现给现有的电子竞技产业带来更新的发展机遇。5G 技术的高速率、大容量、低延迟等特性，给电子竞技赛事的制作、转播等体验与感受带来极大的提升。同时，结合 VR 技术，可给用户带来全新的观看赛事的视角与体验。

3. 电子竞技行业逐渐向海外扩展，电竞俱乐部和选手与国家关系更加紧密

传统体育赛事的停摆不仅使国内的电子竞技赛事转向线上，国外的传统体育联盟也开始纷纷试水电子竞技产业。传统体育联盟，如 NBA、西甲、德甲等纷纷在线上开展电子竞技联赛，依靠电子竞技赛事的举办来缓解传统体育行业所带来的损失。这不仅意味着传统体育与电子竞技的融合，也意味着对国内的电竞产业而言，将会有更多的机会与可能参与国外的电子竞技发展与转型历程。海南省旅游和文化体育厅首次推出"海南国际电子竞技港专项政策"，充分发挥海南自贸区自贸港制度创新与政策优势，为电子竞技产业发展注入创新活力，旨在用最短的时间、最快的速度成为中国电子竞技通向世界的窗口。

2018 年的雅加达亚运会、S8 赛事以及 S11 赛事中国的夺冠，给中国电子竞技用户极大的信心。此外，电子竞技被提名 2020 年奥运会比赛项目，电子竞技成为 2022 年杭州亚运会正式项目。随着电子竞技逐渐被提名各类运动会的赛事项目中，电子竞技俱乐部和选手将和国家的关系更加紧密，国家也将会更加注重电子竞技产业相关人才的培养。

4. 电子竞技行业监管体系更加完善，与部门监管相辅相成

电子竞技相关部门将会进一步完善与电子竞技相关的监管措施，还会出台

一系列促进和推动电子竞技产业发展的相关政策。随着电子竞技行业的发展，行业内部将会出现越来越多的与之相关的行业内部共同认可的自律体系，一方面用于规范行业内部各个部分之间的良性竞争；另一方面，保障行业内部整体的健康运作。内部监管体系与相关部门的管理相辅相成，以更好地规范电子竞技产业，促进良性发展。

# 第七章 演艺娱乐与艺术品市场

## 第一节 演出市场

演出市场是指由演出制作方、策划方、艺术团体、投资方以及广大消费者所组成的演出服务交易市场①。在传统文化市场诸领域中，演出市场出现较早。早在北宋时期，城市经济和城市文化的发展催生了瓦舍、勾栏等演出场所，出现了专业的剧团，经过明清时期的不断发展，至民国时期，京剧、昆曲、各种地方戏演出市场空前繁荣，同时，受西方艺术样式的影响，话剧、歌剧、舞剧等新兴表演形式也在演出市场争奇斗艳，促进了现代演出市场的繁荣壮大。新中国成立以后，经历了从计划经济到市场经济的转变，演出市场的变迁与国有文艺院团的市场化改革和民营剧团的发展壮大紧密联系，体现了经济结构对文化行业发展的影响。

### 一、我国演出市场发展历程

#### （一）民国时期的演出市场（1912～1949年）

民国时期的演出市场进入了新的发展阶段，既继承前清之遗风，又有西风东渐之时尚。传统的戏剧演出在民国时期主要有两种形式：堂会戏及日常演出。堂会一般指的是富贵人家在婚嫁、寿诞、得子或佳节到来之际，个人出

---

① 傅才武．中国文化市场的演进与发展［M］．北京：经济科学出版社，2020：85.

资，专门在私宅或戏园、饭店、会馆中邀集演员作专场演出，招待亲朋好友，增加喜庆气氛。堂会戏彻底取代了之前那种豪门大户私家豢养艺人仅供自己享乐的情况，成为民国时期盛行的剧场演出形式，并在北平和上海形成两个演出中心①。堂会演出中演员、戏班的酬劳较高，但这种形式并不属于演出市场中的常规、稳定形式。与堂会演出相比，面向大众的日常演出是更稳定、更具普遍意义的演出和经营方式。日常演出一般在剧院进行，演出之前往往先有宣传广告，当时称之为"贴戏"，将演出的剧目、演员等信息张贴出来以招揽观众。随着戏剧演出商业化程度的提高和演出市场规模的扩大，专业的演出场所——剧院也开始增多，并形成了较完备的组织结构和管理制度。民国时期的剧院一般位于城市中较为繁华的地段，建造、改造及后期维护均需要雄厚的财力支持，一般均由多个股东合力投资。剧场的经营模式大体分为两种②：一是由剧场建设投资方直接经营；二是由投资方将剧场租于他人经营。大多数戏曲演出场所建设的投资方出于降低风险、稳定获利的考虑，选择第二种方式，将剧场出租③。这时期出现了负责戏班与外界沟通、联络、运作的管理人员组织——"经励科"，他们一般是戏班班主的亲信，手里掌握着一批著名演员，与剧院有着密切联系，可视为现代经纪人制度的前身。戏班租赁剧院进行演出，所获收入一般采用分账制进行分配，名角、一般演员、乐师各有不同的分成比例。

在北京、上海、天津、南京等大都市，受西风东渐之影响，人们开始热衷尝试新的表演艺术样式——歌剧、舞剧、话剧等。早在 1867 年，上海英国侨民组织的爱美者剧社就开始演出话剧作品，并在当时英国领事馆附近修建了新式戏院，演出各类西式演艺形式。之后，由于都市文化的兴盛，歌舞厅开始在大城市逐渐增多，大城市的娱乐方式除了观看传统戏曲外，多了一项选择。一些享有较高名气的歌舞表演团体，如中华歌舞团、明月社等开始在国内外巡演。1928 年 5 月，中华歌舞团在我国香港、广州初演后，远赴新加坡，又途经怡保、槟榔屿、曼谷、马六甲、雅加达、泗水、苏门答腊等城市巡回演出，

① 金景芝. 民国时期的文化产业：剧场观念与剧场演出 [J]. 河北大学学报（哲学社会科学版），2015（3）：134 – 138.
②③ 王兴昀. 民国时期天津戏曲演出场所运营初探 [J]. 艺术探索，2018（5）：117 – 123.

获得了空前的成功，每到一处，各大报纸媒体争相报道，当地的华侨社团反响强烈①。

民国时期演出市场的繁荣发展，形成了数量庞大的演艺从业者群体，造就了一批名角儿，更重要的是，培养了公众的文化消费习惯，这些都为新中国成立以后文化市场的发展打下了基础。

### （二）新中国成立初期演出市场的繁荣与萎缩（1949～1978 年）

新中国成立之初，我国的艺术表演团体可分为两类：一类是抗战时期各地成立的文工团；另一类是数量众多的民营剧团。据不完全统计，1950 年前后，全国存在近 2000 个民间职业剧团②。长期以来，中国共产党深刻认识到文化的宣传教化和意识形态功能，极为重视文化的领导权问题，因此，新中国成立之初，文化工作就作为重要事项提上了议事日程。面对全国数量众多的艺术表演团体和艺人，首先进行了文工团的整编工作。"1951 年 6 月，文化部召开全国文工团工作会议，会议规定了全国各种文工团的大体分工，决定中央、各大行政区、大城市设剧院或剧团；各省及中等城市设剧团或以剧场为主的文工团；专区设以演剧或演唱为主的综合性文工队。同年 12 月，文化部召开全国文工团整编会议，规定了全国话剧、歌剧等院团的总数。中央民族歌舞团、中央歌舞团等一批国家级、省级、市县级的专业歌舞剧院、乐团、话剧团、地方戏剧团等相继成立。"③ 同时，进行民营剧团的收编、改制工作。1952 年，文化部颁发《关于整顿和加强全国剧团工作的指示》，强调必须在加强国营剧团的同时加强对私营剧团的领导和管理，并在随后的两年相继开展私营剧团的改组、登记工作④。大多民营职业剧团在政府的领导下改组成为演艺人员共同拥有的集体所有制"共和班"。1955 年，全国基本完成了私营剧团的登记工作。

除建立各级剧团、文工团等表演团体外，新中国成立之初也兴建了大批剧

---

① 曹钰.《申报》中的歌舞社团史料研究 [D]. 南京：南京师范大学，2017.

② 蒯大申，饶先来. 新中国文化管理体制研究 [M]. 上海：上海人民出版社，2015：164.

③ 范建华. 在历史进程中寻求突破——国有文艺院团改革回顾与思考 [N]. 中国文化报，2009-12-11 (6).

④ 陈立旭. 计划经济体制下的文化发展模式再审视 [J]. 文化艺术研究，2014 (4)：16-31.

场、影剧院、音乐厅等演出场所，各级艺术表演团体改编、创作了许多深受群众欢迎的作品。1957 年剧团、剧场分别为 2884 个和 2296 个，1965 年分别为3458 个和 2943 个。1964 年的演出场次和观众人次分别为 171 万场和 8.4 亿，达到历史最高点[①]。但是，这一时期的演出市场深深地带有计划经济的烙印，各级艺术表演团体的演出活动、人事权、财务收支等均由上级文化行政主管部门统筹安排，艺术表演团体缺乏自主创新的动力和激励机制。演出活动从生产到消费都受到行政权力的干预，市场规律不能很好地发挥作用。

"文革"给各级文化机构和文艺团体带来了大震荡和大重组。大量的艺术表演团体被解散，演职人员被下放劳动改造，演出场所也被挪用，演艺作品极其单一，演出市场急剧萎缩。"文革"结束后的 1978 年，全国演出团体数量降至 3150 个，演出场所数量跌至 1095 个，演出场次更是急剧下滑，仅有 64.7万场[②]。

### （三）改革开放后演出市场的恢复与发展（1979～2000 年）

党的十一届三中全会的召开是我国经济体制改革和对外开放的一次重大转折，在改革开放的大背景下，我国文化体制管理也重新走上理性之路，演出市场从十年"文革"中逐渐恢复与发展，体现在以下三个方面。

一是出现了真正有市场竞争力的市场主体。1979 年底，文化部出台《关于艺术表演团体调整事业、改革体制以及改进领导管理工作的意见》，提出要下放艺术表演团体的演出剧目权、一定的财权和用人权[③]。1985 年，中共中央办公厅、国务院办公厅转发文化部《关于艺术表演团体的改革意见》，提出对艺术部门和艺术团体的布局进行调整，改革全国专业艺术表演团体数量过多、布局不合理的状况，提出在大中城市，专业艺术表演团体要精简，重复设置的院团要合并或撤销，同时对市县专业文艺团体设置也提出调整要求。经过改革，全国专业艺术表演团体由 1980 年的 3523 个减少到 1990 年的 2787 个；专

---

① 刘玉珠，柳士法. 文化市场学——中国当代文化市场的理论与实践 [M]. 上海：上海文艺出版社，2002：126.

② 傅才武. 中国文化市场的演进与发展 [M]. 北京：经济科学出版社，2020：86.

③ 刘筠梅. 我国艺术表演团体体制改革探寻 [J]. 内蒙古大学学报（哲学社会科学版），2008（6）：97 – 101.

业艺术从业人员由 1980 年的 245659 人减少到 1990 年的 170000 人，同时由于大批新生力量的加入，人员结构更趋合理①。1988 年文化部在《关于加快和深化艺术表演团体体制改革的意见》提出艺术表演团体组织运行机制上的"双轨制"②，即"需要国家扶持的少数代表国家和民族艺术水平的，或带有实验性的，或具有特殊的历史保留价值的，或少数民族地区的艺术表演团体，可以实行全民所有制形式，由政府文化主管部门主办"；"大多数艺术表演团体，应当实行多种所有制形式，由社会主办"。1980 年代的这一系列改革，激活了艺术表演团体的创作动力，调动了各院团的演出积极性，在计划经济管理体制下"捧铁饭碗""吃大锅饭"、无视市场需求和经济效益的艺术表演团体逐步向建立现代企业制度、自负盈亏、承担市场责任的市场主体转换。

二是建立了以演出经纪人为代表的现代演出流通体制。演出经纪人是指在演艺活动中代表经纪对象，在演出相关领域的单位和个人之间进行沟通、宣传、谈判、代理签约、监督履约等代理、行纪、居间等经纪活动，并取得以佣金为主要收入的经纪人③。改革开放后，人民群众的文化需求井喷式增长，压抑许久的艺术从业者也迫切希望登台献艺，但当时发育不充分的市场还不能起到沟通供求双方的作用，于是"走穴""穴头"应运而生。1988 年《国务院批转文化部关于加快和深化艺术表演团体体制改革意见的通知》，提出要建立演出经纪人制度，组建和发展国家、集体、个体演出公司④。1997 年以后，国务院和文化部在关于营业性演出管理的一系列文件中，均对演出经纪机构的合法地位和在演出市场中的作用予以确认。之后，文化管理部门不断放宽演出经纪人和经纪公司的准入门槛，以演出经纪人为代表的现代演出流通体制的建立，为促进演出市场的健康发展发挥了巨大作用。

三是演出市场规模逐步扩大，结构渐趋合理。根据文化部 1998 年的统计，至 1997 年年底，全国共有艺术表演团体 2663 个，艺术表演从业者 15 万余人，全年国内演出 41.7 万场，观众 4.6 亿人次，演出收入达 4 亿元。艺术表演场所 1935 席，座席数 170.7 万个，观众人次 3914 万，收入 8567 万元。演出经

①② 蒯大申，饶先来. 新中国文化管理体制研究 [M]. 上海：上海人民出版社，2015：340.
③ 胡月明. 演出经纪人 [M]. 北京：中国经济出版社，2002：12.
④ 谢伦灿. 明星缘何要"单飞"[N]. 光明日报，2010 - 10 - 13 (9).

纪机构400余家，个体演员3万余人，民间剧团3000余家①。艺术表演团体、演出经纪公司、各类剧场分工协作，共同促成演出市场的繁荣壮大。各类演出主体中，除国营演出单位和集体所有制团体外，私营演出实体数量不断增多，实力逐渐增强，形成了多种所有制形式并存的良好局面。在全面市场化的刺激下，营业性演出取代计划演出成为演出活动的主要形式。由此可以看出，一个结构合理、规范有序、充满生机活力的演出市场体系正在形成。

**（四）21世纪后演出市场的扩张与繁荣（2001年以后）**

进入21世纪，我国演出市场呈现出新的发展，一方面，演出市场的产品供给越来越丰富，在市场经济充分发展的情况下，国有剧团和民营剧团全力投入演出开发，为演出市场带来了丰富的产品；另一方面，随着国民生活水平的提升，文化需求越来越旺盛，文化消费的能力也越来越高。供给端和需求端的协调发展，刺激演出市场不断扩张和繁荣。其主要体现在以下三个方面。

一是民营演出团体快速发展，演出团体所有制结构趋于合理。2005年11月，文化部、财政部、人事部、国家税务总局发布《关于鼓励发展民营文艺表演团体的意见》②明确指出，要"鼓励社会资本以个体、独资、合伙、股份等形式投资兴办民营文艺表演团体"。"允许民营文艺表演团体以合资、并购等形式，参与市、县国有文艺院团转企改制。"2006年6月，文化部发布《关于完善审批管理促进演出市场健康发展的通知》③指出，"部分民营文艺表演团体可以注册为民办非企业单位，依法享受国家规定的民办公益事业各项政策优惠"。这一系列政策的出台，对民营演出团体的发展具有破冰意义。从2006年、2011年、2017年三个年份的国有剧团、集体所有制剧团和其他所有制剧团在机构数、从业人员、演出场次、演出收入等方面的发展变化（见表7-1）中可以看出，国有剧团和集体剧团的数量、从业人员呈下降趋势，演出场次方面，国有剧团变化不大，基本稳定在每年30多万场次，集体所有制剧团出现

---

① 刘玉珠，柳士法.文化市场学——中国当代文化市场的理论与实践［M］.上海：上海文艺出版社，2002：126.

②③ 史圣立.从政府、市场和社会三者力量博弈的角度看1979年以来中国演出市场的发展［D］.济南：山东大学，2010.

较大下降。其他所有制剧团数量从 2006 年的 398 个激增到 2017 年 13859 个，从业人员从 13167 人增长到 296915 人，演出场次从 8.5 万场次增长到 256.7 万场次，演出收入从 22401 万元增长到 1240976 万元。民营剧团发展迅速，在市场化竞争中，相对国有剧团，优势明显，它的出现给中国演出市场带来生机和活力，对演出市场的结构调整具有积极意义。

表 7 – 1　　　　　　2006～2017 年全国艺术表演团体基本情况

| 年份 | 国有剧团 | | | | 集体所有制剧团 | | | | 其他所有制剧团 | | | |
|---|---|---|---|---|---|---|---|---|---|---|---|---|
| | 机构数（个） | 从业人员（人） | 演出场次（万场次） | 演出收入（万元） | 机构数（个） | 从业人员（人） | 演出场次（万场次） | 演出收入（万元） | 机构数（个） | 从业人员（人） | 演出场次（万场次） | 演出收入（万元） |
| 2006 | 2008 | 113583 | 31.00 | 99689 | 460 | 17417 | 9.90 | 12163 | 398 | 13167 | 8.50 | 22401 |
| 2011 | 2213 | 127046 | 37.57 | 207713 | 291 | 9823 | 7.87 | 15962 | 4551 | 89730 | 109.37 | 303071 |
| 2017 | 1711 | 100294 | 32.30 | 222556 | 172 | 5760 | 4.60 | 13254 | 13859 | 296915 | 256.70 | 1240976 |

资料来源：《中国文化文物统计年鉴（2007）》《中国文化文物统计年鉴（2012）》《中国文化文物统计年鉴（2018）》。

　　二是艺术表演形式和内容更加丰富，综合效益不断提升。随着民众文化需求的多样化，演出市场的演出形式和内容越来越丰富。将 2000 年的演出市场与 2019 年的演出市场做比较就可以看出，2000 年全国剧团演出场次共计 43 万场，其中戏曲剧团演出场次一家独大，达到 23.8 万，话剧、儿童剧、滑稽剧全年演出 0.8 万场[①]。2019 年全国各种所有制剧团共演出 296.8 万场次，其中话剧、儿童剧、滑稽剧类 29.6 万场次，歌舞、音乐类 67.3 万场次，地方戏曲类 84.9 万场次，综合性艺术表演团体 81.1 万场次[②]。从 2000 年到 2019 年，戏曲剧团的演出规模由超过总场次一半下降到不足三分之一，话剧、儿童剧、滑稽剧及其他类型的演出市场规模逐年上升，这对促进观众审美趣味的多元化，培养观众的文化消费习惯，均具有积极意义。除此之外，新的演艺形式——旅游演艺异军突起。《欧洲之夜》《宋城千古情》等开创了中国旅游演

---

① 文化部计划财务司. 中国文化文物统计年鉴（2001）［M］. 北京：北京图书馆出版社：15－16.
② 文化和旅游部. 中国文化和旅游统计年鉴（2020）［M］. 北京：国家图书馆出版社：159－162.

艺的新模式,《印象·刘三姐》开创了实景演出的先河,在国内掀起了旅游演艺的热潮。全息影像、多媒体等大量技术手段被应用于旅游演艺,项目数量猛增,投资巨大。从 2013 年到 2017 年,我国旅游演艺节目台数从 187 台增加到 268 台,增长 43%;旅游演艺场次从 53336 场增加到 85753 场,增长 61%;旅游演艺观众人次从 2789 万人次增加到 6821 万人次,增长 145%;旅游演艺票房收入从 22.6 亿元增长到 51.5 亿元,增长 128%[①]。

三是拓展国际演出市场,成为文化"走出去"的主力军。2005 年文化部发布《国家商业演出展览文化产品出口指导目录》,精选一批优秀演艺团体赴国外进行文化交流。同年 11 月发布的《关于鼓励支持民营文艺表演团体的意见》[②] 也提出,"对民营文艺团体演出要简化审批手续,鼓励参加政府对外文化交流项目的招投标和全国性文艺评奖调演等活动","支持有条件的民营演艺团体到国外演出、投资注册公司,给予中小企业国际市场开拓资金支持"。在国家政策的大力推动下,2005 年中国演艺业共完成出国演出 2.6 万场次,比 2004 年猛增 2000 场次。《风中少林》《功夫传奇》《霸王别姬》《牡丹亭》《香格里拉》等优秀的演艺产品进军国际市场,不仅赢得了良好的国际声誉,也获得了可观的经济效益。上海国际艺术及演出交易会、欢乐春节、东亚文化之都等中外文化交流平台的打造,以文化交流方式讲好中国故事,受到了各国民众的热烈欢迎。2016 年开始,文化部服务国家"一带一路"倡议,出台《"一带一路"文化发展行动计划(2015~2020)》,中国与沿线国家文化交流的机制化水平不断提升,促使更多更优秀的演出产品走向国际市场。

## 二、演出行业的产业链构成

演出行业产业链的核心构成是演出制作单位、演出营销单位、演出场地和观众。"产业链上游是演艺产品策划、创作和制作源头,包括演艺集团、演出

---

① 鲁元珍. 促进旅游演艺转型升级 [N]. 光明日报, 2019 – 03 – 29 (9).

② 文化部、财政部、人事部、国家税务总局关于鼓励发展民营文艺表演团体的意见 [EB/OL]. http://www.chinatax.gov.cn/chinatax/n810341/n810825/c101434/c1904/content.html, 2005 – 11 – 04/ 2021 – 05 – 21.

公司、剧院团等；中游是演艺产品通过传播走向市场、服务观众的媒介，包括经纪公司、广告公司、票务公司等中介机构；下游是实现演艺产品消费和价值终端的市场，包括剧场、剧院、艺术中心等演出场所①。"演出行业产业链可分为三个环节：第一个环节是演出单位制作演出节目，并将它搬到剧场上演；第二个环节是剧场为剧目上演和观众观看演出提供服务；第三个环节是观众购票观看演出，为演出制作单位和剧场提供资金。由于专业分工的进一步细化，在这三个基础环节上又增加了其他中间环节。

在第一个环节中，演出单位要制作一个演出作品，首先需要演员，演员可能来自演出单位，也有可能来自演员经纪公司。制作一部完整的剧目，同时还需要布景制作公司、服装制作公司以及灯光、音响租赁公司等机构的配合。作品制作完成后，演出制作单位要租用剧场准备演出，通过演出营销公司将演出信息传播出去，同时要通过剧场或票务代理公司向观众售票以获得票房收益。专业的营销公司有丰富的市场推广经验，能够降低演出制作单位的经营风险。第二个环节中，剧场同样涉及许多配套单位，如演出设备的生产销售公司、剧场设备的生产销售公司、演出消耗品生产销售公司等。在第三个环节中，如今的演出市场观众购票的途径越来越多，可以通过电话、网站或手机 App。票务代理公司也在积极拓展上下游的产业链，如布局内容领域、开发 IP 资源、举办线下音乐节等。

## 三、演出市场经营主体发展概况

### （一）文艺表演团体

2020 年末，全国共有艺术表演团体 17581 个，比上年末减少 214 个；从业人员 43.69 万人，增加 2.44 万人。其中各级文化和旅游部门所属艺术表演团体 2060 个，占 11.7%，从业人员 10.75 万人，占 24.6%。全年全国艺术表演团体共演出 225.61 万场，比上年下降 24.0%；国内观众 8.93 亿人次，下降 27.4%；演出收入 86.63 亿元，下降 31.7%②。

① 徐磊. 中国演艺产业链发展趋势研究 ［J］. 视界观，2020（4）：270 - 271.
② 文化和旅游部. 2020 年文化和旅游发展统计公报 ［EB/OL］. http：//www. gov. cn/fuwu/2021 - 07/05/content_5622568. htm，2021 - 07 - 05/2021 - 11 - 10.

（1）民营文艺表演团体发展迅速，成为演出市场主体力量。改革开放以后，随着社会主义市场经济体制的逐步完善，人民的生活水平不断提升，多元化的文化需求不断增长，党和政府出台了一系列鼓励民营文艺表演团体发展的政策，民营文艺表演团体得到快速发展，业已成为演出市场的主体力量。这首先表现在民营剧团的数量、从业人数、市场份额上。截至 2020 年末，民营文艺表演团体占艺术表演团体 88.3%，从业人员占比 75.4%，演出收入占比 77%。民营文艺表演团体已成为演出市场上不可忽视的重要力量，成为繁荣发展我国演艺业的主要载体。许多民营文艺表演团体扎根基层，为繁荣基层百姓的文化生活作出了重要贡献。以 2019 年为例，民营文艺表演团体在国内共演出 260.1 万场次，其中在农村演出 147.5 万场次，而国有和集体两类所有制的文艺表演团体在农村演出场次分别为 20.5 万场次和 3.2 万场次[①]。

（2）政府扶持力度不断加大，文艺表演团体艺术创作能力显著提升。在完成文艺表演团体体制改革后，为推动文艺表演团体提升内生动力，多出精品力作，更好服务社会主义文化强国建设，我国政府加大了对文艺表演团体的政策扶持力度。首先，政府财政直接拨款连年呈上升趋势。例如，2017 年政府对各种所有制的文艺表演团体财政拨款总额为 148.34 亿元，2018 年、2019 年分别为 158.41 亿元和 184.57 亿元[②]。其次，政府出台一系列扶持政策。2013 年 12 月 30 日，旨在繁荣艺术创作，培养艺术人才，打造和推广精品力作，推进艺术事业健康发展的国家艺术基金正式成立。随之，各省亦相继成立省级艺术基金，推动本省艺术事业发展。政府采购的公益演出活动近三年来每年稳定在 16 万场次左右。最后，在文艺表演团体的人才培养、人才评价等方面，加大培养力度，创新人才机制，为艺术表演团体的发展夯实人才基础。如文化和旅游部每年都有针对民营剧团的人才培养项目、针对国有剧团的海外进修项目等；同时，在文艺人才的人才引进、职称评定等方面改革创新，以激发人才活力。

在政府的政策扶持下，我国文艺表演团体的艺术创作能力显著提升，不仅创作出了许多形式多样、内容丰富、深受群众好评的舞台艺术作品，同时也通

---

① 国家统计局. 中国统计年鉴（2020）[DB/OL]. http://www.stats.gov.cn/tjsj/ndsj/2020/indexch.htm，2021-03-15/2021-06-17.

② 数据来源于《中国统计年鉴（2018）》《中国统计年鉴（2019）》《中国统计年鉴（2020）》。

过精品剧目海外巡演大力推动中华文化走出去，让海外观众通过舞台艺术感受中华文化的魅力。在传播中国文化，讲好"中国故事"的同时，也进一步开拓国际市场，与海外机构建立合作，提高商业运作能力。2018 年文艺表演团体赴海外演出收入为 31.86 亿元，较 2017 年增长 6.66%；其中，商业演出场次 0.20 万场，收入为 12.97 亿元，比 2016 年增长 4.76%[①]。

（3）部分剧团的市场化程度仍然不够，对政府补贴和基金支持依赖较大。长期以来的政府财政补贴对剧团的艺术生产提供了有力的资金支持，但是，近几年也出现了一些文艺院团为了申请政府资金支持，在艺术策划和创作时以政府领导和评审专家的喜好为创作导向，以申请资金支持为最终目的，作品创作出来在演出市场上既不叫好也不叫座。这样的创作导向加剧了艺术创作与市场需求之间的断层，有悖于政府扶持文艺院团的初衷，也有悖于文化体制改革的初衷。

### （二）艺术表演场馆

截至 2019 年底，全国共有艺术表演场馆 2716 个，比上年增加 9.6%；演出场次为 128.4 万，比上年增加 1.42%；财政拨款和演出收入合计 177.23 亿元，比 2018 年增长 33.78%[②]。

（1）政府补贴持续增长，带动了剧场运营的良性循环。政府对专业剧场的资金投入主要有两种方式，按场次补贴和直接专项拨款。如青岛市 2015 年制定了《"青岛院线"演出场次财政补助资金管理暂行办法》，将剧场、剧目进行分类，针对不同级别给予不同的补助标准。宁波大剧院每年的演出指标是 80 场，每场的补贴是 6 万元，嘉兴大剧院每年的演出指标是 50 场，每场的补贴是 1.7 万元。杭州大剧院，政府每年专项资金补助 2000 万元[③]。政府补贴在一定程度上降低了票价，使更多的观众有机会走进剧场，享受高雅艺术和中华优秀传统文化，提升文化品位，培养文化消费习惯。文化消费习惯的养成和文

---

①　中国演出行业协会 . 2018 中国演出市场年度报告［EB/OL］. https：//new. qq. com/omn/20190729/20190729A0O79M00. html，2019 - 07 - 29/2021 - 06 - 10.

②　文化和旅游部 . 2019 年文化和旅游发展统计公报［EB/OL］. https：//www. mct. gov. cn/whzx/ggtz/202006/t20200620_872735. htm，2020 - 06 - 20/2021 - 06 - 18.

③　杨建新，杜毓英 . 关于当前浙江省剧院经营管理的调查报告［J］. 文化艺术研究，2009（1）：63 - 77.

化品位的提升又会进一步刺激文化需求，促进剧场扩大经营规模，引进更多更优质的演出，形成良性循环。

（2）剧场由"演出场所"的单一功能向复合功能转化。剧场的最初功能仅仅是演出场所，其收入以出租场地为主，这种单一的功能定位使剧场的发展受到很大限制。近些年，剧场逐步由"演出场所"的单一功能向复合功能转化，这主要体现在两个方面：一是许多剧场通过策划演出季、打造品牌剧目展、参与剧目创作等方式拓展剧场的业态结构，逐步摆脱出租场地的低水平管理模式；二是艺术教育成为剧场运营的重要版块。许多剧院广泛开展艺术培训、艺术讲座、艺术欣赏等，通过融入当地生活，提升人们的艺术素养培育潜在观众。如国家大剧院成立了专门的艺术教育部，开设普及演出、经典艺术讲堂、大师会客厅、公开排练欣赏四个版块，每年举办艺术普及教育活动 300 场以上，让更多的人通过国家大剧院走近艺术、了解艺术、热爱艺术。

### （三）演出经纪机构

传统的演出经纪机构主要指在演出市场上从事文艺演出经纪活动，为表演者与观众提供中介服务的机构，作为艺术表演团体与观众之间沟通的桥梁，近年来，演出经纪机构在引导文化消费，拓展演出市场，促进剧团改革方面越来越发挥出重要的作用。

（1）演出经纪机构利用自身营销优势积极转型。传统的演出经纪机构一般都专注于代理票务、推销演出的业务，盈利模式比较单一。近些年，随着剧场越来越多地参与剧目制作，传统演出经纪机构的盈利空间被压缩，因此，越来越多的演出经纪机构利用自身营销优势，积极扩展业务。演出经纪公司由于长期从事市场营销业务，通过演出大数据可以更深层次地了解观众的喜好，为演出制作、宣传提供支撑，而立足于市场需求的内容制作往往能为演出经纪和票务营销提供保障，在演出经纪积极转型的过程中，这些业务彼此支撑，形成了良性循环。如成立于 2007 年的聚橙网，原本是一家主营演出经纪和演出票务的公司，近些年通过积极转型，形成了全产业链布局的经营模式。从 2015 年开始布局音乐剧制作和引进，已参与投资并联合制作演出了 28 部百老汇音乐剧，引进了《猫》《贝隆夫人》《吉屋出租》《罗密欧与朱丽叶》等一系列经典名作，投资制作的音乐剧《乐队来访》荣获第72届托尼奖"最佳音乐剧"桂冠，并包揽最佳男/女主演、最佳剧本、最佳作曲、最佳音响设计等10项大奖。

（2）票务市场管理持续规范，行业逐步回归正轨。我国的票务平台主要经历了三大发展阶段：1999～2008年中国票务现场娱乐票务处于探索期，直至中国票务网、东方票务、大麦等多家基于互联网的票务网站出现，用户慢慢从线下购买转入PC端，但受限于整体的支付环境，发展较慢；2009～2014年，随着移动互联网的普及和市场的发展，国内整体线上支付变得便捷，PC端头部票务平台开始向"互联网＋"转型，以大麦、永乐票务为代表；2015年以后，线上流量爆发，市场整体增长，前景向好，资本的涌入催生了行业的多元化，一级平台大麦、永乐向生态延伸积极赋能产业链，同时更具创新和灵活性的二级票务市场逐步兴起，成为调节市场供求关系的重要部分。

二级票务市场作为一级票务市场的补充，发挥着市场调剂的作用，有其存在的价值和需要，但由于一些平台管理不规范，监管手段不完善，成了黄牛票、高价票甚至是假票的流散地，极大地干扰了票务市场的正常运行。2017年，文化部发布《关于规范营业性演出票务市场经营秩序的通知》，2021年8月19日，文化和旅游部出台的《演出票务服务与技术规范》正式实施，利用行政力量规范票务平台发展，同时，以大麦、永乐票务为代表的票务平台利用科技手段抵制黄牛，在热门演出中严格实行实名制购票，通过大数据监控抢票情况，判别"机刷""代刷"等异常行为，并在发现异常行为后关闭订单。在政府部门和行业的双重规范下，我国的票务行业逐步回归正轨。

## 四、演出细分市场发展概况

演出市场从类型来讲可分为音乐类演出、舞蹈类演出、戏剧类演出、曲艺杂技演出、旅游演出等，以下将从不同市场类型出发，扼要介绍其运营机制和近些年的发展概况。

### （一）音乐类演出

**1. 音乐会**

音乐会是音乐类演出中最为传统的演出样式，一般以演绎古典音乐作品、民族音乐作品、歌剧、合唱等经典作品为主。随着大众艺术素养的提升，音乐会演出市场热度越来越高，主题也越来越丰富。根据中国演出行业协会 2018 年的市场发展报告，2018 年全国音乐会场次为 2.42 万场，同比上升 8.52%；上座率为 84%，同比上升 5%；观众人数和票房收入分别为 772.8 万人、14.34 亿元，分别同比上升 8.3%、7.5%①。在主题策划上更加多样化，电影音乐、动漫音乐、游戏音乐、跨界音乐等深受年轻观众喜爱的主题开始增多，吸引更多观众走进剧场。除此之外，经过多年的市场培育，音乐会市场逐渐形成了"新年档""暑期档"两个热门时段，音乐会集中上演，票房成绩突出。全国各大城市的"新年音乐会"已俨然成为人民群众亲近高雅音乐，走进艺术殿堂的便利通道。在观演形式上，近年来一些演出提倡打破传统古典音乐现场"正襟危坐"的观演形式，拉近观众与乐手之间的距离，让古典乐更亲近大众。例如，西安交响乐团、厦门交响乐团在 2018 年打造的"浸入式音乐会"，打开舞台，让观众坐在乐手身边，近距离体验音乐魅力。音乐会策划方和演出方在主题和形式上的拓展，进一步扩大了音乐会演出市场。

**2. 演唱会**

演唱会是音乐类演出中最有号召力的一种演出形式，尤其是具有巨大影响力的人气歌手。我国的演唱会在 20 世纪 90 年代开始出现，初始阶段港台歌手较多，进入 21 世纪，大批华语艺人投身演唱会，演唱会的举办开始常态化。一场演唱会的成本，除人气歌手高昂的出场费外，还有现场乐队、场地租金、舞台搭建、灯光音响、安保费用等，高成本最终通过高票价转嫁给观众，因此演唱会的票价一直高企不下，一票难求。

相对于具有广泛市场适应性的歌手，近几年，一些相对小众的歌手在剧场、LiveHouse 举办演唱会渐成趋势，如陈绮贞、程璧、陈粒、杭盖乐队等。

---

① 中国演出行业协会 . 2018 中国演出市场年度报告 ［EB/OL］. https：//new. qq. com/omn/20190729/20190729A0O79M00. html，2019 - 07 - 29/2021 - 06 - 10.

在市场号召力不足以支撑大型场馆多场次演出的情况下，举办剧场演唱会、LiveHouse 是一条传播音乐、培养受众的新途径，其优势在于投入较低、成本可控、风险较小，对消费者来说票价也易于承受。此外，LiveHouse 不再依赖于单纯的票房，而在商业模式上有新的探索，如设置 Disco、古装等当下流行的主题派对；将独立艺术家的小型展览与演出融合；让酒水及其他经营内容以与演出主题契合的形式进驻 LiveHouse 等，用创意为年轻一代的观演人群带来新鲜体验感。互联网介入演唱会运营后，近几年在线直播获取版权收入成为演唱会新的盈利渠道。互联网超越时空地域限制的特性，极大拓展了演唱会的观众群体，选择在线观看演唱会的人数大幅增长。例如，腾讯视频 Live Music 2014 年 8 月首次进行演唱会直播，2015 年的华晨宇"火星演唱会"就已实现 20 万预订直播、264 万同时在线观看直播的行业纪录。2016 年底王菲"幻乐一场"演唱会、2017 年 TFBOYS 四周年演唱会同时在线人数分别为 2150 万、1381 万，王菲演唱会的总播放量更是达到惊人的 3.4 亿。这些数字在传统的演唱会形式下是无法想象的。

　　3. 音乐节

　　我国早期的音乐节大都以政府主导举办，进入 21 世纪，音乐节场次明显增多，形式也开始多样化。根据道略文化产业研究中心的统计，2009 年，国内音乐节演出共 44 场，2010 年达到 92 场，2016 年，国内音乐节超过 500 场。

　　在运营模式上，当下的音乐节主要有以下几类：一是专业化连锁模式，指专业的唱片公司或演出公司举办的音乐节。专业公司拥有音乐节的核心资源，公司采取跨区域的品牌经营策略，如迷笛音乐节、摩登天空音乐节、草莓音乐节等。迷笛音乐节由北京迷笛音乐学校主办，自 2000 年在迷笛学校大礼堂首次举行以来，截至 2019 年，已连续举办三十八届，每届均有不同的主题。二是政府独立主办的音乐节。这类音乐节以树立城市或区域的文化品牌、打造对外文化交流平台为主要目的，如上海之春国际音乐节。上海之春国际音乐节由 20 世纪 60 年代的上海之春音乐舞蹈月和 80 年代的上海国际广播音乐节合并而来，开始于 2001 年，每年举办一次，是我国历史最为悠久的音乐节，也是上海音乐文化的标志，对提升上海文化软实力，塑造国际大都市形象均具有重要意义。三是音乐与旅游联动模式。这类音乐节一般在旅游地举行，由区域政府主办或参与，主要目的是带动当地旅游发展。例如，首次登陆三亚的 ISY 三亚国际音乐节在 3 天内拉动消费近 5 亿元，仅海棠湾主会场两天的演出就吸引超过 6 万名观众，参与音乐节的总人数约 20 万人次；极具草原风情、富含藏羌彝民族文化特色的 2018 红原大草原夏季雅克音乐季，将现代音乐与藏羌彝民族民俗文化、非遗文化、草原游牧文化、旅游资源等融为一体，引来 10 万余人大狂欢；张北草原音乐节也已成为当地文旅品牌活动。

近些年音乐节还呈现出垂直品类增多的趋势，如电子音乐、民谣音乐节、爵士音乐节等。音乐节市场的垂直细分突破了音乐节同质化的困局，是音乐节内容从"大而全"向"小而精"升级发展的新阶段。

**（二）舞蹈类演出**

与其他细分市场相比，舞蹈演出市场增长较为缓慢。2018 年全国舞蹈类演出共 6400 余场，同比增长 3.23%，观众人数 314 万人，同比增长 1.95%，票房收入 9.25 亿元，同比增长 1.31%[①]。究其原因，舞蹈的艺术语汇需要较高的艺术素养才能欣赏理解，"看不懂"是中国观众和舞蹈艺术隔阂的主要原因。近几年，在《舞林大会》《这！就是街舞》《热血街舞团》等综艺节目的带动下，街舞、爵士舞等小众舞种升温，增加了市场的多样性，也为舞蹈市场培育了新的观众群体。

**（三）戏剧类演出**

*1. 话剧*

近些年，我国的话剧演出市场规模持续增长。2018 年话剧类演出场次1.75 万场，同比上升 9.38%，票房收入 26.20 亿元，同比上升 3.11%。话剧作为近代西风东渐带来的舶来品，以其新颖的形式、丰富的艺术表现力受到中国观众的欢迎。在话剧市场上，一些经典剧目长演不衰。例如，北京人艺的《茶馆》《雷雨》《关汉卿》《龙须沟》等，常年热度不减，一票难求。另有一些经典品牌项目，如孟京辉工作室的小剧场戏剧《两只狗的生活意见》已上

---

① 中国演出行业协会 . 2018 中国演出市场年度报告 ［EB/OL］. https：//new.qq.com/omn/20190729/20190729A0O79M00.html，2019 – 07 – 29/2021 – 06 – 10.

演超过 10 年，至今仍然每场演出出票率达 90% 以上；小柯剧场推出的原创系列音乐剧全年上演超过 200 场，每场售票率达 80% 以上；赖声川的《如梦之梦》每年定时上演，常常爆满。除本土经典外，话剧演出团体也积极引进国外优秀剧目，这突出表现在北京、上海等一线城市的话剧市场上。如上海大剧院原版引进的《麦克白后传》《惊奇的山谷》《亨利四世》《亨利五世》《哈姆雷特》等，由于一线城市观众的教育程度相对更高，欣赏视野也较为成熟，这些原版引进的话剧越来越受到观众的欢迎。

2. 戏曲

戏曲是最古老的舞台演出样式之一，在我国具有悠久的历史和深厚的群众基础，"看戏"曾经是老百姓日常生活中最主要的精神娱乐方式。20 世纪下半叶以来，随着全球化进程的加快，许多具有浓郁民族特色的文化都遭遇日渐衰颓的命运，中国戏曲也未能幸免。但作为优秀民族传统文化的代表，在保护优秀传统文化的背景下，近年来政府出台了一系列支持戏曲发展的政策，为戏曲演出市场带来了新机。国家艺术基金和各地艺术基金加大了对戏曲创作、戏曲演员培养、戏曲理论研究、戏曲评论等的支持力度，为戏曲发展创造了良好的环境。从近些年的市场情况来看，呈现出以下两个特点：一是不同剧种呈现出不同的生存状态。京剧、昆曲、越剧、豫剧等受众广泛的剧种，在剧目创作、人才培养、演出场次等方面都呈现出繁荣发展的态势。消费人群不断扩大，年轻观众也开始走近传统戏曲，这一方面得益于一些戏曲名家的积极推广，另一方面得益于各剧团创新内容，积极排演具有现代内容的新戏吸引观众。与这些剧种形成鲜明对比的是地方戏小剧种，在现代化的冲击下，普遍面临人才断层、市场萎缩、观众流失等生存困境。二是戏曲演出市场在农村繁荣发展。戏曲本来产生于民间，成熟、发展于民间，农村始终是它的主要市场，农民始终是它的主要观众群体。受自然地理、审美习惯、文化消费习惯的影响，戏曲演出在农村有着广阔的市场，近些年更是呈现出上升发展的良好态势。究其原因，这一方面得益于农村经济的发展和农民文化消费能力的提高，每逢传统节庆或婚丧嫁娶，农民邀请剧团搭台唱戏渐成风气。另一方面得益于鼓励文艺团体"送戏下乡"的政策支持，中央和地方财政每年安排专项资金支持"送戏下乡"，丰富基层群众精神文化生活，在政策的支持和带动下，农村演出市场普遍红火。伴随着农村戏曲演出市场的繁荣，演出中介、演出器材制造和租赁、演出策划宣传等相关行业也得以发展，农村戏曲演出市场的产业链逐渐形成。

3. 儿童剧

随着国民收入水平的提高及家长对教育的重视，戏剧在艺术素养培育和审美教育中的作用越来越被广大家长认可。进入 21 世纪以来，我国的儿童剧市场进入快速发展阶段。根据中国演出行业协会的数据，2019 年前三季度全国儿童剧演出总票房高达 9.17 亿元，并预计 2019 年全年中国儿童剧演出总票房将超过 10 亿元，增速将达到 9.05%①。在 2015 年以前，儿童剧市场以国内原创剧目为主，演出质量、投入成本一直较低，因此票价也比较低。2015 年以后，国内开始大量引进国外优秀儿童剧目，根据《2018 年中国儿童剧市场发展报告》，中国儿童剧 2018 年演出共 16493 场，票房收入 5.72 亿元，其中，引进儿童剧数目达 200 台，演出场次达 3305 场，收获 133.8 万观众和 1.73 亿元的票房②。在引进剧目的竞争压力下，国内各儿童艺术剧院也纷纷跳出舒适圈寻求创新突破，带来了原创儿童剧整体艺术水平的上升。多家研究机构认为，我国儿童剧演出场次和观众人数会持续大幅增长，市场处于高速发展阶段。例如，专注亲子演出市场的大船文化从 2017 年到 2019 年连续三年营业额实现 60% 以上增长，2019 年利润超 2000 万元，同比上年增长 30% 左右③。随着国内生育政策的放开，加之 "80" 后、"90" 后家长对教育的重视，儿童剧未来的市场必定会迎来更大规模的发展。

## （四）旅游演出

我国旅游演出最早可追溯到 1982 年陕西省歌舞剧院推出的《仿唐乐舞》，但当时这个演出的主要目的是接待来西安访问的国际友人，并不具备市场特征。1997 年，宋城演艺推出了日后名噪一时的《宋城千古情》，但当时只是作

---

① ③　前瞻产业研究院. 2019 年中国儿童剧行业市场现状及发展前景分析 [EB/OL]. https://bg. qianzhan. com/trends/detail/506/200311 - 4fd53acc. html，2020 - 03 - 11/2021 - 06 - 28.

②　道略演艺产业研究院. 2018 年中国儿童剧市场发展报告 [EB/OL]. http：//www. idaolue. com/Data/Detail. aspx? id = 1646，2019 - 08 - 23/2021 - 06 - 28.

为主题乐园烘托气氛的小型文艺表演，与经过数次改版的千古情系列旅游演艺相差甚远。旅游演出市场真正具有里程碑意义的作品是 2004 年在桂林阳朔县开演的山水实景演出《印象·刘三姐》，也由此定义了旅游演艺的概念：旅游演艺是常驻于旅游景区或目的地，以游客为主要观众受众，综合运用多种艺术表现形式，结合声光电效果，以表现特色文化背景或民俗风情为主要内容的主题商业演艺活动。在《印象·刘三姐》的带动下，21 世纪以来国内形成了一股投资旅游演艺的热潮。据不完全统计，目前全国不同规模的旅游演艺已有近 300 台，几乎遍布每一个风景名胜区，有些知名景区有数台演艺同时演出。经过多年来激烈的市场竞争，逐渐形成了三大派系（宋城演艺、三湘印象、山水盛典），分别以室内演艺和山水实景演艺为主，行业格局也趋于稳定。

2018 年旅游演出场次为 6.31 万场，较 2017 年上升 9.93%，票房收入 37.47 亿元，较 2017 年上升 9.21%[①]。近些年，旅游演出逐渐由早期的单一模式逐渐向沉浸式、体验式演出转化，观众从被动观看到主动参与，观演方式发生了很大变化。另外，舞台智能灯光技术、全息多媒体技术、智能机械技术等高科技开始在旅游演出中得到运用，不仅提升了演出效果，也促进了舞台科技的研发和应用。例如，佩珀尔幻象全息投影技术的全球第一次户外运用就出现在实景演出《最忆是杭州》当中；杭州宋城景区打造的《古树魅影》用先进的声、光、电等科技手段营造出 360 度全景剧幕，让观众能够身临其境地感受演出的场景。

## 五、当前演出市场发展趋势

从国际上看，人均 GDP 在 1 万~3 万美元是文化娱乐消费增长最快的阶段。2019 年，我国人均 GDP 达到了 10276 美元，历史上首次突破 1 万美元，2020 年，面对新冠肺炎疫情带来的挑战，我国人均 GDP 比 2019 年仍有小幅提升，为 10504 美元。对我国演出市场发展趋势的基本判断是：我国演出市场经济规模将持续增长，在这个基本趋势下，我国演出市场还呈现出以下三个趋势。

---

① 中国演出行业协会.2018 中国演出市场年度报告［EB/OL］. https：//new.qq.com/omn/20190729/20190729A0O79M00.html，2019－07－29/2021－06－10.

### 1. 资本介入演艺产业程度越来越高

与其他行业相比，演艺产业个性化、特色化的发展模式，体量较小、资产轻质化的特点使得演艺市场中资本的介入程度一直不高。在投融资体系尚不成熟的情况下，政府的投融资行为在很长时间内是中国演艺发展的关键性支持力量[1]。自2000年提出文化产业的概念后，2003年国家开始允许非公有制资本进入文化领域。2010年，国家出台《关于金融支持文化产业振兴和发展繁荣的指导意见》，明确了金融机构对演艺产业进行扶持。相关政策的相继出台，为资本进入演艺产业构建了良好的发展环境。2010年，丽江旅游、宋城股份分别挂牌上市，实现了演艺产业上市企业零突破，为国内演艺企业提供了可借鉴的融资发展模式[2]。在政策的刺激和引导下，风投资金也进入演艺产业。2010年云峰基金投资5000万美元给印象公司，拉开了资本投资演艺产业的帷幕。随着我国文化产业逐渐成为支柱产业，国民文化消费能力不断提升，演艺产业的高投资回报率必将吸引更多的风投资金进入，演艺企业借助风险投资者丰富的市场运营经验，不断规范企业发展，壮大企业规模，推进我国演出市场的健康繁荣发展。

### 2. 科技助力演艺市场规模扩大

互联网与演出的融合带来了传播方式、营销方式、盈利方式、体验方式等诸多变化，同时，全景直播、虚拟现实、增强现实等技术为演出带来了数百倍的受众增长，提升了演出潜在的商业价值。如2016年12月30日王菲在上海举办的"幻乐一场"演唱会，通过虚拟现实技术，实现了360全景网络直播，同步全球166个国家，总观看人数超2000万，累积总播放量达3.4亿。国家大剧院、上海交响乐团等一流演艺机构打造"在线数字音乐厅"，通过直播云平台的应用，让更多的观众可以足不出户欣赏高雅音乐。随着5G时代的到来，演艺设备通信水平必将得到大幅提升，舞台声、光、电、机械的控制能力大大提升，将会为无法到达演出现场的观众带来更沉浸式和多元化的体验。

### 3. 对外文化交流越来越频繁深入

演出项目走出国门，将优秀的中国传统文化传递给世界，是我国对外文化

---

①②　关学增. 中国演艺产业投融资中的政府行为研究 [J]. 中州学刊, 2017 (6)：18 – 22.

交流的重要形式，也是"讲好中国故事"，促进其他国家对中国文化认同的重要手段。近年来，各地的文化和旅游部门精心策划并打造多个演出精品项目推向海外，在促进文化贸易稳步增长的同时，展示国家形象和中国气派。如"北京之夜"项目，2011~2019年，已连续举办九届，北京艺术家代表团走过四大洲13个国家，历次演出获得巨大成功。除演出项目走出去之外，演出领域的国际合作也逐步深入，向版权交易、参股投资等方面拓展。艺术团体之间的交流也不再流于表面，而在艺术家培养、剧目联合制作、管理模式等方面深度合作。

# 第二节　网络直播行业市场

网络直播，也称为视频直播、在线直播，正在成为最受关注的互联网娱乐方式。从形式上来看，隔着电脑屏或者手机屏，一边是类似于传统主持人的"主播"，另一边是千千万万等在屏幕面前观看的粉丝。然而，这种"跨屏"已经与传统电视有了本质区别，主播与粉丝之间的互动方式、互动内容等更为即时和深入，直播过程中运用的符号内容更加丰富和生活化，最受关注的是粉丝给主播的打赏送礼行为，包括了几块钱到几万元的虚拟礼物。这是传统媒体时代所闻所未闻甚至不可理喻的交互行为。可以说，主播与粉丝通过网络跨屏共建了一个特殊的传播情境：基于虚拟互联网平台，主播在特殊装扮的房间、游戏界面或现实场景中，通过游戏、唱歌、吃饭、跳舞、逛街、饮食甚至直播睡觉等符号内容，借助各种直播平台的功能设置进行互动，共同生产了丰富而独特的意义体系。

## 一、网络直播的发展历程

网络直播从起步到如今占互联网用户半壁江山，用了不过十几年的时间，发展速度之迅猛引人瞩目。这十几年的发展历程可以分为起步期、发展期、爆发期、拓展期四个阶段。

1. 起步期

虽然网络直播是近年来才备受关注，然而作为其雏形的网络聊天室则是伴随互联网的出现而较早出现的互联网娱乐方式，1999 年腾讯推出 OICQ，后来改为 QQ，开始支持在线文字和语音聊天，尽管早期限于网速和带宽不能支持图片和视频，但是成为重要基础。后来聊天室发展为房主视频聊天模式，慢慢具有了现在的秀场直播的雏形，从 2005 年开始，以 YY、六间房、9158 为代表的 PC 秀场直播模式为众人熟知。9158 平台最早把秀场表演的方式集成到产品功能当中，也就是将线下的"夜总会"模式搬到线上，用户注册后进入大厅，可选择进入免费房间或者付费房间，二者的主播颜值和歌唱水平有差距；付费房间可以免费试看 5 分钟后决定是否付费继续观看。表演节目被称为"上麦"，会有粉丝给表演者买虚拟礼物，类似夜总会里的"小费"，奠定了网络直播通过打赏、送礼物等方式来获得盈利的运营模式。之后的"平民秀场"正式让网络直播成为一个独立产业和独特的互联网娱乐方式。

网络直播发展初期，除了秀场模式的直播方式，还有类似 YY 这种发端于网络游戏内的语音聊天系统，YY 是一款免费团队语音软件，是多玩游戏网针对中文用户设计的多人语音群聊工具，主要用于游戏玩家交流、即时通话。多玩作为一家游戏资讯专业门户网站，以特色 YY 语音社区、强大的多玩论坛、专业的新闻中心为主要业务组成，为玩家提供资讯娱乐全方位体验，成了游戏玩家首要选择的游戏资讯专业门户之一。游戏玩家的增加、游戏任务的团队模式等让游戏语音聊天软件使用率越来越频繁，几乎所有的游戏公会、玩家群体都使用 YY 语音，YY 语音能够提供了流畅的游戏直播体验，游戏直播的雏形开始出现。一些用户不仅用 YY 与其他玩家聊天，还会在线表演、陪聊等，开始脱离游戏成为单纯的网络直播。

这两条渠道共同成为网络直播的早期模式，随着直播开始被大家关注，一些其他平台，如优酷、土豆、酷六等视频网站，以及豆瓣、开心网、人人网等 SNS 社区等都开始进入直播领域。尤其是 ACFUN，即"A 站"的成立，以及后来分离出来的 bilibili 网站，即"B 站"，既开启了二次元的新市场，又带来了"弹幕"这种全新的互动模式，极大扩充了网络直播的受众群体，主播数量猛增，直播内容更加丰富，粉丝也从原来的小众化群体开始向更多互联网受众扩散。

2. 发展期

从 21 世纪第二个十年开始，网络直播进入发展期，这主要得益于游戏直播的加入。按照艾瑞咨询的定义，游戏直播是指以视频内容为载体，以电子竞技比赛或电子游戏为素材，主播实时展示/解说自己或他人的游戏过程或游戏节目的服务。游戏直播以 YY 直播为鼻祖，自 2012 年上线以来，YY 直播凭着之前作为语音聊天软件积累的用户基础，很快就普及开来。2014 年开始，大量游戏直播平台集中上线，如 2014 年的战旗、斗鱼。2015 年 7 月，触手直播正式上线，成为第一家专注手机游戏的直播平台，2015 年 YY 游戏直播更名为虎牙直播。这一时期电竞赛事频繁，游戏市场火爆，游戏直播平台（如 17173直播、TGA 腾讯直播平台、新浪看游戏等）大量涌现，通过抢占赛事资源、挖掘人气主播等方式快速抢占市场。游戏直播的内容主要包括电子竞技赛事、游戏节目和个人直播内容。游戏直播的核心用户主要是 PC 端竞技类游戏的爱好者。2015 年，游戏直播开始爆炸式发展，长尾游戏内容越来越凸显出其对用户的拉动效应，小众群体慢慢增加，大大扩展了游戏直播的市场覆盖面。同时，直播开始进入专业化发展阶段，开始出现拥有大量粉丝的大主播，各直播平台和主播经纪公司也开始花费巨资培养或抢夺知名主播，直播平台、主播、主播经纪公司三者之间或者签署分成协议或者直接签约权责协议，分工合作生产内容，形成互利共生的团队关系。

根据艾瑞咨询发布的《2015 年中国游戏直播市场研究报告（行业篇）》披露，2013 年游戏直播产业开始加速发展，到了 2015 年用户规模增长率达到58.8%，数量达到 4800 万，而 2016 年游戏直播用户数量将破亿，中国游戏直播市场规模将达 50 亿元[①]。这一时期的其他网络直播平台也大量出现，尤其是 2015 年出现了龙珠直播、章鱼直播、进门财经直播、映客直播、花椒直播、熊猫直播、全民直播等平台，这些平台定位多元，专注于体育类、新闻类、财经类、游戏类、娱乐时尚明星类、旅游类、电商类内容等，行业垂直细分领域开始崛起。

---

① 中国经济网. 网络直播具有巨大市场潜力 改善乱局从监管出发 [EB/OL]. http://www. ce. cn/culture/gd/201601/09/t20160109_8165323. shtml, 2016 – 01 – 09/2021 – 12 – 09.

3. 爆发期

2016 年，网络直播市场迎来了真正的爆发期。中国互联网及移动互联网的基础设施日渐完善，3G/4G 流量不断增加，同时智能手机的普及和拍摄像素的提高为用户脱离电脑而使用移动手机客户端实现移动直播创造了便利条件。手机视频直播成为视频秀场的新兴市场，备受资本市场的青睐，用户通过移动端进行内容制作或观看网络直播，用户参与的比例越来越高，直播内容越来越丰富，几乎无所不包，直播的美观度、清晰度、流畅度都大大提升。进入爆发期，网络直播行业的参与主体多元化，包括独立直播平台，百度、腾讯、阿里巴巴等互联网巨头，爱奇艺、乐视等综合类视频网站，以及大量非互联网企业（如宋城演艺、浙报传媒等），为行业提供了丰富多样的直播渠道和直播内容，整个行业呈现出较为饱和的发展状态。

随着网络直播的热度不断提升，百度、腾讯、阿里巴巴三大互联网巨头开始布局网络直播产业，从其自有业务生态出发，联动业务、流量、数据等方面，并在运营策略、技术手段上进行支持。其中，百度涉足泛娱乐、版权以及路况领域分别推出百度直播、奇秀直播、爱奇艺、百度视频、百度地图等相关软件；阿里巴巴推出淘宝直播、天猫直播、来疯直播、优酷等相关软件；腾讯在涉足泛娱乐、版权、新闻的基础上进一步涉足教育、游戏、二次元等领域，推出斗鱼直播、龙珠直播，并入股 bilibili。

媒体视频行业也是网络直播的重要投资主体，视频网站直接在平台设置直播入口，进行电视节目、自制节目及活动直播等版权类内容的直播。美拍等短视频平台也上线自己的直播功能。这些直播平台基本归属于泛生活类直播内容，已经从单纯的美色转向生活信息的分享与日常陪伴，内容涵盖了主播的逛街、美食、运动、旅游等生活内容，"主播"全民化，甚至明星也加入主播群体当中，增加了直播的内容丰富性，受众群体进一步扩大，如周杰伦加入《英雄联盟》游戏直播，姚明、李娜等加入赛事 VR 直播，巩俐等直播戛纳电影节。明星不仅以主播的身份加入直播行业，还以投资人的身份参与行业运营，汪峰、黄晓明等纷纷入局自带粉丝经济、娱乐属性强的直播领域。

4. 拓展期

经过十多年的发展，网络直播开始进入拓展期。所谓拓展期，是指网络直播开始跨越行业界限，突破秀场、游戏、生活等泛娱乐直播的范畴，进入消费市场的全领域，与生产、营销、消费等多元化的场景相融合，直播的应用被大大拓宽。在传统的才艺与颜值直播、游戏直播外，带货直播、综艺直播，以及教育直播、民俗直播、生活直播等"直播＋"创新正在变革直播行业的原有面貌。尤其是网络直播与电商交叉成为直播电商，与企业商务需求相结合成为企业直播行业发展的重头戏，备受资本市场青睐。2020年新冠肺炎疫情的发生，给直播电商、企业直播带来了发展机遇，后疫情时代直播＋各业务的融合模式以及用户使用习惯的不断养成成为当下互联网的发展重点。

直播电商最早于2016年开始出现，拓展了网络直播行业的发展路径，也大大提升了网络直播与整个消费市场的融合程度。直播电商的发展大致可以分为以下几个时期：从2016年开始萌发，直播电商高速发展，仅三年时间就进入爆炸式发展阶段。萌发期还仅限于短视频平台及传统电商提供简单的直播服务，到2018年这种直播服务开始深化电商的服务功能，购物车、导购等功能与直播深度融合，直播带货成为热门词汇。2019年被称为"直播电商元年"，根据淘宝公布的数据，在2019年的淘宝"双12"当天，7万多场直播引导的成交额同比2018年增长160%，其他电商平台也纷纷推出该功能，直播电商进入爆发期①。

企业直播也成为网络直播产业的重要拓展领域。根据艾瑞调研数据显示，消费者在接触过的内容营销形式中，短视频、直播、长视频占比包揽前三，均在45%以上。在新冠肺炎疫情之下企业直播服务需求井喷，行业客户量同比增长8～10倍。新冠肺炎疫情发生后，82.4%广告主认为营销数字化升级非常有必要。短期来看，新冠肺炎疫情"黑天鹅"加速企业直播需求进入井喷期，而长期来看，也受到消费者的在线消费行为惯性的驱动。2018年，企业直播开始进入发展期，2019年市场收入规模达到14.8亿元，企业直播服务市场价值不断突显，与直播电商共同赋能企业的线上销售转化能力，突破时空限制，大大节约线下活动的成本，同时通过数据化营销服务，助力企业私域流量用户价值沉淀，实现业务场景线上迁移，增强企业抗风险能力。当下的企业直播主

---

① 中国经济网. 2019消费新亮点：网红主播能带货 商家营销新利器［EB/OL］. http：//www. ce. cn/xwzx/gnsz/gdxw/201912/25/t20191225_33969229. shtml，2019－12－25/2021－08－20.

要由以下几大类主体构成：首先是提供云平台的服务商，主要由阿里云、腾讯云、金山云以及百度云，以及华为、中国电信等企业与公司提供服务；其次是企业直播平台，包括 CC 视频、微赞、云犀等平台，在这些平台之外，企业直播平台还包含了提供硬件服务的 LIVEU、天创恒达等，提供营销服务的蓝色光标传播集团、dentsu 等，提供软件服务的钉钉、用友等，提供渠道服务的新浪微博、微信等；最后是企业用户，可以分为以华图教育、好未来等企业为主的教育企业，以创维、长安汽车等为主的营销企业，以医疗为主的 3M 等相关企业。

这一时期的游戏直播开始从乱军混战到强军崛起，虎牙和斗鱼先后上市，成为这一行业的两大头部企业，其他（如 bilibili、西瓜视频、快手等）平台加大对游戏直播的投入，共同构成了"两超多强"的竞争格局。同时，游戏直播版权越来越规范，电子竞技赛事的版权价值不断攀升。受到新冠肺炎疫情的影响，受众进一步增加，云游戏、直播带货等的出现使得直播平台的盈利模式也日趋多元化，直播业务的收入占比变少。

## 二、网络直播市场主体及产业链构成

业内人士普遍将 2016 年认定为网络直播的发展元年，从 2016 年开始直播平台、风投资金、主播受众都大量涌入，网络直播产业获得迅猛发展。根据中国互联网络信息中心发布的 2020 年第 45 次《中国互联网络发展状况统计报告》，截至 2020 年 3 月，我国网络直播用户规模达 5.60 亿，较 2018 年底增长 1.63 亿，占网民整体的 62.0%。其中，游戏直播的用户规模为 2.60 亿，较 2018 年底增长 2204 万，占网民整体的 28.7%；真人秀直播的用户规模为 2.07 亿，较 2018 年底增长 4374 万，占网民整体的 22.9%；演唱会直播的用户规模为 1.50 亿，较 2018 年底增长 4137 万，占网民整体的 16.6%；体育直播的用户规模为 2.13 亿，较 2018 年底增长 3677 万，占网民整体的 23.5%。在 2019 年兴起并实现快速发展的电商直播用户规模为 2.65 亿，占网民整体的 29.3%[①]。这几

---

① 中国网信网. 2020 年第 45 次中国互联网络发展状况统计报告［EB/OL］. http：//www. cac. gov. cn/2020－04/28/c_1589619527364495. htm，2020－04－28/2020－09－09.

类直播构成了当下网络直播的主要生态，各自发展又相互融合。

从传播结构与传播技术来看，网络直播都具备互联网新媒体的基本特质。传播技术层面来看，网络直播属于同步性的计算机中介传播系统（computer-mediated communication，CMC），是以计算机等机械设备为中介的传播方式。相对于面对面的人际传播，CMC 是一种非直接的传播，然而从其发展趋势来看，CMC 的传播手段不断丰富，从单一的文字到音视频、图像等日益丰富其信息沟通与情感传播的宽度、广度和深度。而网络直播比传统大众媒介和其他互联网社交媒体又更具媒介融合性，直播过程中不仅叠加了声音、图像、文字、视频等信息类型，更是通过网站提供的即时聊天、弹幕、文字、表情交流与送礼物等功能实现情绪的及时反馈，既具有广播的收听、电视的观看效应，又具有社交媒体的即时沟通和反馈，甚至还兼具了现实情境中人际传播的部分功能，信息丰富度大大提高了互动的效果，进而增强了受众的情境存在感。具体来说，网络直播的传播过程主要由主播、受众、直播房间、直播内容、互动功能五类符号要素构成，他们之间相互关联、共同营造出这个跨屏的传播情境①，如图 7 −1 所示。

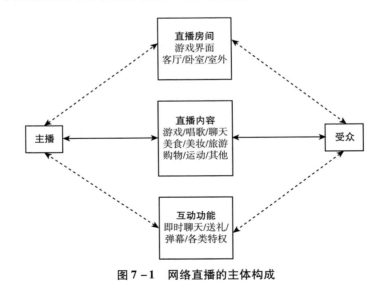

**图 7 −1　网络直播的主体构成**

资料来源：笔者绘制。

---

① 关萍萍. 网络直播的符号互动与意义生产——基于传播符号学的研究［J］. 当代电影，2017（10）：187 −189.

网络直播的传播情境以直播房间为背景，依据直播类型的不同，"直播房间"可以是网络游戏现场的界面，可以是家庭里的客厅、卧室，也可以是室外的商场、饭店等场所。然而无论是何种直播类型，仍然是内容为王，数据显示接近50%的网民表示收看过在线直播，从观看内容看，娱乐化的直播内容最受欢迎，包括娱乐直播（如女主播卖萌撒娇等）、生活直播（如逛街、做饭、出行等）。对女主播的感官需求和人性天然的窥私欲激发了观众的荷尔蒙，不少观众长期"泡"在自己心仪的主播房间，甚至为了主播的"嫣然一笑"不惜豪掷千金。除此之外，直播网站会提供即时聊天、弹幕以及送礼和各类特权等功能，主播与受众更好地进行内容传播和互动反馈，也同时在这些功能上叠加经济资源的交换模式，成为网络直播的盈利来源。当然随着移动端网络直播的发展，"直播房间"也开始走出"房间"，变成室外的商场、餐厅、理发店、美容院以及旅游景点等真实生活场景，直播方式从 PC 端向移动端转移，直播的实施和观看都变得随时、随地可进行。

图 7 - 2 所示为网络直播产业的产业链简要逻辑结构，由于网络直播发展到当下已经有了众多的直播模式、产业合作与盈利方式，不同类型的直播内部也涉及多种主体，因此这一产业链图示仅呈现其核心的基本主体及其结构关系，后文本书将详细分析其盈利模式。

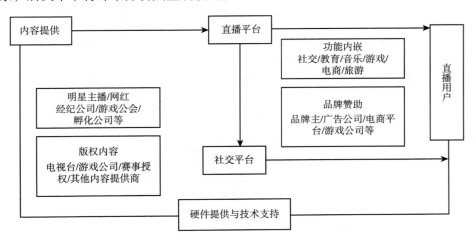

**图 7 - 2　网络直播产业链基本构成**

资料来源：笔者根据艾瑞咨询等相关数据绘制。

从图 7 - 2 可以看出，整个网络直播产业的产业链由三大部分构成，即内容提供、直播平台和用户。内容提供是直播产业的源头，包括作为技术使用者的个人成为主播，借助平台制作、传播自制的内容，更多的是由经纪公司或网红孵化公司、游戏公会等培养出的明星主播或网红，拥有大量的粉丝，制作点击量、转发量等较高的优质内容，还有一类是电视台、赛事组织、游戏公司等提供的版权内容，授权直播平台和明星主播进行传播的内容。这三大类构成了当下网络直播的主体内容。直播平台是直播产业的核心，内容经由主流平台播出，用户也主要聚集在主流平台上观看和转发，包括泛娱乐类、游戏类直播以及垂直类内容直播等不同类型，直播平台聚集大量的内容和用户，内嵌社交、教育、音乐、游戏、电商、旅游等若干功能，品牌赞助商则依托这些功能从用户那里获得流量回报。除了直接通过直播平台，还可以绕行新浪微博、微信等社交平台到达用户那里，拓展了直播内容的传播领域和范畴。用户作为直播内容的消费者，同时也以点击、转发、直播互动打赏等行为共同参与直播的生产当中。

基于以上产业链构成，当下的网络直播产业主要依靠以下方式盈利。

第一，用户的内容付费及互动打赏。中国互联网信息中心在对近万名移动用户调查后发现，移动直播用户开始出现了用户群体年轻、黏性强、付费习惯成熟三大特征[1]。而根据移动社交平台的调查数据，用户付费习惯日渐成熟，从 PC 端延伸至移动端，用户越来越愿意为自己喜欢的直播内容和主播付费，成为网络直播的流量变现主要来源。移动社交平台陌陌通过对近万名移动网络用户和主播的抽样调查发现，79.4% 的用户每个月会在直播中进行付费，占比接近 80%。其中，每月付费超过 500 元的用户占比为 28.4%，每月付费超过 1000 元的用户占比为 19.8%。男性比女性更爱在直播中付费，每月直播付费 1000 元以上的男性占比为 22.8%，女性仅为 7.6%[2]。

用户的付费除了用来购买直播内容之外，还通过会员订阅、礼物系统

① 新京报. 游戏女主播凌晨暗战：颜值、技术与流量的比拼 [EB/OL]. https: //www. bjnews. com. cn/finance/2020/03/26/709358. html，2020 - 03 - 26/2021 - 09 - 21.

② 央广网. 陌陌发布〈2019 主播职业报告〉：24.1% 职业主播月收入过万 [EB/OL]. http: //www. cnr. cn/newscenter/native/lmgd/20200109/t20200109_524931648. shtml，2020 - 01 - 09/2021 - 09 - 12.

（虚拟道具）、广告插播等实现"经济利益"的转化，即通常所说的"打赏"。这对于网络直播和受众同等重要，对于前者的重要性不言而喻，这是当下网站平台、经纪公司和主播本人获得经济利益的主要方式。对受众来说，这是实现互动的重要途径，他们使用真实货币购买各类礼物，在直播过程中赠送给主播而获得认可和赞赏，尤其是比较昂贵的礼物赠送出去之后，主播会感谢、会有明显的赞赏画面出现，这是对受众最高奖赏，是对其他受众的积极鼓励，礼物将直播互动推向高潮，整个情境能够达到意义的极大丰富。受访用户表示，才艺实力过硬、性格亲切有趣、颜值高是影响直播付费的重要因素。年纪越轻，在直播中付费习惯越成熟，付费金额也越高，82.2%的"95"后在直播中每月都进行付费，29.6%的"95"后月均打赏超过500元，21.6%的"95"后月均打赏1000元以上。经济越发达的沿海省市用户，越爱在直播中付费。如此成熟的付费习惯带来的是主播收入的增长，职业主播中收入过万的占比为24.1%，其中"95"后主播占15.5%。对游戏直播来说，直播平台道具打赏收入仍是平台的绝对主要的收入来源，占整个平台收入的88.7%[①]。

　　第二，直播电商的流量转化。直播带货从最初的销售渠道之一逐渐发展为电商平台和品牌方的必要销售手段，得益于其不断增长的转化率。直播电商一般由品牌方提供货源，依托淘宝等电商平台或快手、抖音等内容平台，借助MCN机构寻找合适的主播、时段和直播内容，充分利用平台的用户流量进行销售。直播电商对于品牌方、电商或内容平台及用户都具有销售优势，对品牌方来说，大大压缩了信息沟通成本，借助平台和明星主播获得新用户，增加品牌和产品曝光；对平台来说，尤其对快手、抖音这类内容平台来说，电商成为新的内容变现途径，大大加速用户流量的商业变现进程；对用户来说，专业主播的选品与展示大大节约用户信息搜寻和购买决策的成本，直播实时互动的模式也增加了购物的娱乐性和体验性。2021年9月，人民网舆情数据中心发布了《"零界新业态"直播电商成长研究报告》[②]认为："直播电商不仅仅是

---

① 央广网. 陌陌发布《2019主播职业报告》: 24.1%职业主播月收入过万 [EB/OL]. http: //www. cnr. cn/newscenter/native/lmgd/20200109/t20200109_524931648. shtml, 2020 – 01 – 09/2021 – 09 – 12.

② 中国经济网. 直播电商是立足用户线上购物的新兴业态 [EB/OL]. http: //tech. ce. cn/news/202110/15/t20211015_36997687. shtml, 2021 – 10 – 15/2022 – 04 – 02.

'直播＋电商'的简单组合，而是基于直播平台与主播、立足用户线上购物需求而发展出的新兴业态。还有专家表示，直播电商实际上相比传统商业模式更加容易增强用户信任。直播电商独有的营销方式增强了传播效能，而主播与用户的长期互动形成了特殊的信任机制，为其拓展商业模式打下了深厚基础。"调查数据显示，快手美妆的直播间转化率可高达45%，会有更多快手直播的粉丝会转化为意向购买者，远高于传统电商的转化率①。直播电商是建立在品牌、平台、主播与用户之间的信任机制基础上，一旦信任机制受到产品质量、价格或平台的信誉等的影响，电商流量的转化率就会下降。

　　第三，网络直播＋的发展模式也为网络直播拓展了若干与其他行业的合作模式，直播平台不断创新盈利模式，拓宽流量变现方式。如游戏陪玩模式，与传统的陪玩平台不同，创新型的游戏陪玩指用户通过付费下单与指定优质主播共同玩游戏，直播陪玩业务不仅是一种收入模式的创新，还是直播内容的创新，直播陪玩时主播与观众互动模式增多，更有戏剧效果。此外相较于普通陪玩平台，游戏直播用户体验更多元：主播游戏技术相对较高，用户游戏体验更好；用户可与主播一同上镜，满足用户的参与感。另外，一些平台开发了虚拟形象，与用户沟通交互、玩游戏的虚拟主播具有与真人主播截然不同的吸引力。

　　头部游戏直播平台开设视频板块，将直播中的视频素材制作成优质视频作品，以吸引新用户关注，同时也方便老用户的回顾，完成了从视频板块到直播板块的流量引导，提升用户留存度。另外，视频短小便于分享，有助于进行内容分发，对平台起到了良好的宣传效果。游戏直播平台还与游戏厂商合作，推广新游戏、合作开发新产品，并出海开发国际新市场等。例如，虎牙旗下的游戏直播平台NIMOTV与腾讯游戏合作向海外市场推广腾讯旗下的游戏，同时引入海外游戏进入国内市场。依托新技术开发云游戏，腾讯已经计划将旗下多个云游戏平台与游戏直播业务进行结合。观众可以采用第一或第三视角直接观看主播的游戏实况直播，并且可以随时加入主播共同游戏进行互动，打破了游戏与直播的界限。未来大量的创新直播玩法将摆脱观看设备的桎梏，彻底解放游

---

① 中国经济网. 直播间转化率45%，来了就逃不掉的快手"黑洞直播间"今年要做30亿［EB/OL］. http：//tech. ce. cn/news/202004/16/t20200416_34701593. shtml，2020 – 04 – 16/2021 – 12 – 09.

戏直播业务的想象力，为直播平台带来多元的盈利途径。

## 三、网络直播市场的监管体系

网络直播产业的监管体系主要包括两大部分，相关主管部门的政策监管与直播行业的自律体系。

由于网络直播诞生之初遗留了秀场直播中的特点，美女主播在卧室等场景中"面对面"聊天、唱歌，人物、情境及语言、非语言符号中充满性暗示的传播内容，针对直播内容中存在的违反社会公序良俗乃至违规涉黄内容以及未成年人的平台使用行为，政府部门不断出台各种政策文件对其产业发展和技术运用进行管控。

一方面，国家相关部门出台各类管理政策。在已经实施的《互联网视听节目服务管理规定》《互联网视听节目服务业务分类目录（试行）》《移动互联网应用程序信息服务管理规定》等基础上，2016 年，国家广播电视总局下发《关于加强网络视听节目直播服务管理有关问题的通知》，国家互联网信息办公室发布《互联网直播服务管理规定》，明确禁止互联网直播服务提供者和使用者利用互联网直播服务从事危害国家安全、破坏社会稳定、扰乱社会秩序、侵犯他人合法权益、传播淫秽色情等活动。2018 年，工业和信息化部等六部门发布了《关于加强网络直播服务管理工作的通知》，针对目前直播平台存在的打擦边球、传播低俗内容等问题要求平台建立内容监控、审查制度和违法内容的处置措施。

另一方面，事后监管是我国对于互联网直播监管的主要手段，如约谈、罚款、责令整改、关停、吊销营业执照等，政府部门主要通过人工抽查、网民举报、记者暗访等方式来发现违法违规现象。如 2016 年，针对"直播造人"等淫秽色情内容、违反社会公德甚至涉赌、涉毒等问题，甚至一些企业以此为手段，为融资、上市制造噱头，全国"扫黄打非"办公室组织协调网信办、公安部、文化部等部门，部署开展了网络直播平台专项整治的"净网行动"，包括斗鱼、熊猫 TV、9158 等 19 家违法违规互联网文化企业违法行为被公布，企业负责人被约谈责令整改网站、查处问题主播。2017 年，文化部通过关停、行政处罚、关闭或整改直播间，以及处理或解约表演者的方式开展集中执法检查和专项清理整治。北京市网信办等相关部门约谈今日头条、火山直播、花椒直播，依法查处了上述网站涉嫌违规提供涉黄内容，责令限期整改。随着网络直播行业内部的拓展，针对游戏直播和直播带货等出现的不良行为，国家网信办、全国"扫黄打非"办等八个部门联合召开工作部署会，通报网络直播行业专项整治和规范管理工作进展，着力推动研究制定主播账号分级分类管理规范，提升直播平台文化品位，引导用户理性打赏，规范主播带货行为，促进网络直播行业高质量发展。

然而，这些已有的治理手段既无法有效监控层出不穷的移动传播平台，还因为用户随时随地上传，且内容多样、数量巨大，很难界定审核标准与方式。再加上互联网的跨区域、跨行业、跨部门的特点，不同地区因其历史传统、政治文化、经济水平、社会形态等方面存在的差异，在互联网内容监管的政策价值理念、意识形态、利益取向、监管目标等方面很难相互借鉴，增大了内容监管的复杂性，导致政府失灵现象。"互联网需要偏离传统的自上而下的规制权威，需要走向有更多共识的治理空间，以及更加灵活的自我规制和自我治理①。"必须探寻符合互联网技术逻辑、有效应对技术革新的新型治理手段。

行业组织及企业的自律体系成为政府市场监管的有益补充。直播平台和企业承担着平台运营、技术改进、内容呈现以及市场发展等重要职责，是链接政策规制与产业繁荣、技术提升与用户使用的桥梁，就不能仅仅在口号上强调企业的社会责任，更需要从操作层面提出治理思路，全方位构建内容监管与风险控制体系。2015 年，北京市网络文化协会协同百度、新浪、搜狐、爱奇艺等20 多家从事网络表演（直播）的主要企业共同发布《北京网络直播行业自律公约》，2019 年，武汉斗鱼网络科技有限公司、湖北省标准化学会和武汉市软件行业协会联合举办的全国首批网络直播团体标准发布会在武汉举行，现场发布了《网络直播平台管理规范》及《网络直播主播管理规范》，成为我国直播行业的首批网络直播团体标准。

行业组织的自律和直播平台的风控措施主要从这几个层面提供补充。第

---

① ［英］詹姆斯·柯兰，［英］娜塔莉·芬顿，［英］德斯·弗里德曼. 互联网的误读［M］. 何道宽，译. 北京：中国人民大学出版社，2014：125.

一，从源头筑起内容监管和风险控制的系统工程。利用大数据技术提取触法违德的关键词和图片，做好机器识别和前置拦截，同时设置用户监督、投诉等功能，尽可能地覆盖更多价值擦边球问题。第二，为了弥补机器审核的不足，平台需要建设一支高学历、高政治素养、多语言背景的审核编辑队伍，以人工审核放大人工编辑在推送中的反算法干预，以层层审查机制力保所有视频都能做到先审后发。第三，进一步落实未成年人保护机制，加强过程监控。2019年1月9日，中国网络视听节目服务协会正式发布《网络短视频平台管理规范》及《网络短视频内容审核标准细则》，明确规定"网络短视频平台应当建立未成年人保护机制"。各大平台需要严格执行规范条款与审核标准，对视频进行分级管理，严格过滤未成年人可能看到的视频内容，同时借助业界、学界与家长的力量开展相关技术培训和提升数字素养等活动提高视频用户的防范能力[①]。

## 四、网络直播市场的未来发展

2019年底发生的新冠肺炎疫情对互联网行业尤其是网络直播行业产生了巨大影响，后疫情时代的网络直播热度激增，用户规模继续扩大，并且成为各类互联网娱乐产业的交叉点，未来行业发展趋势主要体现在以下方面。

第一，用户规模继续增长，依托5G、VR等新技术直播创新出更多的应用场景。

新冠肺炎疫情下视频直播成为文娱领域用户规模增幅最大的行业，远超动漫、短视频等领域。用户的急速增长不仅让网络直播成为资本青睐的投资领域，也让最新的技术涌入直播行业继续赋能网络直播的多元化发展，如腾讯依托新技术开发的云游戏与游戏直播业务进行结合，增加了直播用户多视角电竞赛事直播的游戏体验。花椒直播平台将3D直播与VR显示技术进行全方位结合，实现了移动视频直播领域全新的产品体验方式。其他诸如智能客服机器人"直播小蜜"、直播间智能宠物与语音交互智能助手、超高清直播技术以及首

---

① 关萍萍. 政府—平台—用户：构建一体两翼短视频优化治理体系 [J]. 中国出版，2019 (13)：36-39.

个小程序开放平台和虚实结合开放平台等，随着各种新兴技术发展脚步加快，未来网络直播与新技术结合，以多元化的直播内容、丰富的互动形式增加用户的互动体验，又可以不断提高视频播放的流畅性和清晰度。

第二，后疫情时代网络直播逐渐成为互联网娱乐的平台中心和内容载体。

"直播＋"是当下网络直播发展的最显著趋势。虽然真人秀直播、游戏直播等传统网络直播用户规模增速放缓，但电商直播的兴起为行业整体用户规模增长注入了新的活力，丰富了网络直播行业的内容与变现方式。阿里巴巴、京东、拼多多等电商平台陆续涉足该领域，将实体商品交易与互动直播形式进行融合，提升了用户消费体验与黏性。除此之外，企业直播、直播＋社会服务、直播＋教育、直播＋扶贫、直播＋文旅、直播＋新闻等大量出现，直播平台成为丰富多元的信息内容的载体，吸引了越来越多的用户。

第三，网络直播回归理性发展轨道，头部平台开始出现。经过近十年的发展，网络直播平台开始从乱军混战走向资源聚集，2019 年，随着资本市场对于网络直播行业的投资力度逐渐降低，传统网络直播平台优胜劣汰的趋势更加明显。大多数开始退出竞争，斗鱼、虎牙、花椒、YY 直播、映客直播、腾讯 Now、一直播等几个平台开始稳住行业地位，成为当前聚集用户、资源最多的竞争者。

第四，行业监管体系日趋完善。政府相关部门不断适应网络直播行业的快速发展变化，有针对性的管理政策与法律文件不断出台，以内容渠道为抓手，通过界定可传播的内容标准、加强内容审查、把控平台传播效果等方式，从价值引导、规范直播内容到约谈企业督促整改，全方位地监管规范直播行业的传播行为、竞争行为。同时，直播相关的行业协会联合直播平台企业出台一系列自律规范和规约，从操作层面提出治理思路，全方位构建内容监管与风险控制体系。

## 第三节　文化娱乐市场

广义的文化娱乐市场包括一切具有经营属性的文化娱乐休闲活动，如戏剧、电影、歌舞、游艺、竞技等。狭义的文化娱乐市场指《娱乐场所管理条例》所规定的歌舞娱乐场所、游艺娱乐场所、营业性多功能综合娱乐场所等相关的娱乐行业，具体业态主要有营业性歌厅、舞厅、卡拉 OK 厅、夜总会、音乐茶座、电子游戏（艺）厅、台球、保龄球馆等文化娱乐场所的文化娱乐经营项目①。文化娱乐行业是文化产业的重要组成部分，在满足人民群众精神文化需求、扩大文化消费、带动就业、促进经济发展等方面具有重要作用。随着我国社会主义市场经济的深入发展，人民生活水平的不断提高、休闲娱乐时间的增多，文化娱乐市场规模将会不断扩大。

## 一、现代文化娱乐市场的兴起与变迁

文化娱乐伴随着人类社会经济活动的发展而出现，在人们精神塑造、审美培养、身心愉悦等方面发挥着重要作用。近现代以来，随着西方社会文化影响的扩大和人际交往、信息传播的日益便捷，在上海等"洋场"区域产生了以歌舞娱乐为中心的夜总会等娱乐场所。新中国成立以后，这些娱乐场所逐一关停。一直到改革开放之后，中国开始了市场化改革的进程，现代文化娱乐市场才又重新兴起。

### （一）1979～1989 年：现代文化娱乐市场的兴起与初步发展

1979 年，广东东方宾馆诞生了中国第一家音乐茶座，被视为新中国现代文化娱乐市场的发端。此后，珠海、深圳等南方沿海城市的歌厅、音乐茶座陆续开办，在全国产生了很大影响。随着改革开放的深入，国民经济迅速发展，大众化文化消费需求勃兴，歌厅、舞厅等娱乐场所开始了全面复兴。保龄球、棋牌室、室内滑冰、卡拉 OK 厅、电子游戏、台球厅等新的文化娱乐项目因为适应了人们多样化的文化消费需求，在全国迅速蔓延，文化娱乐市场成为最重要的文化市场之一。

1984 年 7 月 3 日，上海展览馆率先举行对外售票的舞会；7 月 17 日，团市委在市体育宫举行公开售票的舞会，标志着中断二十几年的营业性舞会又在

---

① 国务院. 娱乐场所管理条例. 2006 年 1 月 29 日中华人民共和国国务院第 458 号，2020 年 11 月 29 日第二次修订.

上海兴起。至 1985 年 6 月，上海营业性舞厅已有 140 多家。许多企业单位、机关、学校也纷纷举办舞会，各种交谊舞书籍一时颇为畅销，各文化馆、俱乐部、业余艺校等举办的交谊舞学习班层出不穷，极大地满足了青年人的需求。从 1984 年开始，西安、武汉、沈阳、郑州等城市都开办了营业性舞会，并制定了相应的管理办法①。

由于越来越多的地方开办营业性舞会，出现了一些庸俗、低俗、格调不高的现象，主管部门在 1984 年发出通知，要求加强舞会管理，明确指出不允许开办营业性舞会。1984～1987 年，在经历第一轮发展后进入了一个行政性的整顿时期，文化娱乐市场陷入低潮。这一轮整顿结束后，有关部门对"一放就乱、一管就死"的市场状况进行了反思，认识到跳舞这类文化娱乐活动不宜采取行政命令压制或取缔。1986 年 7 月，文化部办公厅印发了《天津市舞会办得比较健康》的文件指出："从天津市和其他一些地方反映的情况看，只要做好组织和管理工作，舞会是可以办好的。各地的舞会经过近一年来的整顿，大都走上了健康发展的道路。"这一评价可以视为对文化娱乐行业的鼓励。②

1987 年 2 月，文化部等部门联合发布了《关于改进舞会管理问题的通知》，第一次明确肯定了"举办营业性舞会是我国经济发展和人民物质文化生活水平日益提高的一种客观需求"，这是中华人民共和国成立以来第一次肯定营业性舞会的合法地位，也是改革开放政策在社会文化领域取得的积极成果，对调动社会办文化的积极性产生了重大影响。《关于改进舞会管理问题的通知》可以说是文化娱乐市场兴起和发展过程中的一个开创性文件。

1988 年之后，台球、电子游戏机、卡拉 OK 等娱乐活动从沿海迅速流传到内地，成为深受广大群众特别是青年欢迎的娱乐项目。城市和乡村街道上台球案随处可见，与电视机配套的家用电子游戏机涌进不少家庭，卡拉 OK 成为中国娱乐业最有群众基础的一项产业，录像厅行业也开始勃兴。在录像机和录像带价格高昂的 80 年代，录像放映几乎是普及度最高的大众娱乐项目，到 1990 年，全国兴起 5 万多家大大小小的录像厅。

---

① 凤凰网. 跳舞：从交谊舞传入到蹦迪街舞盛行 [EB/OL]. https://news.ifeng.com/c/7faYNIhItwR.
② 朱文轶. 夜总会两点关门 [J]. 三联生活周刊, 2006 (7): 18.

这一时期文化市场各个门类迅速发展，亟须规范管理。1989 年，文化部成立了文化市场管理局，国家对文化市场的发展采取了允许和鼓励发展的政策，刺激了文化市场相关行业的快速发展。文化娱乐市场的繁荣，不仅满足了人们文化娱乐生活的需要，而且解决了就业问题，增加了国家税收，有利于社会的稳定发展。

### （二）1990～1999 年：快速增长与规范管理

进入 20 世纪 90 年代，我国居民的文化娱乐消费进入爆发期。以民间资本为主体的盈利性娱乐场所之间的竞争开始出现，更多娱乐形式出现并且普及。1993 年，文化部颁布了《营业性歌舞娱乐场所管理办法》，对营业性歌舞娱乐场所的申报和审批、场地和设施、经营与管理、奖励和处罚等作出了规定。这是第一个以部长令的形式对文化市场进行管理的政府行政规章，是我国文化市场法制化管理的开始。

1995 年，文化部开始了新中国成立以来第一次文化娱乐市场普查。普查结果表明，到 1995 年 12 月，全国共有各种娱乐业单位 175458 个，从业人员 88.3 万人，资本金 312.74 亿元，全年主营营业收入 169.45 亿元。1995 年全年文化娱乐业上交和应交国家各种税金费用 18.25 亿元，创造了 123.36 亿元增加值，相当于文化系统文化事业增加值的五倍，约占全国第三产业增加值的 0.7%。文化娱乐市场成为我国文化市场最主要的市场类型之一。

1993～1996 年，娱乐场所出现了一窝蜂地追求高档化、高消费的现象，兴建了大批高档楼堂馆所。各种违法活动也暗流涌动：有的经营者以有奖电子游戏为幌子进行赌博活动，有的甚至公开聚众赌博，有的用变相的手法提供以营利为目的的陪侍活动，等等。这些现象阻碍着文化娱乐市场的健康发展。1996 年，文化部发布《关于加强对新兴文化娱乐经营项目管理的通知》，要求各地合理控制总量。此后文化娱乐市场的机构数目大幅度下降，违法的电子游戏活动被坚决取缔，高档娱乐消费得到合理控制。

1999 年 3 月 17 日，国务院颁布了专门的文化娱乐市场管理法规《娱乐场所管理条例》，对我国娱乐场所及相关产业进行规范和监管，文化娱乐市场开始实施结构调整，压缩经营规模，注重效益提高。《娱乐场所管理条例》旨在促进我国娱乐场所规模化和正规化，对文化娱乐市场起到了重要的规范管理作用。

### （三）2000～2012 年：从盲目生长走向特色经营

2000 年前，我国娱乐市场爆发式增长，但主要是个体化的小规模经营，"散、小、乱"的情况比较普遍。2000 年前后，全国发生了"洛阳大火"等娱乐场所的严重事故，引起对娱乐业的一次大范围整顿。整顿期间，针对娱乐业管理具体施行中文化部门和公安部门职责不明确等问题，有关部门开始酝酿对《娱乐场所管理条例》（1999 年）的修订。2006 年，国务院发布重新修订的《娱乐市场管理条例》，新条例增加了对娱乐场所投资者和从业人员的限制，以防止有特定违法犯罪行为的人员和吸毒成瘾人员进入娱乐业，并明确规定每日凌晨 2 时至上午 8 时，娱乐场所不得营业。《娱乐市场管理条例》（2006）的颁布，对文化娱乐市场的负面现象起到了较强的抑制作用。

在抑制负面现象的同时，国家也在引导文化娱乐场所探索新的发展方向和经营模式。2003 年，文化部发布《2003～2010 年文化市场发展纲要》，指出：要逐步提高我国娱乐产业的整体层次，大力倡导特色经营，发展一批具有企业特色、地区特色、民族特色的娱乐场所。文化娱乐市场开始向规模化、产业化方向发展，量贩式、连锁式经营开始兴起，这是文化娱乐市场走向大众化、阳光化、有序化的新起点。2004 年，全国歌舞娱乐场所连锁单位有 1442 家，占歌舞娱乐场所单位的 2.7%；从业人员为 520863 名，占 52.7%；注册资本金 170.7 亿元，占 34.9%[①]。可见，在产业结构调整的初期，虽然娱乐市场连锁规模不大，但其经济和社会效益非常明显。

娱乐场所的规模化、连锁化、品牌化、特色化趋势日渐明显，业界也开始探索与旅游、综合商业设施、体育等领域融合发展，基本扭转了娱乐场所杂乱弱小、秩序混乱的局面。比较典型的例子有丽江、凤凰古城等对演艺类酒吧一条街的整体规划，成都市以娱乐场所聚集区为主打造的"文化超市"等。合理科学的场所布局，对地方文化建设、经济和社会效益增长，形成了明显的拉

---

① 中国政府门户网站．2004 年全国文化市场发展概述［EB/OL］．http：//www.gov.cn/govweb/zt-zl/2005－10/25/content_83343.htm.

动效应①。

### （四）2012 年至今：进一步的转型升级与创新探索

2012 年后，因为经济进入转型期、娱乐方式多元化、中央八项规定等多种因素的影响，娱乐行业原有的市场格局和商业模式面临颠覆，文化娱乐市场持续低迷。与娱乐场所最高峰时期相比，营业场所数量下降了 30% ~ 50%。虽然娱乐场所数量萎缩明显，但是整个行业的产值并没有下降，营业收入反而呈现出上扬态势。据文化部 2014 中国文化统计显示，2013 年全国共有娱乐场所 8.9 万家，营业总收入达到 884.2 亿元，利润总额为 208.6 亿元，其利润与当年电影票房总收入大体相当。

2015 年，国务院办公厅发布《关于加快发展生活性服务业促进消费结构升级的指导意见》，要求适应人民群众消费升级需求、推动生活性服务业全面提升规模、品质和效益。2016 年，营业税改增值税后，文化娱乐产业增值税税率由 17% 下调至 6%，企业税负减轻，对文化娱乐产业的稳定发展起到了良好的促进作用。

2016 年 9 月，文化部印发《关于推动文化娱乐行业转型升级工作的意见》，指出：要加强文化娱乐行业内容建设，坚持把社会效益放在首位，努力实现社会效益和经济效益相统一；鼓励生产企业应用新技术开发新产品，以产品研发促进转型升级，以转型升级带动产品研发，逐步形成产业链上下呼应、合作共赢的格局；鼓励娱乐场所改造服务环境、创新经营模式、丰富经营业态，并积极与互联网结合发展，增强娱乐场所体验式服务，不断拓展新型文化产业业态；鼓励娱乐场所发展连锁经营，促进行业服务和管理水平的提高；支持各级行业协会、生产企业、娱乐场所等合力打造区域性、全国性乃至国际性游戏游艺竞技赛事，以游戏游艺竞技赛事带动行业发展；鼓励企业参与公共文化服务，面向中老年人、低收入人群及特殊群体开发专项服务产品，提供优惠服务，开展多种形式的便民利民公共文化服务；行业协会要探索对娱乐场所开展环境服务分级评定，引导场所提高服务品质，优化环境布置，提升规范化管

---

① 杨浩鹏. 我国娱乐市场进入转型升级新阶段 [N]. 中国文化报，2012 - 06 - 29（6）.

理水平；严格行业自律。这八条内容为行业转型升级指明了方向①。一些歌舞娱乐和游戏游艺企业先行先试，在拓展消费人群、参与公共文化服务等方面进行了新的探索。很多会所、夜总会等娱乐场所转型量贩式 KTV，取得了较好的社会效益和经济效益。2017 年起，中国娱乐行业协会组织业内代表性企业根据中老年消费者实际需求，设计了"夕阳红卡""夕阳红娱乐日"等一系列服务项目，并纳入"阳光娱乐行动计划"在全国范围内进行推广。截至 2018 年 9月底，全国 27 个省（区、市）中办理夕阳红卡的中老年会员超过 5.8 万人，中老年会员累计持卡消费 KTV 次数近 47 万次，"夕阳红"项目成为文化娱乐行业转型升级、提升形象的一张名片②。宁波琴朝 KTV 探索与商业综合体和网咖、台球、手游等娱乐业态紧密结合，形成了一个小的"娱乐圈"，发展势头良好③。2019 年 3 月，在首届歌舞娱乐行业大会上，广州和天津文化娱乐行业协会、诺笛联盟、华远投资、哈曼等 19 家歌舞娱乐领域代表性机构，联合发出"树立正确价值导向，共建有益娱乐环境"的倡议，折射出行业的良性发展趋势。

2020 ~ 2021 年，受新冠肺炎疫情影响，文化娱乐行业受到重挫，全国多家 KTV、娱乐场所暂停营业。各地在疫情防控的同时，在复工复产方面推出了很多创新做法，帮助企业度过寒冬，为行业的可持续发展保驾护航。

## 二、现代娱乐市场的主要类型

国务院 1999 年颁布的《娱乐场所管理条例》将娱乐场所定义为："向公众开放的、消费者自娱自乐的营业性歌舞、游艺等场所"。此后发布的《文化部关于实施〈娱乐场所管理条例〉有关问题的通知》中，对娱乐场所进行了详细的界定：第一，营业性歌舞娱乐场所，包括歌厅、舞厅、卡拉 OK 厅、夜总会等；第二，营业性游艺娱乐场所，包括电子游戏机、游艺机娱乐场所，以及台球、保龄球等游戏、游艺娱乐场所；第三，营业性多功能综合娱乐场所；

---

① 中华人民共和国文化部. 文化部关于推动文化娱乐行业转型升级的意见［EB/OL］. https://www. mct. gov. cn/whzx/bnsj/whscs/201609/t20160921_751961. htm.

② 中国娱乐行业协会. "2018 阳光娱乐——全国夕阳红娱乐日"活动，在全国百座城市开展［EB/OL］. http：//www. cnccea. com/index. php？ m = newscon&id = 408&aid = 863.

③ 崔小明. 歌舞娱乐业转型之路在何方［N］. 宁波日报，2016 – 10 – 26（3）.

第四，其他兼营娱乐项目的场所，包括含有歌乐手演唱、演奏等表演活动的酒吧、茶座、餐厅、咖啡厅等营业性场所；设有卡拉 OK 包房或者设有卡拉 OK 设备等娱乐设备的茶座、餐厅等营业性场所；第五，其他营业性歌舞、游艺等场所。其中，歌舞娱乐场所和游艺娱乐场所占主体地位。

### （一）歌舞娱乐市场

歌舞娱乐业是文化娱乐领域起步较早、发展较快的行业之一。自 20 世纪 90 年代以来，歌舞厅、商务 KTV、练歌房、音乐茶座、量贩式 KTV 等各种线下音乐实体不断涌现，极大地丰富了人民群众的娱乐生活。近年来，消费者对于文化娱乐产品的选择也逐渐呈现出多元化的趋势。尤其是随着互联网时代及消费升级的到来，人们娱乐方式和文化需求的不断推陈出新，推动着歌舞娱乐行业升级发展。歌舞娱乐行业从传统的 KTV 发展到线上 K 歌、迷你歌咏亭等，不断丰富着广大人民群众的文化娱乐生活。2019 年，歌舞娱乐市场规模达 1577.8 亿元，同比增长 1.54%。2020 年，在新冠肺炎疫情的冲击下，歌舞娱乐市场断崖式下滑，市场规模为 807.9 亿元，同比下降 48.8%[①]。

（1）卡拉 OK。卡拉 OK 场所主要包括商务式 KTV 和量贩式 KTV。商务式 KTV 一般是集娱乐、休闲和洽谈商务于一体的场所，提供食品、饮品、中餐的同时也提供人员服务，在收取食物费用同时收取包房费。通常商务式 KTV 配套设施先进豪华，往来的大多是消费能力较强的群体和企事业老板。量贩式 KTV 又称为"自助式 KTV"，体现的是透明、平价、健康的消费方式，主要以白领一族、家庭聚会、公司员工聚会为消费群体，价格比较优惠，酒水食品以量贩自助式购买。目前经营较好的量贩式 KTV 基本都是连锁品牌，国内比较有名的有好乐迪（HAOLEDI）KTV、宝乐迪 KTV、钱柜（PartyWorld）KTV、唱吧麦颂 KTV、纯 K KTV、温莎（Windsor）KTV 等。2020 年我国卡拉 OK 场所数量缩减至 4723 家，营业收入为 596.9 亿元，同比下降 53.26%。虽然新冠肺炎疫情给行业造成巨大损失，但卡拉 OK 场所在中国歌舞娱乐行业中的营收占比高达 73.9%，在行业营收构成中的主体地位仍然无可动摇[②]。

---

①② 中国文化娱乐行业协会. 2020 年歌舞娱乐行业研究报告（简版）[DB/OL]. http：//www. cnccea. com/index. php? m = newscon&id = 408&aid = 1116.

（2）在线卡拉 OK。在线卡拉 OK 是一种"演唱类"互动音乐社区，主要有两种形式：一种是进入一个 K 歌网，注册成其会员，即可任意点唱；另一种是下载一个软件，装在电脑上利用客户端的形式参与 K 歌。2009 年，随着浙江卫视《我是大评委》、湖南卫视《挑战麦克风》等 K 歌节目的走红，网络 KTV 这种和电视台使用相同"评委"的 K 歌形式，在许多喜爱唱歌但又很忙碌的白领中大受欢迎。比较有名的线上 K 歌平台有全民 K 歌、唱吧科技等，这些机构在音乐领域、文旅领域的活跃，其实是歌舞娱乐行业持续平稳、繁荣发展的一个缩影。2020 年，由于新冠肺炎疫情，民众外出逛街购物的频次大幅降低，在线卡拉 OK 消费人数激增至 3 亿人，行业营业收入达到 110.9 亿元，同比增长 30.01%。

（3）迷你歌咏亭。迷你歌咏亭是继传统 KTV、线上 KTV 之后的第三种 KTV 商业模式，与后两者定位差异化明显。2013 年北京诞生第一台迷你歌咏亭设备，2015 年开始量产，2016 年下半年广泛布局一线、二线城市各大商业中心，2016 年全年有一万多台迷你歌咏亭投入使用，基本覆盖国内一线城市的大型商场。有机构据此预测，2017 年线下迷你歌咏亭市场规模预计将达到 35.2 亿元，2018 年和 2019 年线下将继续增长至 77.9 亿元和 140.5 亿元[1]。但实际上，迷你歌咏亭并没有一路上扬，因为卫生、管理、商业模式等方面的影响，很多商场的设备区成了休息、纳凉的场所。2020 年，受新冠肺炎疫情影响，迷你歌咏亭市场低迷，运营设备数缩减至 5.9 万台，营业收入锐减至 5.1 亿元，同比下降 62.77%[2]。

（4）PARTYK。PARTYK 是一种新兴的融合式娱乐形态，目前尚没有标准的模式，但基本具备聚会、美食、定制化等几个基本元素。其主要经营类型：一是传统型量贩 KTV 的升级版，基本上是在传统量贩的基础上，融入了餐饮、商务、酒吧等娱乐元素，增强了互动性、体验感。国内很多传统量贩 KTV 都做了这样的升级店，如温莎的 WKBAR、台北纯 K 的 K-PARTY，等等。二是派对定制版，采取定制 PARTY + KTV + 美食或 PARTY + KTV + 轻餐饮 + 轻奢的形式。例如，

① 智研咨询.2019 年中国迷你 KTV 市场发展现状、竞争格局及发展趋势分析［EB/OL］. https：//www.chyxx.com/industry/202001/828552.html.

② 中国娱乐行业协会.2020 年中国歌舞娱乐行业报告（简版）［DB/OL］. http：//www.cnccea.com/filespath/files/20210325172607.pdf.

广西南宁的派立方设置了很多不同主题的独立包厢，适应顾客的不同需求；广州的上层 LEVELSKTV，集"社交、娱乐、文化"三要素于一体，为城市一族提供个性化的娱乐场所。三是专属服务版，PARTY + KTV + 夜店文化 + 轻餐饮 + 专属服务，以定制化的派对、相对私密的包厢、高端化的城市会客厅等元素，给予顾客综合的消费体验，如杭州的 IN11、重庆的 LIVK、昆明的 H-PARTY 等。

### （二）游戏游艺市场

1987 ~ 1988 年，商业游戏游艺设备从我国香港进入沿海城市，并逐步从沿海城市覆盖到内地，台球和电子游戏开始在国内风靡。20 世纪 90 年代，电子游戏厅遍地开花。2000 年，国务院办公厅转发文化部等部门《关于开展电子游戏经营场所专项治理的意见》，规定"除节假日外，电子游戏厅（室）一律不得向未满 18 周岁的青少年开放"，电子游戏厅市场开始萎缩。2008 年，文化部、国家经贸委、公安部、信息产业部、外经贸部、海关总署、国家工商管理局联合下发了《关于深入开展电子游戏专项治理工作的有关问题的通知》，电子游戏经营场所从 10 万多家压减到不足 3.6 万家，压减率达到 66.6%，从根本上改变了电子游戏经营场所过多过滥的局面。2018 年，游戏游艺行业市场规模达到 1557.5 亿元，同比增长 3.6%。其中，游艺娱乐及游艺新兴业态场所达到 54563 家，总营业收入约 1346.8 亿元，约占行业总收入的 86.5%。另外，游戏游艺设备市场规模 164 亿元，约占行业总收入的 10.5%；家用游戏机市场 46.7 亿元，约占行业总收入的 3%[①]。

（1）电玩城。电玩城就是早期的电子游戏机室。电玩城一般是指以盈利为目的、向公众开放、消费者自娱自乐的电子游戏场所。随着动漫产业的发展，现在很多地方的电玩游戏节目也被纳入了动漫产业的分支，一些新开的电玩城也被称为动漫城。目前，国内比较有名的电玩城有大玩家（北京）、风云再起（南京）、汤姆熊欢乐世界（上）、反斗乐园（深圳）、环游嘉年华（广州）、神采飞扬（杭州）等。北京大玩家娱乐股份有限公司是一家全国连锁型电玩企业，在传统电玩的基础上，创造性地融合了室内嘉年华、电子竞技、棒

---

① 中国文化娱乐行业协会.2018 游戏游艺行业研究报告（简版）[DB/OL]. http://www.cnccea.com/index.php? m = newscon&id = 408&aid = 905.

球、射箭、保龄球等运动休闲项目，以及具有优异科技元素的炫酷影吧、VR体验馆等，引导了中国室内新游乐时代。杭州神采飞扬娱乐有限公司拥有电玩游艺、体育嘉年华、亲子乐园等项目的综合性室内游乐体验场所，目前已在杭州、宁波、绍兴、南京、苏州、青岛、深圳、上海等全国二十几个城市开设门店100余家，是中国游戏游行业内的"国家文化产业示范基地"和浙江省文化产业发展"122"工程文化企业。

（2）儿童游艺场所。近些年，各大城市新开的商业综合体都在扩大儿童业态的品牌招商，对儿童区改装升级，加大儿童业态占比。以万达宝贝王乐园为例，这是万达儿童娱乐有限公司于2014年推出的一家动漫亲子乐园，专为0~12岁中国亲子家庭设计，乐园通过动漫主题氛围的营造，在精彩纷呈的游乐中融入丰富多彩的体验方式，打造了一个拓展儿童思维、培养儿童社交、丰富儿童生活、增进亲子情感的欢乐世界，短短三年时间就扩张了200多家门店。2018年，宝贝王收入20.8亿元，同比增长44.3%；新开业宝贝王乐园69家、早教50家，年客流1.99亿人次，同比增长36%。可惜的是，这样一个被寄托了希望的产业，在新冠肺炎疫情的冲击下很快暴露疲态，近两年不再见于公开报道。但宝贝王所代表的这种商业模式，却是未来儿童游艺场所的一个方向。另外，如莫莉幻想、奇乐儿、奈尔宝、木马王国等，都是比较成功的儿童室内游乐场。儿童游乐场为商圈带来了强劲的客流增长和消费驱动，主张体验消费的各大购物中心已纷纷瞄上这一业态。

（3）虚拟现实游戏场馆。虚拟现实技术（virtual reality，VR）是20世纪发展起来的一项全新的实用技术，具有沉浸性、交互性、自主性、多感知性的特点。VR最早用于军用仿真器的研发，后来拓展到民用游戏场景，此后又延伸到视频、社交和教学等领域。随着社会生产力和科学技术的不断发展，各行各业对VR技术的需求日益旺盛。目前国内各大城市的商场、游乐场基本上都配有面积大小不一的VR体验馆，配备VR射击、VR赛车、PSVR等游戏体验内容。在4G时代，VR技术与应用发展存在着用户体验感差、计算能力有待提升等问题，阻碍了VR商业化应用的普及。5G时代VR运行速度、计算能力、产品实用领域都具有优势，VR游戏将会成为一个重要拓展领域。

（4）轰趴馆。轰趴是英文"home party"的英译汉发音，在中国主要指

"室内聚会"或"室内派对"。在上海、北京、重庆、南京、深圳等发达城市，针对年轻人的青春派轰趴已经成为大众聚会选择的一种主流方式。目前，国内外比较流行的室内主题性派对包括生日宴会（birthday party）、晚会（evening party）、青春派对（youngers party）、舞会（ball party）、晚餐会（dinner party）、同学聚会（classmates' party）、茶话会（tea party）、家常聚餐、自带食品聚餐会（potluck party）、暖屋会（house-warming party）、鸡尾酒会（cocktail party），等等。通过对美团、大众点评等团购网站调查发现，在上海、北京、南京、重庆等城市，轰趴场地租赁服务已经有了相当大的规模。

（5）密室逃脱。密室逃脱是一种实景逃脱类游戏。密室逃脱互动游戏的主要创意多源自电影、网络等场景，一般具有较大的趣味性及挑战性，能够带来刺激的情景体验。密室逃脱可以因不同的设计思路衍生出不同的主题，从古墓科考到蛮荒探险，从窃取密电到逃脱监笼，玩家可以在自己喜好的主题场景中扮演理想中的角色，凭借缜密的推理和齐心的协作，最终在规定时间内完成任务，获取奖励。2013 年开始，真人密室逃脱作为时下最热门的娱乐游戏风靡全国，一大批追求新鲜刺激的年轻人迅速被吸引，成为又一被热捧的娱乐休闲项目。目前，密室逃脱在各大主流城市已经成为继三国杀、杀人游戏等桌游之外最潮的时尚活动。据不完全统计，北京、上海、深圳等一线主流城市的密室逃脱总从业人员达万人之多，创造年销售业绩达亿元之多，开创了"80 后""90 后"族群的主流娱乐产品①。

（6）剧本杀。"剧本杀"一词起源于西方宴会实况角色扮演"谋杀之谜"，是玩家到实景场馆体验推理性质的项目。剧本杀有线上和线下两种方式。线上App 提供的剧本大部分免费，少数精品剧本需要付费，玩家在同一个网络"房间"中以声音展开角色扮演游戏；线下实体店通常根据剧本设定布置场景，玩家同处一室，通过语言、表情、谈吐、肢体动作等表演故事。这样的游戏过程也被玩家们称为"打本""玩本""盘本"。数据显示，我国剧本杀相关企业注册数量从 2015 年的不足 1000 家，逐年快速增长。截至 2019 年 12 月，全国的剧本杀店突破 30000 家，市场规模突破 100 亿元。2020 年，剧本杀头部品牌

---

① 丁卯. 密室行业火爆"逃脱"疫情冲击［J］. 中国对外贸易杂志，2021（2）：56 – 57.

"我是谜"累计获得 5 轮融资，规模超千万元。2021 年，密室剧本杀行业高速发展，成为年轻人线下社交、娱乐的重要方式①。

## 三、文化娱乐市场存在的主要问题

### （一）娱乐场所经营者责任感不强

有一部分经营者为迅速谋求利益，在装修场所时使用廉价材料，以节省费用，进而造成安全隐患。对于员工，不进行系统化、专业化的服务、管理、消防等培训活动，员工不专业，没有安全意识。如果没有发生不安全事故，经营者基本上对其经营场所的不安全因素视而不见，一旦发生事故，就会产生严重后果。

### （二）娱乐场所经营责任不明确

娱乐场所的经营大多是依靠流动客源来带动发展，面对的是不同的人群，因此很难制定有针对性的经营体系。顾客群体的不同也滋生了不同问题，经营者在管理上很难进行调整，缺乏大方向上的应急预案。出现问题之后互相推卸责任，将简单的事复杂化，延迟了问题的解决，效率低下。

### （三）行业管理部门综合治理能力不强

随着人们文化消费需求的增加，文化市场不断扩大，新业态新现象层出不穷。但进入娱乐场所的经营主体良莠不齐，有一部分没有合法的营业执照便开始营业。如果没有举报或事故，行政部门管理就不知道，市场经营混乱，产生了守法吃亏、违法得益负面社会效应，成为滋生腐败问题的温床。

### （四）行政管理与刑事打击联动不够

文化娱乐场所取消前置审批后，公安机关无法控制总量，娱乐场所经营方式和消费人群不断变化，安全隐患大幅增加，治安问题也呈增多之势。而公安机关内部各警种之间以及各行政管理部门之间缺乏统一协调，在职责边界交集地带存在管理漏洞。同时，公安机关失去超前知晓和制约的基本手段后，对文

---

① 柴乔杉：逆市井喷开店"剧本杀"能火多久？[J]. 中国品牌，2021（2）：64-65.

化娱乐市场的底数不清、情况不明，从而造成整个防控体系的松散和缺漏。

## 四、推动文化娱乐市场加快转型升级的几点建议

随着人们对精神文化需求的日益增长以及多种商业模式的相互渗透，文化娱乐市场正在逐步从单一娱乐向综合性娱乐转变，从线下娱乐为主向线上线下融合转变，人们对于文化娱乐品牌化、品质化的要求也越来越高。因此，文化娱乐市场需要与时俱进，加快推动转型升级。

### （一）加强文化娱乐行业内容建设

文化娱乐行业发展要坚持把社会效益放在首位，努力实现社会效益和经济效益相统一。文化娱乐企业要切实履行社会责任，积极弘扬社会主义先进文化，自觉抵制腐朽落后文化，全面加强从产品创作到传播展示等各环节的内容自审。要鼓励企业依托中华优秀文化资源，创作生产更多传播当代中国价值观念、体现中华文化精神、反映中国人审美追求的优秀文化娱乐产品。

### （二）鼓励娱乐场所丰富经营业态

鼓励游戏游艺场所积极应用新设备、改造服务环境、创新经营模式，支持其增设上网服务、休闲健身、体感游戏、电子竞技、音乐书吧等服务项目。鼓励歌舞娱乐场所利用场地和设备优势，依法提供观影、演出、游戏、赛车转播等服务，办成多功能的文化娱乐体验中心。鼓励在大型商业综合设施设立涵盖上网服务、歌舞娱乐、游戏游艺、电子竞技等多种经营业务的城市文化娱乐综合体。顺应"互联网＋"发展趋势，鼓励娱乐场所与互联网结合发展，实现场内场外、线上线下互动，增强娱乐场所体验式服务，不断拓展新型文化产业业态。

### （三）鼓励娱乐场所发展连锁经营

以发展连锁经营为抓手，推动场所管理和服务标准化、规范化，形成品牌和规模效应。鼓励娱乐场所跨区域开展连锁经营，鼓励连锁场所入驻城市文化娱乐综合体。鼓励连锁企业提升服务水准，引领行业创新，支持连锁企业上市，做大做强行业品牌。各级文化行政部门对规范、守法经营的连锁场所给予

扶持，对其新设场所，应当给予行政指导，及时办理审批事项。

### （四）支持以游戏游艺竞技赛事带动行业发展

支持中国文化娱乐行业协会和地方各级行业协会、生产企业、娱乐场所等合力打造区域性、全国性乃至国际性游戏游艺竞技赛事，依托赛事平台开展其他衍生业务，以竞技比赛带动游戏游艺产品的研发推广、经营业态转变和行业形象提升。各级文化行政部门应当结合实际，引导、扶持各种竞技比赛与游戏游艺行业融合发展。

### （五）鼓励文化娱乐企业参与公共文化服务

鼓励娱乐场所面向中老年人、低收入人群及特殊群体开发专项服务产品，提供优惠服务。鼓励娱乐场所参与基层公共文化服务，有条件的可按照政府购买服务相关规定，组织与承接公益性文化艺术活动。鼓励娱乐场所组织开展艺术讲座、声乐器乐和舞蹈培训、休闲健身等多种形式的便民利民公共文化服务，支持生产企业开发适合公共文化服务的文化娱乐产品。

# 第四节　上网服务市场

根据《互联网上网服务营业场所管理条例》的规定，互联网上网服务营业场所是指通过计算机等装置向公众提供互联网上网服务的网吧、电脑休闲室等营业性场所；网吧市场指的是由互联网上网服务营业场所、网吧经营者、网吧消费群体等组成的休闲娱乐综合行业的集合。该部分在对我国上网服务市场的发展历程梳理基础上，分析上网服务市场的产业链构成、经营模式及行业存在的问题，并对未来发展趋势进行判断。

## 一、中国上网服务市场发展历程

### （一）起步发展阶段：1996～2002年

20世纪90年代中后期，互联网悄然走入人们的视野。由于当时的电脑价格偏高，大多数家庭没有购置电脑，网吧便成了人们上网的主要场所。与人们印象中网吧是未成年出没的游戏场所不同，最早的网吧是拥有一定经济能力的人们的消费场所。1996 年 5 月，中国历史上第一家网吧"威盖特"在上海出现，上网价格高达 40 元/小时，这在当时堪称天价，要知道那时全国平均工资也就 500 元左右，猪肉也就 3 元/斤。这一高昂的消费价格让大多数人望而却步。需要指出的是，"网吧"最早的时候不叫网吧，而是叫电脑室，可以打局域网游戏和休闲①。

2000 年左右，随着互联网应用的发展，网吧的市场需求得到激发。在当时的互联网应用中，聊天的有 QQ，游戏有传奇、CS 等爆款网络娱乐产品，还可以搜索免费的电影、音乐，几乎满足了人们在闲暇时的主要娱乐需求。在 2002 年以前，开办网吧几乎没有市场准入门槛，只要拥有可上网的计算机，就能开设网吧。一时间，网吧成为与棋牌室、KTV 相抗衡的休闲娱乐场所。当时，拥有 5 家网吧的老板的年收入可达到几百万。当时有句响亮的口号"要想发，开网吧"。

**（二）整改调整阶段：2002～2012 年**

由于刚起步的网吧市场经营尚不规范，火爆的网吧市场背后隐藏着巨大隐患。2002 年 6 月 16 日凌晨，北京"蓝极速"网吧遭人为恶意纵火，造成 25 人死亡，12 人受伤，成为震惊网吧行业的"蓝极速网吧事件"。后来经过调查，这家网吧没有任何经营许可执照，网吧老板违规经营，开放"包夜"把上网者锁在网吧内是造成多人死亡的直接原因②。该事件后，网吧市场的规范与监管得到重视。国务院于同年 11 月 15 日开始实施《互联网上网服务营业场所管理条例》，对网吧等上网服务场所进行规范治理，该条例将禁止未成年人进入网吧等作为重点进行规定。2003 年起，国家没有再批准单体网吧的准许资格，网吧市场进入瓶颈期。据统计，2012 年中国网吧总数为 13.6 万家，比 2011 年减少了 1 万家，2012 年底，网吧市场收入总规模为 537 亿元，同比下降 13.2%，市场规模下降严重③。相比于政策的监管，真正导致网吧市场下滑

①② 曝中国第 1 家网吧：天价 1 小时 40 除了玩还能 ...［EB/OL］.腾讯新闻，https：//xw.qq.com/games/20170422040982/GAM201704220409820G，2017－04－22/2022－12－07.

③ 中华人民共和国文化部.《2012 中国网吧市场年度报告》摘要［EB/OL］.https：//www.mct.gov.cn/whzx/bnsj/whscs/201304/t20130427_751522.htm，2013－04－27/2022－04－13.

的是个人电脑的普及和智能手机、平板电脑等移动设备的冲击。

这一时期，上网服务业也在尝试新的探索。不同于传统网吧的"网咖"模式悄然出现。"网咖"即网络咖啡厅，在国外通常被称为 Net cafe 或 Internet Café。与普通的网吧相比，网咖消费较高，但环境幽雅，电脑和耳机等配置更专业，吸引了一批愿意提升上网服务质量的年轻人。网咖模式最初诞生于欧美国家，主要是为商务人士提供一个舒适、快速的上网环境。2009 年前后，以"都市慢生活"为主打口号的第一家网咖——网鱼网咖在上海诞生。网鱼网咖不再只是提供单纯的上网服务，还提供现磨咖啡、奶茶、西点、休息、办公等新服务①。

与传统的网吧相比，网咖更加高级。高档的电脑设备、蜂巢式电脑桌、人体力学休闲靠椅、独立咖啡区、游戏休息区等被搬入网咖。顾客不仅可以在柔软的卡座里，喝着各种美味的饮品，和朋友上网聊天、看电影，还可以参与电子竞技。不过，虽然网吧转型为网咖，但它们还是属于网吧类别，仍然禁止未成年人进入②。

网咖在提供了更好的服务的同时，也意味着更高的消费价格。一般非会员的价格是 10 元 ~ 24 元/小时、会员价格是 5 元 ~ 12 元/小时。这比起传统网吧的收费来说，网咖收费相当高。

### （三）转型发展阶段：2013 ~ 2016 年

2013 年，在冰封十年后，文化部宣布解禁单体网吧的审批。2014 年 11 月 24 日，文化部、工商管理总局、公安部、工信部联合印发通知，全面放开网吧审批，取消各级文化行政部门对上网服务场所的总量和布局要求，取消对上网服务场所计算机数量的限制，并对上网营业场所的诸多细节进行了规定③。解禁的当年，我国互联网上网服务场所总量恢复到 14.2 万家，同比增加 5.2%，计算机终端为 1370 万台，同比增加 16.1%，我国互联网上网服务行业

---

① 网鱼网咖官网介绍，https：//www. wywk. cn/about，2022 – 12 – 07.
② 曝中国第 1 家网吧：天价 1 小时 40 除了玩还能 . . . ［EB/OL］. 腾讯新闻，https：//xw. qq. com/games/20170422040982/GAM201704220409820G，2017 – 04 – 22/2022 – 12 – 07.
③ 佚名. 四部委全面放开网吧审批 ［J］. 世界博览，2014（23）：14.

市场收入规模达 569.9 亿元，同比增长 9.6%，结束了连续 4 年的收入下滑态势①。2016 年 2 月，国务院公布《关于修改部分行政法规的决定》，对包括《互联网上网服务营业场所管理条例》在内的 66 部行政法规的部分条款予以修改，对互联网上网服务营业场所的设立条件和流程进行简化，进一步解决了制约网吧行业发展的一些问题②。

这一时期，随着上网服务产业政策的解放，传统上网服务业务也在进一步转型升级，出现了上网服务与其他休闲娱乐业融合发展的态势。

2014 年，网鱼网咖再次全面升级，推出 4.0 网咖门店，以交朋友、打造多功能的游戏空间、全新产品三大亮点，重新定义了网咖模式，全方位为玩家打造完美的人性化游戏体验，让"玩"变得更加充实而精彩。2015 年以后，随着"互联网 +"时代的来临，网咖业已尝试将互联网理念与行业传统属性相融合。网鱼网咖率先开创业内"互联网 +"新形态，全力为玩家打造 O2O 线上、线下一站式互动娱乐平台，实现线上约 ta、预定、充值、分享与线下开卡上机、上机体验、商品购买、结账离开的实时联动，整合多种功能，提供玩家更加多元的娱乐空间。

最近几年，随着电子竞技产业的迅速发展，电竞馆开始兴起。电竞馆不同于传统的网吧和综合性网咖，而是以电子竞技为消费中心。专业的电竞馆往往拥有顶级、豪华的设备配置，还有专业的电竞舞台和直播间为各项电竞赛事提供落地平台，能让消费者体验真正的电竞比赛氛围，属于上网服务市场在电竞游戏这一领域中的一个分支。

**（四）高质量发展阶段：2017 年至今**

根据中国互联网上网服务行业协会的统计数据显示，截至 2017 年在经历了连续三年的快速增长后，中国互联网上网服务行业转型升级进入深水期，行业态势趋于冷静。移动互联网的普及、传统端游热度的下降以及上网服务场所

---

① 2016 年中国互联网上网服务行业年度报告［M］. 北京：中国互联网上网服务营业场所行业协会，2017.

② 国务院关于修改部分行政法规的决定［中华人民共和国国务院令（第 709 号）］［OL］. 2016 –
02 – 06. http：//www. gov. cn/zhengce/content/2019 – 03/18/content_5374723. htm.

恢复审批后的政策红利衰减，是转型升级中的上网服务场所发展趋缓的主要原因。2017 年中国互联网上网服务行业实现营业收入 708 亿元，较 2016 年的 740 亿元减少了 4.3%[①]。

这一阶段，上网服务行业从数量竞争向高质量发展方向转型。首先，虽然上网服务场所数量和终端数量减少了，但终端硬件质量更新换代，性能得到很大提升。上网服务场所设备配置朝着大内存、大屏幕、高性能等高端方向发展。其次，上网服务行业与其他行业的融合发展进一步加深。上网服务场所不仅整合了餐饮、娱乐、竞技、休闲、社交、网络培训、电子商务、创客空间等功能，还加快了与电竞、VR、游戏、歌舞娱乐、游戏游艺、影视、电子商务等业态的融合发展，真正落实了"场所 + 服务"的转型目标。同时，2018 年以来，电竞馆、手游吧、电竞酒店、自助网咖等新兴业态不断涌现，名副其实地成为融合了多维业态的新型线下娱乐综合体。最后，云技术已经在上网服务行业落地。2018 年，全国已经有不少机房开始应用这一技术来进行机房的数据处理和分发。一方面，广大上网服务营业场所可以在获得速度提升的同时，有效减少网吧的硬件、带宽投入及维护成本。另一方面，通过机房集中管理，统一调配，也为场所运营带来更多的稳定性支持，而机房提供的海量内容资源。"云机房""云游戏"等方案上线，为行业注入新动能，未来将引领行业转型升级的浪潮，成为上网服务行业的一大热点。此外，行业规范性建设取得重大成果，相关标准性文件的陆续出台和落地为上网服务行业转型升级，提高社会形象保驾护航。通过制定上网服务行业团体标准乃至国家标准还将有力推动整体标准化建设工作。

纵观上网服务行业发展史，从最早的电脑房到后来的网吧，再到如今的网咖和电竞馆，上网服务业经历了高速发展到转型调整，从不规范到规范的成长阶段。未来上网服务行业的发展会有更多可能，除了网咖、电竞游戏馆之外，还可能会向书店、酒吧、电影院等方向融合发展。网吧作为一个载体和消费空间，它的发展趋势是向不同行业成长，与其他行业不断融合，成长为一个综合性娱乐场所。

---

① 中国经济网. 最新报告：我国上网服务行业 2017 年营业收入达 708 亿 [EB/OL]. http：//www. ce. cn/culture/gd/201804/27/t20180427_28965280. shtml，2018 – 04 – 27/2022 – 04 – 13.

## 二、上网服务市场的产业链构成

如图 7-3 所示，上网服务市场产业链主要由监管机构、设备供应商、软件提供商、电信运营商、服务提供商、上网服务场所、上网消费群体、其他相关产业等组成。

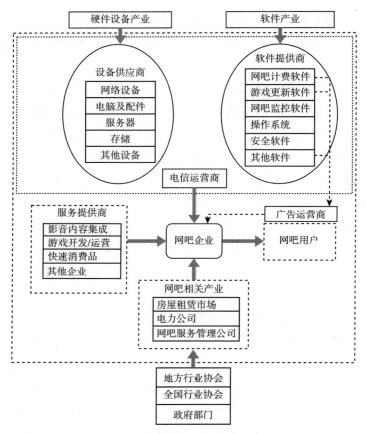

**图 7-3　网吧行业产业链结构**

资料来源：《2014 浙江省文化市场行业发展报告》。

### （一）监管机构

国务院发布的《互联网上网服务营业场所管理条例》第四条规定：县级

以上人民政府文化行政部门负责互联网上网服务营业场所经营单位的设立审批，并负责对依法设立的互联网上网服务营业场所经营单位经营活动的监督管理；公安机关负责对互联网上网服务营业场所经营单位的信息网络安全、治安及消防安全的监督管理；工商行政管理部门负责对互联网上网服务营业场所经营单位登记注册和营业执照的管理，并依法查处无照经营活动；电信管理等其他有关部门在各自职责范围内，依照本条例和有关法律、行政法规的规定，对互联网上网服务营业场所经营单位分别实施有关监督管理。此后，国家又颁布了一系列规范互联网上网服务场所经营的政令。但基本上都是由文化、公安、工商、电信等有关部门等共同管理。

目前，互联网上网服务行业管理政策的宗旨和导向是，从源头上放宽行业准入条件，刺激行业内消费，助力行业转型升级。同时对全国上网服务场所的经营规范进行严格把关，不断规范网络市场，净化全国网络文化环境，提升行业形象。

**（二）硬件设备供应商**

硬件设备供应商是上网服务产业的上游产业，主要包括网络设备、电脑及配件、服务器、存储、其他设备等。随着网吧行业转型升级推进，硬件设备朝着大内存、大屏幕等高配置升级，为消费者提供优质的上网服务体验。

**（三）软件提供商**

上网服务的软件提供商主要提供网吧经营管理的软件，包括网吧计费软件、游戏更新软件、网吧监控软件、操作系统、安全软件、其他软件等。杭州顺网科技拥有国内 70% 以上的网吧管理软件市场资源，是目前国内最大的网吧管理系统提供商。

**（四）电信运营商**

电信运营商主要提供上网服务场所的互联网接入的通信服务。目前，中国五大电信运营商为中国电信、中国移动、中国联通、中国广电、中信网络。

**（五）服务提供商**

上网服务的服务提供商主要是指网吧等上网服务场所提供的服务项目，主要包括影音内容集成、游戏开发/运营、快速消费品、其他企业服务等。根据《2018～2019 年度网吧大数据报告蓝皮书》显示，网吧经营内容趋向多元化，除上网服务以外，网吧还增设休闲餐厅、举办游戏比赛等。但网吧服务的第一娱乐需求仍是玩游戏，其次是聊天交友和影视音乐。在游戏服务中，端游仍是网吧玩家数量最多的游戏类型，玩家占比 74.2%，其次是手游。此外，游戏类直播内容在网吧更受欢迎，占据 88% 的直播用户量，其次是美女直播。WeGame 游戏平台是目前玩家点击最多的游戏平台，占据 80% 以上①。

### （六）上网服务经营场所

网吧是上网服务的主要场所。随着手机等移动终端的普及，以及上网服务场所恢复审批后的政策红利衰减，国内网吧数量自 2016 年以来呈逐年下降趋势。截至 2018 年 12 月，全国上网服务行业场所约为 13.8 万家，全国营业场所中的上网终端保有量达到 1280 万台②，场所数量和终端数量较 2017 年继续缩减。如图 7－4 和图 7－5 所示，在区域分布上，二线城市网吧占比最大且有上升趋势，一、二线城市网吧占比仍占据四成③。

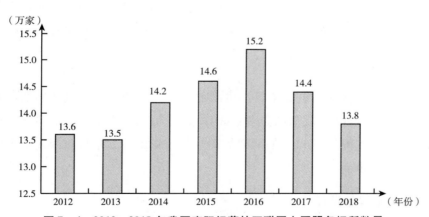

**图 7－4　2012～2018 年我国实际经营的互联网上网服务场所数量**

资料来源：中娱智库监测。

---

① ③　顺网科技 . 2018～2019 年度网吧大数据报告蓝皮书［R］. 2019：34－35.
②　中国互联网上网服务行业协会 . 2018 年中国互联网上网服务行业发展报告［EB/OL］. https：//www.sohu.com/a/305560200_99934757，2019－04－03/2022－12－07.

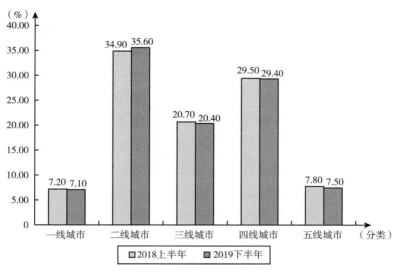

图7－5　网吧城市占比

资料来源：顺网大数据中心。

## （七）从业人员

从业人员是网吧等上网服务场所的服务与经营管理人员。2018年，全国上网服务行业从业人员为98.1万人，较2017年下降3.5%，受上网服务行业场所市场化调节的影响，从业人员也随之缩减。从年龄分布来看，18~28岁青年从业人员较上年同比上升0.3%，34岁以上从业人员有微幅下滑，如图7－6所示。

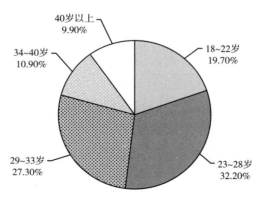

图7－6　2018年全国上网服务行业从业人员年龄分布

资料来源：中娱智库监测。

　　长期以来，从业人员学历低，流动性强，在一定程度上制约了网吧行业的运营稳定与发展。随着行业转型升级的需要，从业人员，尤其是管理人员积极进修，学习先进的管理知识，拓宽经营思路，迎接转型升级的挑战，全国互联网上网服务行业从业人员受教育程度进一步向好，初中及以下学历明显减少。如图7-7所示，行业协会也积极组织管理培训，提升从业人员队伍水平。但是随着转型升级深入，场所不断优胜劣汰，上岗后1年以上的离职率较上年同比提高，行业整体人员流动率仍然较高，如图7-8所示。

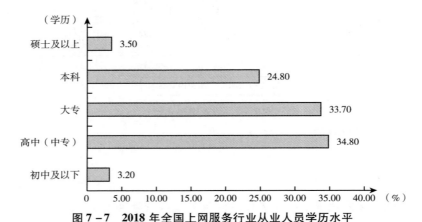

**图7-7　2018年全国上网服务行业从业人员学历水平**

资料来源：中娱智库监测。

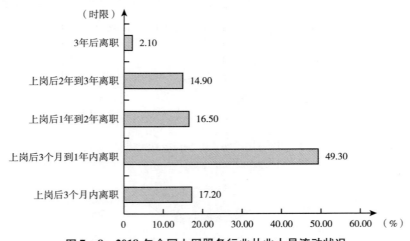

**图7-8　2018年全国上网服务行业从业人员流动状况**

资料来源：中娱智库监测。

### （八）消费者

截至 2018 年底，我国互联网上网服务行业用户规模约为 1.18 亿人，与 2017 年大致持平[①]。如图 7-9 所示，2018 年，在文旅部和上网服务行业协会的大力推动和支持下，上网服务行业积极转型升级，通过丰富场所服务类别，积极拓宽目标人群。公共文化服务的深度开展和电商融合带动了部分女性群体和老年群体进入场所用网。但总体上看，网吧消费群体仍以男性为主。从用户年龄来看，青少年群体仍是互联网上网服务场所的主要受众人群，24 岁以下用户比例达到 57%，如图 7-10 所示。在收入结构上，网吧 5000 元以下收入的人群占比最多，2500～7000 元收入人群是核心人群，如图 7-11 所示。从 TGI 指数可以看出，女性相比男性更喜好 MUG 类游戏；而男性更喜欢 MOBA、FPS 和横板格斗类游戏，见表 7-2[②]。

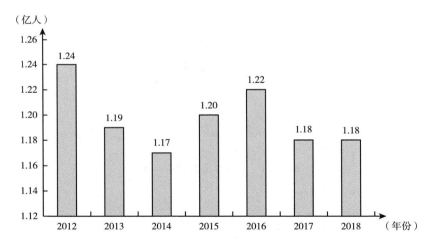

**图 7-9　2012～2018 年全国上网服务行业用户规模**

资料来源：中娱智库，cnnic 监测。

---

① 光明网. 2018 年中国上网服务行业发展高效并探索持续［EB/OL］. https：//m. gmw. cn/baijia/ 2019-04/03/32713448. html，2019-04-03/2022-04-13.

② 《2018 中国互联网上网服务行业发展报告》全文［EB/OL］. 搜狐网，https：//www. sohu. com/a/305560200_99934757. 2019-04-03/2022-03-23.

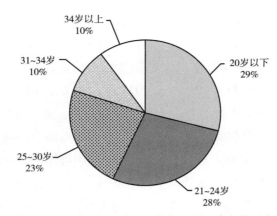

**图 7 – 10    2018 年全国上网服务场所用户年龄分布**

资料来源：中娱智库，盛天网络监测。

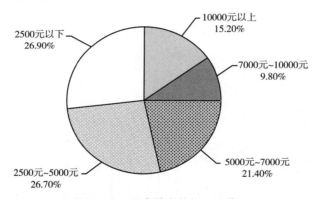

**图 7 – 11    用户基本特征——收入**

资料来源：顺网大数据中心。

表 7 – 2                              网民行为特征——TGI 指数

| 游戏名称 | 男性 | 女性 |
| --- | --- | --- |
| QQ 炫舞 | 75 | 194 |
| 劲舞团 | 85 | 156 |
| 新倩女幽魂 | 100 | 101 |
| QQ 飞车 | 103 | 89 |
| 英雄联盟 | 104 | 86 |
| 穿越火线 | 108 | 70 |

续表

| 游戏名称 | 男性 | 女性 |
|---|---|---|
| 逆战 | 109 | 66 |
| 剑灵 | 109 | 65 |
| NBA2KOL | 110 | 63 |
| 守望先锋 | 111 | 60 |
| 地下城与勇士 | 112 | 56 |
| 使命召唤 online | 112 | 55 |
| 荒野行动 | 112 | 53 |
| DNF | 117 | 36 |

注：TGI 指数即 Target Group Index 指数，是反映目标群体在特定研究范围（如地理区域、人口统计领域、媒体受众、产品消费者）内的强势或弱势的指数。

资料来源：顺网大数据中心。

### （九）　其他相关产业

其他相关产业是指除了网吧主营业务以外的产业及支持产业，包括房屋租赁市场、电力公司、网吧服务管理公司等。

## 三、上网服务场所的经营模式

从产业链结构可以看出，上网服务行业创造的经济价值主要集中在下游价值链中，即上网服务场所中。在我国，早期的网吧产业形态以租赁上网设备、提供简单的上网服务为核心内容，具有产业附加值低、非刚性需求、对供应环节的依赖性强等产业价值链特征[①]。这一时期，由于上网条件和互联网普及程度的限制，网络设备供应商与普通消费者之间缺少直接的联系，网吧产业就成为上网服务领域中具有一定渠道垄断地位的市场主体，网吧产业因而成为高利润产业。但随着互联网的普及、上网设备的易得性等条件具备，人们实现了随时随地都能上网的便利，网吧失去了原有的渠道垄断地位，网吧行业也失去了高额利润，回归低发展状态。此后，网吧行业在发展下

---

① 郭妍琳．网吧产业发展战略与赢利模式创新［J］．经济论坛，2013（4）：112 – 116.

行压力下不断探索转型升级之路。目前，我国网吧行业的发展方向是朝着连锁化、精品化、融合化方向发展。

## （一）经营模式

从网吧的发展阶段和类型来划分，网吧的经营模式可以分为传统的售卖上网时间的盈利模式和现代的连锁化的多元经营模式。

1. 传统的售卖上网时间的经营模式

传统网吧大多以兜售上网时间为其最主要的盈利模式。网吧机时费收入占网吧总收入的比例高达 85% 以上，机时费的利润占总利润的 95% 以上①。单一的收入来源增加了网吧经营的风险，也制约了网吧行业的发展。这一时期，网吧行业也开始探索更多可能的利润来源。一些网吧开始售卖游戏点卡、饮料等。但这些模式在当时尚不够成熟，利润较低。

2. 现代连锁网吧及其多元化经营模式

连锁网吧是现代网吧的主要模式。相比于传统的单体网吧，连锁网吧具有更多的优势。连锁网吧能够在更大程度上降低经营成本，留住从业人员，进而提高了对供应环节的议价能力和向价值链的其他环节或者其他产业价值活动渗透的能力，有利于业务推广②。目前，全国互联网上网服务场所继续朝着精品化和连锁化方向发展。2018 年连锁上网服务场所延续 2017 年态势继续扩大规模，超过 20%。其中，100 台以上的大型场所和特大型场所比重下滑 4%，而 50~100 台终端的中型场所比重上升至 42.8%，成为目前最常见的上网服务场所类型③。这表明，在转型升级过程，中型上网服务经营场所更具有市场优势。

随着转型升级的推进，上网服务场所的经营模式也日益多元化。目前，上网服务场所除了传统的游戏、上网服务业务以外，还整合了餐饮、娱乐、竞技、休闲、社交、网络培训、电子商务、创客空间等功能，真正落实了"场所+服务"的转型目标。2018 年以来，电竞馆、手游吧、电竞酒店、自助网

---

①② 郭妍琳. 网吧产业发展战略与盈利模式创新 ［J］. 经济论坛，2013（4）：112－116.

③ 《2018 中国互联网上网服务行业发展报告》发布 ［EB/OL］. 中国社会科学网，http：// ex. cssn. cn/wh/wh_whrd/201902/t20190226_4837667. shtml，2019－02－26/2022－07－06.

咖等新兴业态不断涌现，名副其实地成为融合了多维业态的新型线下娱乐综合体，紧跟时代步伐，成为年轻群体社交聚会的新去处①。

### （二）盈利情况

在互联网还没有普及的年代，网吧市场具有较高的利润。随着上网设备价格的下降、互联网的普及等一系列因素的影响，上网服务市场的盈利空间逐渐下降。截至 2018 年 12 月底，我国上网服务场所实现总营业收入 706 亿元，较 2017 年同比微幅下降 0.3%②。如图 7 - 12 所示，营业收入的下滑主要源于 2018 年场所不断缩减，市场优胜劣汰，客户端游戏热度下滑，网络游戏增速整体放缓。未来受到转型升级的影响，短期内场所营业收入回暖仍然有较大的压力。

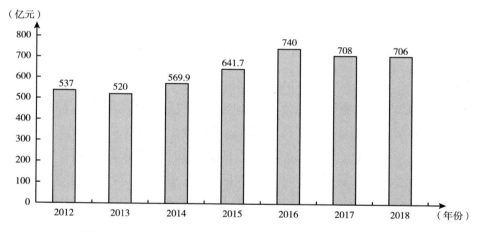

（亿元）

**图 7 - 12　2012～2018 年全国互联网上网服务行业营业收入**

资料来源：中娱智库监测。

从盈利模式上看，网费充值仍然是上网服务行业的主要收入来源。随着转型升级的不断深化，场所经营模式和业态的拓展，餐饮等其他收入快速增长，

---

① 中国互联网上网服务行业协会 . 2018 年中国互联网上网服务行业发展报告 ［EB/OL］. ht-tps：//www. sohu. com/a/305560200_99934757，2019 - 04 - 03/2022 - 12 - 07.

② 《2018 中国互联网上网服务行业发展报告》发布 ［EB/OL］. 中国社会科学网，http：//ex. cssn. cn/wh/wh_whrd/201902/t20190226_4837667. shtml，2019 - 02 - 26/2022 - 07 - 06.

占比达到 18.5%①。部分以餐饮为特色的场所菜单品种多、口味好、客单价高、复购率高，饮料、包装食品收入甚至能占到 20%～30%，如图 7-13 所示。

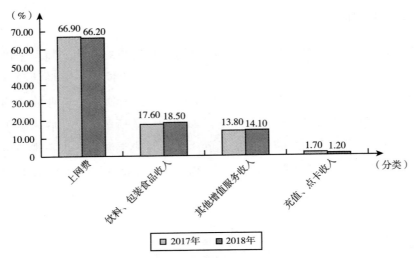

**图 7-13    2017～2018 年全国互联网上网服务行业营业收入来源**

资料来源：中娱智库监测。

社会价值方面，据不完全统计，2018 年上网服务营业场所对于网络文化产业（网络游戏、网络视频、网络直播、网络音乐、网络文学等）、电子商务产业、电子竞技产业、IT 信息软硬件产业等产业产值带动达到 1220 亿元，其中电子竞技产业蓬勃发展，带动辐射效应明显。行业转型升级为我国"十三五"文化产业及国民经济健康发展作出了积极贡献。除此之外，上网服务行业已发展到集电竞、餐饮、社交、休闲、公共服务、电商等功能为一身，在举办赛事、带动就业、传播公共文化、惠及民众等方面起到了重要的作用②。

### （三）游戏类型

在网吧经营的游戏类型中，MOBA 游戏占比最高，吃鸡类端游紧随其后。

---

① 《2018 中国互联网上网服务行业发展报告》发布［EB/OL］. 中国社会科学网，http://ex.cssn.cn/wh/wh_whrd/201902/t20190226_4837667.shtml，2019-02-26/2022-07-06.

② 中国互联网上网服务行业协会. 2018 年中国互联网上网服务行业发展报告［EB/OL］. https://www.sohu.com/a/305560200_99934757，2019-04-03/2022-12-07.

2018 年上网服务场所端游市场呈现出 MOBA 游戏和 FPS 游戏平分秋色的局面，用户渗透率均超过 40%，瓜分了绝大部分的市场份额，从而导致其他游戏类型（如竞速类、SPG 体育竞技、2DMMORPG、MUG 音乐舞蹈等）都有所下滑①。2018 年下半年，受到《魔兽世界》版本更新，网易端游大作《逆水寒》的上市，3D 即时类游戏市场份额有小幅攀升②。

在端游排行榜中，2018 年上网服务行业网游排行前十名为《英雄联盟》《穿越火线》《地下城与勇士》《逆战》《QQ 飞车》《守望先锋》《魔兽世界》《DOTA2》《QQ 炫舞》《逆水寒》。《英雄联盟》因其 MOBA 游戏类型仍然是用户最热衷的端游，《逆战》《穿越火线》等 FPS 第一人称射击类游戏整体热度较上年有所上升。《魔兽世界》因版本更新吸引老玩家回流，重回前十榜单，《QQ 炫舞》《NBA2KOL》排名则较 2017 年下降。

**（四）电竞与直播**

从上网服务场所的电竞游戏来看，多人在线战术竞技类游戏因为竞技性高而备受玩家欢迎，《英雄联盟》《DOTA2》《穿越火线》成为玩家最热衷的三款竞技类游戏。《英雄联盟》赛事仍然是上网服务场所最受关注、最受欢迎的赛事，占据绝对主流地位。2021 年，随着 EDG 夺得《英雄联盟》S11 全球总决赛冠军后，关于 EDG 夺冠的多个话题迅速升温，占领了微博热搜榜，人们对电竞战队的关注也随之上升。

2018 年，上网服务场所观看直播的用户比例明显上升。其中，与网络游戏紧密关联的游戏直播内容观看人数最多，其次为体育赛事、才艺秀、户外、美女等内容。从各类直播平台来看，以游戏为主打的直播平台市场份额远远超过其他直播平台。斗鱼直播在上网服务场所份额达到 67.7%，其次为虎牙直播和熊猫直播，直播量分别占总直播量的 14.7% 和 7.8%③。2018《英雄联盟》S8 总决赛时，全国各地上网服务场所都挤满了在线观赛的玩家。

---

① 中国互联网上网服务行业协会.2018 年中国互联网上网服务行业发展报告［EB/OL］. https：//www.sohu.com/a/305560200_99934757，2019－04－03/2022－12－07.

②③《2018 中国互联网上网服务行业发展报告》发布［EB/OL］. 中国社会科学网，http：//ex. cssn.cn/wh/wh_whrd/201902/t20190226_4837667.shtml，2019－02－26/2022－07－06.

### （五）其他经营业务

从上网服务场所用户游戏以外软件启动次数 TOP10 可以发现，除了游戏之外，聊天类软件、音乐类软件及辅助软件最受用户欢迎。上网服务场所作为复合型的娱乐休闲体，影视音乐、聊天的用户不在少数。腾讯、微信两大聊天软件均上榜；腾讯音乐集团旗下音乐 App 以及网易云音乐共占据了前十榜单的四席①。用户在打游戏的同时往往倾向于开启聊天软件和听歌软件。此外，游戏语音工具 YY、应用分发软件应用宝启动次数较高。

## 四、上网服务行业存在的问题

从一开始的野蛮生长，到中期的严格监管，再到现在的转型升级，上网服务场所经历了跌宕起伏的发展。虽然现在的上网条件日渐便利，但网吧等上网服务市场发展日渐萎缩。制约行业长期发展的问题亟待解决，转型升级之路任重道远。据中国互联网信息中心发布的第 49 次统计报告显示，截至 2021 年 12 月，我国手机网民用户达 10.29 亿人，占总上网人数比例的 99.7%②。可见，人们已经可以通过手机实现绝大部分的上网需要，线下的上网服务场所在满足上网基本功能方面已经式微。此外，受新冠肺炎疫情的影响，线下娱乐行业整体受挫严重，人们在疫情期间已经培养了居家云端上网、办公、生活的习惯，线下上网服务行业雪上加霜。当前，上网服务行业存在以下几方面问题。

### （一）上网服务场所市场需求不足，产业发展总体走下坡路

在个人电脑、移动终端普及的今天，人们随时随地都能获得便利的上网条件，人们在特定公共上网服务场所上网的需求日益减弱。这是导致上网服务市场萎缩的主要原因。倘若没有解决好当代人们的上网需求与上网服务产业提供服务之间的矛盾，上网服务市场的发展将难以有大的突破。

---

① 《2018 中国互联网上网服务行业发展报告》发布［EB/OL］. 中国社会科学网，http：//ex. cssn. cn/wh/wh_whrd/201902/t20190226_4837667. shtml，2019 - 02 - 26/2022 - 07 - 06.

② 中国互联网络信息中心. 第 49 次中国互联网络发展状况统计报告［R］. 2022 - 02 - 01.

### （二）上游产业资源不能有效反哺网吧经营行业，挤占行业盈利空间

互联网产业快速发展，上网条件日益便捷，但网吧等上网服务行业却日渐萎缩。一个重要原因是广大上网服务场所作为上网服务产业的最基本渠道，一直无法通过更为有效的方式打通上游产业资源，共享上游互联网产业（网络游戏、管理软件平台、网络维护平台等）的快速发展红利，以至于上网服务场所大多以传统的上网计费服务为主要收入来源。

### （三）精品端游新品不足，内容供给过于单一，不利于端游市场更新换代

《英雄联盟》《穿越火线》《地下城与勇士》等老牌端游戏长期占据网络游戏玩家人数排行榜前几位，新游戏很难从中突破，获客成本高，长此以往不利于端游市场发展。建议尝试联合游戏竞技产业链企业共同打造文化产业园项目，通过共同构建大数据服务平台，研发精品游戏，运营平台，以多种创新方式，鼓励、支持和推动网络文化产业智能化、规范化发展。

### （四）新兴业态没有明确的行业定位，缺乏行业监管依据

近年来，随着行业转型升级的摸索，电竞馆、移动电竞馆、手游吧、电竞酒店、泛娱乐综合体等新兴上网服务业态不断涌现，层出不穷。但由于这些新业态行业划分不明确，形成监管盲区，未成年人上网保护失效，存在治安、消防风险，且不利于行业有规划的发展。鉴于以上均以上网服务为主要经营要素，可考虑纳入上网服务行业管理体系。

### （五）行业监管中一些不合理的技术手段仍未得到有效解决

目前，上网服务行业常用计费系统十余种，由各地公安部门自行指定安装并绑定于身份证查验系统，造成特殊的垄断和地域封锁现象。计费系统的非兼容性导致移动支付、异地支付等经营手段难以实现，严重阻碍了行业多元化、连锁化发展。建议促成有关部门开放行业计费系统接口，让具有资质的计费系统正常进入市场，形成市场自由竞争格局。

### （六）新冠肺炎疫情对上网服务行业影响严重，亟须转型升级

突如其来的新冠肺炎疫情对包括上网服务行业在内的线下娱乐业影响显著。虽然上网服务亦属于互联网行业，但由于消费者是在线下封闭场所中进行上网消费，因此，上网服务行业并没有在这次疫情中幸免。上网服务行业应当发挥互联网的行业基因，将劣势转化为优势，拓展更多的经营场所，以应对突如其来的"黑天鹅事件"。

除了计费系统以外，上网服务行业各种营销软件、综合管理软件、人脸识别软件鱼龙混杂，且商业广告泛滥，大量占用网吧电脑资源，影响了广大上网服务场所的经营秩序和用户体验，有待政府、行业协会、各经营业主以及软件服务供应商共同商讨解决。

## 五、行业发展趋势

### （一）上网服务场所整体体量继续缩减是未来 1～2 年转型升级的不变趋势

目前，全国上网服务场所有 13 万余家，由于外部环境的冲击以及用户消费升级，市场需求相对紧缩，13.8 万家场所仍然是一个过度饱和的状态，行业市场竞争、营收压力较大。随着未来 1～2 年转型升级的进一步深入，大批单一、粗放的上网服务场所会被陆续淘汰，行业整体保留 8 万～9 万家场所是一个比较合理的竞争状态，精细化、品牌化、风格化是场所转型升级，优胜劣汰的制胜关键。

### （二）新业态不断涌现，娱乐综合体是今后的发展趋势

2018 年以来，行业转型升级过程中，出现了自助网咖、电竞酒店、"手游咖"等新业态，经营模式接连落地，这一势头将会在今后几年中得到延续。从发展趋势看，未来的上网服务场所仍然需要摆脱单一的经营模式，在会员运营、主题营销、定制化服务、科技融合等领域实现社交化、智能化和泛娱乐化。

### （三）借助电竞赛事反哺上网服务产业上下游产业链

2018 年《英雄联盟》中国战队 IG 夺冠，DOTA2 第九届国际邀请赛和 STEAM 平台落户上海等重大利好消息频出，表明中国电竞产业越来越受到国际重视，成为带动世界电竞市场增长的新兴力量。2019 年多项顶级电竞赛事的举办也将带动老牌电竞游戏的火热，上网服务场所借助这一波东风积极承办相关赛事，举办关联活动，从而拉动上网服务场所人气回升，反哺整个游戏产业链和渠道供应商。

### （四）公共文化服务角色继续向全行业拓展深化

上网服务场所转型升级除了拓展经营模式，扩大营收之外，另一个重要目标是转变成为综合的一体化公共文化服务站，辐射周边居民，提供多样化的社区服务。2018 年，全国各省份已经在主管部门的支持下，将打造社区、乡村公共文化中心作为重要突破口，注重打通资源，汇聚资源，让上网服务场所成为全国公共文化服务网络的承接口，真正成为各地居民文化生活新空间[①]。未来全行业将朝着进一步提升行业服务水平，改善行业社会公众形象的最终目标而努力。

### （五）新冠肺炎疫情加速上网服务行业转型升级

突如其来的新冠肺炎疫情使原本就萎靡的上网服务行业更加雪上加霜。今后，为了应对诸如新冠肺炎疫情之类的"黑天鹅事件"，上网服务行业需要继续转型升级，探索行业发展的应对策略。作为互联网行业，上网服务行业具有天然的互联网基因。新冠肺炎疫情期间，许多互联网企业在维持人们生活和经济社会发展中发挥着举足轻重的作用。这些互联网企业发挥了互联网"非接触式"的优势，规避了新冠肺炎疫情的直接冲击。上网服务行业作为兼具传统与新兴的娱乐行业，如何发挥互联网基因的优势，同时规避传统娱乐行业的劣势，是上网服务行业今后需要重点思考的问题。

---

① 中国互联网上网服务行业协会.2018 年中国互联网上网服务行业发展报告［EB/OL］. https：// www.sohu.com/a/305560200_99934757，2019 - 04 - 03/2022 - 12 - 07.

# 第五节 艺术品市场

我国艺术品交易由来已久，然而市场化、成体系、具有完整产业链和监管体系的艺术市场却经历了几十年的发展，尤其是改革开放以来，艺术市场日趋增大，形成了 4000 亿以上的艺术品市场及相应市场体系，已位居全球艺术市场第一，市场规模不断扩大，市场结构日趋丰富，行业新业态不断出现，尤其是近年来的"互联网 + 艺术"的模式极大拓宽了艺术交易市场的参与度，整个艺术市场表现出创新蓬勃的发展态势。

## 一、我国艺术市场发展历程

### （一）古代中国艺术市场的发展

大量古代中国艺术品出土文物和文献史料可以证明，艺术品是人类最早的私有财产之一，也是最早进入市场的劳动产品之一。在文化与艺术获得高度发展的今天，作为凝聚中华民族传统文化变迁、发展的缩影及具有悠久历史的中国艺术品，已经成为一种独特的文化商品，并进入了市场流通领域①。西沐在其著作中整理了古代中国艺术品从依附衍生到独立存世的过程②，唐代以前就出现了古代艺术品市场，新石器时代后期就有艺术品被当作商品进行交换，当时还处于以物易物的阶段。夏商周时期，艺术品主要是王权礼仪的礼器化需要在上层社会大量使用。直到汉代，开始出现相对独立的"纯"艺术品市场的初级形态，即以佣工为主的初级雕塑、书法、绘画市场。富人阶层有了日用工艺品的固定需求，也有了手艺人群体。

西沐认为，到魏晋南北朝时期，一些大都市开始有了专门的门市来进行工艺品交易，成为这一时期艺术品市场发展的一大特色。到唐朝，随着社会、经济、文化的发展，艺术品已经成为一个独立而颇具规模的市场。唐朝社会经济

---

① ② 西沐. 中国艺术品市场概论 ［M］. 北京：中国书店出版社，2009.

发达，国力强大，贵族地主的奢侈型消费需求旺盛，由此推动了艺术品生产与交易市场的繁荣。宋代是中国历史上文化繁荣的时期之一，市民文化的形成极大地推动了艺术品市场在结构上向全面商业化的迈进，开始出现艺术品经纪人，如绘画买卖中的牙侩，不仅帮助促成生意，还代为估价、鉴别真伪等。

元明清时期都是艺术品市场大发展的时期，元代的商业意识、市场观念极为强烈，经济价值成为衡量艺术品的主要标志，产品价格的计量也开始精细化。舍弃艺术，迁就市场的创作行为大量存在。明朝诸多工商业发达、人文荟萃的城市开始出现独立的书画经营机构，市场是私家收藏者获得藏品的主要场所，画商群体在书画交易中具有重要作用，价格体系已经完备，行业雇佣非常普遍，大大提高了生产率。清代是古代艺术品市场的另一个高峰阶段，书画交易的市场化程度很高，同时受到近代思潮的影响，市场机制也日趋完善，明码标价非常普遍。清代艺术市场大致有两大中心：一是北京，清代的琉璃厂海王邨一带一直是字画古玩的集散地，生意相当好；二是扬州，后移往上海。其中扬州以其特殊的地理位置和经济实力，在乾隆年间已经成为中国最大的商业、消费中心①。清代的艺术品交易直接影响近现代我国艺术品市场的发展。

**（二）新中国艺术市场的发展**

新中国成立之后，社会经济、文化发展逐步恢复正常，艺术品市场也逐步进入快速发展阶段，从最初的缓慢而平稳的发展，到进入 21 世纪之后的快速发展，如今无论从规模还是发展速度上都居世界前列。我们将其分为以下几个阶段。

1. 1949～1978 年：缓慢恢复阶段

新中国成立之后，国内经济逐步恢复发展，艺术品市场也逐步平稳恢复。值得一提的是，创办于清朝的荣宝斋在新中国成立之后依旧活跃在文化艺术界。1950 年 10 月公私合营，"荣宝斋新记"开业，1952 年荣宝斋转为国营，并以郭沫若书题墨迹"荣宝斋"为标准的商号字样，成为北京第一家私营商业的公私合营。20 世纪 50 年代，荣宝斋开始用木版水印技艺复制齐白石、徐

---

① 西沐. 中国艺术品市场概论［M］. 北京：中国书店出版社，2009.

悲鸿等当代名家画作，1954 年，荣宝斋成功印制了清代王云的绢本山水《月夜楼阁》，填补了 1300 年来雕版绢本印刷的空白。1959 年荣宝斋组建了以装裱大师张贵桐为首的实力雄厚的装裱车间。这里不仅承担着新古书画的日常装裱工作，还在拯救抢修损毁十分严重的古代经典书画方面创造了一个又一个奇迹。1959 年，荣宝斋承担了人民大会堂宴会厅巨幅国画《江山如此多娇》的物质保障和装裱工作。为了在物质上保障画作达到最佳效果，荣宝斋提供了珍藏的古墨和丈二匹宣纸以及最好的颜料。光是珍存多年的丈二匹宣纸，就用了近百张。还特制了杆长一米多的如椽巨笔。画框则是荣宝斋用名贵的明代金丝楠木做的①。荣宝斋是新中国成立之初艺术市场发展的典型代表。

20 世纪 60 ~ 70 年代，艺术品市场基本处于停滞状态，大量艺术品被破坏，不少成就非凡的艺术家停止创作或受到迫害，学校停课导致艺术教育、人才培养也基本停滞。直至改革开放之后，这一情况才得以缓解。

2. 1979 ~ 1990 年：改革开放初的快速恢复时期

1978 年改革开放开始，初期各种政策尚不到位，"文革"的诸多影响还存留，艺术界的创作、交流、交易与人才教育等尚需时间恢复。直到 1982 年以后，人民群众的生活开始慢慢富足起来，精神需求得以重视，艺术市场才开始真正恢复并快速发展起来，从事艺术品生产和经营的人数越来越多。当然，市场恢复之初产品质量良莠不齐，秩序混乱，真假难辨等问题大量存在。

20 世纪 80 年代初，因为古玩交易一直没有被政府纳入合法经营范围，艺术交易没有固定场所，都是爱好者自发形成且不断变化。这一个时期还没有我们现在所讲的"艺术市场"这个概念，更没有现代的画廊、艺术博览会与拍卖会，也没有现在北京的潘家园、报国寺，南京的朝天宫等这样的古玩市场。一些传统画店与工艺品店主要分布在各大星级酒店，画店以经营中国画为主。工艺品店以经营古董和工艺品为主。其中，最著名的画店有北京的百年老字号荣宝斋与上海的朵云轩，它们沿袭着中国古代传统的店铺式的经营模式，守株待兔式的被动销售，并且只销售中国画作品，而且是非常单一的在画店里寄售。当时没有专门经营油画作品的画店。1979 年 9 月，北

---

① 相关资料来源荣宝斋官方网站，http：//www. rongbaozhai. cn/index. php？m = content&c = index&a = show&catid = 3&id = 74，2016 - 11 - 30/2021 - 09 - 12.

京举办了"星星美展",当时参展的画家严力第一次卖出了自己的作品,他的画可以说是改革开放以后第一张进入市场的画。这个画展与北京的第一个先锋艺术团体"星星画会"都具有特殊历史意义,在当时激起了巨大的社会反响①。

3. 1991～2000 年:市场迅猛发展阶段

1992 年,北京国际拍卖会拉开了中国文物拍卖的序幕,创下了中国拍卖史上多个"第一":中国第一次国际型拍卖会,中国第一次拍卖特许文物,中国第一次允许海外物品到中国境内参加拍卖,第一次在国内的拍卖会上采用电脑管理。当时媒体报道说,1992 年北京国际拍卖会是中国拍卖史上规模最大、拍卖标的最多,档次最高、筹备时间最长、国内外客人最多、社会参与最广泛、舆论反应最强烈(据了解,世界上 500 余家新闻单位作了不同程度的报道)、会期最长的一次拍卖会②。此次拍卖会上最让人意外的是一个"文革"瓷瓶,它的起价从 280 美元开始,一路飙升,拍出了 5000 美元的高价,这件瓷器的成功拍卖也宣告了"文革"物品已经开始进入收藏家的视野。20 世纪90 年代整个行业开始快速发展,艺博会、拍卖业、画廊业等开始出现,古玩艺术市场交易活跃,同时,古玩交易的摆摊模式出现,各省市的民间古玩市场开始出现,标志着艺术品的大众化趋势的出现,民间收藏者大量涌现。

1993 年嘉德拍卖行成立,成为国内首家以经营中国文物艺术品为主的综合性拍卖公司,于 1994 年 3 月举行了第一次拍卖会,首场拍卖成交额达到1423 万元,被舆论界称为"当时国内最具影响力的第一追槌"。这场拍卖会被认为是"中国拍卖业开始进入现代拍卖市场的标志",表明中国古代艺术品和当代艺术品可以通过正当销售途径进入市场。容纳鉴定家、收藏家、买家、卖家、经纪人、评论家等主体的完整要素市场开始确立。嘉德开创了中国拍卖众多纪录,第一个拍油画、第一个拍古籍、第一个拍珠宝、第一个拍邮票,也是国内艺术品拍卖首次设个人专场。到 1996 年,我国艺术品市场发展进入一个高潮期,改革开放十余年,艺术市场的各个要素开始不断健全,制作者和经营

① 李雨蒙. 中国艺术品市场三十年变迁 [J]. 中国民商, 2017 (11):4.

② 雅昌艺术网. 92 年北京国际拍卖会的趣闻 [EB/OL]. http://news. artron. net/20120509/n397016. html, 2012－05－09/2021－09－22.

者队伍逐步壮大，一度出现了艺术品投资过热，生产力过剩，市场上充斥着大量低档仿制、质量低下的产品，市场秩序处于热闹而无序的状态。之后进入一个持续数年的相对低谷的发展时期。

4. 2001～2010 年：高速上升时期

进入 21 世纪，艺术市场高速发展，我国开始形成以拍卖行、画廊业、艺博会与古玩市场为结构的市场格局，尤其是 2003～2005 年，中国艺术品市场的发展达到了一个高潮，这一时期的艺术品市场表现出全面繁荣的特征，拍卖业、画廊业、艺术展览及古玩业都获得了较大的发展。如拍卖行业，据不完全统计，全国艺术品拍卖会在 2002 年以前一年总成交额只有几千万元，2002 年全年总成交额是 4 亿～5 亿元，2003 年的成交额是 20 亿元，2004 年的成交额是 40 亿元，2005 年春拍的成交额就达 68 亿元，全年为 148 亿元。2006 年全年的成交额是 140 亿元，2007 年的成交额是 220 亿元[①]。画廊业除了专业的画廊，各类艺术区、艺术村等艺术场所大量涌现，活跃了文化创意产业。2003年上海的春季艺术沙龙以及 2004 年首届中国国际画廊博览会出现，这些专业性与主题性艺术展览进一步开拓了中国艺术产业的发展空间。另外，艺术品指数、艺术品基金、艺术品信托、艺术品金融私募等的出现标志着艺术产品金融化趋势开始显现，艺术市场进一步完善。

这一高速发展态势一直持续到 2010 年，这一年中国艺术品拍卖市场占全球市场的份额达到 33%，一举超过长期名列第一的美国（30%），更大大超过排名第二的英国（19%）和排名第三的法国（5%）。中国已经有四位中国艺术家跻身全世界当年 10 大作品最畅销艺术家的行列，而要跻身这十大艺术家行列，其作品的当年销售额最低为 1.12 亿美元。这四位中国艺术家分别是齐白石（排名第二位）、张大千（排名第四位）、徐悲鸿（排名第八位）和傅抱石（排名第九位）。中国占据世界艺术品成交第一的宝座后，雄霸了这一位置长达五年[②]。

5. 2011 年至今：增量提质阶段

根据国际市场发展的经验，艺术品市场的发展具有周期性，一个周期是 7～

---

① 李雨蒙. 中国艺术品市场三十年变迁 [J]. 中国民商，2017 (11)：84 – 87.

② 全球艺术市场信息网. The Art Market in 2016 [EB/OL]. https：//zh. artprice. com/artprice – reports/zh – the – art – market – in – 2016，2017 – 02 – 27/2021 – 09 – 22.

10 年。自 2010 年到达高点以来持续数年的高速发展开始放缓，2012 年我国艺术品市场进入"寒冬"模式。中国艺术产业研究院副院长西沐先生认为，2015 年、2016 年是中国艺术品市场最困难的时期，受到现阶段中国经济整体下行状态的影响，艺术品市场的持续性调整状态逐步进入"深水区"，拍卖市场的成交规模持续萎缩，在全球市场份额下滑①。中国艺术品市场已经进入历史性调整期，业内专家普遍认为 2017 年是我国艺术品市场的第四个高潮期。这得益于国家政策持续利好，国家文化发展战略逐渐落实；精神文化消费市场的潜在需求被激发，艺术消费开始从投资性向消费型经济转化。

　　全球知名艺术信息网站 Artprice 发布的《2016 全球艺术市场年度报告》显示②，2016 年全球艺术品拍卖成交额为 125 亿美元，比 2015 年的 161 亿美元大幅下降。中国市场的艺术品拍卖成交额达到 48 亿美元，售出 91400 件拍品，占全球拍卖额的 38%，中国再次成为全球最大的艺术品市场，其中中国北京以 23 亿美元的交易额在全球城市当中排名第二。中国艺术品市场逆市回升是由于今年拍卖市场更注重于挖掘和增加顶级、中高端精品、生货投放，真正做到以"质"吸引藏家出手。减量提质成为当前我国艺术品市场的主要特征和发展途径，由此进入稳步发展的调整期。

　　中国拍卖行业协会与商务部流通业发展司发布的《2016 年中国拍卖行业经营状况分析及 2017 年展望》显示，国内拍卖行业经营状况紧随中国经济形势，呈现出行业发展稳中向好的局面。拍卖行业业务结构也有了明显调整，业务增量有了明显突破，网络拍卖发展迅猛。艺术品金融呈现爆发式发展，艺术品投资逐渐成了与股票、房地产投资并行的重要投资方式。推进艺术品从商品化转向金融资产化，盘活艺术资本，使大量具有高度艺术审美价值与市场交换价值的艺术品存量资源与金融投资需求相对接，通过艺术信贷、艺术保险、艺术信托、艺术银行与租赁、艺术品消费按揭与分期付款、艺术品投资基金、文化艺术产权交易等艺术金融方式进行资产化管理。

　　① 中国经济网．西沐：2015 年、2016 年是中国艺术品市场最困难的时期［EB/OL］．http：//www.ce.cn/culture/gd/201601/06/t20160106_8081903.shtml，2016-01-06/2021-09-12.
　　② 环球网．Artprice 发布 2016 全球艺术市场年度报告［EB/OL］．https：//www.sohu.com/a/127358625_162522，2017-02-27/2021-09-12.

除此之外，艺术大众消费开始支撑中国艺术品市场未来的转型和结构，改变过去以收藏市场或投资市场为主要属性的状况。业内专家认为 2016 年是大众艺术消费引领市场的一年，中国艺术品市场开始进入一个具有广泛参与度的大众性市场。根据相关数据，艺术消费品市场呈现五大趋势，即多元化、年轻化、高端化、高增长、新爆点。这些数据显示，艺术消费品市场正在形成，这成为当下以及未来一段时间内我国艺术品消费市场的重要趋势。艺术品消费环境的另一个重要变化是艺术消费品不断"触网"，"互联网 + 艺术"格局明显。互联网艺术品市场兴起，艺术品电商不断涌现，为使用系统的艺术家、艺术商户、经纪人、艺术品爱好者，提供全方位的艺术资源匹配服务，有效解决传统销售过程中艺术家、经纪人和消费者之间的尴尬。

## 二、艺术市场的产业链构成

艺术品行业产业链主要由艺术家、画廊和艺术品经纪人、拍卖公司和收藏者构成。艺术家作为生产环节，个体艺术家和艺术企业提供绘画、书法、雕塑、雕刻、摄影和装置等产品，艺术家是艺术品产业链的上游生产者。画廊和艺术经纪人是链接艺术家的一级市场，是艺术品产业链的第一个交易环节，为藏家或艺术家寻找最合适的交易对象，同时签约培养艺术家、筛选、包装和推广艺术作品。拍卖公司是艺术交易的二级市场，从艺术家和藏家手中收购艺术品，以中介服务的方式实现艺术品的再投资。随着艺术品市场的发展，二级市场不限于传统的拍卖公司，各类艺术品电子商务平台也加入了二级市场行列，而拍卖公司的业务也开始拓展到储存保管、艺术品金融、市场咨询等范畴。艺术品博览会、艺术品金融平台等也是艺术品交易市场的重要构成。消费环节由博物馆、企业和个人组成，通过购买艺术品进行消费、投资和收藏。另外，文化行政主管部门为艺术品行业创造产业发展的良好市场、法律和政策环境，艺术品各类行业协会和科研机构提供规范、咨询、研究等公益性服务。这些组织主体共同构成了艺术品市场的产业链。

图 7 - 14 仅是简要勾勒出艺术市场的交易过程，现实中的艺术品交易过程要复杂得多，买卖双方除了拍卖公司、画廊或艺术博览会，还有直接通过私人藏家或掮客进行交易，抑或艺术家本人或以开设的工作室直接进行艺术品买

卖，这些方式进一步繁荣了艺术品的交易市场。

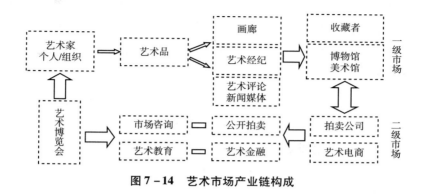

图 7-14 艺术市场产业链构成

## 三、艺术市场的运营模式

艺术家与收藏者是艺术市场的两端，一端是生产，另一端是消费；艺术产业化、市场化的标志则是出现了大量中介机构串联起生产与消费的两端，中介机构的不断完善、成熟，既可以帮助艺术家或艺术机构完成艺术品的生产，画廊、艺术经纪人等参与或策划组织各种展览、艺术研讨，借助艺术评论与相关媒体的信息传播，调动多种社会力量帮助其扩大影响力。而收藏者作为消费者，也需要借助中介机构的平台，通过艺术媒体、艺术展览、画廊展示、拍卖会等途径来获取关于艺术家、艺术作品的审美价值、经济收藏价值等关键信息。中介机构通过以上功能链接了生产与消费，艺术市场得以良性循环。当然，艺术市场的产业链不同环节不同主体有不同的运营模式，一级市场和二级市场各自遵循不同的经济规律。

### （一）艺术生产

中国艺术市场的活跃既得益于大量要素主体的参与，更是中国艺术创作的空前繁荣的结果。我国艺术品市场的主要流通品类包括中国书画、中国瓷器杂项、油画及当代艺术品等艺术原创作品，古代书画屡屡拍出天价，一些书法作品创下惊人的价格记录，2010 年 6 月北京保利以 3990 万英镑拍卖了宋代黄庭坚的一幅卷轴，2011 年中国嘉德以 2920 万英镑拍卖了王羲之的一幅作品。这些古代书画作品的收藏热潮带动了中国近现代书画价格不断升高，许多大师的作品创下价格记录，如齐白石（6552.7 万美元）、徐悲鸿（4200 万美元）、李可染（4034.01 万美元）、张大千（2450 万美元）、常玉（1649 万美元）、傅抱石（798 万美元）等①。

除了艺术原创作品之外，艺术复制品和艺术授权产品也是市场中重要的交易对象。随着国民审美水平的提高和精神文化生活需求的增长，购买艺术复制品作为装饰布置、礼品馈赠等行为日渐增多，艺术复制品的消费规模随之扩大，一些名家参与制作的限量版复制品也受到消费者的青睐，当然因复制水平不一、层次多样，价格相差也较大。高端复制品甚至能够进入艺术品拍卖市场获得很好的拍卖成绩和投资回报率。艺术授权产品借助原作的高市场价值、审美价值，以符号的形式延伸至日用品、装饰品、礼品等物品之上，增加后者的文化附加值。

## （二）画廊

画廊作为艺术市场的一级市场，在整个产业的发展中居于重要地位，然而中国画廊业却问题重重、发展缓慢。画廊在最初出现之时承担着观众鉴赏美术作品的公开陈列功能，与美术馆、艺术馆等场所的性质相类似，后期随着整个行业的市场化程度不断加强，艺术品越来越具有商品属性，画廊开始成为专门经营艺术品的功能场所。新中国最早的艺术展览是 1979 年的"星星美展"，以"星星画会"为代表开始了我国的画廊发展之路。1991 年，当年在使馆区做书画买卖的布朗创办了红门画廊，这是北京第一家代理当代年轻画家作品的画廊，实行了签约代理制度。这是商业画廊的曙光，也标志着中国画廊业开始起步了。20 世纪 90 年代末至 2008 年，北京地区画廊突破 200 家。2008～2014 年，中国画廊进入高速发展阶段。截至今日，中国画廊发展进入新常态②。

---

① ［英］戈弗雷·巴克. 名利场：1850 年以来的艺术品市场［M］. 马维达，译. 北京：商务印书馆，2014：319.

② 中国经济网.《中国画廊行业调研报告 2017》：以互联网的方式推动行业发展［EB/OL］. http://www.ce.cn/culture/gd/201803/27/t20180327_28617149.shtml，2018－03－07/2021－09－12.

　　画廊经营的艺术品包括国画、油画、版画、雕塑、摄影、工艺美术以及摄影、装置等作品。合作制和签约制是目前中国画廊代理艺术家的主要方式，新晋艺术家是画廊代理的主要群体，71%的中国画廊代理艺术家年限在5年以内，其中41%的画廊代理年限在1~3年，还有画廊是艺术家自己开设的工作室，销售自己的作品。中国画廊比较常见的抽成比例是：知名艺术家抽成比例约75%；成长型艺术家约50%；新晋艺术家最多30%[①]。

　　进入21世纪，画廊业得到蓬勃发展，中国画廊界既有国际知名的机构、收藏家创办的，如德国人亚历山大的白空间、意大利的常青画廊、全球知名的韩国收藏家Kim Chang投资的阿拉里奥画廊以及美国的佩斯画廊，还出现了一批由中国人自己经营、较为优秀的当代画廊，诸如批评家皮力的尤斯贝斯艺术空间、策展人冷林的北京公社、台湾的林天民主持的大未来画廊等[②]。随着国际知名机构进入中国运营画廊，他们也将西方画廊的运营规则和操作模式带进中国艺术市场，艺术家、批评家、经纪人、媒体、博览会、拍卖行等不同产业要素逐渐被画廊串联并良性循环起来。

　　根据雅昌艺术市场的数据统计，2017年全国共计4399家画廊，北京占比29.12%，上海占比9.96%。中国画廊发展历史较短，老牌画廊比重低，国际上50%的画廊经营在20年以上，而中国经营年限在20年以上的画廊仅占3%；画廊经营以十年为一个坎，国内画廊经营年限在10年以内的约占75%。中国画廊经营品类以纯艺术为主，经营品类集中在当代油画、当代书画和装置雕塑这三大板块之中，分别占比67%、60%和40%。不少画廊新增雕塑装置和摄影艺术等非传统艺术门类，说明这两个板块不可小觑，在未来会有巨大的市场潜力。从作品的销售价格来看，大半作品的价格在1万~5万元，超过50万元的只占5%[③]。

　　按照国际上成熟的机制，画廊应该建立完善的代理机制，通过赞助、展览、出版、收藏等方式鼓励艺术家创作，为代理艺术家作品进行包装、宣

---

　　①②　中国经济网.《中国画廊行业调研报告2017》：以互联网的方式推动行业发展［EB/OL］. http：//www.ce.cn/culture/gd/201803/27/t20180327_28617149.shtml，2018-03-07/2021-09-12.

　　③　中国美术报网.《中国画廊行业调研报告2017》发布艺术品收藏转小艺术品消费趋势明显［EB/OL］. http：//www.zgmsbweb.com/Home/index/detail/relaId/17566，2018-03-26/2021-09-12.

传、推广，全方位进行市场培育。中国画廊业受到整个艺术行业发展波动的影响而问题重重，作为艺术品"一级市场"核心的画廊业经营陷入困境，普遍存在经营困难、资金周转慢的难题。一方面，大部分画廊在行业内的自身定位不够明确，与艺术家的产业关系不稳定，没有稳定的收藏群体，很难形成自身的明确风格和特色，自身发育不良难以建立代理制；另一方面，市场竞争者强势排挤，交易体系扭曲。在国际艺术品市场上，拍卖行与画廊是分工明确的依存联盟，前者专职于少量精品的艺术品交易，后者则负责培育、推介艺术家。在我国，二级市场的拍卖不断侵蚀到一级市场中，严重影响了画廊的效益。再加上艺术品私下交易的猖獗让画廊业雪上加霜，据不完全统计，私下交易的成交额大约占到了中国艺术品市场总成交额的 60% ~ 70%，这成为中国画廊发展中存在的最为严峻的问题，画廊呈现被艺术品市场边缘化的现象。

艺术品经纪行业的人才缺乏成为限制画廊代理机制发展和业务领域健全的重要原因，很多画廊都是艺术家寄卖或者艺术家自己销售的方式，既缺乏对艺术品材质、技艺等方面的鉴赏能力，也缺乏有效对接艺术品与市场的能力。事实上，真伪难辨、价值难估、鉴证难定这三大艺术品市场交易难题都需要从艺术经纪人环节上得到解决。

良性的画廊运作模式都是实行严格的签约代理制，作品来源清晰，保真程度较高。然而大量画廊都没办法确立真正的代理制，为了生存下去，画廊必须开展复合型经营，除了艺术品经纪的核心板块之外，也开展艺术品工作室、场地出租、组织商业活动、艺术书店等业务，甚至还有经营餐饮咖啡等副业。"画廊"联展形式是近几年的新发展，联展即相近或相关或规模相当的画廊（艺术机构）之间相互合作，共同搭建展览平台，联合举行艺术品展会，通过各自的人脉渠道、宣传渠道，共享客户资源，以实现获取增大实力、彰显主题、扩大宣传、促进销售的目的。

## （三）拍卖

20 世纪 80 年代末到 90 年代，中国拍卖行业开始起步，1986 年成立的广州拍卖行成为中国第一家拍卖行，之后拍卖行为日渐增加，拍卖品包括待破产企业、土地、粮食、汽车牌照、彩电、冰箱、摩托车、古旧照相机等，是为司法、社会经营服务的，可以说中国拍卖行业并不起步于艺术品拍卖。1988 年，国家经济体制改革委员会在《1989 年经济体制改革要点》中提到，"在若干中心城市试办拍卖市场，开展各类公物的拍卖业务。"政府部门对文物拍卖的放开和主动介入推动了 20 世纪 90 年代拍卖行业，尤其是文物拍卖的快速发展。1993 年嘉德拍卖行成立，成为国内首家以经营中国文物艺术品为主的综合性拍卖公司。北京荣宝斋联合香港古玩拍卖公司，涉足瓷器、玉器、中国字画等文物拍卖。迄今为止，中国已经形成了庞大而多元的拍卖行业市场，根据中国拍卖行业协会的数据，截至 2020 年 5 月，全国共有拍卖企业 8222 家，有企业法人分支机构 260 个。有国家注册拍卖师 13881 人（含第 31 期 259 人），拍卖企业员工总数 62610 人①。据全国拍卖行业管理信息系统统计，2020 年 5 月，全国拍卖企业拍卖成交场次 8794 场，较上年同期增加 2979 场，实现成交额 549.63 亿元，成交额同比下降 1.51%。2020 年第一季度受到新冠肺炎疫情影响，拍卖行业下降明显，尤其是文物艺术品标的拍卖成交额仅 1.90 亿元，降幅达 65.99%，为各类标的最大降幅。同时期，2019 年一季度文物艺术品拍卖成交额为 5.58 亿元。到 2020 年 5 月，文物艺术品拍卖获得很大恢复，成交额是 2.71 亿元，同比增长 17.31%②。

尽管 2020 年受到新冠肺炎疫情的影响，数据有所下滑。然而从近年的总体情况看，文物拍卖行业发展稳中向好，成交额稳中趋降，成交率却屡创新高，网络拍卖更是发展更加迅猛。根据雅昌艺术网统计，2019 年中国（不含台湾）文物艺术品拍卖成交 135292 件（套），成交额为 306.98 亿元，较 2018 年成交量减少 16.35%，但成交额增长 1.86%③。中国拍卖行业协会艺委会发布的《2019 年度全国 12 家文物艺术品拍卖公司评述》④ 显示，2019 年度 12

①　中国拍卖行业协会.2020 年 5 月拍卖行业经营情况简报［EB/OL］.http：//www.caa123.org.cn/main/article_model.jsp？contentid＝14619，2020－06－23/2021－09－12.

②　湖南省拍卖行.2020 年 5 月拍卖行业经营情况简报［EB/OL］.http：//www.hnspmh.com/show－22－155－1.html，2020－07－14/2021－09－12.

③　中国经济网.重塑商业逻辑艺术品拍卖市场危机后的新生机［EB/OL］.http：//www.ce.cn/culture/gd/202003/16/t20200316_34495830.shtml，2020－03－16/2021－09－12.

④　中国拍卖行业协会.2019 年全国 12 家文物艺术品拍卖公司评述［EB/OL］.http：//www.caa123.org.cn/zyjg/ywh_article_model.jsp？contentid＝14403，2020－02－04/2021－09－12.

家公司在中国书画、瓷玉珍玩、邮品钱币、信札手稿等门类基本保持平稳，在紫砂茗具、文房清供、古典家具、宫廷艺术等门类成交额有不同程度提升，但在古籍碑帖、珠宝玉石、油画及当代艺术、佛教艺术等门类成交额有明显下降。然而，拍卖企业仍继续探索新晋门类拍卖，西方艺术、潮玩艺术、金银器、古琴、沉香、连环画等在年度内成交良好。

近年来文物拍卖的突出特征就是拍卖模式逐步推陈出新，网络、微信拍卖助推传统拍卖行业发展，拍卖企业品牌化专场运营以及创意拍卖内涵等。以浙江西泠拍卖为例，不仅延续传统拍卖业务，更是通过推出 16 个"中国首届"创新专场，引领市场发展，其"西泠印社部分社员作品专场"已经具有了品牌专场效应，这充分表明拍卖企业在重要专场的学术策划能力和市场运作能力上逐年提升，并形成自有品牌，被誉为"江南第一拍"。

### （四）艺术品博览会

艺术品博览会是大规模、高品位、综合性的艺术商品集中展示的交易形式、买卖场所和组织活动，将艺术审美与商品经济进行有机结合，其举办目的是促成买方和卖方的交易。博览会以艺术品展示、鉴赏、品评、交易等方式，为艺术品收藏家、文物机构、收藏爱好者、企业、投资机构等各方打造一个艺术品鉴赏、交流及合作平台。因此，艺术品博览会是一个地区艺术品行业发展成熟的重要标志，与画廊、拍卖会被视为艺术市场的三大支柱。然而，国际上对艺博会应该属于艺术市场的一级还是二级市场仍有不同看法，甚至有人认为艺博会应该是介于画廊与拍卖会之间的一级半市场，在功能上大家都认同艺博会是聚合一级市场（即画廊）产业形式的一个服务平台，而不应该与艺术家直接对接。

我国第一个艺术博览会于 1993 年在广州举办，迄今为止艺术博览会已经经过了三个发展阶段①。

第一阶段：初创与起步期，从第一个艺博会开办到世纪之交。一方面，艺术博览会作为一种新形式给疲于艺术展的观者新奇和兴奋；另一方面，也因其

---

① 梅江. 艺术品交易的"博览会"潮 [J]. 美术观察，2016（7）：22.

初创期而存在很多问题。艺博会本应是艺术产业一级市场成熟到一定程度的产物，然而中国的一级市场画廊与艺博会几乎同时起步，艺术市场尚未充分准备，缺乏举办经验，存在展位设计水平低，赝品、行画充斥，展品水平参差不齐，艺术品、工艺品、艺术商品混杂等局面，参展主体多为艺术家个人及不具备商业身份的单位（如艺术院校、画院、工作室等），不是画廊为主，更像艺术地摊、集贸市场等，漫天要价、随意抛售、讨价还价等现象频现，同时国际化任重道远，国际画廊参展很少。截至 2000 年，国内艺博会已有数十个，但是无序与不规范现象普遍存在，与国际艺博会差距很大。

第二阶段：寻求规范与本土化策略的探索期，即 21 世纪的前八年，艺博会飞速发展，出现井喷现象，国内很多城市都举办不同类型的艺术博览会，如北京的艺术博览会、国际艺术博览会、国际画廊博览会、数码艺术博览会等。很多艺术博览会举办者在积累了多年经验后开始形成自己的预判与自觉，规范化操作成为他们的自觉追求。国内艺术博览会开始同国外展览机构合作。上海艺术博览会国际当代艺术展（简称"上海当代"）在 2007 年举办，上海当代由意大利的博洛尼亚展览集团承担具体宣传和招商工作。

第三阶段：精工细作的分化期，即近 10 年。被视为艺术博览会风向标的上海艺术博览会在 2008 年出现参观人数和成交量下滑，2008 年以后各种名目的新办艺术博览会在各个城市大量涌现，"风头正建""过载"等词汇用来描画近年来各地大量出现的艺术博览会。为了避免同质化的问题，各地的艺术博览会开始精工细作，着重突出特色，艺术品博览会开始拓展新形式，如与画廊、酒店、商场综合体等合作举办酒店艺术博览会、购物艺术中心等形式的艺术品展览。这些创新形式将酒店服务、购物体验、艺术展示等有机融合在一起，借助酒店的住客、商场消费者等大量人流量提高艺术品展示的曝光度，提升观众的消费热情。这些特色鲜明、操作成熟的博览会开始吸引国际艺术主体参与，代表着当前我国艺术博览会的高水平发展。

**（五）艺术品电商平台**

艺术品电子商务作为传统艺术商务活动的电子化和网络化，在信息平台、支付平台、安全平台等方面有效实现艺术市场信息流、资金流、物质流的有序、安全、高效的运作，降低市场运营的成本，成为当前艺术品交易的重要组成。作为艺术市场的新发展趋势，艺术电商成为资本市场的热门追捧，当前有三类艺术电商平台。

第一类是综合性电商平台，开设专门的艺术品频道销售艺术品。2013 年，全球在线零售业巨头亚马逊上线了"亚马逊艺术"平台；淘宝、苏宁易购、国美也纷纷设立艺术品交易频道。各大综合性电商巨头以设立艺术品频道的模式开始进军艺术品市场。

第二类是传统艺术机构开设网站，如嘉德拍卖、雅昌艺术网、博艺网、华夏收藏网等。这类平台的基本功能包括艺术信息发布、作品在线展示、学术动态、教育培训，着重于艺术品交易、拍卖信息的发布与相关活动组织。

第三类是移动终端形式的，如国内知名艺术品电商 HIHEY 发布的 iOS、Android 以及 H5 移动端 HIHEY App，西泠拍卖的网拍平台"艺是网拍"、中国美院在线微拍卖等。

除了展陈名家名作，这些平台还兼具拍卖、零售、展览等功能，使用更简单、方便，操作方式最大限度地贴近全范围用户的使用习惯，采取第三方支付平台担保交易，支持支付宝、微信等流行支付入口。如美院在线这类微拍平台将艺术品拍成照片，有细部显示、名称和尺寸标示；多数为无底价起拍，晚间业余时间拍卖，一次拍卖作品大多不超过 10 件，通过网上支付的方式，并可以有 15 天内无条件退货的承诺。一个"微拍"群大致为 200～300 人。这种营销模式十分有利于低价位艺术品的促销，名家小品、青年画家、民间艺术家，特别是许多艺术水准较高、名望却低的老艺术家、过世艺术家作品，在"微拍"中十分抢手。"微拍"的艺术品价格亲民，比较准确地反映了市场价格。"微拍"的兴起对艺术品消费市场发展具有积极的意义，目前，杭州定期举行艺术品"微拍"的大约在 100 家。这些互联网艺术品平台没有艺术品，只是建立了一个互联网买卖平台，很多平台都注册了数十万的买家和卖家，每天都有不俗的交易额。艺术品电商的盈利主要来自佣金、会费、广告收入，有些微信平台是免费注册，不收会费，盈利主要来自佣金。

随着艺术品电商的大量出现，市场竞争日趋加剧，电商平台的品牌建设成为当务之急。品牌知名度是电商平台的艺术品品质及相关服务的信誉保障，是突出核心竞争力、有效争夺市场占有率的有力武器。然而现有的大多数电商平台都不知名或者定位不清，贪多求大，希望涵盖所有艺术门类，结果每一类产品的交易量都受到限制。

同时，艺术品电商的真伪和品相问题也同样值得关注。电子商务平台与面对面的传统交易不同，消费者只能通过计算机或移动终端看到交易物品，任何影像和文字描述都可能产生偏差，这大大增加了艺术品真伪和品相判断的难度，因而艺术品电商的相关法律标准亟待健全。2011年，商务部发布的《第三方电子商务交易平台服务规范》明确指出：鼓励平台经营者设立冷静期制度，允许消费者在冷静期内无理由取消订单。这对艺术品这类极易出现交易纠纷的品种来说非常有意义。当然艺术品的鉴定比普通物品要复杂得多，国家文物鉴定委员会不面向社会提供服务，书面鉴定意见只提供真迹证明等规则很难适用于艺术品电子商务的操作。另外，艺术品电商的仓储和物流面临管理理念、经费有限等问题，现有大部分电商平台都是跟 EMS、顺丰速运等快递公司合作，尚无自有的艺术品独立物流系统。然而，艺术品的仓储需要专业知识和专门人才，物流过程也需要特殊物品包装技术和运输设备，这对普通物流公司和艺术品交易方都是很大的风险。

## 四、当前艺术市场发展特点

当前全球艺术市场的发展都呈现出新的发展趋势和特点，表现为以下三种。

### （一）艺术品金融化

艺术品金融不断发展。伴随着艺术品市场的发展，艺术品金融在西方也已有百余年的历史。1904年法国熊皮基金的成立和1974年英国铁路养老基金的出现，不仅在那个时代开创了一种新兴的投资渠道，同时也为其赢得了可观的回报。自20世纪80年代末以来，全球艺术品市场进入兴盛时期，艺术品投资逐渐成了与股票、房地产投资并行的重要投资方式。艺术品投资与金融市场的结合开始形成了艺术担保贷款、艺术租赁、艺术信托、艺术投资基金等多样化的艺术品金融模式，建立起相当完备的艺术品金融市场机制。目前，世界上历史最悠久和投资业务最大的金融机构都设有相关独立部门，提供艺术品鉴定估价、艺术品投资顾问、艺术品托管保存、艺术品融资贷款、艺术信托、艺术基金等在内的多种艺术品金融服务。截至 2019 年，著名会计师事务所德勤公司连续发布六次《艺术金融报告》，报告显示全球高达 78% 的财富管理人认为艺术品和收藏品应该纳入财富管理服务，2008 ~ 2018 年，高端艺术拍卖市场规模的年均增长率为 4.6%，到 2018 年，全球艺术与收藏总额估约 17.4 亿美元①。

中国的艺术品金融发展虽然时间不长，但增长速度却是爆发式的，艺术品市场的飞速发展不断推进艺术品从商品化转向金融资产化。2007 年，民生银行获批中国第一个"艺术品基金"牌照，推出"艺术品投资计划"1 号产品，以 50 万元为起点投资艺术品。之后，民生银行又推出"银行 + 民营美术馆"模式，从赞助艺术家、艺术品展览、捐赠艺术品、新建美术馆，到发行艺术基金、涉足艺术品金融，几乎涉及整个艺术品产业链。其他银行陆续推出艺术品金融相关服务，中信银行、中国银行、中国工商银行等开始赞助艺术展览、推出艺术品鉴赏活动等。2009 年，上海文化产权交易所成立，意味着艺术品份额化交易进入市场。随后，全国相继成立多家文化产权交易所。2011 年，国务院开始对文交所诸多违规操作进行整顿，各大文交所陆续被停牌。2018 年，国内第一份"艺术品财产保险"和第一份"艺术品鉴定人职业责任险"由峰会艺术品鉴定承保联合体与保险公司合作推出，旨在解决艺术品与金融结合的风险保障问题。峰会艺术品鉴定承保联合体提出"两险一体"方案和"确真 + 估值 + 承保 + 确权"的艺术品财产化创新模式②。另外，互联网众筹也开始在艺术品交易领域尝试，在艺术作品尚未完成阶段吸引大众投资支持完成项目。这些艺术金融领域的尝试既是创新之举，也存在诸多违规无序问题，亟待相关监管部门和机构加强行业管理和自律。

---

① 搜狐网. 全球艺术金融发展趋势：2019 德勤艺术金融报告六大亮点 [EB/OL]. https：//www. sohu. com/a/348507276_99976825, 2019 - 10 - 21/2021 - 09 - 12.

② 中国日报中文网. 深入探讨：中国艺术品财产创新体系 [EB/OL]. http：//cn. chinadaily. com. cn/a/202005/25/WS5ecb5095a310eec9c72bb26a. html, 2020 - 05 - 25/2021 - 09 - 12.

## （二）消费大众化

全球艺术市场的发展都呈现出这一趋势，那就是艺术消费时代正在到来。艺术品慢慢开始走出"有钱人的消费"的狭小圈子，走向大众，艺术消费的大众化源于大众收入水平的提高、互联网和电子商务的技术增加了艺术获取的便利性，同时也是得益于社会大众教育水平，尤其是社会美育的普及。

2019 年我国国内生产总值为 99.0865 万亿元，比 2018 年增长 6.1%；按年平均汇率折算，人均 GDP 突破 1 万美元大关，达到 10276 美元[①]。国家统计局局长曾在国务院新闻办新闻发布会上说："中国经济增长连续 18 个季度保持在 6%~7%，经济发展的韧性持续显现。这不仅表明 2019 年全面建成小康社会在经济总量上取得了新的进展，也表明 2019 年经济发展为 2020 年决胜全面建成小康社会提供了坚实保障。"虽然国内外经济环境错综复杂，然而国际上对我国的经济发展持乐观态度，我国仍然是世界经济发展的主要驱动力，随着人均 GDP 不断提升，人们的消费结构进入快速转型期，文化艺术品消费不断崛起，这是艺术品消费发展的不竭动力。互联网技术的普及和电子商务的快速发展为艺术交易的大众化提供了极大的便利，这也是近几年艺术市场发展的重要趋势，后面将详细分析。

## （三）艺术交易的互联网化

艺术科技发展迅速。新科技的融合发展与艺术品业务的创新关系逐渐密切，甚至出现了一体化发展的趋势。随着中国艺术科技及其体系不断成熟，以互联网平台化为主导的技术及其体系不断发展，推动中国艺术品市场的交易范围、交易边界以及交易规模扩大，正在改变艺术品市场发展的格局。特别是在最近几年，新技术的融合会给中国艺术品市场带来新的发展可能与格局，特别是基于大数据的综合服务平台技术、科技鉴定、鉴证备案技术与体系、互联网艺术金融、区块链、客户管理、智能投顾、数据服务、人工智能、VR、AR、MR 用户体验和场景参与技术等的互相叠加和创新，不仅会

---

① 亚洲艺术品金融商学院. 全球艺术金融发展趋势：2019 德勤艺术金融报告六大亮点［EB/OL］. http：//www. aiaf. edu. cn/zhuanjiaguandian/1369. html，2021 - 02 - 01/2021 - 09 - 22.

催生新业态，也会进一步推进跨界融合与业务创新、商业模式创新这一进程的深化。

收藏者和艺术专业人士都认为技术会在很多方面对艺术市场带来深远影响，其中包括影响市场透明度和改变市场规则。从德勤公司的调研结果来看，财富管理经理、收藏者和艺术专业人士都认为技术将从明确艺术品来源和可追溯性、提升市场透明度、鉴定真伪、信息和教育、估价等方面影响艺术品市场①。

## 五、存在问题

### （一）艺术品鉴别与价格

艺术品真伪的鉴别仍然是行业发展最基础也是最重要的工作，而"造假、售假、拍假"仍然是当代艺术品市场最集中、最突出的问题。产业化发展的同时也带来了假冒艺术品的区域化、集团化、网络化趋势，用高科技手段大量制作、出售假冒艺术品，甚至可以骗过科技检测和专家鉴定，致使大量假货流入市场。尤其是小型拍卖公司，赝品大量存在。艺术品真伪难辨严重损害了投资人的利益和艺术品市场的声誉，制约着艺术品市场消费人群的拓展。现有行业内基本依靠少量业界专家对艺术品真伪的鉴别，缺乏容易操作的程序式鉴定模式。专家鉴定过程复杂，每次销售时都要重新鉴定，成本太高；同时专家鉴别有很大局限性，每个专家都有自己擅长的鉴别范畴，很难成为全能专家；专家鉴定结论无人考核，导致同一作品，不同专家给出的结论经常不同，甚至同一作品，同一专家、不同时间鉴定的结论经常不同。存在的行业壁垒和信任危机导致新藏家资金不敢进入，行业发展缓慢。

艺术品的大众化消费降低了艺术品收藏和交易的门槛，尤其是越来越多的电子商务艺术品网站出现，越来越多的线下艺术品店铺进入线上营销，其他诸如微博、QQ、微信、微商等渠道都可以经营艺术品，导致销售渠道混乱，艺

① 中国艺术经济研究院. 全球艺术金融发展趋势：2019 德勤艺术金融报告六大亮点 ［EB/OL］. https://www.yiloo.cn/4344.html，2019–10–21/2021–09–12.

术家选择销售平台困难，作品价格定位不清晰和价值难以评估。价格倒挂、价格虚高、有价无市等现象大量存在，缺乏成熟规范的第三方价格评估机构，只靠艺术家自己喊价或者交易双方的熟人信任难以满足艺术品市场不断扩大的需要。政府部门主要是司法鉴定，而具体市场交易过程中的估价、定价需求更大。建立艺术品市场诚信体系和诚信制度势在必行。

### （二）市场秩序

市场秩序主要表现在产业链与品牌化运营两个层面。

艺术市场的产业链应该建立在艺术家、画廊、拍卖公司等产业链主要环节的良性循环上，然而现在普遍存在结构颠倒的问题，处于产业链前端的艺术创作者直接向后延伸发展，不是通过画廊等机构而是直接参与市场交易，造成私下交易、同质异价、真假难辨及税收流失等问题，市场秩序混乱。画廊作为一级市场错位到艺术品拍卖公司参与市场交易，画廊行业主体性和基础性作用没有充分发挥、社会对画廊行业认知度、认可度不高，不少作品没有通过画廊等一级市场培育，直接进入拍卖市场。拍卖过强而画廊画店过弱，一级市场有待加强。

产业链的不健全还表现在链条短促、发育不良。中国艺术产业院副院长西沐认为，目前挖掘艺术品市场的需求、释放需求是中国艺术品市场最为迫切的任务。如何通过创意产品延长艺术品的产业链，如何让艺术品与其他行业进行融合寻找发展商机，培育艺术消费，为消费者提供有效供给能力，以满足大众对艺术品审美和消费需求的实现是有待解决的问题[①]。

此外，具有品牌效应的经营主体太少。当前大众艺术品创作人才散乱，缺乏整合，艺术产品开发不足，还处于单一产品模式阶段，这些导致品牌效应不能充分发挥。国内有些地区虽然聚集了众多艺术创作者和艺术品经营机构，但是具有较高市场影响力和品牌知名度的行业主体较少，具有较强市场竞争力特别是国际竞争力的市场经营机构更是缺乏。大部分艺术机构都是小规模起步，缺乏市场营销推广能力、具有影响力的整体项目策划能力，尤其对艺术品市场

---

① 黄雨茜. 谈大众化艺术品消费的特征与趋势［J］. 现代营销（经营版），2019，313（1）：43.

国际化、资本化、移动互联网化的新趋势敏感度低，转型困难。

### （三）政策体系

一是政策落地难。各级政策管理与主管部门对艺术品市场的关注度不断提高，相关政策与服务不断跟进，各类资金、项目支持和政府服务日渐增多。然而具体政策文件与优惠支持落地困难，很多经营者，尤其是中小型经营商户，由于创意策划及专业管理人才缺乏，相关政策信息了解不够，本身企业规模太小很难达到要求，各种限制条件使得大部分企业无法享受到政策的便利。

二是政策不适应产业发展实际。现行艺术品税收制度是反映最普遍的问题之一。艺术品税收制度对画廊影响较大，较高的税收成为画廊经营困难的主要障碍。艺术品经营单位的税收与其在工商注册的性质相关。拍卖公司被定性为中介服务机构，收取的是佣金部分的税，画廊则被归入了"销售工艺美术品"的批发零售行业，所以要按照批发零售行业的规则缴纳增值税，此外还需缴纳营业税、消费税、企业所得税等。根据规定，全年销售额在80万元以下的画廊，按照小规模商业企业的标准缴纳3%的增值税，如果算上其他税种，80万元以下的画廊税负水平总体在4%~6%；年销售额在80万元以上的画廊，则需缴纳17%的增值税①。本来增值税是有抵扣的，但所有的画廊都没有原始凭据证明作品的初始价是多少，因此增值税不是按销售价减去原始价后的增值部分来缴纳，而是相当于成交价的17%。再加上营业税、企业所得税等，税率近乎30%。税收负担过重，加大了艺术品交易的成本，挫伤了交易主体的积极性，直接导致画廊业发展缓慢，一级市场的不景气给整个行业带来连锁反应。

另外，互联网、金融等渗透进传统艺术品经营行业，带来很多新的交易模式，新问题、新事物层出不穷，而立法、执法长期落后。现行政策管理体系亟待跟进，并落实操作化细则。例如艺术品金融化、资本化的发展偏融资轻兑付（如艺术品证券化投资），即将各类文化艺术品产权标的物进行权益分拆和类证券化运作的违规现象层出不穷，给艺术品经营行业带来巨大风险。

---

① 艺术中国网. 艺术品市场税收亟待规范 [EB/OL]. http：//art. china. cn/market/2015 − 05/11/content_7894958. htm, 2015 − 05 −11/2021 − 09 − 21.

## 六、对策建议

### （一）专业化体制保证艺术品市场诚信，提升消费信心

第一，从艺术品的真伪层面来看，在政府指导下建立公正、权威的"艺术品市场登记认证数据库"，对进入市场流通领域的艺术品进行基本信息登记认证。登记认证应当包括作者、作品图片、名称、媒材、尺寸以及传承流转情况、收藏家或者经纪机构等。通过建立海量艺术品信息库，使进入流通领域的艺术品公开、透明、清晰、真实。"数据库"对行政管理部门监控和规范市场交易，经营主体、收藏投资主体以及消费群体了解、把握市场动态将发挥重要作用，还能抑制假画赝品、遏制恶意炒作，从而提升消费者的信心。

第二，从艺术品价格与价值层面来看，集合艺术界各领域的优势专家资源成立评估委员会。成立评估委员会的目的是面向市场、服务社会。评估委员会的主要职能是开展现当代艺术品的鉴定、评估、咨询服务；主要服务对象是艺术品消费者、经营者、艺术家，也包括政府部门。它应该既是面向广大群众的社会服务组织，又是艺术品专业鉴定的权威机构。开展业务时，首先要遵循公正公平公开的原则，其次要按照艺术品门类划分，组织各领域、各学科的专家学者，进行具有科学性权威性的鉴定评估活动，还要制定科学、公开的鉴定程序，避免专家个人意见决定鉴定结果的现象。这类机构应当具有公信力、科学性和权威性。

### （二）理顺艺术品经营的产业链结构，凸显一级市场地位

加强画廊的一级市场地位。一级市场的繁荣是整个产业健康发展的基础和动力。作为一级市场主体的画廊承担了艺术创新的价值发现者和孵化器的作用，也是艺术创新的市场推广者和价值实现者。当前艺术产业的产业链缺乏健康有序的发展进程，首先就体现在弱化了画廊为代表的一级市场的作用。结合税务等相关制度的不断完善，一级市场积极探索艺术家经纪人制度，自觉建立艺术品交易的诚信体系，不断创新和拓展参与酒店、商场、公共空间等艺术展示新模式，促使画廊经营走向良性运作。同时，积极主动培育艺术品教育环

境，引导中国家庭收藏投资艺术品，使之成为艺术教育的普及者和传播者。积极探索新型合作模式，加强协会内部的协同创新，通过内部交流、策划联展等方式，突出行业协会的领导力，集体抱团取暖，壮大行业力量。

### （三）加强对艺术品行业经营实体的政策指导，完善政策与服务

首先，加强对行业普遍反映的政策问题的关注，尤其是画廊业税收制度的问题，尽快改革现行画廊业的税收制度，以简易征收的方式允许画廊按照小规模纳税人缴税的标准。加强艺术品进口环节税负改革，并以是否发生实质性交易为标准决定是否以及如何征收进口关税和增值税。制定符合行业发展实际的税收制度，促进市场良性循环，平衡艺术品行业的一、二级市场，同时也应对艺术品市场发展与互联网、金融等新领域的融合发展趋势，完善当前的相关管理规定。

现有政府的很多扶持优惠政策都因各种原因不能惠及大部分艺术品经营者，亟待主管部门、行业协会与行业经营者协同创新项目模式，通过举办节展、行业培训、公益活动、政府精品工程等多元化的项目操作模式，既能细节化推进政府的政策落实，又能实实在在地惠及行业企业，提升市场的认知度和消费积极性。

加快落实文化和旅游部修订出台的《艺术品经营管理办法》，建立明示担保、尽职调查、信用监管等制度，促进公开透明交易，开展全领域内容监管。艺术品交易必须做到明码标价、信息全面真实、交易记录保存完整，从而为艺术品市场规范发展提供更为坚实的法治基础。明确艺术品市场主管部门的管理职能，理顺文化、工商、税务、公安等职能部门的关系，避免多头管理、责任不清，实施依法行政、统一有效的市场管理和服务。在加强行政管理的同时，也要坚持行政执法与刑事打击相结合，加大重大案件的查出力度，从严打击制假售假和商业欺诈行为。通过完善艺术市场法律法规，加强市场监管，规范市场行为，为艺术市场发展创造良好发展环境。

### （四）发挥艺术品市场新动力的推动作用

面对行业发展的互联网新经济、新趋势，抓住交易网络化的新增长点，促

进传统行业的转型升级，积极拓展新交易模式，艺术品收藏目前已经逐步进入"数据化"的规范化发展阶段。一些新兴网络平台推出艺术市场数据产品，为中国艺术品收藏投资市场提供了有力的数据支撑，使艺术数据有效地为艺术市场服务。而画廊要做的就是主动加强与新兴交易平台合作，为交易平台提供资源服务，为艺术市场构建大数据基础。同时，画廊还积极主动与更多有实力、有创意、有潜力的网络交易平台合作，利用自身的资源优势和特点为这些平台提供销售作品，做到互利共赢。走品牌化发展的道路，由政府协同企业、协会的力量，发挥民营资本和社会资源优势，集中精力、整合资源、精心谋划、突出亮点，打造代表性企业品牌、精品项目品牌等。

# 第八章　以制度建设为牵引推动高标准现代文化市场体系建设

从现代文化市场体系建设系统论的视角出发，通过纵向梳理文化市场体系发展历程，横向剖析现代文化市场体系建设成效，对我国现代文化市场体系建设进行了全方位、立体化的透视与分析。通过分析可以看出，我国现代文化市场体系建设既有显著的成效，也有明显的、尚需从根本上进一步突破的体制机制障碍，这就需要在实践工作中坚持问题导向和目标导向，持之以恒深化体制机制改革，推动现代文化市场体系建设。2018 年 6 月 14 日，习近平总书记在山东考察时曾指出，改革没有回头路，开放的大门会越开越大。行百里者半九十，越到这个时候，我们将遇到前所未有的挑战和困难。就像爬珠穆朗玛峰，最后的两百米可能是最困难的一段历程。对现代文化市场体系建设而言，剩下的相关改革和建设任务都是"硬骨头"，尚需各相关政府主管部门、行业、企业以及学界齐心协力，共同推动。

## 第一节　现代文化市场体系发展趋势

客观地评价，经过改革开放以来 40 多年的探索与实践，我国已经初步构建了现代文化市场体系的基本框架，各相关子系统建设稳步推进，为社会主义文化大发展大繁荣、文化强国建设作出了突出的贡献。在文化产品市场体系建设方面，可以说成果丰硕。根据第四次全国经济普查结果[①]显示，随着我国现

---

① 张钦. 国家统计局：我国文化产业法人单位达到210.3 万个［N］. 北京青年报，2019 – 12 – 06.

代文化市场体系建设加速，文化市场主体加快培育发展，各类文化单位大量涌现，我国市场主体数量大幅增加，经营性文化单位占90%以上。截至2018年底，我国共有文化产业法人单位210.3万个，占全部第二、第三产业法人单位的9.7%；文化个体经营户261.4万户，占全部个体经营户的4.2%。与2013年末相比，法人单位数增长了129.0%，个体经营户数增长了123.4%，文化市场经营主体持续增多。在全部法人单位中，经营性文化产业法人单位194.8万个，占全部文化法人单位的92.6%；公益性文化事业法人单位15.5万个，占7.4%。伴随着市场主体的增多，我国文化产业的资产规模和产出规模也明显扩大。截至2018年末，文化产业法人单位拥有资产22.6万亿元，全年实现营业收入13.0万亿元，分别比2013年末增长118.3%和55.5%。特别是文化服务业的产业规模扩大比较明显，其资产规模和营业收入分别达到16.4万亿元和5.6万亿元，比2013年末分别增长了179.4%和157.8%。2018年，全国规模以上文化企业实现营业收入9.7万亿元，其中文化新业态特征比较明显的16个行业小类共实现营业收入2.1万亿元，比2017年增长22.4%，占比为21.5%，比上年提高近4.2个百分点。根据上述数据分析可以看出，我国文化市场经营主体持续增多，文化产品和服务更加丰富，文化产品和服务的生产、传播、消费数字化、网络化进程不断加快，为文化市场发展提供强大的支撑。在下一阶段发展中，重点应从文化供给侧和需求侧双向互动的视角出发，鼓励文化企事业单位提高文化产品质量，提高有效供给，以更好地满足消费者需求。

在文化要素市场体系建设方面有较大提升，但存在问题较多。与文化商品市场快速发展相比，文化要素市场发展总体上较为缓慢，除文化资本市场有较大程度的发展与提升之外，人才市场、科技市场的发展还较为滞缓，文化要素市场的市场化程度不够高，与快速发展的文化商品市场还有很大的距离，这也是下一阶段推动现代文化市场体系建设的重中之重。在文化流通市场建设方面，随着数字化、移动互联网技术等高新技术发展，特别是网络平台企业的快速发展，文化流通市场发展迅速，为文化产品和服务更为便捷、有效地流通提供了有力的物流体系支撑。在文化市场治理体系建设方面，我国现代文化市场体系建设始终坚持社会效益优先、力争社会效益和经济效益双效统一的发展原则，确保了意识形态阵地建设的前进方向。在文化市场制度建设方面，基础性的制度建设还存在迫切需要在思想、理论和实践上突破创新的领域，特别是在产权制度、准入制度和竞争制度三大文化市场基础性制度建设方面，还需要有更大、更深层次的改革创新。文化市场监管的法治化程度不断提升，文化市场综合执法改革持续深化，为文化市场体系建设提供了执法领域的支撑。

从各文化行业市场发展趋势上分析，我们可以大致从新兴文化市场和传统文化市场两个方面分析。

## 一、新兴文化市场加快发展

新兴文化市场业态更新频繁、发展速度提档是当前文化产品和服务市场体系发展的一大特色。在这里，新兴文化市场特指高新科技与文化持续深入融合而催生的新兴行业市场，包括了网络游戏、网络直播、网络动漫、网络音乐、网络文学、网络视频、电子竞技等新兴行业市场。根据中国互联网络信息中心发布的《第 48 次中国互联网络发展状况统计报告》① 相关统计数据分析，截至 2021 年 6 月底，我国网民数量为 10.11 亿，互联网普及率达到 76.1%，手机网民数量为 10.07 亿，网民使用手机上网的比例为 99.6%，庞大的网络消费群体为新兴文化市场提供了潜在的发展空间。在政策、科技、市场消费等多重因素推动之下，新兴文化市场发展迅速，特色鲜明。

### （一）新兴文化市场规模庞大

新兴文化市场产品和服务最显著的特点就是数字化、移动化，其获取和消费更为便捷，特别是移动互联网络的快速普及更加深了这一特质。这给新兴文化市场发展带来消费者群体的快速增长，推动新兴文化市场规模不断扩大。根据相关统计数据分析②③，截至 2021 年 6 月，我国网络游戏用户规模达到 5.09

①② 中国互联网络信息中心．第 48 次中国互联网络发展状况统计报告［DB/OL］．http：//www.cnnic.net.cn/hlwfzyj/hlwxzbg/hlwtjbg/202109/t20210915_71543.htm，2021－09－15/2022－04.

③ 艾瑞传媒．2021 年中国网络游戏行业概况、市场规模及产业图谱分析［J/OL］．https：//www.iimedia.cn/c1020/79916.html，2021－07－28/2022－04.

亿，网络游戏市场规模在 2020 年达 1850.3 亿元，2021 年达到 2021.1 亿元。在电子竞技行业市场发展方面，根据艾瑞传媒相关调研数据分析①，2020 年，我国电竞行业整体市场规模近 1500 亿元，其中移动电竞市场规模占比为 51%，高于电竞生态（25%）和端游电竞市场（24%）。2020 年，电子竞技用户 5 亿人，超越美国、韩国等，成为全球第一大电子竞技行业市场。在网络视频行业市场方面，截至 2020 年 12 月，我国网络视听用户规模达 9.44 亿，较 2020 年 6 月增长 4321 万，网民使用率为 95.4%。我国短视频用户达 8.73 亿，用户平均每天花 2 小时看短视频，市场规模达 6009.1 亿元，同比增长 32.3%②。在此，仅从上述几个新兴行业市场发展就可以清晰看出，新兴文化行业市场凭借其强大的传播能力、便捷的消费渠道、快速的迭代更新形成了庞大的消费群体和市场规模，成为当下我国文化市场体系主要的组成部分。

### （二）新兴文化市场发展迅速

文化与科技持续、深度地融合不仅催生了新兴文化业态，推动了文化产业升级，同时还加快了新兴文化市场发展步伐，创造了新兴文化市场发展新的速度模式。同样以各新兴文化行业市场发展为例，在网络直播行业发展方面，从 2016 年网络直播元年算起，2016 年网络直播的用户规模为 3.44 亿，占网民总数的 47.1%，经过短短 4 年半的发展，截至 2021 年 6 月，网络直播用户规模已经增至 6.38 亿，占网民总数的 63.1%，仅从网络直播用户规模上就比 2016 年增长了 2.94 亿，可见增长速度之快。在网络文学行业市场发展方面，2016 年，网络文学用户为 3.33 亿，市场规模达 90 亿元③。到 2020 年底，我国网络文学市场规模达到 249.8 亿元，网络文学用户规模达到 4.60 亿人，日均活跃用户约为 757.75 万人。2020 年累计创作 2905.9 万部网络文学作品，网络文学

---

① 艾瑞资讯.2021 年中国电竞行业研究报告 [DB/OL].https：//baijiahao.baidu.com/s? id = 1698795062906964150&wfr = spider&for = pc.2021 - 05 - 04/2022 - 04.

② 中国网络视听节目服务协会.2021 中国网络视听发展研究报告 [DB/OL].https：//www.sohu.com/a/470596893_100065199.2021 - 06 - 05/2022 - 04.

③ 赵妍.2016 年中国网络文学市场规模达到 90 亿元 [J/OL].http：//news.cri.cn/20170811/432072c1 - 371f - 9036 - 228b - 68286432ba33.html.2017 - 08 - 11/2022 - 04.

作者累计超 2130 万人①。不论是在市场规模还是在用户数量上，网络文化市场都实现了大幅增长。再以网络音乐市场发展分析，2016 年，我国网络音乐用户规模达到 5.03 亿，到 2020 年则达到了 6.58 亿，增长了 1.55 亿。仅从上述新兴文化市场行业发展数据分析就可以看出，近几年，新兴文化市场行业保持了高速发展，市场规模、用户规模都有非常大幅度的增长，确保了新兴文化市场发展的活力。当然，新兴文化市场发展也将会进入一个平台期，发展增速在市场规模到达一定程度后稳定甚至逐步减弱，但新兴文化市场的魅力在于新兴业态会持续产生并形成新的市场热点。从发展趋势分析，新兴文化市场仍将保持良好发展势头。

### （三）新兴文化市场融合发展深入

融合发展是新兴文化市场发展的重要特征，也是新兴文化市场持续创造新业态，推出新产品、新服务的主要推手和动力源泉。随着科技加速融入文化市场各行业发展中，科技不仅推动了文化市场业态的革新，更为关键的是科技打破了原有文化行业之间较为分明的界限，推动了行业融合、跨界发展，打通线上、线下发展区隔，催生了新型互联网平台企业。在行业发展领域，影视、文学、动漫、网络游戏等文化多业态融合逐渐成为行业热点，其收视率、点击率、票房、播放成绩屡创新高，吸引了大批金融资本进入文化市场新兴行业。在内容制作方面，网剧、电视剧，网综、综艺节目、网络大电影、电影以及网上网下内容制作的界限逐步打通，从内容到制作都开始融合。在企业发展方面，平台企业发展迅速，其业态开始多元拓展，如阿里娱乐就囊括了传统的电影、视频、文学、游戏、音乐、漫画、体育等领域，以及新兴的 VR、直播，形塑了新型的文化市场业态。

新兴文化市场发展给文化市场治理体系建设提出新的挑战，面对快速发展的新兴文化业态，提升文化市场治理体系和治理能力现代化成为文化市场治理的首要任务。

---

① 《网络文学发展报告》课题组. 2020 年度中国网络文学发展报告［J/OL］. http：//literature. cssn. cn/wlwhywx_2173/202103/t20210317_5319242. shtml.

## 二、传统文化市场转型发展

传统文化市场主要包括演出、文化娱乐、电影、电视、出版发行、艺术品、音像等行业市场，是文化市场体系的根基、文化内容生产的基础和保障。从传统文化市场整体发展趋势来看，其发展受到新兴文化市场强烈冲击，市场发展起伏很大，但同样受到高新科技发展的影响，在政策支持之下，传统文化市场转型发展趋势非常明显。

从市场表现来看，传统文化市场开始积极主动地全面拥抱数字时代，借力高新科技发展，推动行业融合与创新，促进行业市场转型升级，更好适应时代发展变化。具体来看，无论是传统文化行业的生产、营销还是企业的运营管理，都打上了明显的数字化烙印，高新科技发展已经更多地向这一领域渗透和融合。在这方面，影视行业、出版发行等行业市场都取得较为显著的成效。在电影行业，高新技术已经全面融入电影制作发行的每一个环节，电影制作环节成为高新科技创新发展的集聚地，宣发、售票都实现了数字化，特别是在放映领域，我国已经全面实现数字化放映。在广电传媒领域，数字化已经改写了整个行业生态体系，网络传播、平台发展、业态融合成为广电领域突出特色。在出版发行领域，数字出版、发行比重逐步增大，业态融合创新、线上线下打通成为其发展的重要趋势。艺术品行业市场在确保传统市场渠道的基础上，积极探索新型发展模式，从线下转为线下线上融合发展，网上展示、交易、支付业已成为常态。演出、文化娱乐市场也主动求新求变，线上演出、在线 KTV 等新业态不断出现，给传统文化场所注入了新动力。

从政府主管部门角度分析，面对传统文化市场发展中面临的一些突出问题和发展难题，政府主管部门强化政策建设，主动推动传统文化市场转型发展。在传媒行业，2020 年 9 月，中共中央办公厅、国务院办公厅印发了《关于加快推进媒体深度融合发展的意见》，提出要推动传统媒体和新兴媒体在体制机制、政策措施、流程管理、人才技术等方面加快融合步伐，推动主力军全面挺进主战场，以互联网思维优化资源配置，把更多优质内容、先进技术、专业人才、项目资金向互联网主阵地汇集、向移动端倾斜，让分散在网下的力量尽快进军网上、深入网上，做大做强网络平台，占领新兴传播阵地。在电影市场领域，2018 年 12 月，国家电影局印发《关于加快电影院建设促进电影市场繁荣发展的意见》，进一步推动新时代电影市场转型发展。在图书出版领域，原新闻出版广播电视总局、财政部于 2015 年 3 月发布《关于推动传统出版和新兴出版融合发展的指导意见》，提出立足传统出版，发挥内容优势，运用先进技术，走向网络空间，切实推动传统出版和新兴出版在内容、渠道、平台、经营、管理等方面深度融合，实现出版内容、技术应用、平台终端、人才队伍的共享融通，形成一体化的组织结构、传播体系和管理机制的发展思路，为探索传统图书出版的融合转型提供了具体的指导意见。在文化娱乐市场等领域，原文化部先后出台《关于推动文化娱乐行业转型升级工作的意见》《关于推动互联网上网服务行业转型升级的实施意见》等文件，进一步推动相关行业市场转型发展。相关政策建设为传统文化市场转型发展提供了有效的制度支撑。

综上分析，在高新科技驱动、政策制度支持等因素推动之下，传统文化市场逐步融入当下数字化时代，更好地实现了行业转型发展，探索了新的发展路径和模式。

文化市场的发展提供了一个将居民潜在文化需求转化为现实文化生产力、经营性文化产业独立发展的平台机制，推动了文化领域的逐步开放，建立了中华文明与其他文明间交流合作的重要渠道[1]。文化市场体系已经成为我现代市场体系的重要组成部分，为现代文化产业体系、公共文化服务体系建设提供了有效支撑。立足当前发展基础，需要持续推动现代文化市场体系建设，营造更好的文化发展环境，服务文化强国建设。

## 第二节　高标准现代文化市场体系建设思路

首先，推动高标准现代文化市场体系建设，要厘清面临的主要发展形势。

---

① 傅才武. 中国文化市场的演进与发展［M］. 北京：经济科学出版社，2020：223 - 226.

当前，世界正处于百年未有之大变局，中国面临着激烈的国际竞争局势，提升我国文化竞争力、提高文化国际影响力是当前必须重点推进的工作任务，关系到国家软实力建设。因此，建立健全现代文化市场体系，不能仅满足于服务国内消费群体，还要提高站位，从国际文化实力竞争的角度、从我国文化世界影响力建设的高度、从对外文化交流与传播渠道建设等角度去思考和谋划现代文化市场体系建设的思路。其次，推动现代文化市场体系建设，还要充分考虑文化市场的属性，要把社会效益摆在首位，坚守意识形态阵地建设，然后力争社会效益和经济效益双效合一。这是文化市场建设必须要牢守的根本原则，也是能够促进文化市场有序、规范发展的根本保障。如何在确保社会效益的前提下，鼓励和推动文化企业提高竞争力，提升市场占有率，走向国际市场才是需要解决的根本性问题。最后，推动现代文化市场体系建设，重在体系建设，重在营造能够充分发挥市场机制作用的市场环境。文化市场体系是支撑我国社会主义文化市场发展的基础性体系，它不仅服务于文化产业高质量发展，还为公共文化服务体系建设提供有效的支撑。在当前文化事业、文化产业二分法的视野中，要坚决杜绝现代文化市场体系仅仅是服务于文化产业发展的这种狭隘理念，把文化市场体系建设定位于文化资源更高效地流动、文化效益更好地发挥，能够为文化事业和文化产业高质量发展提供完善的市场体系支撑。

综合分析，建立健全现代文化市场体系，最重要的是坚持以社会主义核心价值观为引领，贯彻新发展理念，把社会效益放在首位，努力扩大优质文化产品和服务供给，力争实现社会效益和经济效益的双效统一。在筑牢这一根基的基础之上，开阔视野、提高站位，把建立健全现代文化市场体系提高到国际文化竞争、国家文化软实力、国家文化影响力建设的高度上，摒弃狭隘的国内主义精神，以打造国际品牌、国际文化影响力、国际文化传播力为牵引，推动高标准现代文化市场体系建设。建立健全现代文化市场体系，要以中共中央办公厅、国务院办公厅印发的《建设高标准市场体系行动方案》，中共中央、国务院《关于构建更加完善的要素市场化配置体制机制的意见》以及文化和旅游部《"十四五"文化和旅游市场发展规划》等文件精神为指引，发挥现有文件的政策优势，调动各方力量来推动现代文化市场体系建设。建立健全现代文化市场体系，核心是使供求机制、竞争机制、价格机制等市场机制充分发挥作用，这就要求持续推动文化市场产权保护制度、市场准入制度、公平竞争制度改革创新，更好激发文化市场发展活力。针对文化要素市场发展缓慢这一根本性问题，推动文化要素市场化改革，突破文化资本市场、人才市场、技术数据市场发展的瓶颈问题，切实形成统一、高效的市场发展体系。持续完善现代文化市场监管机制，提高文化市场治理体系和治理能力现代化，为现代文化市场体系建设提供坚实法治基础。就现代文化市场体系建设而言，目前已经有了一个较好的基础，但远未达到现代化的水平，离高标准还有很大距离。在这样的发展阶段，更需要脚踏实地、凝神聚气地深化改革、积极探索，特别是抓住数字化、网络化、智慧化发展的机遇，推动文化与科技、治理深度融合，推动现代文化市场体系建设行稳致远。

## 第三节　高标准现代文化市场体系建设路径

　　推动高标准现代文化市场体系建设，事关社会主义文化事业高质量发展、文化强国建设，意义重大、作用突出。需要立足当前发展实际，把握发展趋势，着眼国际竞争，扎实谋划发展路径。从文化市场发展体系建设来看，有三股主要发展力量影响着文化市场体系建设：一是政府主管部门的相关政策建设，这是形塑文化市场治理体系的主导力量。二是高科技推动下的文化行业市场发展，这是现代文化市场体系建设的内生动力。AI 技术、移动联网、大数据、云计算、新型信息通信技术快速发展并与文化各行业深度融合下催生了大量新兴文化业态，推动了传统文化行业市场转型升级，深刻改变了文化市场体系的发展形态和环境，势必推动文化市场体系的变革与完善。三是进入新时代以来，我国对外开放的步伐持续加大，我国文化市场面临的竞争日趋激烈，文化走出去的任务更加繁重，文化市场体系建设面临更大的挑战和更多的竞争，这也将成为其健全完善的外在因素。综合各方发展力量，面对复杂、多元的现代文化市场体系建设任务，从系统性视角出发，提出以下具体建设路径的构想和建议。

## 一、创新现代文化市场体系基础性制度，保障市场机制作用充分发挥

这里所指的制度主要是指产权保护、市场准入和竞争制度建设。在产权制度方面，要重点加快知识产权保护制度建设。随着文化市场发展进入"人机互嵌"的"智能时代"，知识产权保护的主体和客体也发生了改变，需要借助高新技术进行改革创新，这包括构建 AI 主导的知识产权制度创新体系、大数据主导的知识产权制度市场反馈体系与平台体系①、基于区块链技术的版权确权与版权市场流通体系等②。通过创新和完善以知识产权保护为主的文化市场产权法律法规体系，形成鼓励创新、保护原创、促进发展的制度基础。在文化市场准入制度方面，推进"放管服"改革纵深发展。健全文化市场负面清单准入机制和退出制度，梳理文化领域禁止准入项目，实现"法无禁止即准入"，鼓励文化企业有序进入负面清单之外的文化行业，促进竞争性交易和市场价格形成③。推动重点行业和领域逐步降低市场准入门槛，进一步营造有利于文化企事业单位发展的空间和环境。探索文化市场新兴业态管理制度，进一步放开互联网经营限制并形成法律法规制度，打造具有世界级竞争力的文化企业。在市场竞争制度建设方面，重点推动普惠性产业政策发展。健全完善公平竞争审查制度，清理废除妨碍统一市场和公平竞争的规定和做法，消除市场壁垒，依法保护各类市场主体合法权益。重点推动选择性产业政策改革，减少政府通过金融审批、市场补贴、税收优惠等政策扶持相关行业、相关企业特别是国有企业的范围和比重，推动普惠性、市场导向的功能性产业政策建设，切实不断消除不公平市场竞争，营造各类市场主体、各行业充分竞争的发展环境。

---

① 解学芳，申林．"智能＋"时代现代文化市场体系的制度创新［J］．南京社会科学，2021（6）：160－168.

② 解学芳，温凤鸣．"智能＋"时代区块链驱动的现代文化市场体系变革［J］．学术论坛，2021（1）：125－132.

③ 闫烁，祁述裕．完善"十四五"时期文化经济政策 促进文化要素市场化配置［J］．行政管理改革，2020（11）：10－19.

## 二、推动文化要素资源市场化配置，提升文化市场现代化水平

从推动文化要素资源市场化配置的宏观视野分析，需要以完善产权制度和搭建要素平台为依托，建立由市场决定的竞争性要素价格机制，促进文化要素形成有效的市场交易和市场价格。一是确立文化要素产权的界定规则。针对不同类别的文化要素资源，通过搭建文化要素交易平台、文化要素产权第三方评估体系等方式，发挥市场竞争、市场价格、市场规则的功能，确立各产权主体之间的关系。二是强化文化要素产权保护制度，特别是重视数据隐私保护和安全管理。三是完善文化要素产权权益。产权一般由所有权、经营权、使用权、收益权等组成，要明确不同的文化工作者在各个文化生产环节的产权归属和相关权益①。具体到各主要文化要素市场，在文化资本市场发展领域，一方面，进一步优化财政政策，减少行政性资金配置，探索更加科学合理的财政投入方式，积极发挥市场配置资本的作用，使价格机制在政府文化发展资金分配中更好、更多地发挥作用。另一方面，推动已经形成的相关文化金融政策落地生根，构建多层次、多渠道、多元化的文化资本市场体系，重点针对中小微文化企业发展，量身定制金融产品，降低其融资成本，切实解决其发展中存在的融资难问题。同时，健全完善企业无形资产评估、信用评价等体系建设，更好配合文化资本市场发展。在人才市场建设方面，鼓励人才有序流动。推动人事制度改革，重点突破事业、企业人才流动限制，创新刚性、柔性人才自由流动的机制，使优秀人才流动到更好发挥价值的岗位上，实现人才资源合理、有效的配置。在技术数据市场建设方面，积极培育市场交易体系。尽管属于新兴的文化要素市场，但随着科技与文化融合持续加速，特别是科技在文化市场发展中扮演的角色越来越重要，文化科技数据市场必将有一个跨越式发展。为此，需要进一步探索文化科技成果转化机制，打造文化科技成果转化平台，完善职务科技成果产权制度。在文化数据市场建设方面，建立文化数据资源产权、交易流通、跨境传输及安全等制度和标准，最大限度推动文化数据资源开发利用。

---

① 闫烁，祁述裕. 完善"十四五"时期文化经济政策 促进文化要素市场化配置［J］. 行政管理改革，2020（11）：10－19.

## 三、提升文化市场监管能力，构建现代化文化市场治理体系

文化市场日新月异，新兴文化业态更是频繁出新，这对文化市场治理提出了更大的挑战和更高的要求。面对文化市场发展的新业态、新模式、新技术、新产品，尚需坚持文化自信，按照鼓励创新、平等保护的原则，留足发展空间，并将其纳入监管视线。也就是说，在对待文化市场新业态发展时，政府主管部门需要健全包容审视的监管制度，既鼓励新业态繁荣发展，又把监管风险控制在可控范围内，营造文化市场宽松发展氛围。面对以新兴业态消费为主的文化市场，积极推动"智能 +"文化市场监管，包括实施分类监管制度、靶向监管制度等举措①，提高文化市场监管智慧化水平。完善"双随机、一公开"监管制度，完善并严格执行抽查事项清单，及时、准确、规范公开抽查事项、抽查计划、抽查结果，实行阳光监管。健全文化市场行业自律，推动文化市场信用体系建设，完善市场主体信用承诺制度，推进信用分级分类监管。发挥行业协会商会作用，推动行业协会商会建立健全行业经营自律规范、自律公约，以行业力量规范市场主体行为。在文化市场综合执法领域，继续深化执法改革，同时加强市场执法监管，促进监管权力规范透明运行。

---

① 解学芳，申林．"智能 +"时代现代文化市场体系的制度创新 [J]．南京社会科学，2021 (6)：160 – 168.

# 参考文献

[1] 北京市习近平新时代中国特色社会主义思想研究中心. 坚定文化自信 提高国家文化软实力 [N]. 光明日报, 2019 – 07 – 04: 6.

[2] 曹敏洁. 视频网站"迷路"九成要关门 [N]. 东方早报, 2007 – 07 – 05: B10.

[3] 曹钰.《申报》中的歌舞社团史料研究 [D]. 南京: 南京师范大学, 2017.

[4] 陈名财: 构建现代文化市场体系的支撑点 [N]. 人民日报, 2013 – 09 – 10: 9.

[5] 陈琳. 入世 20 年专访——朱天: 中国加入 WTO 最大意义是促进了改革开放 [N]. 新京报, 2021 – 12 – 06.

[6] 陈立旭. 文化发展: 市场的优势与失灵 [J]. 中国文化产业评论, 2014 (1): 177 – 198.

[7] 陈立旭. 计划经济体制下的文化发展模式再审视 [J]. 文化艺术研究, 2014 (4): 16 – 31.

[8] 陈晨. 浅谈中国艺术品市场的历史、现状与发展态势 [J]. 未来与发展, 2013, 36 (8): 18 – 20.

[9] 陈经超, 吴倩. 变革与回归: 中国网络直播平台发展历程探析 [J]. 媒介批评, 2017 (1): 11.

[10] 程雪阳. 荷兰文化市场监管的经验及其启示 [J]. 浙江社会科学, 2013 (8): 92 – 96.

[11] 邓小平. 邓小平文选 (第二卷) [M]. 北京: 人民出版社, 1994.

［12］刁其武.20 世纪 90 年代中期以来中国出版业的改革与发展［J］.当代中国史研究，2006，13（4）：63－70.

［13］傅才武，纪东东.文化市场一体化进程与文化行业体制的结构性矛盾及其因应策略——基于《魔兽世界》网络游戏主管权两部委论争事件的分析［J］.中国文化产业评论，2010（2）：17.

［14］傅才武.中国文化市场的演进与发展［M］.北京：经济科学出版社，2020.

［15］范协洪.那些年我们一起追过的演唱会［N］.广州日报，2014－03－24.

［16］管璇悦，曹雪盟.游戏产业，创意发展［N］.人民日报，2020－01－02：12.

［17］高倩，牛春梅."云端音乐会"、"云剧场"成新生态，当剧场解禁，线上演出何去何从［N］.北京晚报，2020－07－11.

［18］高尚全.亲历社会主义市场经济体制的建立［J］.中国金融，2018（8）：4.

［19］高国庆.我国文化领域知识产权保护的突出问题及策略［J］.教育学，2018（151）.

［20］国务院发展研究中心市场经济研究所.改革开放 40 年市场体系建立、发展与展望［M］.北京：中国发展出版社，2019.

［21］国家发展改革委宏观经济研究院市场与价格研究所.市场决定的伟大历程——中国社会主义市场经济的执着探索与锐意创新［J］.中国物价，2019（1）：2.

［22］郭妍琳.网吧产业发展战略与盈利模式创新［J］.经济论坛，2013（4）：112－116.

［23］郭征.我国音像市场的现状与未来［J］.江汉石油学院学报：社会科学版，2001（3）：4.

［24］关学增.中国演艺产业投融资中的政府行为研究［J］.中州学刊，2017（6）：18－22.

［25］高晓虹，王婧雯.中国电视剧的时代变迁与发展对策［J］.中国文

艺评论，2019（9）：10.

[26] 顾阳.《关于构建更加完善的要素市场化配置体制机制的意见》印发——引导要素向先进生产力集聚 [J]. 企业界，2020（4）：26-27.

[27] 黄先蓉，郝婷. 论文化市场体系建设中的政府与市场定位 [J]. 现代出版，2014（2）：4.

[28] 黄先蓉，徐唯. 世界主要发达国家文化市场体系建设相关政策及启示 [J]. 中国编辑，2014（2）：6.

[29] 黄先蓉，郝婷. 我国文化市场体系建设的政策缺失与完善路径 [J]. 新闻前哨，2013（12）：3.

[30] 黄世永. 简析改革开放以来报刊发行模式的演变 [J]. 新闻传播，2021（12）：3.

[31] 韩大元. 文化市场监管法治化研究（笔谈）[J]. 浙江社会科学，2013（8）：2.

[32] 黄泰岩. 以现代市场体系保障高质量发展 [N]. 人民日报，2018-07-19：9.

[33] 郝婷. 我国文化市场体系建设中制度设计的不足及原因探析 [J]. 编辑之友，2015（3）：19-22.

[34] 郝婷，黄先蓉. 文化市场体系建设应遵循的原则 [J]. 新闻前哨，2014（6）：3.

[35] 胡惠林. 论政府与文化市场的关系 [J]. 长白学刊，2014（3）：5.

[36] 胡惠林. 作为公共领域的文化市场 [J]. 探索与争鸣，2014（8）：7.

[37] 胡长青. 党的十六大后社会主义市场经济体制改革及其理论发展评述 [J]. 经济体制改革，2014（3）：4.

[38] 胡莹. 数字经济发展的时代特色 [N]. 中国社会科学报，2021-02-25：6.

[39] 何大安. 互联网应用扩张与微观经济学基础——基于未来"数据与数据对话"的理论解说 [J]. 经济研究，2018，53（8）：177-192.

[40] 侯琳琦. 网络音乐的多视角研究 [M]. 北京：北京邮电大学出版

社，2013.

［41］侯莎莎．卡拉 OK 的几度沉浮［N］．北京日报，2019 - 05 - 23.

［42］韩永进．中国文化体制改革 35 年历史叙事与理论反思［M］．北京：人民出版社，2014.

［43］惠鸣，张晓明．创新推动现代文化市场体系建设［N］．人民日报，2013 - 11 - 26：14.

［44］姜德昌．加强文化市场管理［N］．人民日报，1983 - 10 - 22.

［45］金景芝．民国时期的文化产业——剧场观念与剧场演出［J］．河北大学学报（哲学社会科学版），2015（3）：134 - 138.

［46］蒋建国．建立健全现代文化市场体系［J］．求是，2013（24）：24 - 27.

［47］金巍．文化金融十年：在创新与变革中成长［J］．当代金融家，2019（12）：3.

［48］金兴盛．2014 浙江省文化市场行业发展报告［M］．杭州：浙江工商大学出版社，2014.

［49］江小涓．数字时代的技术与文化［J］．中国社会科学，2021（8）：32.

［50］蒯大申，饶先来．新中国文化管理体制研究［M］．上海：上海人民出版社，2015.

［51］刘玉珠，柳士法．文化市场学——中国当代文化市场的理论与实践［M］．上海：上海文艺出版社，2002.

［52］刘兴亮．网络视频的"乱战"和"战乱"［J］．中国经济和信息化，2010（1）：75.

［53］刘扬．改革开放四十年中国电影发行业变革研究［J］．当代电影，2018（8）：4 - 9.

［54］刘汉文，韩超．影院发展十年（2002 - 2012）——影院建设十年回顾与发展趋势分析［J］．当代电影，2012（12）：6.

［55］刘宇，周建新．改革开放 40 年我国图书出版业发展的历程与经验［J］．出版广角，2018（17）：4.

[56] 刘筠梅. 我国艺术表演团体体制改革探寻 [J]. 内蒙古大学学报（哲学社会科学版），2008（6）：97 - 101.

[57] 李思屈. 数字娱乐产业 [M]. 成都：四川大学出版社，2006.

[58] 李晓西. 中国经济改革30年市场化进程卷 [M]. 重庆：重庆大学出版社，2008.

[59] 李岚，罗艳. 我国电视剧产业三十年改革发展与未来趋向 [J]. 电视研究，2008（12）：62 - 63.

[60] 李康化，薛相宜. 虚拟文化市场：一种崭新的市场形态 [J]. 中国文化产业评论，2010（1）：15.

[61] 李君如. 党的十四大的历史地位和我们的使命 [J]. 党政论坛，1992（11）：4.

[62] 李雨蒙. 中国艺术品市场三十年变迁 [J]. 中国民商，2017（11）：4.

[63] 罗紫初，李昕烨. 文化市场体系建设与一般市场体系建设的共性与差异比较研究 [J]. 出版科学，2014（5）：16 - 19.

[64] 罗紫初，洪璇. 现代文化市场体系中政府与市场的角色定位探析 [J]. 出版科学，2015（2）：5.

[65] 罗紫初，陈翩. 我国文化市场体系建设的政府干预研究 [J]. 中国编辑，2014（3）：5.

[66] 梁儒谦，贺祯. 我国文化金融高质量发展路径 [J]. 中国金融，2021（6）：2.

[67] 梁君健. 改革开放四十年：中国电影实现跨越式发展 [N]. 中国日报，2019 - 01 - 30.

[68] 林兆木. 使市场在资源配置中起决定性作用 [J]. 理论参考，2013（12）：4.

[69] 蓝轩. 我国文化金融发展的回顾与展望 [J]. 文化产业研究，2020（2）：1 - 13.

[70] 卢海君. 改革开放40年的中国著作权法制 [J]. 中国出版，2018（23）：4.

［71］马子雷. 以人才大发展推动文化大繁荣——全国文化系统首部文化人才发展规划出台［N］. 中国文化报，2010 - 09 - 4：1.

［72］庞金友. 国家治理现代化深刻变革中的理论创新［J］. 人民论坛，2019（27）：3.

［73］祁述裕，贾世奇. 加强文化制度建设促进文化市场繁荣——对当前我国文化治理及 2019 年发展焦点的观察［J］. 福建论坛：人文社会科学版，2020（3）：14.

［74］祁述裕，徐春晓. 深化文化市场综合执法改革：演进，挑战与建议［J］. 山东社会科学，2021（2）：8.

［75］覃榕，覃信刚. 新中国 70 年广播电视发展理念的演进历程与主要特征［J］. 中国广播电视学刊，2019（10）：15.

［76］曲丰年，郑重. 浅议我国互联网文化产业监管制度的发展［J］. 商业文化，2019（22）：11.

［77］苏敏华. 民间职业剧团在演出市场中的地位和作用［J］. 福建艺术，1998（2）：9 - 10.

［78］苏丹丹. 现代文化市场体系建设尚处起步阶段［N］. 中国文化报，2014 - 02 - 26：6.

［79］石仲泉. 国家治理体系和治理能力现代化的里程碑［J］. 理论导报，2019（11）：3.

［80］石川. 中国电影的改革 40 年：回归、探索与创新［N］. 北京日报，2018 - 11 - 29.

［81］孙静. 加强管理，加强引导，泉州市文化市场面貌改观［N］. 人民日报，1983 - 10 - 18.

［82］史圣立. 从政府、市场和社会三者力量博弈的角度看 1979 年以来中国演出市场的发展［D］. 济南：山东大学，2010.

［83］庹祖海. 30 年文化市场管理的使命变迁［J］. 文化市场，2008（5）：3.

［84］吴根良. 网络视频产业发展趋势与市场走向展望［J］. 中国新通信，2008（10）：14 - 15.

［85］魏礼群．党的十八大以来社会治理的新进展［J］．新华月报，2017（17）：6.

［86］魏玉山．出版改革开放40年回顾与总结［J］．编辑学刊，2018（3）：9.

［87］王乐鹏，李春丽，王颖．视频网站的成本与赢利模式探讨［J］．中国市场，2010（45）：93-94.

［88］王林生．现代文化市场体系：粤港澳大湾区文化产业高质量发展的路径与方向［J］．深圳大学学报（人文社会科学版），2019（4）：61-70.

［89］王兴昀．民国时期天津戏曲演出场所运营初探［J］．艺术探索，2018（5）：117-123.

［90］王超．中国网络视频行业发展研究［J］．洛阳师范学院学报，2017（6）：22-24.

［91］王亚楠，顾江．文化市场供求失衡的原因及对策建议——基于产业政策有效性的视角［J］．现代经济探讨，2017（3）：5.

［92］王离湘．关于建立健全现代文化市场体系的几点思考［N］．中国文化报，2016-5-6：3.

［93］王相华．文艺表演团体改革与竞争力研究［M］．杭州：浙江大学出版社，2016.

［94］武文龙．中国画廊业发展"四步曲"［J］．艺术市场，2018（8）：24-29.

［95］温静，赵静．复盘60年来中国电视剧发展史［J］．电视指南杂志，2018（7）.

［96］温孝卿．市场体系形成与发展［M］．天津：天津大学出版社，2004：1.

［97］万成林，温孝卿，邓向荣．市场学原理［M］．天津：天津大学出版社，2004.

［98］习近平．完善和发展中国特色社会主义制度推进国家治理体系和治理能力现代化［J］．党建，2014（3）：5-6.

［99］许倞，贾敬敦．2019全国技术市场统计年报［M］．北京：兵器工业

出版社，2019.

[100] 许冬生 . 改革开放以来我国图书出版业的变迁 [J]. 新闻研究导刊，2016，7（16）：1.

[101] 徐奉臻 . 从两个图谱看国家治理体系和治理能力现代化 [J]. 人民论坛，2020（1）：3.

[102] 徐磊 . 中国演艺产业链发展趋势研究 [J]. 视界观，2020（4）：270 - 271.

[103] 徐谌辉 . 中国音乐产业艰难求生 [J]. 财经，2017（4）：96 - 106.

[104] 解学芳，申林 . "智能 +" 时代现代文化市场体系的制度创新 [J]. 南京社会科学，2021（6）：9.

[105] 谢川豫 . 社会变迁中娱乐场所治安管理模式的嬗变 [J]. 江西警察学院学报，2008（2）：67 - 71.

[106] 谢明干 . 十二届三中全会《关于经济体制改革的决定》的七大历史突破 [N]. 经济日报，2013 - 11 - 05：6.

[107] 薛帅 . 全国文化市场综合执法改革推进现场会暨综合执法工作会在江苏常州召开 [N]. 中国文化报，2021 - 07 - 08.

[108] 习近平主持召开中央全面深化改革委员会第六次会议 [N]. 人民日报，2019 - 01 - 23（1）.

[109] 西沐 . 对 21 世纪十年中国艺术品市场的反思 [J]. 美术观察，2010（12）：7 - 10.

[110] 佚名 . 四部委全面放开网吧审批 [J]. 世界博览，2014（23）：14.

[111] 喻文光 . 文化市场监管模式研究——以德国为考察中心 [J]. 环球法律评论，2013（3）：16.

[112] 姚广利 . 改革中政府与市场的角色定位——基于政府与市场关系演变的研究 [J]. 人民论坛，2014（20）.

[113] 姚沛沛 . 中国图书出版企业数字出版盈利模式研究 [D]. 南京：南京大学，2016：23.

[114] 杨建新，杜毓英．关于当前浙江省剧院经营管理的调查报告 [J]．文化艺术研究，2009（1）：63－77.

[115] 杨朝岭．大型经营性演唱会为何由热变冷——兼析蹒跚前进的我国演艺市场 [J]．瞭望，1996（44）：2.

[116] 殷金娣．王蒙谈实行更加开放和灵活的文艺政策 [J]．瞭望周刊，1988（22）：29－30.

[117] 闫烁，祁述裕．完善"十四五"时期文化经济政策 促进文化要素市场化配置 [J]．行政管理改革，2020（11）：10.

[118] 阎列，邓宁丰．图书赢利能力与出版社赢利模式分析 [J]．科技与出版，2005（2）：3－4.

[119] 余晓晖．全球数字经济白皮书——疫情冲击下的复苏新曙光解读 [J]．互联网天地，2021（8）：17－21.

[120] 朱静雯，李靓．我国文化技术市场体系建设存在的问题、成因及对策 [J]．出版科学，2014，22（6）：7.

[121] 朱静坤．文化人才创新力提升的困境、诱因及策略 [J]．青年与社会，2020（21）：3.

[122] 赵宁，范巍．我国宣传思想文化人才发展状况调查 [J]．中国人事科学，2019（11）：11.

[123] 郑海平．美国文化市场监管的经验及其启示 [J]．浙江社会科学，2013（8）：4.

[124] 张艳，荆林波，彭品志．我国文化市场建设中的行业协会治理功能 [J]．中国流通经济，2014，28（8）：6.

[125] 张晓明，惠鸣．全面构建现代文化市场体系 [M]．北京：社会科学文献出版社，2014.

[126] 中华人民共和国文化部．中国文化文物统计年鉴2019 [M]．北京：国家图书馆出版社，2019.

[127] 张钦．国家统计局：我国文化产业法人单位达到210.3万个 [N]．北京青年报，2019－12－06.

[128] 张晶雪．党的十八大以来文化金融发展综述：构建起多层次的投

融资体系［N］. 经济日报，2017 - 10 - 11.

　　［129］周上仔. "文化金融蓝皮书"《中国文化金融发展报告2021》发布［N］. 证券日报，2021 - 10 - 26.

　　［130］中华人民共和国国家统计局. 中国出版年鉴2001［M］. 中国出版年鉴社，2001.

　　［131］中华人民共和国国家统计局. 中国统计年鉴2015［M］. 北京：中国统计出版社，2015.

　　［132］《紫光阁》编辑部. 党的十八大以来经济体制改革成效显著［J］. 紫光阁，2017（6）：4.